中国社会科学院经济研究所 主办

政治经济学研究
POLITICAL ECONOMY

中国经济新常态：动力、结构与制度
（2016）

总第17卷

王振中 胡家勇 主编

中国社会科学出版社

图书在版编目（CIP）数据

政治经济学研究．2016：总第 17 卷：中国经济新常态：动力、结构与制度/王振中，胡家勇主编．—北京：中国社会科学出版社，2016.2

ISBN 978 - 7 - 5161 - 8014 - 3

Ⅰ.①政… Ⅱ.①王… ②胡… Ⅲ.①政治经济学—研究—中国—2016 Ⅳ.①F0

中国版本图书馆 CIP 数据核字（2016）第 074736 号

出 版 人	赵剑英
责任编辑	卢小生
特约编辑	林　木
责任校对	周晓东
责任印制	王　超
出　　版	中国社会科学出版社
社　　址	北京鼓楼西大街甲 158 号
邮　　编	100720
网　　址	http://www.csspw.cn
发 行 部	010 - 84083685
门 市 部	010 - 84029450
经　　销	新华书店及其他书店
印　　装	北京君升印刷有限公司
版　　次	2016 年 2 月第 1 版
印　　次	2016 年 2 月第 1 次印刷
开　　本	710×1000　1/16
印　　张	27.5
插　　页	2
字　　数	465 千字
定　　价	100.00 元

凡购买中国社会科学出版社图书，如有质量问题请与本社营销中心联系调换
电话：010 - 84083683
版权所有　侵权必究

《政治经济学研究》学术委员会名单

学术委员会（以姓氏笔画为序）：

丁任重　王秋石　王　询　王振中　任太增
纪玉山　宋冬林　杨　军　张桂文　邹　薇
周　冰　武建奇　赵学增　胡家勇　钱　津
焦方义　裴小革　蔡继明　樊　明

编 辑 部：陈雪娟　武　鹏

目 录

第一篇　一般理论探讨

景维民　倪　沙　适应新常态　重构中国现代国家治理模式…………… 3
任保平　郭　晗　新常态下提高我国经济增长质量的路径转型
　　　　　　　与改革取向选择……………………………………… 14
樊　明　经济增长：数据及政治经济学分析…………………………… 29
魏　枫　新常态下的技术进步视角解读………………………………… 43
卜振兴　新常态下的货币政策：争议与共识…………………………… 55
刘　洋　纪玉山　经济"新常态"背景下中国模式的转型升级……… 75

第二篇　增长动力转换

周云波　陈　岑　田　柳　外资流入对我国企业间工资
　　　　　　　　　　　差异的影响研究…………………………… 91
毛中根　孙　豪　叶　胥　消费主导型大国：特征、测度及政策…… 117
宋　建　臧旭恒　扩大中等收入阶层及居民消费对策研究…………… 136
程承坪　张　蒂　中国经济的八大增长潜力…………………………… 157
韩　鹏　产业集群对循环经济的影响研究……………………………… 171

第三篇　结构调整

丁任重　陈姝兴　大区域协调：新时期我国区域经济政策趋向分析
　　　　　　　——兼论区域经济政策"碎片化"现象………… 185
王树春　王　俊　论新型城镇化的产业基础和制度匹配
　　　　　　　——基于新型城镇化与新工业革命联动视角……… 201

江永基	中国产业的结构调整与劳动力配置	
	——基于比较利益相等的理论解释	217
乔俊峰	推进农业转移人口市民化的财政体制异化效应研究	232
段学慧	城镇化进程中的"农村病"	
	——一个值得重视的研究课题	245
张明龙 张琼妮	运用产业政策促进经济发展研究	259
吴丰华 白永秀	中国城乡社会一体化：评价指标体系构建及应用	269

第四篇 提升制度质量

蔡继明 高宏	"土改"试点：既要依法，又要深化	289
邹薇 刘红艺	土地财政"饮鸩止渴"了吗？	
	——基于中国地级市的时空动态空间面板分析	298
张作云	公有制主体地位及其质和量的规定性	328
陈健	市场结构与中等收入陷阱	348
贾后明 黄程程	论农村土地确权中土地权利的界定	361
杜兴洋 裴云鹤	政策网络视阈下的户籍制度政策变迁透析	372

第五篇 基本理论研究

郭冠清	文献学语境中的《德意志意识形态》	
	——以《马克思恩格斯全集》历史考证版为基础的解读	391
陈雪娟	《21世纪资本论》研究及其对中国的启示	
	——2015年美国经济学年会前后相关研究综述	403

附 录

胡家勇 卢新波 胡亦琴	中国经济新常态：基于政治经济学视角	
	——中国政治经济学论坛第十七届年会综述	419

第一篇

一般理论探讨

适应新常态 重构中国现代国家治理模式

景维民 倪 沙

内容提要：中国转型期国家治理模式变迁总体上呈现从政府严格排挤市场并深入渗透和控制社会的全能主义国家治理模式迈向政府、市场和社会三元并存与互补的现代国家治理模式。在转型过程中，中国要以科学发展和建立和谐社会为目标，对政府、市场和社会之间的关系进行深入细致的协调与构建，建立起法治化的公共服务型政府、有效的市场经济体制和利益整合型公民社会三位一体的现代国家治理模式，这是新常态的必然选择。

关键词：新常态 重构 国家治理模式

国家治理模式可以被界定为在一定领土范围之内，政府、市场和公民社会相互耦合所形成的一种整体性的制度结构模式。政府、市场和公民社会各自都是由一系列相互关联的规则、组织和治理机制构成的子制度系统，它们共同维系一个国家整体的秩序治理，并在此基础上协调资源配置，促进并达到社会经济可持续发展。为了适应新常态，中国整体治理结构要实现从单一型治理向多元复合型治理、从集权型治理向集权与分权相结合型治理、从封闭型治理向开放型治理的三重转变，最终使中国国家治理模式从政府过度介入市场并深入渗透和控制社会的全能主义国家治理模式迈向政府、市场和社会三元并存与互补的现代国家治理模式。当前，以建立和构建和谐社会为目标，中国需要建立起法治化的公共服务型政府、

[作者简介] 景维民，南开大学经济学系教授、博士生导师；倪沙，南开大学经济学系博士生。

有效的市场经济体制和利益整合型公民社会三位一体的现代国家治理模式。

一 现代国家治理模式内涵及其实质

对于国家治理模式的内涵学术界无一致界定。有的从政治学角度，有的从社会学角度，但都可以概括地将其看作在一个既定范围内维系秩序运转的所有公共部门、私人部门的正式和非正式的制度安排、组织形态和治理机制，以及它们之间的互动过程。从经济学角度着眼，国家治理的最终目的是通过政府、市场和社会的相互协调，以管理和促进资源的有效配置，并推动社会经济的持续、全面、均衡发展，从而满足社会成员的需求。① 因此，将国家治理模式定义为在一定领土范围之内，政府、市场和公民社会相互耦合所形成的一种整体性的制度结构模式；其中，政府、市场和公民社会各自都是由一系列相互关联的规则、组织和治理机制构成的制度系统，它们共同维系一个国家整体的秩序治理，并在此基础上协调资源配置，促进社会经济可持续发展。表1为国家治理模式制度构成及内在关系。

表1　　　　　　国家治理模式制度构成及内在关系

国家治理目标	国家治理手段	国家治理涉及的行为主体	国家治理模式的宏观制度结构
形成一种能够促进经济持续发展和社会公正目标实现的国家整体的政治、经济和社会秩序结构：$Y=O(G, M, C) F(r, l, k, a, \cdots)$	维系国家秩序的一整套相互协调的正式（外在）制度（如宪法、普通法、政府指令、市场上的正式合约安排等）和非正式（内在）制度（如惯例、习俗、传统、文化等）作用方式：相互协调	主体：政治行为主体，如政治家、官僚等；市场行为主体，如个人、企业、中间性组织；其他社会行为主体，如各种公民社会组织、利益集团等；外部行为主体，如外国政府、跨国公司、国际金融机构，国际非政府组织等行为方式：互动博弈	政府（G）：强制性制度供给和秩序治理 市场（M）：基于自利性交易基础上的自发制度供给和秩序治理（包括家庭、企业以及中间性组织等市场主体） 公民社会（C）：具备非官方性、独立性和自愿性的民间组织，以及蕴含在这些组织网络内部的"社会资本" 结合方式：互惠共生与多元结构模式

---

① 俞可平主编：《治理与善治》，社会科学文献出版社2000年版，第1—15页。

与以往概念相比,本文对国家治理模式的理解提供了一个更加宽广和综合的分析视角。它不再将政府与市场看作两种非此即彼、相互替代的协调机制,而是更加强调二者的相互增进与互惠共生的关系,即市场的有效运行需要一个有能力政府的培育和扶持,而市场的繁荣同样有助于转变政府职能,提高政府的治理绩效。在政府与市场之外,国家治理还引入了维系公共秩序与促进发展的第三个重要维度——公民社会。公民社会所提供的公共物品和服务可以同时缓解市场失灵与政府失灵,公民社会所孕育的社会资本则可以发挥增进信任、消弭利益分歧的社会黏合剂功能。

分析表明,国家治理模式的实质在于理解国家治理与经济发展之间的逻辑关系。可以借助一个经过简单修正的新古典生产函数表示:

$$Y = O(G, M, C) F(r, l, k, a, \cdots)$$

其中,Y 表示一国的总产出;F 为生产函数,r、l、k、a 分别表示自然资源、劳动力、资本和技术进步等影响经济增长的因素;G、M、C 分别表示政府、市场和公民社会三大制度系统及治理手段,它们综合作用所形成的国家治理秩序(O)将对经济增长产生类似全要素生产率的影响,它们共同推动社会的生产可能性边界向外扩展,从而提高全体社会成员的福利水平。

二 中国现代国家治理模式面临的考验与挑战

2007 年源于美国的次贷危机在 2008 年、2009 年迅速扩散,并进而由金融危机演变为全球经济危机。尽管各国采取了各种金融援助计划、经济刺激方案应对挑战,但这场自大萧条以来最严重的危机还是给世界经济造成了巨大的冲击和破坏,从而导致世界经济自第二次世界大战以来首度出现负增长。根据世界银行《2010 年全球经济展望》提供的数据,2009 年,全球 GDP 增长率为 -2.2%,其中高收入国家为 -3.3%,发展中国家为 1.2%。中国已进入发展的关键时期。这一时期的主要特征表现在:(1)保持快速发展难度加大。随着发展水平的不断提高,劳动力成本低等比较优势开始减少,技术和结构升级压力日益增加,经济转型和结构优化更为紧迫,潜在经济增长率走向下降。(2)深化改革阻力增大。改革越是向前推进,涉及的利益越复杂,碰到的阻力越大,社会矛盾不断显现。(3) 扩大开放风险更大。我们面对的是一场全球范围内的大竞争，国内竞争国际化，国际竞争国内化，国家经济安全提上议事日程。(4) 资源环境制约趋紧，经济增长方式必须改变。(5) 维稳任务艰巨。收入差距拉大，社会分化严重。(6) 考验民族总体素质。国内外经济社会形势的变化以2007年为标志被学界称为新常态。

为了适应新常态，中国国家治理模式的内核正在发生深刻变化。

首先，随着改革的全面推进，中国政府正从全能型政府转向强政府。强政府的内核在于政府具备充足有效的制度供给和秩序治理能力，能够在矛盾尖锐复杂的转型期有效地掌控社会秩序，应对内外挑战，组织与动员社会资源，实现推动制度变革和经济发展的目标。[①] 强政府能力的形成源于如下因素：(1) 政治结构的稳定性和连续性确保了国家制度的整合度与协调性，避免了激进变革导致的政府组织涣散、行政机能瘫痪，以及随之而来的混乱和无序；(2) 集权与分权的有机结合，既维系了中央政府的必要权威，确保了中央政府的决策和执行能力，也调动了地方政府发展经济的积极性；(3) 持续不断的政府体制改革优化了政府的组织结构和激励机制，更新了官僚系统的人力资本，提高了政府的行政效能，也使政府的行为更加理性化、制度化[②]；(4) 政府在学习、试验、危机中进行适应性调整，以不断更新治理理念，积累制度知识，提高自身驾驭市场和治理社会的能力。强政府的形成划清了政府与市场的边界。

其次，混合型经济制度不断完善。中国混合型经济并不局限于狭义的公有制主导下的混合所有制结构，而是涉及更加广泛的层面，如政府与市场的平衡、外需与内需的关系等诸多领域。[③] 中国混合型经济主要特征体现在：(1) 虽然农业部门市场化程度很高，但非农业部门市场化程度较低，特别是由于没有采取大规模私有化，在公用事业、重工业、金融部门中，国有经济仍占据主导地位；(2) 虽然制造业、外国直接投资和技术引进的国际化程度大幅提高，但要素市场的开放程度仍比其他国家低，如

---

① 马德普：《渐进性、自主性和强政府——分析中国改革模式的政治视角》，参见俞可平等主编《中国模式与"北京共识"——超越"华盛顿共识"》，社会科学文献出版社2006年版，第211页。

② 从1982年至今，中国一共进行了六次主要的政府改革：1982—1985年、1988年、1993年、1998年、2003年、2008年。几乎平均五年一次的频繁改革在转型国家中绝无仅有，它充分反映出政府改革在历任中国领导人的目标偏好中都占有极为重要的地位。

③ 郑永年：《国际发展格局中的中国模式》，《中国社会科学》2009年第5期。

银行业、资本市场、外汇市场等；（3）金融部门和资本市场的发育仍处于初级阶段，政府主导的金融机构控制了债券、股票和银行市场；（4）政府与私人部门存在千丝万缕的联系，政府仍然主导市场的运行，并实施广泛的调节和干预；（5）政府通过强有力的产业政策推动本国产业的发展和升级，实现产业结构的多元化，提高经济的国际竞争力。所有这些导致中国实现了混合经济结构优化。

最后，弹性社会的稳定器作用不断加强。这不仅源于中国社会经济结构的特质，而且与政府治理社会能力具有密切关联。其一，虽然中国的市场化和城市化得到不断推进，但农村人口在总人口中仍占绝对优势。当农村人口占据多数时，社会在应对外部经济冲击时的弹性较大，因为受全球经济危机冲击最大的是城市部门（如制造业、服务业凋敝产生的失业）。尽管在失业人群中农民工占据多数，但他们依然可以返回自己的乡土，从事农业生产或经营其他小型的工业、服务业，这在一定程度上减轻了危机给社会造成的冲击。其二，在市场化深入推进的背景下，民众的理性化程度也得到很大提高，人们能够理解经济的周期性或偶然性波动是市场经济的一种常态，从而更加冷静、沉着地加以应对。[①] 其三，政府掌握和运用资源处理危机及矛盾的经验更加丰富，技巧更为娴熟。政府不仅能够通过大规模的经济刺激计划确保增长和民生，而且还通过各种渠道来引导民众的危机心理，重建信心。2008年年末，中央政府做出判断：中国发展的战略机遇期依然存在；经济发展的基本面和长期向好的趋势并未改变；危机给中国提出前所未有的挑战，但也带来了重要机遇。在这种观念的指导下，中国提出了"从逆境中发现和培育有利因素，变压力为动力，化挑战为机遇"，"信心比黄金和货币更重要"等应对危机的"中国主张"。[②]除在国际上积极加强与世界各国的合作、联手应对危机挑战外，中国政府在国内还利用特定组织和制度优势扶持社会发展，重建社会信心，确保社会和谐稳定发展。

面对新常态的不期而至，中国治理模式的不足和缺陷日渐凸显，主要表现在：（1）强政府悖论制约了政府治理能力的改进和提升。中国治理模

[①] 参见孙立平《金融危机的逻辑及其社会后果》，《新华文摘》2009年第12期；《重建社会——转型社会的秩序再造》，社会科学文献出版社2009年版，第9—12页。

[②]《迎战国际金融危机的"中国答卷"》，网易新闻：http://news.163.com/10/0105/08/5S8J3N4U000120GU.html。

式并非完美无缺。虽然政府在推动市场化改革、保持社会稳定性方面发挥了积极作用，但在政府的目标、体制、行为、功能等领域仍然存在许多不适应甚至阻碍市场经济与社会发展的问题。在一些领域政府的权力和职能过度扩张，而在另一些领域则又存在政府职能缺失的现象，从而形成了明显的"强政府悖论"，这在一定程度上制约了政府治理能力的改进和提升。(2) 市场经济模式调整过程中仍面临新自由主义陷阱。全球经济危机充分暴露出以"无为政府+大私有化+自由市场+金融创新+全球化"为核心的自由放任型市场经济的严重弊端。这种市场经济不仅给发展中国家和转型国家带来了巨大的灾难，而且在全球经济遭受重创的今天也显得十分脆弱。然而新自由主义的市场经济观依然存在着极大市场，不同市场经济模式争论依然存在，关于建立何种类型的市场经济，中国需要对此做出明确回答。(3) 利益结构失衡带来的潜在社会风险。市场化和对外开放势必打破原有的利益均衡，社会利益的分化重组也成为一种必然趋势。尽管社会整体的利益在改革开放中得到提高，但利益在不同人群之间的分配却并不均衡。一些群体成为改革开放的受益者，另一些群体则成为失利者。这种状况不仅会对转型的进一步推进带来风险和阻力，而且成为制约经济持续平稳发展的重要障碍。全球经济危机的冲击，再一次暴露出社会利益失衡对经济发展和社会稳定带来的严重负面效应。诸如收入分配差距扩大、城乡分配差异、区域发展失衡等问题都是导致内需不足的深层社会根源。而危机产生的失业、收入下降、贫困人口增加等问题将对社会的稳定发展产生长期不利影响。因此，社会利益的分化与失衡不仅是一个经济问题，而且是一个政治问题。这两种问题交织在一起，将使中国未来转型与治理的风险增大。

总之，在新常态下，重建、变革、调整已经成为国际政治经济舞台的主旋律，作为新兴经济体"领头羊"的中国显然处于这一变革进程的前沿地带。面对内外格局所发生的巨大变迁，中国再次站在了十字路口。把握机遇，迎接挑战，从而走向持久繁荣的根本之道在于发展与提升中国治理模式，使之成为构筑完善的市场经济体制与和谐社会的制度基础。

三　中国现代国家治理模式重构的战略选择

中国国家治理模式重构要立足于两个基本前提。一个是保持制度环境的基本稳定，具体表现为坚持中国共产党的领导和社会主义制度的稳定性。这既是中国30年转型积累的宝贵经验，也是中国与俄罗斯等转型国家相比取得优良转型绩效的决定性因素。它是保持国家组织制度统一，确保政府具备充分行为能力，并保证社会经济转型坚持公正与繁荣目标的基本条件。另一个是中国国家治理模式构建必须服从和服务于实现社会经济持续、稳定、均衡发展这一目标。中国是一个发展中大国，资源稀缺与生产力发展水平较低仍然是制约国家与社会现代化进程的关键因素。这就决定了国家治理模式构建需要着眼于促进社会经济快速发展，并且使发展的成果惠及全民。任何背离稳定与发展的激进变革都是不可取的。在坚持上述两大基本前提的基础上，中国需要对政府、市场和社会之间的关系进行深入细致的协调与构建，建立起法治化的公共服务型政府、有效的市场经济体制和利益整合型公民社会三位一体的现代国家治理模式。

（一）化解政府悖论，建立法治化的公共服务型政府

道格拉斯·C. 诺思有一个著名论断："国家的存在是经济增长的关键，然而国家又是人为经济衰退的根源。"[①] 这一论断被称为"国家悖论"或"政府悖论"。换言之，政府既可能成为维系国家秩序和谐治理、促进社会经济持续发展的"扶持之手"；也可能成为干扰国家秩序、抑制经济发展的"掠夺之手"。因此，如何通过有效的制度改革来化解"政府悖论"，成为贯穿人类社会兴衰发展史中的核心问题。这一点同样适用于处于变革进程中的中国。在前一阶段的转型过程中，中国政府比较有效地发挥了创建市场与整合社会的"扶持之手"的功能，但是，在政府的目标、体制、行为、功能等方面仍然存在许多不适应甚至阻碍市场经济与社会发展的问题。"政府悖论"在中国转型过程中具有不同的表现形式：（1）以GDP为中心的政绩考核机制导致地方政府行为短期化，单纯强调经济效率和经济利益，而忽视本应发挥的社会管理和公共服务职能；（2）政府过度介入经济活动不仅导致烦琐的行政审批制度，增加微观经济主体的负担，而且也滋生日益严重的寻租、腐败问题；（3）某些政府部门缺乏有效的民主决策和监督机制，导致公共权力部门化、部门利益制度化，削弱了政府决策的有效性；（4）政府内部的组织结构和部门设置不合理，导致政府职能重叠、权责不清、政出多门等问题，降低了政府的治理效能，

---

① 道格拉斯·C. 诺思：《经济史中的结构与变迁》，上海人民出版社1994年版，第20页。

等等。① 为了化解"政府悖论",克服各种潜在的"政府失灵"问题,需要通过持续的制度改革,建立起一种"法治化的公共服务型政府"。

法治是学者们最为关注的一种制度安排。经验研究表明,法治与经济增长的关系最为密切,法治对经济增长具有比较明显的正向效应。法治既是政府实现善治的基本要素之一,也是公共管理的最高原则,它要求政府官员和公民都要遵循法律的约束。② 建立法治政府的努力是中国政府转型中的巨大变革,特别是建立社会主义市场经济体制目标的确立以及对外开放进程的加速成为促进法治形成重要的内部和外部动力。尽管转型过程中,中国在法治建设方面取得了许多突出成就,但是政府的法治化水平仍需进一步提高;在转型深化阶段,除进一步加强法律体系的建设外,更重要的是依靠政治体制改革、行政体制改革、社会经济结构优化等综合性措施来强化政府的法治意识与有效实施法律的能力。③ 在提高政府法治化水平的同时,中国还需要通过更为深入的政府改革来提高政府的公共服务职能,实现建立公共服务型政府的目标。中共十七大报告明确提出了加快行政管理体制改革、建立服务型政府的目标。强调"着力转变职能、理顺关系、优化结构、提高效能,形成权责一致、分工合理、决策科学、执行顺畅、监督有力的行政管理体制"。在此基础上"健全政府职责体系,完善公共服务体系,推行电子政务,强化社会管理和公共服务"。④ 建立公共服务型政府目标的确立意味着中国的政府治理模式变革进入一个核心攻坚阶段,它将实现政府治理理念、政府职能和治理模式的重大转变。它要求政府根据市场经济和社会发展的需要明确界定自身的职能范围,合理设置政府的组织机构,完善政府内部的激励约束机制,有效配置政府掌控的社会经济资源,在此基础上着力培育政府提供公共物品和服务的能力,使政府的能力与其职能范围相互适应,以提高公共服务的供给效率。

(二) 创建有效的市场经济体制,构建好的市场经济

中国经济转型的目标就是建立一种能够促进社会长期繁荣的有效市场

---

① 董方军、王军:《大部门体制改革:背景、意义、难点及若干设想》,《中国工业经济》2008年第2期。
② 俞可平主编:《治理与善治》,社会科学文献出版社2000年版,第10页。
③ 俞可平主编:《中国治理变迁30年》,社会科学文献出版社2008年版,第142—174页。
④ 胡锦涛:《高举中国特色社会主义伟大旗帜 为夺取全面建设小康社会新胜利而奋斗》,新浪网: http://news.sina.com.cn/c/2007 - 10 - 24/205814157376.shtml。

经济体制。在转型中，市场经济体制的基本制度结构已经得到初步确立，市场机制已经成为资源配置的主要力量，但依然存在许多制度性问题和结构性问题需要加以克服。虽然在转型深化阶段，市场经济体制的发育和成熟要更多地依靠激发社会民众的自主性与创新精神，充分发挥市场机制的协调作用，但是单纯依靠市场和社会力量的自发作用显然无法完成建立完善的市场经济体制的任务。转型国家的经验表明，由于维系市场经济运行的制度安排具有公共物品的属性，单纯依靠市场和社会的力量必然会导致有效制度供给不足，而且某些非法的私人部门也将会介入制度的创设，这时必然会产生大量无效的制度安排甚至滋生出种种有组织的犯罪行为，从而干扰人们正常的理性预期，导致各种形式的机会主义行为泛滥，使整个市场陷入"低水平制度陷阱"之中。[1] 因此，需要在转变政府治理模式、提高政府治理效能的基础上进一步发挥政府培育市场、增进市场的功能。当然，在这一过程中，需要着力克服政府缺位和政府越位并存问题，形成政府与市场相互促进的良性互动的混合经济体制。

就中国而言，转型深化阶段政府至少在以下几个方面需要发挥培育市场经济体制的重要作用：首先，完善市场经济体制的制度环境建设。在这方面，一些政府职能需要强化，另一些政府职能则需要精简。需要强化的职能主要表现为加强有关支持公平竞争和促进良好经济秩序形成的立法及执法工作，提供必要的市场监管和宏观调控，为市场的有效运转提供一个稳定的政治与法律环境；需要精简的政府职能主要表现为改革现有的行政审批制度，减少不必要的行政干预，打破部门与行业的行政垄断，将更多的资源投入到必要的公共物品供给方面。其次，需要继续深入推进关键性的经济制度改革与建设，进一步提高市场经济体制综合运行绩效。主要包括深化国有企业改革、完善国有资产管理体制、鼓励和引导非国有经济的发展，为多种经济成分共同发展创建公平竞争的环境；在完善商品市场建设的基础上，大力发展包括资本市场、劳动力市场、土地市场在内的生产要素市场，健全和规范其内在运行机制，形成统一、开放和竞争有序的现代市场体系；深化财政、税收、金融和社会保障体制改革，建立健全、完善的宏观调控体系；深入推进外贸、汇率体制改革，提高本国市场经济抵

---

[1] 保罗·G. 黑尔：《转型时期的制度变迁和经济发展》，《经济社会体制比较》2004年第5期。

御外部冲击的能力,更加积极融入国际经济体系。[①] 最后,构建好的市场经济,形成公平、公正的和谐社会环境。

(三) 化解社会矛盾,构建利益整合型公民社会

面对日益多元和复杂的社会结构,一个成熟、理性、开放并具备利益整合功能的现代公民社会的兴起是实现有效的国家治理不可或缺的构成要素。理论和经验研究表明,公民社会在国家治理方面具有政府和市场不具备的优势:公民社会可以与政府形成互补或竞争的关系,提高公共物品供给的效率和质量;公民社会能够塑造社会成员的自治与合作精神,减少社会对政府的过分依赖,规约政府行为;公民社会孕育出丰厚的社会资本,可以增进信任、克服集体行动中的协调问题,提高资源配置效率。基于上述原因,公民社会被视为缓解市场失灵和政府失灵的第三种治理机制。[②] 从转型国家的经验来看,创建公民社会可以采取两种模式。一是依靠民间社会力量的自发演化;二是政府自上而下理性构建与民间自下而上自发演化相互结合。就中国特定的国情而言,前一种模式是不可取的,因为它很容易出现社会游离于政府,甚至与政府对抗的局面,这一点已经被苏联和东欧国家改革失败所证明。相反,中国只能采取后一种模式,实现政府和公民社会的良性互动。政府需要承认公民社会存在的合法性与合理性,通过相关法律保障公民的基本权利,为公民个人和社会团体提供更加广阔的发展空间,充分激发社会民众的自主性与创新精神,增强社会的自组织治理能力。与此同时,政府需要保持对社会的必要控制和指导,将民间组织和社会团体纳入法制化和规范化发展的轨道,并且综合运用各种公共政策防止形成某种分利性和掠夺性的利益集团,有效地整合社会利益结构,促进社会和谐稳定发展。

参考文献

[1] 安德烈·施莱弗、罗伯特·维什尼编著:《掠夺之手——政府病及其治疗》,中信出版社2004年版。

[2] 保罗·G. 黑尔:《转型时期的制度变迁和经济发展》,《经济社会体制比较》

---

① 张卓元:《不断完善社会主义市场经济体制 促进国民经济又好又快发展——学习党的十七大报告的一点体会》,《经济研究》2007年第11期。

② 曾峻:《公共秩序的制度安排——国家与社会关系的框架及其运用》,学林出版社2005年版,第202—204页。

2004 年第 5 期。
[3] 陈明明：《政府改革及其社会空间：从多元主义到法团主义》，载顾丽梅主编《公共政策与政府治理》，上海人民出版社 2006 年版。
[4] 道格拉斯·C. 诺思：《经济史中的结构与变迁》，上海人民出版社 1994 年版。
[5] 董方军、王军：《大部门体制改革：背景、意义、难点及若干设想》，《中国工业经济》2008 年第 2 期。
[6] 经济与合作发展组织：《中国治理》，清华大学出版社 2007 年版。
[7] 胡锦涛：《高举中国特色社会主义伟大旗帜　为夺取全面建设小康社会新胜利而奋斗》，新浪网，http://news.sina.com.cn/c/2007-10-24/205814157376.shtml。
[8] 卡尔·波兰尼：《大转型：我们时代的政治与经济起源》，浙江人民出版社 2007 年版。
[9] 康晓光、韩恒：《分类控制：当前中国大陆国家与社会关系研究》，《开放时代》2008 年第 2 期。
[10] 刘树成、吴太昌主编：《中国经济体制改革 30 年研究》，经济管理出版社 2008 年版。
[11] 青木昌彦等主编：《政府在东亚经济发展中的作用——比较制度分析》，中国经济出版社 1998 年版。
[12] 热若尔·罗兰：《转型与经济学》，北京大学出版社 2002 年版。
[13] 孙立平：《社会转型：发展社会学的新议题》，《开放时代》2008 年第 2 期。
[14] 俞可平主编：《治理与善治》，社会科学文献出版社 2000 年版。
[15] 俞可平主编：《中国治理变迁 30 年》，社会科学文献出版社 2008 年版。
[16] 吴敬琏：《当代中国经济改革》，上海远东出版社 2003 年版。
[17] 王绍光：《大转型：1980 年代以来中国的双向运动》，《中国社会科学》2008 年第 1 期。
[18] 王绍光：《中国公共政策议程设置的模式》，《开放时代》2008 年第 2 期。
[19] 张卓元：《不断完善社会主义市场经济体制　促进国民经济又好又快发展——学习党的十七大报告的一点体会》，《经济研究》2007 年第 11 期。
[20] 曾峻：《公共秩序的制度安排——国家与社会关系的框架及其运用》，学林出版社 2005 年版。

新常态下提高我国经济增长质量的路径转型与改革取向选择

任保平 郭　晗

内容提要：新常态是合乎我国当前阶段经济周期波动规律、产业结构演化规律和经济发展战略规律而出现的必然状态和特征，是从一个经济发展阶段向另一个经济发展阶段过渡的转换期。追求质量是新常态背景下经济增长的关键。新常态并不意味着低增长，而是要在速度换挡过程中构建起创新驱动的新增长模式，为新一轮增长时代创造条件，进而提升中国经济增长的国际竞争力。新常态背景下我国提高经济增长质量的关键在于经济再平衡过程中的结构调整、经济增长潜力开发和动力重塑、摆脱中等收入陷阱、新常态下体制机制和制度创新等问题；路径在于改革，即应该坚持质量效益价值取向、市场配置资源取向、创新驱动取向、生态取向、民生取向和包容性取向的改革。

关键词：经济增长　新常态　经济增长质量　改革取向

新常态是对我国经济增长的新判断，是对新时期我国经济形势的准确描述，为我国当前经济发展定下了基调。认识新常态、适应新常态、引领新常态，是当前和今后一个时期我国经济发展的大逻辑。要正确认识新常态，新常态并不简单地等同于经济增速放缓，而是经济结构重构、增长动力重塑和经济再平衡过程，是以速度换取质量的过程；要主动适应新常

[作者简介]任保平，西北大学经济管理学院院长、教授、博士生导师；郭晗，西北大学经济管理学院西方经济学专业博士研究生。

[基金项目]教育部哲学社会科学发展报告项目"中国经济增长质量报告"（13JBGP014）和"陕西高校人文社会科学青年英才支持计划"项目（HSSTP201401）。

态,坚持以提高经济增长质量和效益为中心,保持经济运行在合理区间;要积极引领新常态,推动以经济增长质量提升为导向的结构性改革。追求质量是新常态背景下经济增长的关键,因此,新常态下需要确定以经济增长质量作为导向,实现经济增长路径的转型。

一 经济增长新常态的理论解释

习近平总书记2014年5月在河南考察时首次提出新常态,此后多次讲到新常态。中央经济工作会议又一次强调新常态,并把其作为中国经济形势的一种判断。在此背景下,新常态引起人们的高度关注,成为各界认识和解释中国经济形势的关键词。新常态关系到对当前中国经济特征的判断和经济运行状态的理解,也涉及中国宏观政策未来的选择。因此必须从理论上正确理解新常态。

从当前理论界和实际工作部门对新常态的解释来看,主要有以下观点:刘世锦认为,中国经济目前仍处在由高速增长向中高速增长的转换期,进入中高速后的新稳定增长的轨道或者状态叫新常态。[1] 刘伟等认为,在新的发展阶段,出现的新机遇、新条件、新失衡等,正逐渐成为经济发展中较长时期稳定存在的特征。[2] 洪银兴认为,转向中高速增长是我国进入中等收入发展阶段后的基本新常态,并进一步指出,"中高速增长的新常态需要与以下三个方面新常态相互支撑。一是发展战略新常态,涉及结构再平衡战略和创新驱动发展战略。二是宏观调控新常态,涉及市场决定资源配置和明确宏观经济的合理区间。三是发展动力新常态,涉及以改善民生为着力点的消费需求拉动并与投资拉动相协调"。[3] 李稻葵认为,发达国家新常态的主要特征是:在全球化压力下,经济社会体制和政策"向左转",更加强调分配的公平性,强调对市场机制,尤其是金融市场的约束,同时,对于社会高收入人群的税收也会有所加强。而中国和新兴市场国家新常态的基本主题,是在低增长时代寻求经济体制的改革,试图为新一轮的增长创造一个制度基础。并认为中国经济有四种新常态:新旧

---

[1] 刘世锦:《进入增长新常态下的中国经济》,《中国发展观察》2014年第4期。
[2] 刘伟、苏剑:《"新常态"下的中国宏观调控》,《经济科学》2014年第4期。
[3] 洪银兴:《论中高速增长新常态及其支撑常态》,《经济学动态》2014年第11期。

增长点的拉锯式交替、渐进式的经济结构调整、改革的艰难推进和国际经济领域中国要素的提升。①

依据经济学基本原理，结合学术界当前对新常态的理解，经济增长新常态是一种必然状态。从哲学上讲，必然状态是指客观事物发展的合乎规律的、确定不移的趋势。从经济增长和经济发展来看，在经济发展的不同阶段上，要素禀赋结构不一样，经济增长的动力机制不同，因而产生了不同的表现状态。从一般意义上讲，新常态实质是对经济发展新的阶段上合乎规律所出现的必然状态和特征的判断，世界经济发展有其新常态，不同国家的经济也有其新常态，只不过表现形式不同。中国经济增长的新常态是合乎中国当前阶段经济周期波动、工业化发展和经济发展战略规律而出现的必然状态和特征，是从一个经济发展阶段向另一个经济发展阶段过渡的转换期。其内涵如下：

（一）合乎经济增长阶段特征的必然常态

从经济增长理论看，新常态是指有要素禀赋结构发生变化情况下的增长动力转换期。要素禀赋条件是经济增长所依赖的基础条件，资源禀赋的丰裕程度不同，经济增长的方式和路径是不同的。当要素资源丰裕，甚至没有完全稀缺的状态下，经济增长有比较丰裕的要素支持，经济增长可以选择规模扩张的路径，经济增长的政策可以实施需求管理，通过需求拉动实现经济增长。而当要素禀赋的稀缺性显示出来之后，规模扩张的路径就失去了价值，需求管理的局限性就进一步显示出来。这时就需要转换经济增长路径，改变经济增长政策。改革开放初期，我国经济增长的初始条件是资源丰富，而且价格低廉。我们采取了规模扩张的增长路径和需求管理的政策，带动了中国经济30多年的高速增长。但是，目前资源的稀缺性进一步显现，无论是劳动力资源还是自然资源对经济增长都构成了强约束，资源禀赋条件和结构都发生了根本性的变化。规模扩张的增长路径走到了尽头，需求管理政策的局限性进一步显现，经济增长长期积累的矛盾逐步凸显。因此，经济增长进入了路径转换期和速度换挡期，这个转换期就是中国经济增长的新常态。

（二）合乎经济周期波动规律的必然常态

从经济周期理论看，新常态是指经历了经济增长长期繁荣阶段，进入

---

① 李稻葵：《什么是中国与世界的新常态？》，《金融经济》2014年第19期。

萧条阶段之后长期、缓慢而且痛苦的恢复过程。按照经济周期理论，经济增长总是沿着经济发展总体趋势经历的有规律的扩张和收缩过程。一个完整的经济周期包括扩张与收缩两个阶段。在一个典型的增长型周期中，扩张阶段又可分为经济增长率的回升期和超速期，收缩阶段又可分为经济增长率的回落期和低速期，新常态从经济周期角度看实际上是进入了收缩阶段的回落期和低速期。2008年之前，我国经济周期的收缩阶段都历时很短，但是，有结构性问题和发展方式问题的长期累积，造成了长期积累的经济发展不平衡、不协调、不可持续的深层次矛盾，在这种矛盾下经济增长接近生产最大的可能性边界；2008年之后，经济周期收缩阶段持续的时间比较长，由收缩向扩展回复的过程长、痛苦而且艰难，短期波动背离了长期趋势，表现出和以往不一样的特征。因此，新常态是经济周期短期波动背离长期趋势的过渡期，也是合乎经济周期波动规律的必然常态。

（三）合乎产业结构演化规律的必然常态

从产业经济学理论看，新常态是中国产业结构从多元化向高级化升级的转型期。产业结构演化的一般规律是"产业结构单一化—产业结构多元化—产业结构高级化和合理化"。一国在经济发展的最初阶段，产业结构是单一的，产业发展的目标就是要实现产业结构多元化。为了实现产业结构多元化，往往从一国的比较优势出发，通过规模扩张，以工业化为主题推动发展。当产业结构多元化实现之后就需要进行产业结构升级，以产业结构高级化和合理化为目标，进行结构升级与转型。改革开放以来，我们的产业结构演化实现了结构多元化，但未能实现产业结构高级化和合理化，造成了产业结构的低端锁定和结构失衡，导致了经济增长下滑。目前，处于产业结构从多元化向高级化和合理化转变转型时期，这个转型时期就是新常态，因此，新常态是合乎产业结构演化规律的必然常态。

（四）合乎经济发展战略规律的必然常态

经济发展战略是指在一定时期内，国家关于国民经济发展的基本思想及为此而实施的总体规划和方针政策。发展中国家早期经济发展面对的问题是如何迅速改变贫穷落后的状态，因而往往选择实施追赶型战略。追赶型战略是一种采取扭曲产品和要素价格的办法，提高国家动员资源的能力，进而使经济增长水平和产业结构达到发达国家水平的发展战略。但是当追赶型战略实施到一定阶段，经济增长速度提高到一定程度，社会生产规模已经逼近生产的可能性边界，实际经济增长率已经接近最大的潜在增长率时，就需要适时进行发展战略的调整。我国经过 30 多年追赶型战略的实施，经济总量已经位居世界第二，但是人口红利逐步消退，劳动力成本上升，自然资源的稀缺性开始显现，逐渐形成了经济增长的制约。这时就需要从追赶型战略转向质量效益战略。因此，新常态就是从追赶型战略转向质量效益战略转换时期的一种必然状态。

因此，新常态是经济增长进入了路径转换期和速度换挡期、经济周期短期波动背离长期趋势的过渡期、产业结构从多元化向高级化和合理化转变的转型期以及经济发展战略从追赶型战略向质量效益战略的转换期，相当于从一条高速增长通道向另一条高质量增长通道转换的过渡期。新常态具备一般国家经济增长和发展的规律，但又存在中国的特殊表现。由于中国是一个大国，涉及面广，尽管经济总量已经很大，但是人均量小，长期积累的矛盾未能及时化解，长期的需求管理导致经济发展逼近生产的最大可能性边界。再加上新常态下的种种问题是内在因素决定的，不是外部冲击形成的。因此，我国经济增长进入新常态后，增长速度会有所降低，时间会比较长，而在调整期间忍受的阵痛也会比较大。

二 新常态背景下我国经济增长特征的变化

新常态是对中国经济增长从高速到中高速的增长速度换挡期、结构调整阵痛期和前期刺激政策消化期"三期叠加"阶段的重要判断。新常态表面是经济增长速度的换挡，实质是经济结构的调整和发展方式的转变，是经济增长动力在发生转换，经济增长进入换挡期。新常态意味着我国经济增长进入了一个新阶段，随着资源环境约束强化、中国经济转向创新驱动，经济增长的质量和效益将成为企业和社会追求的更高目标。新常态下我国经济增长特征发生了如下变化：

（一）经济增长理念从片面追求 GDP 向以人为本和环境保护转变

当前正处在新的发展理念与传统发展理念博弈的时期，已到了从"量"的过度扩张到"质"的战略提升的新阶段。经济发展新常态下，不应再以片面追求 GDP 作为经济增长理念，而是把以人为本和环境保护作为新常态下的增长理念和原则。一方面，新常态下经济增长理念从"以物为本"转向"以人为本"，更加强调人作为经济主体的作用，增长是为了人的发展,增长的过程依靠人的参与,增长的成果由所有人共享,这就是说,新常态下更加注重生活水平的提高和人的全面发展。另一方面,新常态下经济增长的理念从以高能耗、高污染为特征的超常增长转向资源节约和环境友好为特征的可持续增长,从追求传统的"黑色 GDP"转向追求经济与生态并重的"绿色 GDP",以此唤起全社会节约能源、保护环境的意识,在实现经济发展的同时保障人们的美好生活。

(二) 宏观上的发展目标从速度时代向质量效益时代转变

一方面,经济增长从高速增长向中高速增长转变。经济新常态的一个基本表现形式就是增速的换挡。过去 30 多年里,我国经济长期保持两位数增长。经济新常态的一个重要标志是经济增速逐渐回落到中高速增长区间,形成一种可持续的经济发展速度。在原有的经济增长过程中所出现的片面追求速度而非质量的经济发展将得到根本性扭转。

另一方面,经济增长的目标从追求速度增长转向经济发展方式转变。新常态背景下的经济增长与过去增长模式最大的区别就是要建立在质量效益的基础上。新的增长模式要实现经济结构在诸多领域的全面升级,同时经济增长方式逐步由粗放的增长模式向集约的增长模式转变,最终提高经济发展的质量和效益。在这一转变过程中,经济结构将逐步改善,消费的贡献率逐步上升,环境规制强度会逐步增强,增长将从单纯的速度提升变为速度与质量效益的同步提升。

(三) 中观上的产业结构将从结构多元化向结构高级化转变

新常态下制约中国未来经济增长的核心因素将从投资规模扩张转向产业结构升级、技术进步和人力资本作用的发挥。中国未来经济改革重心应转向产业结构调整以及技术进步方面。在未来的经济增长过程中,以知识和技术为主的现代产业部门将得到快速发展,以促进产业结构的高级化和合理化。未来中国经济增长的主题不再是通过产业结构多元化追求经济增长的数量,而是要通过产业结构高级化追求经济增长的质量。在结构高级化方面,主要是提高自主创新能力,促进科技成果向现实生产力的转化,注重人力资本积累,倡导科技、知识和技术在产业增长中发挥真实作用;在结构合理化方面,主要是从制造业为主向服务业为主转变,服务业将取代工业成为经济增长的主要动力。我国已经结束了重化工业阶段,结构调整的一个重要方向就是大力发展服务业,进一步提升服务业在经济结构中的地位。

（四）微观上的企业行为将从追求比较优势向追求竞争优势转变

新常态下不仅宏观经济和中观经济出现了新特征，微观企业行为也将发生变化，企业追求超常利润的时代已经结束，因此新常态也是企业行为的转型期：一是企业核心竞争力的转型。新常态下企业的核心竞争力将从比较优势转向竞争优势，创新将成为企业获得竞争优势的源泉，获得利润的要素将从依靠低劳动力成本和资源投入转向依靠信息、知识和技术这些新要素，企业要通过产品创新、技术创新、商业模式创新、管理创新，加快企业转型升级，依靠创新获得核心竞争优势来获取利润。二是企业盈利模式的转型。以现代信息技术、高新技术武装起来的物联网企业将成为新趋势，给企业发展带来新的创造力。企业必须参与信息技术、高新技术的生产、储存、营销全过程，要抓住信息技术带来的技术机会，对人力资源进行长期积累和投入，改造企业，积极发展新型业态，进行盈利模式的创新。

（五）经济增长的空间布局将由非均衡走向均衡

新常态也是中国区域经济从非均衡发展走向均衡发展的转换时期。由于区域经济的"极化"和"扩散"作用比以往更加明显，东部、中部、西部地区经济发展的协调性在增强，东部地区在结构调整、转型升级中的引领作用更加明显，中西部地区在一系列区域发展战略的推动下，后发优势继续得到发挥。在传统增长过程中，我国总体区域经济差异和极化水平呈波动上升趋势。进入新常态后区域发展会逐渐均衡化，应加大措施促进生产要素在区域间自由流动，引导产业转移，鼓励和支持各地区开展多种形式的区域经济协作和技术、人才合作，形成区域间相互促进、优势互补的互动机制。通过协调互动，使经济增长的空间布局从非均衡走向均衡，防止区域经济差距的进一步扩大，促进区域经济的和谐发展。

三 新常态背景下我国提高经济增长质量的重点任务

经济增长的新常态意味着必须摒弃过去的粗放型经济增长模式，探索"精耕细作"的发展路径。新常态下经济发展要形成新竞争优势，必须以提高经济增长质量为核心，把质量当成基础性和关键性要素。把转方式、调结构放到更加重要的位置，把中国经济增长引入到提高经济增长质量的轨道之中。

（一）新常态要构建创新驱动的新增长模式

经济增长新常态要由过去的要素和投资驱动向创新驱动转变，通过创新驱动培育出新的经济增长动力和竞争力，特别是要形成自主创新的动力。新常态势必将中国经济逐步推向一个依赖研发创新与品牌进行国际竞争的新舞台，使中国经济进入高效率、低成本、可持续的中高速增长阶段。因此，在新常态背景下，一是要加快实施创新驱动发展战略，鼓励自主性研发，形成具有自主知识产权的创新型技术，为新常态下创新驱动增长模式的建立提供重要保障。二是要依靠自主创新和劳动力素质提高，切实增强产业竞争力和提高全要素生产率，推动产业向价值链中高端跃进。三是要依靠创新驱动有效克服资源环境制约，完成经济结构调整和发展方式转变，以实现中国经济长期可持续发展。

（二）新常态要为新一轮增长时代的到来创造条件

一是增强经济稳定性。新常态是对我国经济发展的阶段性特征的概括，进入经济增长的"新常态"，经济增长和经济发展更多地强调稳定性。近年来，我国的基尼系数正逐步下降，劳动收入占比也遏制住了下降的趋势，社会保障正有条不紊地逐步建立，我国正在转变成为一个更具有包容性的经济体。

二是体制条件。在新常态下要努力消除阻碍经济增长和发展的体制机制，完善社会主义市场经济体制，正确处理政府和市场的关系，改善市场机制的扭曲，放松各种市场管制，发挥市场机制的作用和效能。构建激励创新的体制机制，促进制度创新、产业创新、技术创新。增强和保护经济发展的内生动力，增强市场主体的创造活力。

三是社会条件。要努力创造公平竞争的市场环境，促进社会的公平正义。建立公正的社会分配结构和社会保障机制，使人民群众的积极性、主动性和创造性得到充分发挥。

（三）新常态要提高中国经济增长的国际竞争力

目前，世界范围内兴起的信息化浪潮，推动了新兴产业的不断成长。面对新技术和产业带来的挑战，在新常态背景下，要积极参与新一轮国际分工，努力提高中国经济增长的国际竞争力：

一是积极参与新一轮国际分工。积极参与新一轮国际分工，分享新技术革命的成果，以高新技术产业为先导，加快发展先进制造业，以国家大力发展装备制造业为契机，积极引进、培育和壮大现代装备制造业，以推动制造业产业链前移。

二是树立起大数据思维。大数据互联网普及的经济发展模式使世界经济迈向数字化转型新时代，麦肯锡在《中国的数字化转型》报告中指出："随着中国迈向数字化新时代，预计到2025年，互联网将占到中国经济年增长率中的0.3%—1%，将有可能在中国GDP增长总量中贡献7%—22%，到2025年，这相当于每年4万亿—14万亿元人民币的年GDP总量。"① 互联网和大数据已成为新常态下中国经济增长和发展的新引擎，在新常态下要提高中国经济增长的国际竞争力必须树立大数据思维。

四　新常态背景下我国提高经济增长质量的几个问题

新常态并不意味着低增长，而是要在新常态背景下，通过经济结构调整和发展方式转变，进一步开发经济增长潜力来提高经济增长质量，实现中国经济的长期持续增长。经济增长潜力开发不是由短期因素决定，而是由长期因素决定的。新常态背景下提高我国经济增长质量需要解决以下问题：

（一）经济再平衡过程中的结构调整问题

新常态是一个经济再平衡过程，在经济结构再平衡过程中要提高经济增长质量和效益，优化经济结构，重新整合区域经济架构。中国经济在总量扩张的繁荣同时，也积累了明显的结构性问题。从产业结构看，以加工制造业为主的工业产能过剩，而服务业产能不足。从需求结构看，投资和出口超常增长，而消费占比却相对下滑。从区域结构看，东部沿海地区快速崛起，中西部地区发展相对滞后，大城市病越发严重，中小城市及小城镇相对薄弱。在新常态下，宏观管理重心将更注重结构调整，产业结构、质量结构、区域结构、金融结构和市场结构等都将发生新的转向，结构再平衡将成为中国经济的新常态。

---

① 王建华：《"新常态"下的大数据思维》，《上海经济》2014年第9期。

(二) 经济增长潜力开发和动力重塑问题

一方面,消解经济增长中积累的产能过剩。产能过剩是指生产能力总和大于消费能力总和。经历了十年产能扩张和经济繁荣周期之后,中国经济出现了严重的产能过剩,产能过剩越来越成为经济运行中的突出问题,而且成为中国经济转型最大的风险点。产能过剩不仅造成了严重的雾霾天气,同时产能过剩行业的企业利润增速也持续下移,潜在金融风险不断积聚。另外,产能过剩行业还占据了大量的资源,挤压了有利于经济转型行业的增长空间,抑制了经济全要素生产率的提高,限制了经济增长潜力的开发。在经济新常态下,要积极消解经济增长中积累的产能过剩问题。

另一方面,在新常态下要积极开发经济增长的潜力和重塑经济增长的动力,为新增长时代的到来准备条件。中国的工业化正处在从简单加工制造向重化工发展阶段演进的关键时期,工业化和城市化发展空间依然巨大。新常态是中国经济的一种阶段性特征,新常态并不意味着低增长,"中国经济快速增长的潜力非常巨大,高增长不可能就此结束。"[①] 因此要加强经济增长潜力开发和动力重塑。

(三) 摆脱中等收入陷阱问题

"中等收入陷阱"是指当一个国家人均收入达到中等水平后,由于不能顺利实现经济发展方式转变和结构升级,导致经济增长动力不足,最终出现经济停滞的一种状态。这是发展中国家在经济发展过程中都会遇到的问题。进入经济发展的新常态,中国也面临着能否成功跨越"中等收入陷阱"的问题,只有成功跨越中等收入陷阱,中国未来才能跻身于发达国家行列。在新常态下,经济结构不平衡、技术与生产率与发达国家差距大、人口红利消失、劳动力成本上升、收入分配不平等、资源环境压力加大等因素使中国经济存在落入"中等收入陷阱"的风险。在新常态下要努力摆脱"中等收入陷阱":一是要加强企业自主创新能力的培养,完善创新的激励机制,增强其创新与产业升级的内在动力。二是要改善收入分配,缩小城乡与地区收入差距,提倡机会均等,提高增长的包容性,使所有人能公平地分享经济增长的成果。三是增加对公共服务的投入,实现享受公共服务的均等机会。

---

① 华民:《走出中国经济"新常态"论理论误区》,《人民论坛》2014年第2期。

(四) 经济新常态中的体制、机制和制度创新问题

转入新常态，意味着我国经济发展条件和环境已经或即将发生诸多重大转变。"旧常态"下的劳动力成本优势、制造业成本优势和国际贸易比较优势都发生了根本性改变。在传统的"旧常态"中，经济发展方式的体制机制转变滞后。由于体制机制引导市场主体行为，形成相关利益格局，决定经济发展方式，因此，只有坚定不移地推进改革，才能破除原有发展方式赖以存在的体制安排和利益结构，为适应经济新常态的发展创造条件。经济新常态中的体制机制和制度的改革要围绕着发挥市场的作用、产业转型升级、创新驱动发展、推进城镇化、构建开放型经济新体制深化改革。新常态下要激发市场活力，落实市场在资源配置中的决定性作用，要辩证地认识和正确处理政府与市场、政府与社会的关系，统筹发挥政府"有形的手"和市场"无形的手"的职能作用，确保政府既不缺位放纵市场，又不越位干预市场，也不错位扰乱市场，从而将市场在资源配置中起决定性作用这一要求落到实处。

五 新常态背景下提高经济增长质量的改革取向

新常态是我国成为世界第二大经济体之后必须面对和思考的一个重大现实问题。新常态下的发展思路有三个表现："中高速增长下结构调整和创新驱动成为发展的新常态，真正转向市场推动经济增长成为宏观调控的新常态，以民生改善为重点的消费需求拉动投资需求是发展动力转换的新常态。"[1] 新常态本质在于提高经济增长质量，重塑经济增长的动力。而这些都需要坚持用深化改革的办法，激发市场活力，推动经济在新常态下平稳运行，从而提高新常态下的中国经济增长质量。新常态背景下提高经济增长质量的改革取向表现在以下几个方面：

(一) 追求质量和效益价值取向改革

在新常态背景下，经济增长质量比经济增长速度更能够代表中国经济的发展方向。落实新常态经济发展的要求，追求经济新常态的经济增长质量目标，必将有利于经济增长从粗放型方式中解放出来，使中国经济从片

---

[1] 洪银兴：《经济新常态下的经济发展》，《新华日报》2015年1月6日。

面追求经济发展规模和速度转向更加注重经济增长质量和效益的轨道上来。因此，需要坚持追求质量和效益价值取向的改革：

一是切实落实创新驱动发展战略，实现创新机制的转型，使新常态下中国经济增长中的创新机制从模仿创新向自主创新转型，从分离创新向协同创新转型。以新的创新机制形成中国经济增长的驱动力，把创新政策融入科技政策、产业政策、财税政策、金融政策、对外开放政策中去，形成新常态下全面的创新政策体系。

二是促进经济结构高级化和合理化，使中国经济结构从结构多元化向结构高级化方面转变，同时高度重视实体经济的作用，把新型工业化与再工业化相结合形成新常态结构层面的增长动力。

三是重视人力资本积累。新常态下中国经济增长的人口红利逐步消失，需要实现从人口红利向人力资本红利转变，重视人力资本积累及其作用的发挥，要优化教育结构、创新教育体制，使教育与新常态下的现实需要结合起来，为新常态的经济增长培养高素质人才。

（二）坚持市场配置资源导向改革

新常态意味着全面深化改革的新阶段和新时期，在新常态下，我们要正确处理政府与市场、政府与社会的关系，实现政府"有形的手"和市场"无形的手"作用的结合。因此，需要坚持市场配置资源导向的改革，将市场在资源配置中起决定性作用落到实处。

一是简政放权。最大限度地减少许可、审批和资质资格认定，激发市场主体投资创业的积极性，为新常态经济转型提供不竭动力。

二是发挥现代市场机制的作用。建立公开透明的市场规则，按照负面清单的思路，制定统一的市场准入规则。深化要素市场改革，建立能够反映稀缺程度和供求关系的价格体系，把提高资源配置效率与促进经济增长结合起来。

三是完善企业运行的市场机制，增强微观市场主体活力。深化国有企业改革，从以往的"管资产"转变为"管资本"，形成规范的公司治理结构，真正做到产权明晰、自主经营、自负盈亏，增强企业创新动力，促进技术进步和集约经营，同时鼓励非公有制经济加快发展，特别是在服务业和高技术领域，并依法保护各种所有制经济公开、公平、公正参与市场竞争。

四是完善对外开放体制。围绕新常态下对外开放方式的转变，建立以追求对外开放质量和双向流动为特征的新型对外开放模式，建立和完善质量效益型对外开放体制，以消除国内市场与国际市场接轨的体制性障碍。

（三）坚持创新驱动取向改革

新常态下中国经济增长需要实现从要素驱动向创新驱动转变，加快完善以企业为主体、市场为导向、产学研相结合的自主创新机制，最大限度地推动本国禀赋结构、产业结构和技术结构同步升级，实现经济增长质量和效益最大化。因此需要坚持创新驱动取向的改革：

一是促进产业转型升级，在加快新兴产业发展基础上，不断改造传统产业，为新常态下传统产业升级换代以及发展新一代信息技术、数字技术、新能源、高端装备制造、新型服务业等产业夯实基础，提高新常态下中国经济增长劳动生产率和全要素生产率。

二是完善科技创新体制机制。把技术创新作为新常态下创新驱动的核心，深化科技体制改革，坚持技术创新的市场导向，完善风险投资机制和商业模式，促进科技创新转化为经济发展动力。

三是强化企业技术创新主体地位。以企业和市场为核心，完善技术创新市场导向机制，充分调动企业的积极性，发挥市场对技术研发方向、路线选择、要素价格、各类创新要素配置的决定性作用。

四是促进科技与金融结合。加强知识产权运用和保护，充分发挥资本市场对创新创业的支持作用。

五是完善创新驱动的制度环境。建立和完善技术创新交易秩序的制度体系，消除制度障碍，使制度创新与技术创新相一致，通过制度的约束作用，降低创新主体参与市场交易的交易成本，将技术创新成果转化最大化。

（四）坚持生态取向改革

新常态下我国经济增长面临着严重的资源环境约束，需要坚持生态取向改革：

一是加快建立经济可持续发展的体制机制。建立科学的节能减排指标体系、考核体系和监测体系，充分调动企业节能减排和资源综合利用的积极性，严格落实节能减排目标责任制，同时通过财政、税收、金融等经济政策和限制高能耗产品进出口政策，鼓励和促进企业开展节能减排，形成激励机制和约束机制相结合的节能机制。

二是发展绿色经济和循环经济。推广低碳技术，发展新能源和可再生能源，加强水污染、大气污染、固体废物污染和城市交通拥堵防治，建立资源循环利用机制，对能源原材料充分加工利用和对废弃物回收利用，通过各环节的反复回用，发挥资源的多种功能，实现经济与环境良性互动发展。

三是保护生态环境。积极应对全球气候变暖，继续推进天然林保护、退耕还林、退耕还牧等生态工程，促进经济与环境协调发展。

（五）坚持民生取向改革

新常态下的发展要以民生为视角，改革也要以民生为取向。保障和改善民生既是经济发展的出发点和落脚点，也是深化改革的目标和动力。为此，新常态下经济增长要坚持民生取向改革：

一是切实提高企业和劳动者的收入水平，建立工资正常增长机制、居民收入与社会财富的同步增长机制，改革不合理税种与税率，降低工薪阶层纳税比重，进一步实现藏富于民。

二是健全覆盖全民的基本公共服务体系。优先保障基本公共教育、劳动就业服务、社会保险、基本社会服务、基本医疗卫生、基本住房保障、公共文化体育等服务的提供，实现基本公共服务制度覆盖全民，完善财政保障、管理运行和监督问责机制，形成保障基本公共服务体系有效运行的长效机制，不断提高基本公共服务的质量和效率。

三是着力发展民生经济。坚持公共财政的民生投向，建立民生投入持续稳步增长的长效机制，不断调整和优化财政支出结构，实现国家财政从经济建设型向民生建设型转变。大力扶持和重点发展民生相关产业特别是生活性服务业，促进经济发展和民生改善。

（六）坚持包容性取向改革

新常态下经济增长要从传统增长转向包容性增长，改革也要以包容性为取向。包容性增长更加注重以人为本，其核心是"机会平等，成果共享"。因此，新常态下要实现包容性增长和和谐发展，让经济增长的成果惠及所有地区和所有人群，就要实现以下包容性取向的改革：

一是形成合理有序的收入分配格局。调整国民收入分配格局，进一步提高劳动报酬在初次分配中的比重，加大垄断行业改革，减少垄断对收入分配格局的扭曲，改革国有企业利润分配，国有资本经营预算收入以更大比例调入公共预算，统筹用于民生支出，进入国民收入分配体系大循环，体现全民共享。

二是促进教育公平和教育资源更加均衡配置。教育制度改革最需要突破的领域还是教育公平，应尽快打破发达地区和落后地区之间、城乡之间在义务教育阶段的不均衡，改变当前财政支持教育的方式，推动优质师资的流动，从根本上消除不公平因素。

三是统筹行业之间、城乡之间养老保险制度同步改革，推进机关事业单位养老保险制度改革，建立与城镇职工统一的养老保险制度，改革退休费计发办法，从制度和机制上化解"双轨制"矛盾，同时加快整合城乡养老保险、为农村老龄人口提供合理的养老保障，使全民享受更具包容性的机会均等养老公共服务。

参考文献

[1] 刘世锦：《进入增长新常态下的中国经济》，《中国发展观察》2014 年第 4 期。

[2] 刘伟、苏剑：《"新常态"下的中国宏观调控》，《经济科学》2014 年第 4 期。

[3] 洪银兴：《论中高速增长新常态及其支撑常态》，《经济学动态》2014 年第 11 期。

[4] 李稻葵：《什么是中国与世界的新常态?》，《金融经济》2014 年第 19 期。

[5] 王建华：《"新常态"下的大数据思维》，《上海经济》2014 年第 9 期。

[6] 华民：《走出中国经济"新常态"论理论误区》，《人民论坛》2014 年第 2 期。

[7] 洪银兴：《经济新常态下的经济发展》，《新华日报》2015 年 1 月 6 日。

经济增长：数据及政治经济学分析

樊 明

内容提要： 中国经济进入新常态后，未来增长的前景如何普遍受到关注。本文采用世界银行提供的 178 个经济体人均 GDP 和经济增长率数据，分析发现，随着人均 GDP 从低到高，经济增长率波动的幅度逐渐收窄，由此提出一种预测一个经济体随着人均 GDP 的增加而可能面对增长率上限的方法。如果一个经济体经济增长率落在人均 GDP 和经济增长率上限关系线附近，则可对未来经济增长率进行预测。据此，本文预测了 2015—2020 年中国经济增长率。对中国经济增长潜力的市场分析发现，依当下中国和发达国家人均收入的巨大差距，还存在巨大的经济增长潜力。在近期，房地产是重要的经济增长点。经济增长及增长潜力的政治经济学分析强调，基于一个经济社会的制度安排，阶级、利益集团的力量对比及相互作用，对收入及由收入决定的消费进行分析和评价，由此分析和解释一个经济社会经济增长及增长潜力，并提出改革社会制度的方向。本文分析了当下中国政治结构的一些特点，提出促进中国经济增长的一些建议。

关键词： 人均 GDP　经济基数　经济增长率　政治经济学分析

随着中国经济增长率持续下滑，中国经济进入新常态。提出中国经济新常态，是希望克服唯 GDP 论，以更平常的心态看待经济增长下滑。绝不可片面追求高经济增长，而置资源与环境于不顾。但是，如果经济一直持续下滑，其带来的负面影响也是难以忽视的。中国面临着巨大的就业压力，且城镇化进程正快速推进。这些都需要经济保持较快的增速为新增劳

[作者简介] 樊明，河南财经政法大学研究院常务副院长、经济学博士、教授。

动力提供必要的就业机会。更值得关注的是，中国经济增长的潜力到底如何？如果一个国家的经济潜力没有充分发挥出来，是资源浪费的表现，对中国这样一个亟须改善民众生活的发展中国家来说，更是不能接受的。如果中国经济增长仍低于其潜在的能力，那么如何把中国经济增长的潜力充分发挥出来就是一个值得思考的问题。

本文分析人均收入与经济增长率上限之间的关系，从而分析对应当下中国人均收入水平所对应的可能的增长率上限。分析中国自1992年以来人均收入与增长率之间的关系，试图对中国近期的增长率提出一种预测参考。分析经济基数与增长率的关系，试图纠正一种似是而非的观念：经济基数大了，增长率就必然会降低。对中国经济增长潜力的市场分析，侧重分析了中国房地产市场未来带动经济增长的巨大潜力。对经济增长进行政治经济学分析，把一个经济的增长低于其增长潜力的问题解释为不恰当的收入分配问题，由此进一步分析中国经济增长的潜力并提出一些政策建议。

一　人均收入与经济增长率

当一个国家人均收入较低时，存在经济增长的后发优势，至少表现在四方面：一是市场潜力巨大，低收入国家的民众有很多高收入国家已满足的需求尚未满足；二是技术可通过从发达国家引入和模仿来获得，从而可避免自主开发所要承担的巨大成本、风险以及所需要的时间；三是生产要素价格普遍较低，尤其是缺少国际流动性的生产要素，如劳动力、土地及一些自然资源等；四是受资源环境的约束较小，因为这时民众的环保意识通常较弱。这里不是肯定发展中国家忽视资源环境追求经济增长，而是解释这是一个可导致发展中国家经济增长的因素。这些经济增长的后发优势可使这些低人均收入国家具有较大的经济增长潜力，从而保持较长期的快速经济增长，如中国的经验。但低人均收入国家往往也是问题国家，可能国内政治腐败、各种社会问题错综复杂、民族宗教冲突严重、民众受教育水平低、资本积累不足、基础设施严重欠缺、科学技术落后等。因此，低人均收入国家获得快速增长只是一种可能，实际的经济状况可能相当糟糕。由此我们判断，经济增长率在低人均收入国家中会呈现较大幅度的波动。从统计上说，低人均收入国家群组增长率的方差会比较大。

相反，人均收入高的发达国家在经济增长上存在内在的劣势，主要原因不在于其经济基数大（对此第三部分将有专门讨论），而是有一些内生的原因：一是国内市场有限，以现有技术所生产的产品已比较充分地满足了市场需求；二是需要重大创新才能大幅拉动经济增长，但重大创新并不可能总在发生，而在创新相对停滞时期经济则缺少热点；三是生产要素成本高，尤其是劳动成本；四是不可能以高资源环境代价实现高经济增长，因为高收入国家的居民对资源环境的要求越发苛刻。因此，一般来说，人均收入高的发达国家经济增长相对缓慢，通常只能维持较低的增长率，只有在出现重大创新时才比较容易出现较快的经济增长，比如美国20世纪90年代出现的以互联网等高新技术带动的经济增长，但增长率也还是有限的，不能和同期中国的经济增长率相提并论。从统计上说，高人均收入国家群组增长率的方差会比较小。中等人均收入的国家群组增长率的方差自然介于高、低人均收入国家群组之间。如此，我们可以根据不同人均收入和经济增长率的数据估计对应不同人均收入水平国家或经济体经济增长率可能的上限和下限。

图1为179个经济体人均GDP和经济增长率的散点图。为了克服经济增长在短期的波动性，我们采用从2008—2013年5年经济增长率，人均GDP取2013年现值，因为难以获得各个经济体5年期固定价格的人均GDP数据。图1上下两条自然对数曲线是对散点图上下边界上的点的回归线。需要说明的是，对回归点的选择有一定的主观性。但从图形来看，这两条曲线大体反映了对应不同人均GDP增长率上下波动的边界，只有少量的点超出并远离这两条边界线。①

图1在相当程度上支持了以上理论分析。对应低人均GDP的经济体，经济增长率波动较大，既可能出现高经济增长，也可能出现低，甚至负经济增长。随着人均GDP的增加，经济增长率波动的幅度收窄。表1显示了对应不同收入组别经济体的经济增长率及其方差。收入组别的划分依据2010年世界银行对低收入、中等收入、高收入国家地区的界定标准。② 这里用人均GDP代替人均GNI，这一取代应不会显著改变对样本国家的收入

---

① 吕帆：《刘易斯收入水平—增长率假说——兼论中国经济增长的趋势》，硕士学位论文，河南财经政法大学，2012年。

② Charts Bin Statistics Collector Team 2011, Country Income Groups (World Bank Classification), ChartsBin.com, viewed 13th March, 2015, http://chartsbin.com/view/2438.

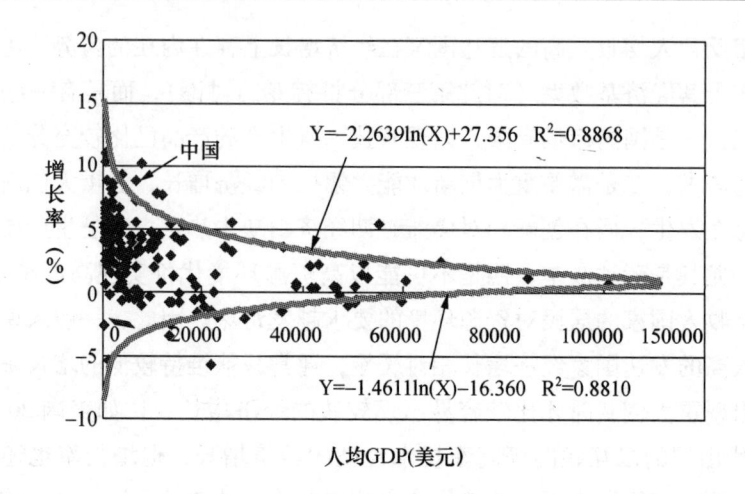

图 1 人均 GDP（美元）与增长率

资料来源：世界银行网站。

分组，至少不会改变经济体人均收入水平的排位。表 1 显示，从低收入经济体到高收入经济体，人均 GDP 不断增加，而各收入组平均增长率以及方差在持续下降，进一步支持了以上判断。

表 1　　　　　　　　不同收入组经济体的经济增长率及方差

收入组别	人均 GDP 区间（美元）	各收入组平均增长率（%）	各收入组增长率方差	样本数
低收入经济体	≤1005	5.10	9.09	27
下中等收入经济体	1006—3975	3.82	8.22	48
上中等收入经济体	3976—12275	3.14	7.34	49
高收入经济体	≥12276	0.75	5.48	55

资料来源：世界银行网站。

二　对中国经济增长率的短期估计

关于中国经济未来的增长率和增长潜力，近年来，学术界多有讨论，既有比较乐观的，也有相对悲观的。林毅夫应是乐观派的代表，认为"中国应该还有 10 年或更长的时间 8% 的潜力。"① 但大多经济学家没有这么乐观。

人均 GDP 和经济增长率上限的关系可作为一种依据，预测一个国家随着人均 GDP 增加而可能面对的增长率上限。图 1 中显示的人均 GDP 和经济增长率上限的关系方程可表达为：

$$GDPG = -2.2639\ln(PGDP) + 27.356 \tag{1}$$

这里，GDPG 为 GDP 增长率，PGDP 为人均 GDP。这一方程的相关系数 $R^2 = 0.8868$。具体预测方法是：根据上一年增长率和人均 GDP 可求得当年人均 GDP，根据方程（1）可求得当年增长率，由此又可求得下年人均 GDP 及增长率。如此可预测从下一年开始及以后各年的经济增长率的上限。对于在人均 GDP 和经济增长率关系线上或紧靠这一关系线运行的经济体来说，这一关系线可为未来经济增长率的预测提供一定的参考。

图 2 显示，中国从 2012 年经济增长率正好落在人均 GDP 和经济增长率上限关系线上。表 2 显示了 2015—2020 年预测的中国各年的经济增长率。2015 年预测的经济增长率为 7.04，十分接近中国政府提出的 2015 年增长率目标 7% 左右②，稍低于世界银行对 2015 年中国经济增长率 7.1 的预测。③ 综合起来，正好落在中国政府和世界银行预测的 2015 年中国经济增长率之间的水平。

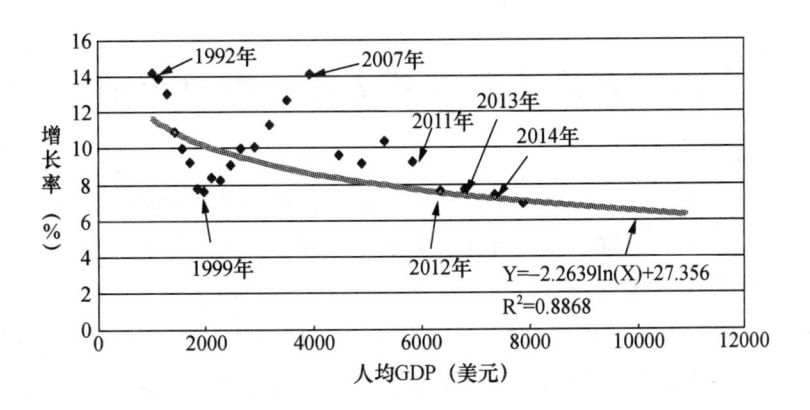

图 2　中国人均 GDP（美元）与经济增长率

资料来源：有关年份《中国统计年鉴》。

---

① 林毅夫：《中国每年对世界增长的贡献可达 25%—30%》，凤凰网财经，2015 年 3 月 21 日。
② 李克强总理在第十二届全国人民代表大会第三次会议所做的《政府工作报告》中对 2015 年的经济增长预期为 7% 左右。
③ 商务部网站报道，世界银行预测 2015 年中国经济增长 7.1%。

表2　　　　　　　　中国经济增长率预测（2015—2020年）

年份	人均GDP（美元）	增长率（%）
2014	7368	7.40
2015	7898	7.04
2016	8454	6.88
2017	9036	6.73
2018	9645	6.59
2019	10280	6.44
2020	10942	6.30

根据图2我们也可以对"新常态"做一种解读：1992—2007年，经济大起大落。1992年增长率为14.24%，逐年下降到1999年的7.62%，之后又快速上升，到2007年增至14.16%。2008—2011年，经济增长率落在人均GDP和经济增长率上限关系曲线上方的不远处，到2012年经济增长率就大体落在人均GDP与经济增长率上限关系线上，可以理解为一种"正常状态"，因为其他经济体人均GDP在相仿水平时，最高经济增长率大体就在这个水平上。

三　经济基数与经济增长率的关系

有一个似乎符合常识的观点一直在流行：经济基数或规模大了，经济增长率就必然会下降，因为经济基数大了，即便不高的增长率也对应很大的经济增长量，因此难以持续快速增长。这一观点成了当下中国经济增长率持续下滑的重要解释。为了检验这一流行的观点，笔者仍然使用以上178个经济体的GDP与增长率的数据，研究二者之间的关系。图3为二者的散点图及趋势线，显示二者之间没有表现出明显的趋势性的关系，相关系数仅为0.0009。

其实，经济增长率与经济体规模无关也不难解释。当一个经济体规模大了，就意味着这个经济体的资源也多，比如资本规模大等。如果这些资源的利用效率和经济体的规模无关，则经济增长率与经济体规模也就无关。其实，资源利用效率与经济体规模应更多地呈正相关。一个经济体的

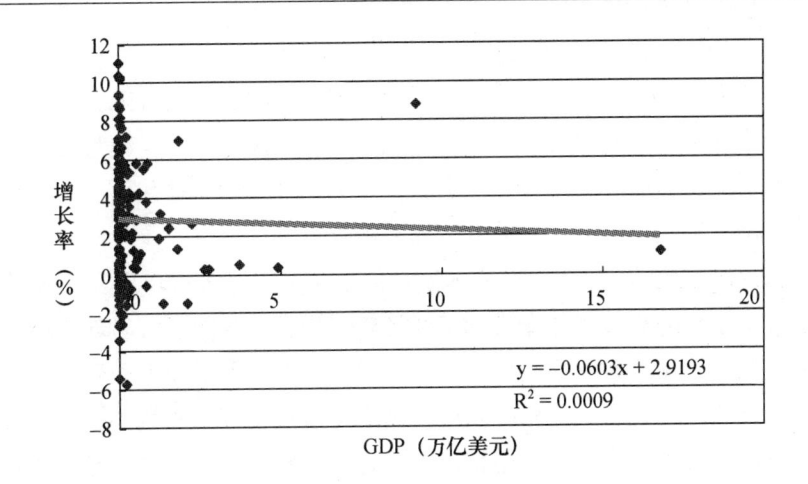

图3 GDP与经济增长率

资料来源：世界银行网站。

经济规模大，意味着国内市场规模大，更容易带来企业规模经济和聚集经济。

但图3显示随着GDP增加，经济增长率还是稍显下降的趋势。具体分析数据发现，GDP基数大的国家除中国外，大多为发达国家，如前五位（除中国排第二）为美国、日本、德国、法国、英国等，而这些国家是高人均GDP国家，因此增长率普遍较低，导致统计上随着GDP增长，增长率稍显下降的趋势。这些观察往往容易让人们产生一种错觉：高GDP是经济增长率下降的原因。

经济增长率与经济基数无关，我们就不应该再用经济基数解释经济增长率下降，而忽视寻找导致经济增长率下降的真实原因，这在中国当下尤其值得注意。

四 经济增长潜力的供需分析

经济增长，一方面要有需求带动，另一方面要有供给提供可能，二者缺一不可。美国1929年经济大危机时，供给能力没有改变，但需求下降太多，所以，经济停滞很长时间才得以恢复。发展中国家需求巨大，至少有巨大的潜在需求，但供给能力不足，经济快速增长也难以实现。因此要对经济增长进行供需分析。

对需求的分析，发达国家和发展中国家各有侧重。笔者把发达国家的需求分为两类：一类是常规型需求，相关市场已发育成熟，相当部分民众已满足了需求。另一类是引领型需求，市场刚刚开始启动甚至尚未启动但即将启动，存在巨大的市场前景，这类需求可带动经济获得一段时间的较快增长。20 世纪 90 年代，西方国家对信息消费的巨大需求以及出现的以信息技术主导的新技术革命带动其经济较快增长。美国经济出现了第二次世界大战后罕见的持续性高速度增长。但当这类市场逐渐饱和后，经济增速又会逐渐回归正常。笔者把发展中国家的需求也分为两类：一类是常规性需求，但和发达国家的常规型需求可能不在同一层次，可能更多地表现为解决其基本的温饱问题。另一类是追赶型需求，因和发达国家存在消费层次上的差距而产生的需求。比如发达国家个人计算机早已普及了，但一些发展中国家才开始普及，要追赶发达国家的普及水平。

对经济增长进行需求分析就是看一国的经济增长是否存在带动经济增长的市场空间，尤其是近期能形成有效需求的市场空间。如果分析的对象是发展中国家，一种分析方法是，对比和发达国家人均收入的差距以及一些具体产品和服务上与发达国家存在的差距。如果人均收入和发达国家差距大，就表示这个发展中国家存在加快经济增长潜在的市场空间。发达国家保持高人均收入水平就意味着，在当下技术条件下存在着相应的市场空间使民众的高收入所形成的购买力在市场得以释放。根据世界银行网站提供的 2013 年各国 GDP 和人口数据，可推算各国的人均 GDP。英国人均 GDP 为 41787 美元，美国为 53041 美元，而中国只有 6807 美元。因此，就中国和发达国家存在巨大的收入差距来说，中国的经济增长仍存在巨大潜在的市场空间。如果对比中国和美国等发达国家在一些具体产品和服务上的消费水平，差距也是显然的，比如住房、汽车、教育、医疗等。

我们还可以更具体分析近期市场的热点需求，这种需求是民众在近期有购买能力的需求，是近期经济增长的重要拉力。这里侧重分析中国房地产市场的需求。中国房地产存在严重泡沫几乎是一个定论。笔者认为，房地产泡沫就是在房地产市场供给大于需求而房价却明显高于均衡价格的现象。[①] 这样，关于判断中国房地产市场是否存在严重泡沫的关键就在于，

---

① 樊明等：《房地产买卖行为与房地产政策》，社会科学文献出版社 2012 年版。

是否房地产市场存在严重的供大于求。这主要是一个对事实的认定问题。

2010年，联合国人居署、国家住房建设部和上海市共同发布的《中国城市状况报告（2010—2011）》显示，2008年中国城镇居民自有住房拥有率就已经达到87.80%。西南财经大学2012年发布的《家庭金融调查报告》显示，中国城镇居民自有住房拥有率已达到89.68%。如果这些自有住房拥有率数据是真实的，则笔者赞成当前中国存在严重的房地产泡沫。

但这些报道的城镇居民自有住房拥有率是否准确是有疑问的。笔者在2010年和2012年两次组织的调查涉及城镇居民自有住房拥有率，表3报告了调查结果。根据2010年对从一线到四线城市4611名受访者的调查，拥有一套及以上的样本比例，或自有住房拥有率，为46.43%（1 - 53.57%）。[1] 根据2012年对全国内地31个省、直辖市、自治区21425名城镇受访者的调查，结果显示，自有住房拥有率为48.88%（1 - 51.12%）[2]，2010—2012年，上涨了2.45个百分点。笔者组织的两次调查都显示，城镇居民自有住房拥有率未达到50%。由此判断，整体上中国不存在房地产泡沫，至多在个别城市存在房地产泡沫的可能。其基本理由是，现有无房家庭大多将努力实现拥有自己的房产，这是由诸多经济社会文化因素促成的。已有住房户中的相当一部分将试图增加住房面积和改善住房质量。根据笔者2010年组织的调查，当时受访者实际居住的面积平均为106.41平方米，而所希望的居住面积平均为143.08平方米。[3] 中国正面临快速城镇化进程，根据笔者的研究，中国未来城镇化率会达到95%以上。[4]

表3　　　　　　　　城镇居民拥有住房数量的分布

		0套	1套	2套	3套	3套以上
2010年调查	比例（%）	53.57	36.35	8.00	1.67	0.41
	样本数	2470	1676	369	77	19
2012年调查	比例（%）	51.12	40.35	6.64	1.31	0.58
	样本数	10953	8645	1423	280	124

---

[1] 樊明等：《房地产买卖行为与房地产政策》，社会科学文献出版社2012年版。
[2] 樊明、喻一文等：《收入分配行为与政策》，社会科学文献出版社2013年版。
[3] 樊明等：《房地产买卖行为与房地产政策》，社会科学文献出版社2012年版。
[4] 樊明等：《工业化、城镇化和农业现代化：行为与政策》，社会科学文献出版社2014年版。

基于以上数据和分析判断，笔者认为，中国的房地产需求是巨大且长期的。如果政府把解决居民居住问题更多地交给市场，积极鼓励和支持居民购买房屋，则可带动整个经济增长。至于人们普遍担心的高房价，经济学常识告诉我们，房价是由供给和需求共同决定的，只要加大供给，特别是政府控制的土地供应，房价不一定会上涨，在长期应呈现下降趋势，因为供给可持续增加，而需求到一定时期会相对饱和。

在人均收入较低时期，通常供小于求，也就是所谓卖方市场。这时如果能加快生产就可提高经济增长速度。在西方如工业革命后的一段时间，在中国改革开放前及之后的一段时间，都可归为这类情况。但当人均收入逐渐提高，市场就逐渐出现供小于求，即买方市场的局面，这是今天发达国家及不少发展中国家所面临的共同问题。和发达国家相比，发展中国家的买方市场问题更为严重，因为发展中国家的买方市场是在市场上还存在更大空间的情况下出现的。

五　经济增长潜力的政治经济学分析

无论是发展中国家还是发达国家，如果一方面民众仍有大量需求未得到满足，另一方面生产能力"过剩"甚至"严重过剩"，那么就需要认真审视这种现象。这时传统西方经济学的供给—需求分析框架可能不是适当的。图4是西方经济学教科书中常见的反映在无政府条件下产品市场和生产要素市场的循环流动图，隐含着：经济要正常运行，家庭要素收入包括工资、利润和地租，正好购买完厂商在产品市场上销售的产品（及服务），由此实现社会的生产和消费均衡。但这种均衡是脆弱的。一旦均衡打破，这种市场经济体系难以恢复均衡，因为产品市场和要素市场的买卖双方预判对方的行为而做出战略性回应，将进一步强化对方的行为，导致市场不断萎缩。比如说，产品市场出现供大于求，厂商降低产量，必将减少对生产要素的购买。家庭认识到要素市场的需求降低，要素价格或收入将要降低，甚至失业（包括劳动、资本和土地），于是减少消费，又进一步减少产品市场需求。如此就可能导致恶性循环，经济难以恢复在充分就业条件下的均衡。这时价格并不是恢复市场均衡的有效工具，因为价格只有在供给和需求稳定的情况下才是恢复市场均衡的工具。这一分析可以帮助解释古典的局部均衡的劳动市场模型在解释工资调节供需从而实现充分就业时为什么会失效,也可以帮助解释为什么一些经济危机可能导致严重失业且持续较长的时间,如1929年美国等西方国家的大危机。

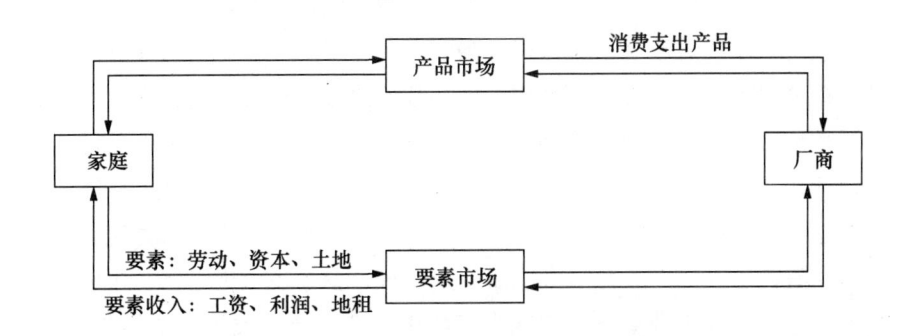

图4 产品市场和生产要素市场的循环流动图

生产与消费失衡在一定意义上可以理解为收入分配问题,也就是说,一个社会有生产能力让民众获得更高的收入从而获得更高的消费水平,但民众却收入不足,不能购买从而消费社会能够生产出来的产品。这时,需要对这个社会的收入分配进行政治经济学分析。笔者认为,在这里,政治经济学分析强调一个经济社会的制度安排,阶级、利益集团的力量对比及相互作用对收入分配从而产生经济增长的影响,并进行评价,提出改革社会制度政策的方向。

马克思对资本主义制度条件下生产和需求脱节并导致经济危机提出过有启发意义的分析,认为在资本主义社会存在生产无限扩大的趋势同广大劳动人民有支付能力的需求相对狭小的矛盾,是资本追求剩余价值剥削劳动的结果,并随着资本的积累和工人阶级贫困的积累,在长期必然导致资本主义制度的瓦解。

显然,马克思以后的历史进程并不符合马克思的预言。资本主义积累的历史趋势并未在现实中展现,生产无限扩大和劳动人民需求不足如果出现只能是短期现象而不可能持续到长期,因为生产离不开消费。广大劳动人民是社会消费的主体。如果社会消费的主体不能消费掉所生产出的产品,在长期社会经济中将向两个可能的方向演化:一是生产萎缩下实现生产和消费低水平均衡;二是生产扩张下实现生产和消费高水平均衡,广大劳动人民收入水平提高从而实现经济增长。西方资本主义国家的历史进程更接近第二种可能，导致西方社会在19世纪下半叶普遍进入福利经济时代。这一现象需要进行政治经济学的解释。

在资本主义社会，资本总是相对稀缺的。在劳资关系中，资本决定雇佣关系。如此，资本在经济上处于强势地位。资本通过投资影响经济增长又在经济上制约着政府，选举权也多掌握在有产阶级手中，资本甚至通过其掌握的巨大的经济资源来影响选举和政府决策，这样，资本在政治上处于强势地位。综合起来，资本就处于经济上和政治上双重强势地位。相反，劳动相对富裕，尤其是体力劳动。在雇佣关系中，劳动处于被动地位。这样，劳动在经济上处于弱势地位。在19世纪的马克思时代，工会力量还有待加强，广大劳工大众缺少选举权。由于工会力量弱，不能直接约束资本，又缺少选举权，不能直接约束政府，处于政治上的弱势地位。如此，劳动就处于经济上和政治上双重弱势地位。资本和劳动在经济上和政治上力量对比，使需要发展经济和选票的各级政府在经济上和政治上就会更多地依靠资本，和资本结盟，从而疏离劳动，更多地成为为资产阶级服务的政府。这种"政治结构＋卖方市场"的环境，必然导致过量生产和一般民众有效需求不足。但这种局面不可能持续，因为生产终究离不开广大民众的消费。19世纪下半叶，西方社会在经济发展的基础上不断地进行着政治制度的演化，特别值得关注的至少有两方面：一是劳工大众广泛参与的民主。通过一人一票的选举制度选举政府官员（广义政府的概念，包括各类民意代表，如国会议员）；二是工会制度的发展。一人一票的选举使劳工大众作为一个整体获得了巨大的政治权力，相反，就选举而言，资本家由于人数少反而处于政治上的弱势，虽然资本可通过其经济力量影响选举。工会是有组织的工人群体，可以通过和资本集体谈判，提出提高收入、改善福利待遇及劳动条件的各种要求，并可用罢工等手段迫使资本做出妥协。在民主政治条件下，工会是西方社会任何政治家所不能忽视的政治力量。

这时，综合劳动和资本在经济上与政治上的力量，资本和劳动在整体上取得一种势均力敌的地位，这种权力结构的改变也同时改变了政府的政治立场。如果政府官员要想竞选成功，就必须寻求广大选民的支持，尤其是占选民大多数的劳工大众的支持，就不能忽视广大劳工大众的利益。当然，政府要发展经济也同样要照顾资本的利益。这样，政府就逐渐演化成在冲突的劳资双方之间的一种中立、缓和的力量。这有助于理解西方国家为什么最终选择了在生产发展的基础上不断提高民众的收入和福利水平的道路,消费率相对较高,进而实现经济的长期增长。

当然,即便如此,西方国家也并没有解决生产能力过剩而仍有大量民众收入和消费水平过低的问题。如果一个经济社会一方面存在巨大的生产潜力,另一方面民众的相关需求并没有得到满足,则这个经济社会就存在着收入分配问题。这是一个全人类要继续研究的问题,不仅是经济学问题,还是政治学问题。

中国也一直存在这样的问题。一方面,几乎所有产品(及服务)市场都呈现饱和的局面,也就是说,几乎所有产品都存在着过剩的生产能力;另一方面,民众的人均收入与消费水平仍然相当低。这是中国仍存在巨大市场空间从而具有增长潜力的表现,给我们留下了政治经济学的分析任务,即从制度安排,阶级、利益集团的力量对比及相互作用解释这种局面形成的原因。

中国的地方政府一直存在发展地方经济的巨大冲动,这和地方政府官员的政治利益相一致。发展地方经济同样需要资本和劳动。在中国,资本更为稀缺,而劳动更为过剩,尤其是体力劳动。就广大劳工大众来说,并无实际的民主选举权,工会在维护工人利益上实际作用也相当有限。这样,劳工大众既难以通过民主选举约束地方政府并通过地方政府有效约束资本,也难以通过工会力量直接约束资本。如此,就成为经济上和政治上双重弱势群体。相反,资本可通过投资使 GDP 约束地方政府,通过雇佣权直接约束劳动,取得经济上和政治上双重强势地位。资本和劳动在经济力量和政治力量的对比使地方政府有意或无意更多地和资本结盟,从而自觉或不自觉地忽视劳动阶层的利益,是导致中国高投资率和低消费率重要的政治原因。[①]

本来高投资率和低消费率难以实现生产和消费均衡,从而难以长期维持。但中国是一个特例,其中重要原因是政府的高投资和政府支持下的高出口解决了过量生产的市场问题,结果是政府巨量的低效率投资和巨量未用于消费的外汇存款。从根本上说,中国过去长期的高增长有并没有充分惠及普通民众之嫌,这是需要认真反思的。现在中国放弃了高投资刺激

---

① 樊明:《中国高投资率、低消费率的政治因素——基于中美政治制度比较的一种解释》,《经济经纬》2009 年第 2 期。

经济的政策，出口也由于国际市场环境的变化增长明显放缓，如此又导致中国经济速度在近年来明显降低。

近年来，中国一直试图改变经济增长方式，通过扩大内需来实现经济增长，而不过度依赖投资和出口，但效果一直不明显。根据以上分析，必须通过政治体制改革以改变中国的政治结构，其要点就是增强广大劳工大众的经济力量和政治力量，包括给民众更多更实际的选举权和提高工会的独立性，从而可更有效地维护工人的利益，由此可通过其自身的力量更有效地约束地方政府和资本，使政府更多地在利益冲突的劳资之间采取平衡的立场，由此推动和谐劳资关系的建立，从而提高劳动的工资收入，由此扩大内需，实现经济的持续增长。

参考文献

[1] 吕帆：《刘易斯收入水平—增长率假说——兼论中国经济增长的趋势》，硕士学位论文，河南财经政法大学，2012年。

[2] Charts Bin Statistics Collector Team 2011, Country Income Groups (World Bank Classification), ChartsBin.com, viewed 13th March, 2015, http://chartsbin.com/view/2438.

[3] 林毅夫：《中国每年对世界增长的贡献可达25%—30%》，凤凰网财经，2015年3月21日。

[4] 樊明等：《房地产买卖行为与房地产政策》，社会科学文献出版社2012年版。

[5] 樊明、喻一文等：《收入分配行为与政策》，社会科学文献出版社2013年版。

[6] 樊明等：《工业化、城镇化和农业现代化：行为与政策》，社会科学文献出版社2014年版。

[7] 樊明：《中国高投资率、低消费率的政治因素——基于中美政治制度比较的一种解释》，《经济经纬》2009年第2期。

新常态下的技术进步视角解读

魏 枫

内容提要：本文从技术进步视角讨论中国在经济实现赶超过程中经济增长速度出现区间性回落的内在机制，给出了技术进步视角下新常态较为完整的经济增长理论解释，同时也说明了生产要素价格上涨、出口导向型战略受阻均是后发国家经济实现赶超过程中所处不同阶段面临的表象，经济增长速度出现区间性下移的根本原因是以模仿为主推动技术进步所带来的后发优势的消失。

关键词：经济增长　收敛　技术进步

凭借改革以来自身强劲的经济增长，中国在世界经济和国际事务上的影响力迅速扩大，高速经济增长为我国经济发展实现赶超提供了必要保证。1978年至今，中国GDP增速有23个年份保持在9%以上，其中16个年份达到两位数以上，有6个年份甚至达到13%以上的超高速增长。在如此长时期内保持高增速，在世界经济发展史上都是独一无二的。进入21世纪以后，我国经济高速增长的态势正在发生改变。特别是出现连续三年GDP增速低于8%的状态，2015年的经济增长目标更是进一步下调到7%，这是否意味着我国经济发展已步入增速放缓的新阶段。中国经济所面临的现状被描述成经济增长换挡期、结构调整阵痛期以及前期政策消化期，这三期叠加的复杂局面，如何解释中国过去多年连续高速增长的内在动力以及如何理解这种转换的内在动力机制，便成为理论研究的重点之一。

［作者简介］黑龙江大学经济与工商管理学院副院长、副教授。
［基金项目］本文是国家社科基金项目青年项目"我国收入倍增战略阶段适配性研究"（13CJL022）的阶段性成果。

关于新常态的含义，在国际上越来越多地被定义为一个过渡性时期。新常态特征包括：(1)世界经济陷入长期低迷；(2)全球经济与贸易增长处于较低的增长水平；(3)刺激经济政策与"去杠杆"并存，政策调整频繁；(4)世界各国经济周期与政策调整阶段不同步；(5)金融市场繁荣与实体经济虚弱并存、失业和收入差距拉大等。"新常态"在中国有多种定义，有政策性的，有经验性总结。从经济增长理论上理解，中国的"新常态"应该理解为从以工业化推动的高增长阶段逐步向均衡增长阶段的调整状态。[①]

新常态下中国经济减速的原因，当前也存在不同角度的分析，如过高的资源消耗使高速增长难以为继；隐性环境成本显性化，降低经济增长速度；生产要素价格上涨使经济潜在增长率区间下移；区域差异、城乡差异、产业等结构性差异的制约，使经济减速；人口结构带来的红利正在消减使增长减速；外向型经济发展模式遭遇新兴经济体及其他发展中国家的强力竞争，降低经济增长速度等。

本文从技术进步视角给出中国作为后发经济体在经济实现赶超过程中经济增长速度出现区间性回落的内在机制。本文的理论部分同时整合以上减速因素，给出技术进步视角下新常态较为完整的经济增长理论解释，同时说明生产要素价格上涨、出口导向型战略受阻均是后发国家经济实现赶超过程中所处不同阶段所面临的表象，而非经济增长速度出现区间性下移的根本原因。

一 经济增长阶段优化理论简要回顾

内生增长模型认为，在所有国家中实行更好的制度与政策，如高水平的产权保护和更高的教育投资等，有助于该国经济增长，这种理论比较适用于处于世界经济增长前沿的国家和地区。对于后发国家而言，制度与政策选择存在阶段最优性问题，即某些制度或者政策在经济发展早期是促进增长的，而在经济发展到一定阶段后，却会转变为经济进一步增长的障碍。正由于此种原因，对于后发国家经济实现赶超过程中的制度与政策选

---

① 张平：《中国经济"新常态"与减速治理》，《现代经济探讨》2015年第1期。

择，就要充分考虑阶段最优性问题，适时做出调整，助推后发国家顺利实现经济赶超。

Gerschenkron[①]较早提出"适宜制度"（appropriate institution）的想法，阐述了适宜制度对于后发经济更快赶超发达国家的重要性。适宜制度理论承认，每个国家可以根据经济发展的阶段性而采取不同的制度，制度依时间和空间而存在差异是合理的。20世纪中后期的一些国家或地区，如日本、韩国、中国台湾等，通过对企业补贴和鼓励出口等强势政府干预制度和政策，实现了经济加速增长，而这些制度和政策显然与发达国家倡导的基于市场配置资源和自由放任制度的所谓"华盛顿共识"有着较大区别。阿格因和豪伊特[②]比较整合内生增长理论与Gerschenkron的观点后认为，内生增长理论只能够提供"一刀切"式的政策建议来推动经济增长，却很少关注后发国家在经济赶超过程中的结构转换问题。Frankel和Romer[③]、Djankov等、Acemoglu、Aghion和Zilibotti[④]、阿格因和豪伊特[⑤]讨论后发国家所处不同发展阶段时，关注相同政策或者制度的优劣变化，包括国家开放程度高低、建立企业成本大小、初高等教育结构等。魏枫[⑥]将后发国家经济成功赶超政策选择归纳为向下扭曲生产要素价格，高估企业获利能力，加上超贬汇率支持的出口导向政策，来实现经济在模仿阶段的赶超。但是，当经济体跨越模仿阶段后，上述制度和政策就不再具有阶段最优性，此前支撑经济快速增长的制度与政策就要适时转换。否则，经济体就会陷入模仿陷阱，进而使经济赶超最终失败。

二 经济增长的典型化事实

从全世界各国的经济增长事实可以看出，增长只是人类文明社会近期

---

① Gerschenkron, A., *Economic Backwardness in Historical Perspective: A Book of Essays*. Cambridge, MA: Belknap Press of Harvard University Press, 1962.
② 阿格因、豪伊特：《增长经济学》，中国人民大学出版社2011年版。
③ Frankel, J. and D. Romer, Does Trade Cause Growth? *American Economic Review*, 1999, 89, pp. 379 – 399.
④ Acemoglu, D., F. Zilibotti and P. Aghion, Distance to Frontier, Selection, and Economic Growth. *Journal of the European Economic Association*, 2006, 4 (1), pp. 37 – 74.
⑤ 阿格因、豪伊特：《增长经济学》，中国人民大学出版社2011年版。
⑥ 魏枫：《模仿陷阱、自主创新与经济赶超》，《中国软科学》2014年第5期。

才出现的现象。马迪森（Maddison）[①]的研究发现，公元元年和公元1000年相比，世界经济的人均GDP相差无几，工业革命以后世界主要经济体依次加速，但当今世界的主要财富还是20世纪中后期所创造的。这期间发达国家的经济增长较为平稳，内生增长理论将其称为稳态或者是平衡增长路径，而后发国家的经济增长速度却差异极大。在20世纪经济增长的发展历史中最富戏剧性的变化之一，就是亚洲部分后发国家和地区所经历经济加速发展与赶超，从20世纪60年代至今，日本、韩国、中国、印度等国家的经济增长速度均比同期世界平均水平，也比同期发达国家平均水平快很多，并顺利进入中等以上收入国家行列。图1显示了1960—2000年世界各国平均增长率和与世界技术前沿距离之间的关系，其中与世界技术前沿距离的指标使用各国期初时的生产率与同期美国生产率之比来刻画。可以明显看出20世纪后40年的增长存在越发达的国家增长越慢的事实。同时，还可以发现，在这一阶段，远离世界前沿的国家群体中各国的经济增长率离散程度相对较大。

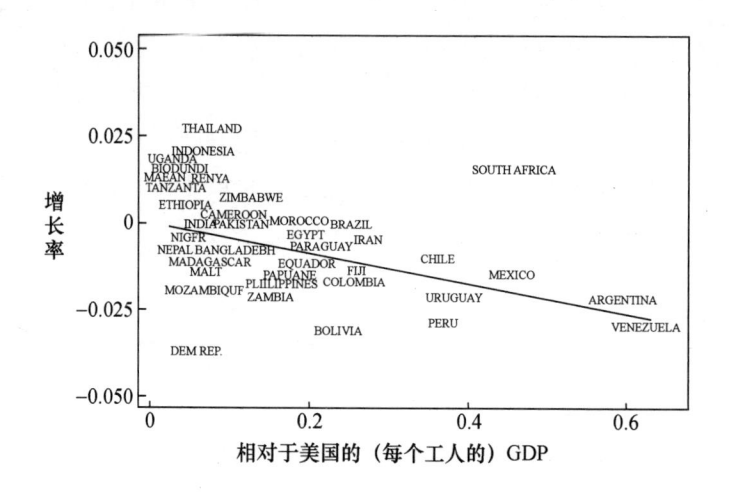

图1 1960—2000年的跨国收敛

远离世界技术前沿国家的经济增长率差异如此之大的重要原因在于各国政策制度的差异，后发国家经济发展的历史已经充分证明（如按照"华盛顿共识"进行社会改革的拉美国家等）完全照搬美国制度的经济体

[①] Maddison, A., Contours of the World Economy, 1-2030AD. 2007, Oxford University.

并不能顺利实现经济赶超。为了观察相同制度或者政策促进经济发展的作用，是否对于处在不同发展阶段国家有显著的差异性，可以先将国家分类，然后按照不同类别进行回归分析。将世界各国划分为新企业建立成本高低（或者称为进入壁垒）两类国家后，Acemoglu、Aghion 和 Zilibotti[①]使用两类国家1960—2000年的平均增长率分别与该国和1965年世界技术前沿的距离进行回归分析（国家前沿距离使用该国1965年人均 GDP 水平对数值与美国同期人均 GDP 水平对数值的相对数来刻画）；或者将世界各国划分为开放程度高低的两类国家，阿格因和豪伊特[②]也重复了上述两个回归。他们的研究均证明了如下观点：相同的制度政策对于处在不同发展阶段国家的经济增长的促进作用存在显著差异。前者发现，对于远离世界技术前沿的国家，较高的创建企业成本对于该国经济增长的影响差异不大。但是，随着趋近世界技术前沿，较高的企业创建成本对于经济增长的阻碍程度显著增强（见图2）。

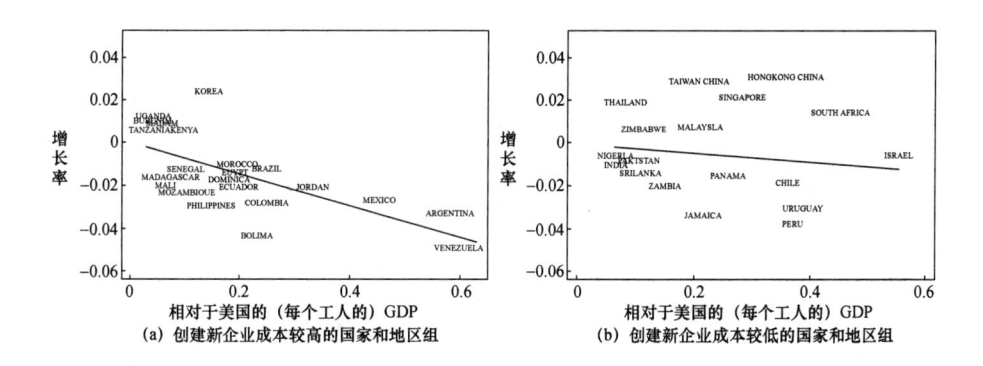

图2　按创建企业成本高低划分的国家和地区组

后者发现，与高开放度相比，较低的开放度并不会特别阻碍那些远离世界技术前沿国家的经济增长。但是，随着后发国家经济趋近世界技术前沿时，这种阻碍程度就会显著地增加（见图3）。

上面两项经验研究都说明制度或者政策具有阶段最优性。下面，我们将适宜增长制度概念模型化，并从技术进步角度分析后发经济体在跨越不

---

① Acemoglu, D., F. Zilibotti and P. Aghion, Distance to Frontier, Selection, and Economic Growth. *Journal of the European Economic Association*, 2006, 4 (1), pp. 37 - 74.

② 阿格因、豪伊特：《增长经济学》，中国人民大学出版社2011年版。

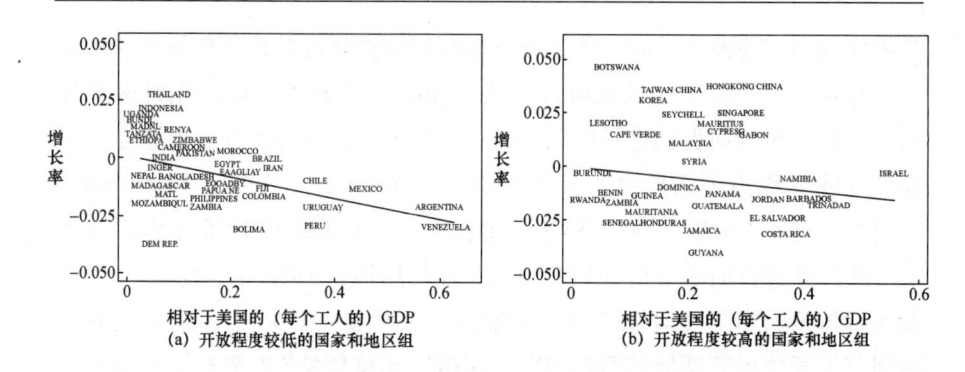

图3 按开放程度高低划分的国家组

同发展阶段时，可能会受制于某些制度而陷入模仿陷阱的可能性。并进一步说明，后发国家处在以模仿为主要形式推动技术进步的发展阶段时，原先促进经济增长的适宜制度，随着该国越来越趋近于世界技术前沿而转变为经济继续增长的障碍。

三 技术进步视角下的阶段最优性增长模型

我们基于索洛[1]、阿格因和豪伊特[2]提出的非完全经济市场框架下新古典与内生增长混同模型，将魏枫[3]分析后发国家经济实现赶超与停滞并存的水平创新模型改进为容纳垂直创新可能性的增长模型。对于远离世界技术前沿的后发国家而言，推进技术进步既可选择模仿引进，也可选择自主研发。这就相对于新增长理论坚持强调技术进步是推进经济增长的最终动力，坚持强调研发在模型中的作用有了显著区别。同时，我们仍然坚持市场中逐利的微观主体在权衡模仿与创新行为各自所能带来的成本收益之后，来决定推进技术进步的具体形式。本文将在后发国家技术不断提升的背景下，以厂商的最优化选择为基础，来揭示在后发国家经济增长与技术进步过程中由模仿转换到自主研发的内在机制。并放松了内生增长理论中

---

[1] Solow, R. M., The Last 50 years in Growth Theory and the Next 10. *Oxford Review of Economic Policy*, 2007, 23 (1), pp. 3–14.

[2] 阿格因、豪伊特：《增长经济学》，中国人民大学出版社2011年版。

[3] 魏枫：《模仿陷阱、自主创新与经济赶超》，《中国软科学》2014年第5期。

有关中间产品生产者可以不必担心潜在进入者的竞争，而向最终产品生产商索取任何价格的假定。引入阿格因和豪伊特[①]非根本性创新概念，进而解释经济赶超的阶段性特征。并在此经济增长理论的框架下，给出了新常态的经济学含义，即当后发国家经济发展到跨越模仿阶段以后，推进技术进步的主要形式由对外模仿转变为自主研发，从而引发一系列变化，包括经济增长减速、增长动力转换等。而且转换推进技术进步形式是阶段增长最优性的内在要求，对后发国家而言，如果在发展到特定阶段后不能顺利实现这种转换，该国经济的增长路径就会偏离最优，延长收敛到世界前沿的时间，甚至经济停滞而陷入模仿陷阱。

假定经济中的商品存在最终产品、中间产品和劳动三种形式。中间产品是专门化资本品提供的服务，就像计算机和汽车一样。最终产品可直接用于消费、技术进步部门（或以购置先进设备进行模仿，或以自主研发来技术创新）和生产投资。资本投资用来生产中间产品，技术进步既可以体现在模仿，也可体现在研发。人口的数量保持不变，每一个个体都无弹性地供给其拥有的技术性劳动。

1. 最终产品生产厂商行为

在完全竞争市场下，厂商使用中间产品和劳动来生产最终产品，形式如下：

$$Y_t = L^{1-\alpha} \int_0^1 A_{it}^{1-\alpha} x_{it}^{\alpha} \mathrm{d}i, \quad 0 < \alpha < 1 \tag{1}$$

其中，Y_t 是社会总产出，每一个 x_{it} 是厂商使用的第 i 种专业化 t 时期的中间产品的数量，A_{it} 是厂商生产第 i 种中间产品 t 时期的技术水平。为简单起见，我们假定劳动 $L=1$。

2. 中间品厂商行为

中间品由厂商只通过资本来垄断生产，并假定其生产过程为线性，即：

$$x_{it} = K_{it} \tag{2}$$

其中，K_{it} 是 i 部门 t 时期的资本投入，所使用资本的边际成本取决于资本租金率 R_k，因此，中间产品垄断厂商的生产成本为 $R_k K_{it} = R_k x_{it}$。中间品价格由最终产品市场来决定，而生产最终产品的市场结构已被假定为

---

① 阿格因、豪伊特：《增长经济学》，中国人民大学出版社 2011 年版。

完全竞争市场，所以中间品价格将是其作为投入在最终产品部门中的边际产品。

对后发国家而言，由于远离世界技术前沿水平，所以，中间产品厂商生产所需的技术还可以通过模仿来获得，因此，中间产品生产者很难完全垄断中间产品生产，潜在进入者的竞争压力使在位垄断者不能索取高于 p_{it} 的价格，否则潜在进入者就会通过降低中间产品售价而获利。[①] 而利润最大化的逐利原则要求在非根本性创新条件下，定价约束条件是紧的。将 $p_{it}=\chi$ 代入上面中间产品的定价等式，就可得到均衡的中间产品生产数量：

$$x_{it}=(\alpha/\chi)^{1/(1-\alpha)}A_{it} \tag{3}$$

这样，垄断利润就可以表示成：

$$\prod_{it}(x_{it})=p_{it}x_{it}-x_{it}=(\chi-1)(\alpha/\chi)^{1/(1-\alpha)}A_{it} \tag{4}$$

3. 技术研发部门行为

企业也可以进入研发领域，对后发国家的企业而言，因为远离世界技术前沿，它们获取技术进步的途径既可以选择通过投资于更先进的设备来推动技术进步，也可以选择通过投资于自主的研发活动来实现技术进步。一旦实现了技术进步，则企业家获得中间产品垄断利润 $\prod$，如果企业创新失败，则 $A_t=A_{t-1}$。

令 $A_t\equiv\int_0^1 A_{it}di$，表示本国在时刻 t 的生产率，令 $\overline{A}_t$ 表示世界技术前沿的生产率。假定每期的前沿生产率都以不变的速度 g 增长，即 $\overline{A}_t=(1+g)A_{t-1}$。

令 $a_t=\dfrac{A_t}{\overline{A}_t}$ 表示本国与世界技术前沿的接近距离，a_t 越小表明该国距离世界技术前沿越远；反之则越近。

4. 生产率增长的两种来源

后发国家的中间产品厂商所选择推进技术进步的具体形式可以是在自身技术基础上的自主创新，也可以是模仿已经存在的位于世界技术前沿国家的成熟技术。具体假定：

[①] 后发国家距离世界技术前沿越远，通过模仿来实现中间产品生产的难度就越小，因而中间品生产的在位垄断者面临的潜在竞争压力就会越大，此时中间产品生产者的定价上限就会越低，χ 是后发国家所处发展阶段的函数，通常是后发国家技术与世界技术前沿距离的反函数。即 $\chi=\chi(a_t)$，$\chi'>0$。

$$A_{it} = \eta \bar{A}_{t-1} + \gamma A_{t-1} \tag{5}$$

其中，$\eta \bar{A}_{t-1}$ 和 γA_{t-1} 分别表示生产率增长中的模仿和创新成分。模仿使用的是 $t-1$ 期世界技术前沿已经存在的技术，能够模仿到世界技术前沿的 η 倍；而创新则建立在本国技术的发展水平上，能够将原先的生产率提高 γ 倍。

对本国的整体经济而言，可有：

$$A_t = \eta \bar{A}_{t-1} + \gamma A_{t-1} \tag{6}$$

将上式两端同时除以世界技术前沿水平，整理后可以得到本国在相邻两期距离世界技术前沿接近距离的线性关系：

$$\alpha_t = \frac{1}{1+g}(\eta + \gamma \alpha_{t-1}) \tag{7}$$

可见，通过自主创新来实现生产率增长相对重要性 γ 随着该国接近于世界技术前沿的程度而增长（即随着 α_{t-1} 趋近于 1）；而模仿程度 η 则是当该国远离世界技术前沿时，而变得更加重要（即随着 α_{t-1} 趋近于 0）。从实现生产率更快增长，从而使后发国家实现经济赶超的角度出发，分别有利于模仿和自主创新的制度，自然就具有阶段最优性的特征。对于那些远离世界技术前沿的国家，如果采用鼓励模仿的制度或政策，就能够实现较快的增长；但当该国获得较快发展并接近世界技术前沿后，则应适时转变鼓励自主创新的制度或政策。只有这样，才能够实现经济增长的路径优化。

5. 最优增长路径选择

这里我们将分别构造重视模仿和鼓励创新两种制度，来比较后发国家所处不同发展阶段时的适宜制度选择。一般设定，鼓励模仿的制度参数为 $(\bar{\eta}, \underline{\gamma})$，鼓励创新的制度参数为 $(\underline{\eta}, \bar{\gamma})$，其中满足 $\underline{\eta} < \bar{\eta}$，$\underline{\gamma} < \bar{\gamma}$，即与鼓励模仿的制度环境相比，鼓励自主研发的制度环境要给基于自身技术水平 A_{t-1} 来自主研发推动下期技术进步活动更大的权重，给基于世界技术前沿水平 $\bar{A}_{t-1}$ 来向外模仿推动下期技术进步活动更小的权重。

这样，在以模仿为主要形式推动本国技术进步制度环境下，生产率增长的迭代方程(7)变为 $\alpha_t = \frac{1}{1+g}(\bar{\eta} + \underline{\gamma}\alpha_{t-1})$；在以自主创新为主要形式推动本国技术进步的制度环境下，生产率增长的迭代方程(7)变为 $\alpha_t = \frac{1}{1+g}$

($\underline{\eta}+\underline{\gamma}\alpha_{t-1}$)。为了便于分析,我们将这两种生产率的演进过程画在(α_t,α_{t-1})的二维平面中,见图4。

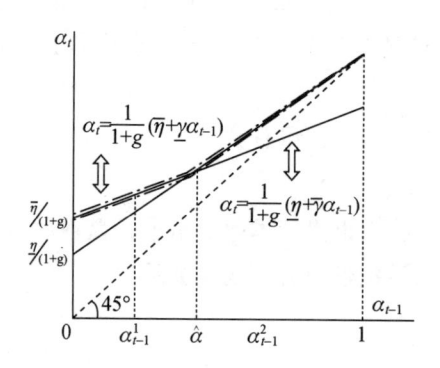

图4 模仿与创新制度下生产率增长递归方程

很容易找到这两条线的交点,记为 $\hat{\alpha}=\dfrac{\bar{\eta}-\underline{\eta}}{\bar{\gamma}-\underline{\gamma}}$。从图中可以清楚地看到,鼓励模仿的制度可以在较低的 α_{t-1}^1 处,即远离世界技术前沿时,实现比自主创新制度下更快的经济增长;鼓励自主创新的制度可以在较高的 α_{t-1}^2 处,即接近世界技术前沿时,实现比鼓励模仿制度下更快的经济增长。这两条线的上包络线即为后发国家实现经济收敛过程中的最优增长路径,图中使用虚线标粗的折线,也可以将其描述成如下分段函数:

$$\alpha_t^* = \begin{cases} \dfrac{1}{1+g}(\bar{\eta}+\underline{\gamma}\alpha_{t-1}), & if \quad \alpha_{t-1}<\hat{\alpha} \\ \dfrac{1}{1+g}(\underline{\eta}+\bar{\gamma}\alpha_{t-1}), & if \quad \alpha_{t-1}>\hat{\alpha} \end{cases} \quad (8)$$

从技术进步视角看,处于世界技术前沿的发达国家推进技术进步的形式只能是自主研发;对后发国家而言,除自主研发外,还可以选择向世界技术前沿国家模仿来推进技术进步。当后发国家处在不同的经济发展阶段时,推进技术进步的两种形式,即自主研发和向外模仿的成本收益存在差异。这样,对后发国家而言,在其经济实现赶超过程中,如果选择阶段最优的增长路径,则必然要面临着推进技术进步主要形式的阶段性转换。当后发国家处在模仿阶段即 $\alpha_{t-1}<\hat{\alpha}$ 时,采用鼓励模仿的制度政策,可以实现最优增长路径 $\alpha_t^* = \dfrac{1}{1+g}(\bar{\eta}+\underline{\gamma}\alpha_{t-1})$,但是,这些鼓励模仿的制度政策

具有阶段最优性,一旦后发国家发展跨越 $\hat{\alpha}$ 以后,继续维持这些政策,只能阻碍经济增长沿着最优的增长路径前进[1],而且从图4中可以直观地看出,越靠近世界技术前沿,这种阻碍力就越大,收敛的过程就会越长,最终使后发国家经济赶超失败。

四 政策选择

中国经济新常态最为核心的就是要充分意识到阶段跨越需要的整体性变革,不仅要求微观逐利的企业调整以应对,也要求政策制度、法律法规等宏观经济环境随之调整,使经济增长路径能够顺利地由模仿阶段进入自主创新阶段。从理论上讲,中国在赶超初期采用的向下扭曲生产要素价格,高估企业获利能力,并超贬汇率的外向型发展战略加速了模仿阶段的经济增长[2],随着进入新的发展阶段,此前的扭曲要相应地矫正,经济增长减速是必然的。微观视角下的企业也面临着由对外模仿技术向自主研发技术转变,这一过程即淘汰落后企业,推动创新企业发展。为此,就要求对中国经济发展所处的环境进行全面的结构性调整与改革,适应新的发展阶段,即适应新常态的要求。同时,政府在宏观政策上要有足够的定力,不要被经济增长减速的表象所困扰,让减速成为"清洁机制"清理只能模仿技术、无法自主创新的僵尸企业,鼓励企业所用技术的升级换代。

第一,矫正被长期扭曲的生产要素价格,改变政府干预资源配置机制,让市场进行配置。政府干预的纵向资源配置,向下扭曲生产要素价格,高估企业获利能力是中国低价工业化赶超的成功经验,但也会成为创新阶段中国经济继续优化增长的障碍。转变的关键在于:一是要转变政府职能,切实简政放权,政企彻底分开;二是让市场发挥决定性作用,解决在资本市场、人员流动、基础设施、信息等领域的割裂问题,尽快形成统一市场;三是打破纵向和横向的行政干预形成的条块分割影响资源的空间配置效率的现状;四是进一步建设法治政府和法治社会,完善一系列标准体系和法规来规范市场经济秩序。中国当前大量被政府支持的"僵尸企

---

[1] 因为当 $\alpha > \hat{\alpha}$ 时,$\frac{1}{1+g}(\eta + \bar{\gamma}\alpha) > \frac{1}{1+g}(\underline{\eta} + \bar{\gamma}\alpha)$。

[2] 魏枫:《模仿陷阱、自主创新与经济赶超》,《中国软科学》2014年第5期。

业"，重复着改革开放初期的招商引资之路。这些企业吸收大量资源，投入到简单、重复模仿，成为毫无自主创新的无效率部门，严重影响了中国未来的产业升级，也浪费了越发宝贵的生产资源，使中国在经济赶超的路径上越走越慢，甚至有陷入模仿陷阱的危险。

第二，降低政府（包括中央政府和地方政府）此前为实行低价工业化战略而承担的债务，各级政府承担了在中国低价工业化发展过程扭曲生产要素价格而带来的成本，加之配套基础设施和城市化建设，以及随着医疗、教育、社会保障等公共开支的增加，政府债务水平不断上升。特别是地方政府举债总额大、利率水平较高，而投资项目都是回报期限长甚至是只有社会效益、没有经济回报的项目，还本付息的压力逐年增大。建议中央政府发行低利率中长期特别国债，对地方政府持有的社会基础设施资产进行换购，减轻地方政府的债务负担，使其轻装上阵，有更大的能力服务自主研发阶段的经济增长。

参考文献

［1］Gerschenkron, A., *Economic Backwardness in Historical Perspective: A Book of Essays*. Cambridge, MA: Belknap Press of Harvard University Press, 1962.

［2］Frankel, J. and D. Romer, Does Trade Cause Growth?. *American Economic Review*, 1999, 89, pp. 379 – 399.

［3］Acemoglu, D., F. Zilibotti and P. Aghion, Distance to Frontier, Selection, and Economic Growth. *Journal of the European Economic Association*, 2006, 4（1）, pp. 37 – 74.

［4］Maddison, A., *Contours of the World Economy. 1 – 2030AD*, 2007, Oxford University.

［5］Solow, R. M., The Last 50 Years in Growth Theory and the Next 10. *Oxford Review of Economic Policy*, 2007, 23（1）, pp. 3 – 14.

［6］阿格因、豪伊特：《增长经济学》，中国人民大学出版社 2011 年版。

［7］魏枫：《模仿陷阱、自主创新与经济赶超》，《中国软科学》2014 年第 5 期。

［8］张平：《中国经济"新常态"与减速治理》，《现代经济探讨》2015 年第 1 期。

新常态下的货币政策：争议与共识

卜振兴

内容提要：本文梳理和总结了关于新常态下货币政策的主要观点。研究表明：在传统货币政策目标之外，金融稳定、外部稳定等目标越来越受到关注；非常规货币政策在应对经济危机时发挥了重要作用，但在经济危机过后，是否需要保留非常规货币工具存在很多争议；为应对货币政策目标和工具的新变化，重新对机构进行设计和加强政策协调至关重要。

关键词：经济危机　新常态　非常规货币政策

一　引言

由 2008 年美国次贷危机引发的全球性经济危机不但重创了各国经济，同时也对各国宏观经济政策模式产生了重大影响。当前，美国经济正逐步从危机中复苏，欧债危机也基本得到缓解。虽然世界经济复苏乏力，但出现大的经济波动和严重衰退的可能性较低，世界经济已经进入后危机时代的"新常态"。面对经济新常态，危机前的货币政策势必出现新的调整和变化，经济危机前形成的共识受到挑战，新的目标、新的政策工具和新的制度安排不断涌现，学术界围绕这些新的货币政策展开了广泛的讨论。本文主要分析经济危机后学术界关于货币政策的争议与共识。

［作者简介］振兴，南开大学经济学院国际经济研究所或国家经济战略研究院博士生。

二　货币政策目标

在金融危机之前的 20 年间，货币政策有一个压倒性的目标：保持物价稳定，作为维持物价稳定的工具，央行一般通过调整短期利率实现对物价的调整。这种观点，不仅在世界发达经济体达成了共识，很多新兴市场经济国家也认同这种观点。但是，经济危机的爆发使这种观点受到极大的冲击，因为保持物价稳定和产出稳定，并不能必然带来整个实体经济和金融市场的稳定，在一些低通货膨胀率和产出保持稳定的国家，经济危机仍然爆发了。作为货币政策重要监管和反映宏观经济运行状况重要指标的物价指数"失灵"了[1]，那么，在追求物价和产出稳定之外，货币政策是否还需要实现其他目标，以下是当前的争议与共识。

（一）价格稳定

中央银行的货币政策目标就是维持物价稳定，进而实现产出稳定。价格稳定目标的重要性显而易见，即使是经济危机的出现，也没有动摇价格稳定作为货币政策主要目标的地位。在维持价格稳定目标这一点上，学术界基本保持一致立场。

正如伯南克和米什金（Bernanke and Mishkin）[2]、布林德和乔丹（Blinder and Jordan）[3] 等指出的，虽然他们赞成价格稳定目标的重要性，但同时也认为，价格稳定目标不应凌驾于其他一切货币政策目标（如产出稳定、失业率等）之上。

（二）产出稳定

根据菲利普斯曲线模型，通货膨胀率与失业率是负相关的，即当失业率上升或产出急剧收缩时，通货膨胀率会显著下降。在危机中和危机后，虽然失业率大幅上升，但是，通货膨胀率仍然表现得比较稳定，通货膨胀

---

[1] Matheson, T., Sandri, D., Simon, J., The Dog that didn't Bark: Has Inflation been Muzzled or was it just Sleeping [J]. *IMF World Economic Outlook*, pp. 1 – 1.

[2] Bernanke, B. S., Mishkin, F. S., Inflation Targeting: A New Frameworkfor Monetary Policy [J]. *Journal of Economic Perspectives*, 1997, 11 (2), pp. 97 – 116.

[3] Blinder, A. S., Jordan, T. J., Kohn, D. et al., Exit Strategy [M]. ICMB, International Center for Monetary and Banking Studies, 2013, pp. 5 – 11.

率与失业率之间的相关性好像减弱了①,这种情况在发达国家尤为显著。菲利普斯曲线变得更加平坦了,对于这个现象,学者给出了以下几种解释。

第一,对于失业率的计算没有考虑周期性因素。在不考虑通货膨胀预期情况下的菲利普斯曲线数学表达式如下:

$$\pi = -\beta(u-u^n) + v \tag{1}$$

其中,π表示通货膨胀率,β表示变动系数,u表示实际失业率,u^n表示自然失业率,v表示误差项。经济危机会导致长期失业异常的上升,会使自然失业率上升,由于没有考虑自然失业率上升的因素,我们通过危机前菲利普斯曲线计算出的实际失业率就会偏高。②

第二,全球化会使通货膨胀对国内经济条件变化不敏感,而对国际经济条件的变化相对敏感。③

第三,价格刚性。价格调整成本的存在④、工人对降低名义工资的抵制⑤等使价格出现向下调整的价格刚性,导致经济危机中的通货膨胀率保持在较低水平。

第四,通货膨胀预期。央行的可信性使通货膨胀预期对实际通货膨胀的变动不再敏感,这意味着短期内实际通货膨胀率偏离通货膨胀目标区时,通货膨胀预期没有放大这种偏离,螺旋上升的通胀或通缩就不会发生。

由于菲利普斯曲线变得平坦,并且失业率与产出缺口密切相关,维持物价稳定意味着需要产出或者失业的更大程度变动才能实现。此时,货币政策应该关注产出稳定,而非仅仅关注物价稳定。

(三) 金融稳定

经济危机前,几乎所有中央银行都认为,货币政策与金融稳定政策是

---

① Ball, L. M., Mazumder, S., Inflation Dynamics and the Great Recession [R]. *National Bureau of Economic Research*, 2011.

② Kocherlakota, N., Inside the FOMC [J]. *Speech at Marquette*, Michigan, 2010.

③ Bean, C. R., Globalisation and Inflation [J]. *World Economics*, 2007, 8 (1), pp. 57 - 73.

④ Ball, L., Mankiw, N. G., Romer, D. et al., The New Keynesian Economics and the Output - inflation Trade - off [J]. *Brookings Papers on Economic Activity*, 1988, pp. 1 - 82.

⑤ Yellen, J. L., Perspectives on Monetary Policy [J]. *Speech Delivered at the Boston Economic Club Dinner*, Boston, June, 2012, 6.

毫不相干的，在很多国家比较盛行的观点是，金融市场稳定是金融监管部门的职责，货币政策应该专注于物价和产出稳定。但是，经济危机表明，物价和产出稳定不能必然保证金融稳定，较低的利率水平会导致过度的风险投资，会对金融市场产生消极影响，最终对实体经济产生冲击，这表明货币政策应该包括金融稳定的目标。①

在应对金融稳定问题时，很多研究者提出了微观审慎和宏观审慎监管，在解决金融市场稳定方面审慎监管也许更有优势。首先，审慎监管政策工具是一个相对新的并且没有经过检验的工具，在发达国家更是如此。② 其次，审慎监管会受到比货币政策更多的政治上的压力。因为审慎监管直接影响金融机构的运营，因此金融机构有很大的动力去游说政府放弃不利于他们的监管政策。最后，审慎监管政策会降低信贷扩张，降低总需求的增长，在这种情况下，实施较为宽松的货币政策能够抵消对总需求的不利影响。由于存在政治经济、机构设计等方面因素的影响，使宏观审慎政策难以充分发挥应有的作用③，运用货币政策保持金融稳定显得非常重要。

但是，在将金融稳定列为货币政策目标方面也存在很多反对声音。他们认为：一是如果央行以金融稳定作为政策目标，会对金融市场的投资者传递这样一种信号：央行扮演了金融市场最后贷款人的职责。因此，投资者的投资行为会更加激进，审慎投资的理念就会被抛弃，即产生所谓的金融市场"道德风险"问题，如此反而会加剧金融市场的不稳定性。④ 二是这违反了丁伯根法则，即一个工具解决一个政策目标，当央行采取政策维持金融市场稳定时，也许会与实现价格和产出稳定的目标相冲突，当两者出现冲突时，央行不得不在两者之间进行取舍。三是货币政策（调整利率等）不是解决金融市场稳定的最佳工具，尤其是当金融市场的投资者对利率变动不敏感时，央行需要付出很大的努力才能使利率调节发挥作用，政

---

① Woodford, M., Methods of Policy Accommodation at the Interest - rate Lower Bound [C]. The Changing Policy Landscape: 2012 Jackson Hole Symposium. Federal Reserve Bank of Kansas City, 2012.

② Federico, P., Vegh, C., Vuletin, G., Reserve Requirement Policy over the Business Cycle [J]. *Unpublished Manuscript*, 2012.

③ Bernanke, B. S., The Effects of the Great Recession on Central Bank Doctrine and Practice [C]. Keynote Address at the Federal Reserve Bank of Boston 56th Economic Conference "Long Term Effects of the Great Recession". Boston, October, 2011, 1, pp. 8 - 19.

④ Farhi, E., Tirole, J., Collective Moral Hazard, Maturity Mismatch, and Systemic Bailouts [J]. *American Economic Review*, 2012, 102 (1), pp. 60 - 93.

策代价是非常昂贵的,这时采取一些宏观审慎政策(比如动态资金要求、储备金要求、存贷资金比限制等)可能是更好的选择。四是不同于价格稳定较为单一的监测指标,金融稳定性评价指标是多维的(例如杠杆率、信贷扩张、资产价格等),因此,我们无法界定什么时候金融市场的泡沫达到货币政策必须采取措施的时候。同时,由于我们缺乏较为精准的模型对维持金融稳定的货币政策对金融市场的影响进行预测,对货币政策的操作就无法提供正确指导①,因此我们不得不在防范金融泡沫和维持正常的金融活动之间做艰难的取舍,并尽力在两者之间保持平衡。②

总结以上争议发现,央行不应将货币政策与金融稳定完全分割开来,综合运用货币政策和审慎监管政策能更好地应对金融不稳定的问题,当然,这也许涉及央行是否需要承担系统监管的角色③或者机构合作的问题。

(四) 外部稳定

由于国际金融联系日益紧密,国际资本流动必然带来一定的外部风险:资本的流动和汇率变化会通过实体和金融部门影响宏观经济稳定,同时也会对一国央行的资产负债表产生影响④,最终会影响央行履行最后贷款人的能力。那么,货币政策应该将维持外部稳定(均衡)作为政策目标吗?

赞同观点认为:第一,资本流动带来的外部风险,使政府必须采取资本流动管理工具和宏观审慎政策工具,但是,单独运用这些管理工具也许并不是非常有效的,需要货币政策的配合才能有效应对外部风险。⑤第二,在现实条件下,以实现内部价格稳定为目标的货币政策,不能同时保证实现外部稳定,只有在资产市场没有摩擦、生产者价格充满黏性的市场才能同时实现稳定的通胀水平(内部稳定)和稳定的国际市场

---

① Caballero, R. J., Macroeconomics after the Crisis: Time to Deal with the Pretense-of-knowledge Syndrome [R]. *National Bureau of Economic Research*, 2010.

② White, W. R., Should Monetary Policy "Lean or Clean"? [J]. Federal Reserve Bank of Dallas, Globalization and Monetary Policy Institute Working Paper, 2009, p. 34.

③ French, K., Baily, M., Campbell, J. et al., The Squam Lake Report: Fixing the Financial System [J]. *Journal of Applied Corporate Finance*, 2010, 22 (3), pp. 8-21.

④ Caballero, R. J., Lorenzoni, G., Persistent Appreciations and Overshooting: A Normative Analysis [J]. *IMF Economic Review*, 2014, 62 (1), pp. 1-47.

⑤ Blanchard, O., Dell Ariccia, G., Mauro, P., Rethinking Macroeconomic Policy II: Getting granular [J]. *IMF Staff Discussion Note*, April, 2013.

价格（外部稳定）①，而实践中，这两个条件往往是无法满足的，所以，我们可以将外部稳定设定为货币政策一个目标，通过新的工具去实现这个目标。

反对观点认为：第一，货币政策对外汇市场的干预会影响对未来市场的预期，通过信号传递渠道又会影响汇率。这种传递渠道是否有效无法确定，货币政策干预的效果也就无法确定。第二，无法确定资本流动对外部市场的影响是暂时的还是持久的，所以货币政策是否应该采取干预政策无法确定。第三，外汇市场干预的不对称性。当资本流入时，对外汇市场的干预不受限制，但是，当资本流出时，外汇储备是有限的，对外汇市场的干预就会受到限制。更为重要的是，如果频繁地使用外汇干预政策，会使外汇市场形成政策干预的预期，私人部门就会保持大量的外汇头寸，使国家在应对汇率波动时变得非常脆弱。

三 货币政策工具

危机前，央行基本通过公开市场操作调节短期利率实现宏观经济目标。但是，当遭遇严重不利的冲击如经济危机时，这种传统的货币政策就面临挑战。一旦经济下行，央行的常规做法是通过降低利率来刺激经济，但是，利率降低是有限度的。费希尔（Fisher）②认为，"零"是名义利率的下限，名义利率不能低于零，他将其称为零利率下限。一旦名义利率低于零，持有货币是没有成本的，但是借出货币却得到了负利息，那么大家都会持有现金，没有人愿意借出货币，此时货币当局就不能通过利率政策来扩张经济。央行常规的利率政策工具在遭遇经济危机时无效了，不得不寻求其他政策工具即非常规货币政策工具来应对经济危机。目前央行使用的非常规货币政策主要包括以下两类：

---

① Gali, J., Monacelli, T., Monetary Policy and Exchange Rate Volatility in a Small Open Economy [J]. *The Review of Economic Studies*, 2005, 72 (3), pp. 707–734.

② Fisher, I., Appreciation and Interest [J]. *Publications of the American Economic Association*, 1896, pp. 1–98.

(一) 政策沟通类工具

20世纪六七十年代，穆思、卢卡斯、萨根特和瓦莱斯等（Muth[①]，Lucas[②]，Sargent and Wallace[③]et al.）提出了理性预期理论。该理论认为，只有"出其不意的货币政策才能发挥效用"。该理论提出后，各国央行普遍奉行"隐秘性"货币政策。但是，这种基于理性预期理论的隐秘性货币政策在20世纪80年代的大通胀中受到了挑战。货币当局发现，提高政策透明度，更有利于增强货币政策的有效性，因此，自20世纪90年代开始，各国央行开始逐渐提高政策的透明度。提高政策透明度的方式主要包括建立通货膨胀目标制以及后来的提高通胀目标区、利率走廊、前瞻指引和路径依赖等工具。

1. 通胀目标制

20世纪90年代，包括新西兰、加拿大、英国、瑞典等国在内的很多国家通过实行通胀目标制来稳定物价。具体做法是：央行设定一个具体目标制或目标区间，货币政策目的就是通过政策工具使通胀水平保持在目标值和目标区间内。弹性通胀目标制被认为是非常成功的，采用通胀目标制的国家都实现了较低的、稳定的通胀水平，同时产出的波动也较为温和。

通胀目标制的优点是可以固定通胀预期，这一点在经济危机期间显得尤为重要。第一，通胀目标制不会造成通货紧缩。当总需求面临不利的冲击时，就会对通胀形成一个向下的预期，这可能会导致一个长期的通货紧缩状态。但是，如果央行实行通胀目标制，那么为了履行对公众的承诺，它一般会采取一切可能的措施刺激总需求，避免经济出现通货紧缩的情况。第二，通胀目标制保证在央行采取非常规措施时不会改变公众对于通胀的预期。比如在经济危机时采取降低短期利率的做法，由于有通胀目标制的存在，公众不会改变通胀预期，那么名义的长期利率就不会随之上升，刺激政策的效果就不会受到抵消。第三，不会导致通胀恐慌。通胀目标制固定了通胀预期，当央行采取扩张政策时不会导致严重的物价上升形

[①] Muth, J. F., Rational Expectations and the Theory of Price Movements [J]. *Econometrica: Journal of the Econometric Society*, 1961, pp. 315–335.

[②] Lucas, Jr. R. E., Expectations and the Neutrality of Money [J]. *Journal of Economic Theory*, 1972, 4 (2), pp. 103–124.

[③] Sargent, T. J., Wallace, N., "Rational" Expectations, the Optimal Monetary Instrument, and the Optimal Money Supply Rule [J]. *The Journal of Political Economy*, 1975, pp. 241–254.

成所谓通胀恐慌。①

2. 提高通胀目标区

提高通胀目标区是指为通胀设定更高水平，与此相应，名义利率水平也会很高。很多学者赞同使用高通胀目标区，一是因为高通胀目标区的设定为政策操作提供了更大的空间，尤其是当经济面临不利的冲击时，名义利率可以做出很大的调整去应对这种冲击。② 二是针对很多研究者认为高目标区会带来成本的观点，鲍尔（Ball et al.）③的研究表明，这种成本其实是非常有限的。

高目标区看来是应对零利率下限的一个非常可行的办法，但是，高目标区也会带来很多问题：一是高目标区会带来很多的成本，包括扭曲现金持有量，对金融部门过度投资，扭曲税收，对收入产生再分配效应以及对财务规划造成困难等。④ 二是通胀预期的问题。一般情况下，发达经济体很少调整通胀目标，因为一旦提高通胀目标，就会使公众产生一种预期，即这种调节行为会再次发生，从而产生预期性的螺旋上升⑤；使得实际的通胀水平高于政策目标。同时，新兴市场经济和发展中国家维持相对较高的通胀目标也面临困难，因为一旦降低通胀，很难再提高它们。

3. 利率走廊

利率走廊又称为利率通道，是指央行通过贷款利率设定利率波动上限，以存款利率设定利率波动下限，商业银行不会以高于走廊上限的利率拆入资金，也不会以低于走廊下限的利率借出资金，央行通过改变走廊系统，而无须进行公开市场业务操作就可以控制同业拆借利率在存贷款利率区间内波动，并逼近政策利率。⑥ 其中，存贷差决定利率走廊的宽度。威

---

① Goodfriend, M., Interest Rate Policy and the Inflation Scare Problem: 1979 – 1992 [J]. *Federal Reserve Bank of Richmond Economic Quarterly*, 1993, 79 (1), pp. 1 – 24.

② Blanchard, O., Dell Ariccia, G., Mauro, P., Rethinking Macroeconomic Policy [J]. *Journal of Money, Credit and Banking*, 2010, 42 (s1), pp. 199 – 215.

③ Ball, L. M., The Case for Four Percent Inflation [J]. *Central Bank Review*, 2013, 13 (2), pp. 17 – 31.

④ Mishkin, F. S., Monetary Policy Strategy: Lessons from the Crisis [R]. *National Bureau of Economic Research*, 2011.

⑤ Bernanke, B. S., Testimony before the Joint Economic Committee of Congress [Z]. 2004; Woodford, M., Comment and Discussion [J]. *Brookings Papers on Economic Activity*, 2009 (2), pp. 38 – 49.

⑥ Whitesell, W., Interest Rate Corridors and Reserves [J]. *Journal of Monetary Economics*, 2006, 53 (6), pp. 1177 – 1195.

克塞尔（Wicksell）[1] 首次提出了利率走廊的概念，但是，在之后的长达半个多世纪的时间内一直没有得到政策的认可。直到20世纪90年代，随着电子信息技术的发展，公众对于基础货币的需求大大减少，传统货币政策通过控制基础货币投放来调节利率的效力被严重削弱，利率走廊的概念才重新得到重视。以加拿大、英国、日本、新西兰、澳大利亚等国家的央行为代表，发达经济体开始实施利率走廊政策。采取利率走廊系统作为央行货币政策的一种工具已经被很多国家接受。作为控制隔夜同业拆借利率的重要工具，利率走廊相对于传统的货币政策工具具有明显的灵活性和高效性的优势。借助于利率走廊系统，央行可以无须公开市场业务操作就能使市场利率接近政策利率。[2] 2008年经济危机前，大多数国家基本采用对称性利率走廊系统（利率围绕走廊中心进行波动），而经济危机的发生使越来越多的央行采取地板系统的利率走廊政策（利率波动保持在走廊中心至下限区间内，目标利率与存款利率差距很小）。在经济危机中利率走廊地板系统可以将利率政策与流动性政策分离，能在实现利率调控的同时，有效控制流动性的扩张和收缩，有效地实现政策调控的目标。

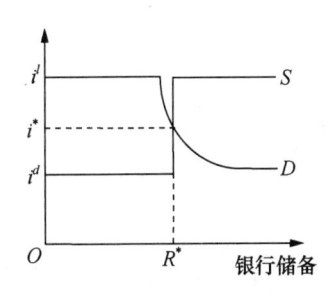

图1 利率走廊对称系统　　图2 利率走廊地板系统

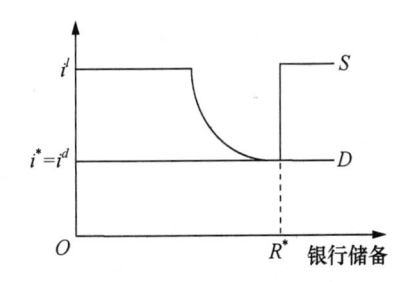

图1和图2纵轴表示拆借市场利率，横轴表示准备金供给量，i^l 表示央行向商业银行提供贷款的利率，i^d 表示央行向商业银行支付的准备金利息，i^* 表示目标利率。

但是，实施利率走廊，尤其是利率走廊的地板系统也面临很多不利的

---

[1] Wicksell, K., The Scandinavian Monetary System after the [First World] War [J]. Translated from the Swedish, in: B. Sandelin (ed.), *Knut Wicksell: Selected Essays*, 1917, 2, pp. 71–80.

[2] Clinton, K., Implementation of Monetary Policy in a Regime with Zero Reserve Requirements [R]. Bank of Canada, 1997, pp. 97–98.

方面：第一，它要求银行必须持有大量的超额准备，在银行没有面临经济危机时，这一点是很难做到的；第二，即使有大量超额储备也会带来另外一个问题，即过多的超额准备会扭曲货币市场上流动性风险和信贷风险的信号。①

4. 前瞻指引

通货膨胀水平常常超越政策既定范围，在使用非常规货币政策工具时更是如此。因此央行还需要配合使用前瞻指引工具。埃格森和伍德福德（Eggertsson and Woodford）②第一次在央行货币政策中引入前瞻指引政策。前瞻指引是央行沟通的一种方式，指央行就政策利率未来可能的走势或央行未来的货币政策立场与公众进行沟通。③ 央行进行前瞻指引的做法是发布对通胀、GDP 增速等目标变量的预测，新西兰、挪威、瑞典、捷克等国的央行还会发布对于利率等中间变量走势的预测。④ 在经济危机期间，美联储、加拿大银行、日本央行、英格兰银行和欧洲央行都使用了前瞻指引工具，并且对扭转经济形势都发挥了作用。⑤

通过发布前瞻指引，央行能影响公众的预期，达到政策目标。但是，前瞻指引需要央行具有较高的可信度。另外，前瞻指引会面临动态不一致问题，即随着经济环境的变化，之前发布的政策措施在当前经济形势下也许不是最优的了，这时央行的政策可能背离之前发布的指引，这样必然会有损于央行的可信度。

5. 路径依赖

路径依赖是指设定一个物价水平和名义 GDP 目标，央行建立一个稳定机制，使物价和名义 GDP 沿着一个特定路径变化。当出现冲击时，央行将会保持原有的路径规则不变，直至物价水平和名义 GDP 恢复到目标水平，与前瞻指引不同的是，路径依赖下央行的政策是由物价水平和名义

---

① Cœuré, B., Central Banks and the Challenges of the Zero Lower Bound [J]. Speech at the University of Chicago Booth School of Business, 2012, p. 12.

② Eggertsson, G. B., Woodford, M., The Zero Bound on Interest Rates and Optimal Monetary Policy [J]. Brookings Papers on Economic Activity, 2003, 34 (1), pp. 139 – 235.

③ Plosser, C. I., Forward Guidance [R]. Lecture Presented to the Stanford Institute for Economic Policy Research's (SIEPR) Annual Meeting, Stanford, 2013 – 2 – 12.

④ Andersson, M., Hofmann, B., Gauging the Effectiveness of Quantitative forward Guidance: Evidence from Three Inflation Targeters [R]. European Central Bank, 2009.

⑤ International Monetary Fund, Unconventional Monetary Policy: Recent Experiences and Prospects. IMF Policy Paper, Washington: 2013c.

GDP自发决定的。①

从理论上说，路径依赖是解决零利率下限问题较为理想的政策工具②，但是，路径依赖也会面临动态不一致问题，即一旦经济走出了零利率下限，央行可能会违背原来的承诺。

（二）资产负债表管理类工具

资产负债表管理主要是指央行利用其资产负债表规模和结构的变化来实现调节经济的目标。经济危机前，央行的政策工具主要关注于资产负债表的负债方管理，并且主要调节短期利率。但是，经济危机的发生使央行开始关注资产负债表的资产方，并采取措施直接干预长期利率。③ 除常规的资产负债表管理工具外，资产负债表管理的具体工具还包括量化宽松、直接参与长期资产和债券交易、扩大合格抵押品范围等。

1. 量化宽松

量化宽松主要是指央行通过扩张资产负债表规模，向市场注入超常规的基础货币。④ 在面对不利经济冲击时，量化宽松政策的推出可以有效应对经济危机的不利影响。在本轮经济危机中包括美国、日本和欧盟在内的很多国家都实施了量化宽松政策，并实现了良好的政策效果。量化宽松政策，一是可以维持金融市场的稳定性，并为宏观经济创造较为宽松的金融环境⑤；二是量化宽松对名义支出产生了一个额外刺激，有利于央行实现通胀目标，由此使名义利率摆脱利率下限⑥；三是相对于口头承诺，央行的量化宽松政策更为有效，因为它改变了资产负债表的规模，并使公众形成了对于未来短期利率的预期。⑦

---

① Carney, M., Guidance [J]. Speech before the CFA Society Toronto, Toronto, Ontario, 2012, p. 11.

② Billi, R. M., Kahn, G. A., What is the Optimal Inflation Rate? [J]. *Economic Review*, 2008 (Q II), pp. 5 - 28.

③ Friedman, B. M., Has the Financial Crisis Permanently Changed the Practice of Monetary Policy? Has It Changed the Theory of Monetary Policy? [R]. *National Bureau of Economic Research*, 2014.

④ 戴金平、魏昊：《发达国家非传统货币政策的走向》，《红旗文稿》2010年第13期。

⑤ Ugai, H., Effects of the Quantitative Easing Policy: A Survey of Empirical Analyses [J]. Monetary and Economic Studies – Bank of Japan, 2007, 25 (1), p. 1.

⑥ Benford, J., Berry, S., Nikolov, K. et al., Quantitative Easing [J]. *Bank of England Quarterly Bulletin*, 2009, 49 (2), pp. 90 - 100.

⑦ Blinder, A. S., Quantitative Easing: Entrance and Exit Strategies [J]. *Federal Reserve Bank of ST. Louis Review*, 2010, 92 (6), pp. 465 - 479.

但是，采用量化宽松政策也存在很多风险：一是作为一种非常规货币政策工具，它的产生主要是基于对实际经济环境，而不是建立在坚实的理论基础之上，因此我们无法清楚地了解量化宽松政策的传导机制及其对宏观经济的影响。二是量化宽松政策很少在实践中使用，因此央行可借鉴的经验案例较少，如何设定量化宽松政策的最优规模和结构等还有待进一步研究。三是量化宽松政策的确在应对经济危机中起到了一定的作用，但是，它没有解决经济危机后复苏乏力的状况，当前的复苏是非常脆弱的。同时，较高的银行储备也降低了银行同业拆借水平，扭曲了市场利率。[1]

2. 直接参与长期资产和债券交易

长期利率反映短期利率未来的期望收益和期限溢价，这种期限溢价反映了未来通胀和金融市场的不确定性。历史上，很多国家央行都有直接干预长期利率的做法。早期，主要是通过定价或限价来实现，例如拉美国家根据利率期限设定不同的利率水平、美联储在1942—1951年对长期利率设定了最高值等；后期，主要采取在资本市场大规模买卖长期政府债券的方法干预长期利率。但是，进入20世纪中期以后，为了保持央行的独立性，央行不再主动调节长期政府债券市场的利率水平[2]，大量证据也表明，短期利率在影响总需求方面也是较为有力的工具。然而，2008年经济危机爆发后，各国央行的操作实践使人们重新考虑货币政策是否应该直接管理长期利率。

在经济危机期间，美国大规模购买长期债券，有效地降低了市场利率，实现了通过降低利率刺激经济的目的[3]，因此很多学者赞同通过买卖长期债券直接干预长期利率。他们认为：一是直接管理长期利率可以避免经济遭受来自期限溢价的冲击。[4] 二是可以减少达到零利率下限的风险。三是短期利率向长期利率的传导有时出现问题（如2004—2005年美国联邦基准利率与10年期债券收益率的倒挂、2008年FOMC在降低联邦利率

---

[1] Joyce, M., Miles, D., Scott, A. et al., Quantitative Easing and Unconventional Monetary Policy—An Introduction [J]. The Economic Journal, 2012, 122 (564): F271-F288.

[2] US, F. R., Federal Reserve Bulletin [M]. US Government Printing Office, 1951, p. 267.

[3] Gagnon, J., Raskin, M., Remache, J. et al., The Financial Market Effects of the Federal Reserve's Large-scale Asset Purchases [J]. International Journal of Central Banking, 2011, 7 (1), pp. 3-43.

[4] Carlstrom, C. T., Fuerst, T. S., Paustian, M., Targeting Long Rates in a Model with Segmented Markets [R]. Federal Reserve Bank of Cleveland, Mimeo, 2014.

时出现的长期利率上升等),使货币政策无法通过调节短期利率影响长期利率,进而实现经济目标。

但是,采取大规模购买长期债券,直接干预长期利率的做法也面临很多问题。一是如果央行直接干预长期利率,会导致短期利率的剧烈波动。[①] 例如,当英格兰银行宣布以两周回购协议利率作为官方利率时,货币市场上超短期利率就出现了严重的波动。[②] 二是如果央行直接调节长期利率会使央行面临政策独立性的质疑,因为在公开市场直接买卖长期债券有债券赤字化的嫌疑,公众认为,这可能是央行迫于政治压力进行的操作。三是大规模买卖长期债券,扰乱了公众对于未来政策的预期,使央行无法有效应对通货膨胀或紧缩。[③]

这表明,虽然通过买卖大量长期债券直接调节长期利率可以有效应对经济危机的冲击,但是央行在使用这个工具时也需要谨慎对待可能产生的不利影响。

3. 扩大合格抵押品范围

经济危机的冲击充分证明了银行系统持有充足储备资产和流动性资产的重要性,同时也证明了央行扩大交易对象(包括非银行性金融机构)的重要性。央行可以通过扩大抵押品范围为银行系统提供流动性,这样,一旦传统的抵押品消耗殆尽时,银行仍然有较为充足的流动性,同时放松抵押品条件也会释放更多的流动性资产,从而使银行能够达到资本监管的要求。扩大央行交易对象可以为央行的交易手段提供更多的可能,同时也降低了以商业银行为中心的金融体系的风险,使金融系统更加多样化。

虽然这样做有很多好处,但也存在很多风险。一是道德风险问题,由于抵押品范围扩大了,商业银行就会持有更少的流动性,因为它们期望在出现困难时央行会放松流动性的"阀门"。二是新的抵押品存在定价方面的困难,因为它们的风险更高。扩大央行直接交易对象,会削弱商业银行在金融系统的优先地位,减少它们的利润,必然会影响它们抵御冲击的能

---

① Woodford, M., Comment on: "Using a Long – term Interest Rate as the Monetary Policy Instrument" [J]. *Journal of Monetary Economics*, 2005, 52 (5), pp. 881 – 887.

② Tucker, P., Managing the Central Bank's Balance Sheet: Where Monetary Policy Meets Financial Stability [J]. *Bank of England Quarterly Bulletin*, Autumn, 2004.

③ Bauer, M. D., Rudebusch, G. D., The Signaling Channel for Federal Reserve Bond Purchases [J]. *International Journal of Central Banking*, 2014, 10 (3), pp. 233 – 289.

力。同时大量非银行金融机构的存在也会需要新的配套监管。

四 机构设计与政策协调

经济危机的爆发使央行的政策目标出现了新变化,同时新的货币政策工具不断出现,也需要央行重新进行机构设计以应对新常态下的货币政策调控。

(一) 机构设计

金融稳定、外部稳定等新政策目标的出现,使我们在关注价格和产出稳定目标的同时,需要强调宏观审慎监管和微观审慎监管的作用。在不同的政策目标下,如何进行机构设计和安排就显得非常重要。

很多学者认为,应该将所有的政策目标置于同一监管部门的监管之下,共同决策是最优选择。这是因为:第一,各政策目标之间存在很多重合并且相互影响,如果由不同的机构负责不同的目标,那么每个监管机构都会更加关注本机构的政策目标而忽视其他目标。因此,将不同的政策目标置于相同的监管机构(如央行)下进行共同决策是最优的机构安排。[①]第二,由于政策工具存在很强的外部性,例如调节利率势必影响银行的风险承担行为,最终会影响金融稳定[②],又例如控制金融杠杆的宏观审慎政策势必会影响消费,最终会对通货膨胀产生影响,因此统一监管非常必要。

巴罗和戈登(Barro and Gordon)[③]认为,由不同的监管机构负责不同的政策目标,分开决策也许是更好的选择。因为在统一监管下,当政策目标出现冲突时,央行的决策就有受政治干预的可能性,其独立性和可信性就会受到质疑。[④]当进行分开独立监管时,监管机构应加强相互之间的沟

[①] Dixit, A., Lambertini, L., Interactions of Commitment and Discretion in Monetary and Fiscal Policies [J]. *American Economic Review*, 2003, pp. 1522 – 1542.

[②] Valencia, F. A. N., Monetary Policy, Bank Leverage, and Financial Stability [J]. *Journal of Economic Dynamics and Control*, 2014, 47, pp. 20 – 38.

[③] Barro, R. J., Gordon, D. B., A Positive Theory of Monetary Policy in a Natural Rate Model [J]. *The Journal of Political Economy*, 1983, 91 (4), pp. 589 – 610.

[④] Ueda, K., Valencia, F., Central Bank Independence and Macro – prudential Regulation [J]. *Economics Letters*, 2014.

通和协调。

实践中采用统一监管的国家（英国、欧洲央行、新加坡等）一般会采取保障措施以尽量降低统一监管对央行可信性和独立性的不利影响，例如英国和欧洲央行在内部建立的独立决策机构。而采用货币政策与宏观审慎监管分离管理的国家（美国、澳大利亚、新西兰、巴西、墨西哥和乌拉圭等），为了解决政策目标和政策工具的外部性，则经常采取建立跨部门委员会的方式。委员会由央行和宏观审慎监管部门组成，委员会成为重要的协调机构。

（二）政策协调

经济全球化和世界经济一体化使一个国家的政策可能会通过资本流动对另一个国家产生影响，即产生所谓的"外溢"或"外部性"。因此，国际是否应该加强政策合作和协调呢？

赞同观点认为：第一，经济危机中的事实已经证明，国际政策合作能够减少国际市场的反馈效应，例如国内经济过热，央行也许需要提高市场利率，紧缩市场流动性，但是，提高利率也许会导致更多的国际资本流入，政策效果反而适得其反，这时采取政策协调就能有效应对这种国际市场的反馈效应。第二，正常时期政策合作的收益虽然比较小，但这种收益是持续的，因此收益的现值比较大。第三，虽然政策合作的边际收益较小，但相互之间的政策协调与合作可以避免由于缺乏信任而导致的潜在损失风险，因此长远来看合作还是有益处的。[①]

反对观点认为：第一，经济危机发生时，加强相互之间的政策协调与合作，对合作各方的好处是显而易见的，但是，在正常状态下的收益与贸易自由化相比显得很小。[②] 第二，如果一个国家有宏观审慎合作和资本流动管理措施，那么货币政策的合作必要性就会大大降低，因为相比较而言，宏观审慎合作和资本流动管理在处理资本流动的外部性方面更有优势。[③] 第三，由于面临的经济形势不同，各个国家的货币政策目标是不一

[①] Eichengreen, B., International Policy Coordination: The Long View [R]. *National Bureau of Economic Research*, 2011.

[②] Obstfeld, M., Rogoff, K., Global Implications of Self-oriented National Monetary Rules [J]. *Quarterly Journal of Economics*, 2002, pp. 503–535.

[③] Jeanne, O., Macroprudential Policies in a Global Perspective [R]. *National Bureau of Economic Research*, 2014.

致的，同时也由于各个国家的差异性，政策产生的效果是不同的，因此，政策合作常常无法实现。[1]

为了解决国际政策协调存在的问题，很多学者也提出了建议，如奥斯特里和戈什（Ostry and Ghosh）[2] 提出，设立一个信誉度和公正性能被各方所接受的中立方，由中立方负责对各国的货币政策进行沟通与协调。如艾肯格林等（Eichengreen et al.）[3] 提出建立一个由各个国家央行代表组成的国际货币政策委员会，将每个央行政策的后果汇总，并向各国领导人报告。对国际政策的外部性问题，奥斯特里和戈什提出，各国在实施内部政策时应尽量减少该政策负的外部性，并将政策外部性内生化。然而，由于各国缺乏激励去减少外部性问题，使减少外部性问题的建议缺乏操作可能。

五　结论

目前，经济危机对各国经济的冲击逐渐减弱，但是，经济危机的影响远未结束。新的政策目标和政策工具的出现，以及随之而来的机构设计和政策协调，使危机后新常态下的货币政策必须做出相应的调整。在这种情况下，对新常态下货币政策的争议与共识进行总结和梳理就显得非常重要。本文的研究加深了对于经济新常态下货币政策新变化和新调整的认识。

通过对以上文献的梳理和总结，我们发现，自经济危机发生后，各国的货币政策出现了新的变化。这种变化不仅体现在政策目标、政策工具上，也体现在机构安排和政策协调上。现将新常态下货币政策形成的共识与争议总结如下：传统的货币政策目标并未因为经济危机的发生而受到削弱，但是金融稳定、外部稳定等政策目标逐渐受到关注。传统货币政策工

---

[1] Rey, H. E. L. E., Dilemma not Trilemma: The Global Financial Cycle and Monetary Policy Independence [C], 2013.

[2] Ostry, J. D., Ghosh, A. R., Obstacles to International Policy Coordination, and How to Overcome Them [J]. Policy, 2013, 13, p. 11.

[3] Eichengreen, B., El-Erian, M., Fraga, A. et al., Rethinking Central Banking Committee on International Economic Policy and Reform [J]. Brookings Institution, 2011. S.

具在应对经济危机尤其是零利率下限情况时,工具效果大打折扣,而政策沟通类工具和资产负债表类等非常规货币政策工具则发挥了重要作用。在经济危机发生时,采用非常规货币政策基本得到学术界认可,但是,在经济恢复到正常状态时,非常规货币政策工具是否需要保留则存在一定的争议。但是,即使是赞同将非常规货币政策保留在货币当局工具箱内的学者也认为,在正常经济状态下,要谨慎使用非常规货币政策。由于新的政策目标和政策工具的出现,以及政策目标和政策工具的外溢性,使各国的机构设计和安排、国家之间的政策协调显得非常重要。目前,在这一点上,学界的普遍看法是:各国应加强政策之间的协调,在国内的机构设计上,尽量减少机构设计对央行独立性和可信性的不利影响。

参考文献

[1] Matheson, T., Sandri, D., Simon, J., The Dog that didn't Bark: Has Inflation been Muzzled or was it just Sleeping [J]. *IMF World Economic Outlook*, 2013, pp. 1-17.

[2] Bernanke, B. S., Mishkin, F. S., Inflation Targeting: A New Framework for Monetary Policy [J]. *Journal of Economic Perspectives*, 1997, 11 (2), pp. 97-116.

[3] Blinder, A. S., Jordan, T. J., Kohn, D. et al., Exit Strategy [M]. ICMB, International Center for Monetary and Banking Studies, 2013, pp. 5-11.

[4] Ball, L., Mankiw, N. G., Romer, D. et al., The New Keynesian Economics and the Output-inflation Trade-off [J]. *Brookings Papers on Economic Activity*, 1988, pp. 1-82.

[5] Yellen, J. L., Perspectives on Monetary Policy [J]. *Speech Delivered at the Boston Economic Club Dinner*, Boston, June, 2012, 6.

[6] Woodford, M., Methods of Policy Accommodation at the Interest-rate Lower Bound [C]. The Changing Policy Landscape: 2012 Jackson Hole Symposium. Federal Reserve Bank of Kansas City, 2012.

[7] Federico, P., Vegh, C., Vuletin, G., Reserve Requirement Policy over the Business Cycle [J]. *Unpublished Manuscript*, 2012.

[8] Bernanke, B. S., The Effects of the Great Recession on Central Bank Doctrine and Practice [C]. Keynote Address at the Federal Reserve Bank of Boston 56th Economic Conference "Long Term Effects of the Great Recession". Boston, October, 2011, 1, pp. 8-19.

[9] Farhi, E., Tirole, J., Collective Moral Hazard, Maturity Mismatch, and Systemic Bailouts [J]. *American Economic Review*, 2012, 102 (1), pp. 60-93.

[10] Caballero, R. J., Macroeconomics after the Crisis: Time to Deal with the Pretense – of – knowledge Syndrome [R]. *National Bureau of Economic Research*, 2010.

[11] White, W. R., Should Monetary Policy "Lean or Clean"? [J]. Federal Reserve Bank of Dallas, Globalization and Monetary Policy Institute Working Paper, 2009, p. 34.

[12] French, K., Baily, M., Campbell, J. et al., The Squam Lake Report: Fixing the Financial System [J]. *Journal of Applied Corporate Finance*, 2010, 22 (3), pp. 8 – 21.

[13] Caballero, R. J., Lorenzoni, G., Persistent Appreciations and Overshooting: A Normative Analysis [J]. *IMF Economic Review*, 2014, 62 (1), pp. 1 – 47.

[14] Blanchard, O., Dell Ariccia, G., Mauro, P., Rethinking Macroeconomic Policy II: Getting Granular [J]. *IMF Staff Discussion Note*, April, 2013.

[15] Gali, J., Monacelli, T., Monetary Policy and Exchange Rate Volatility in a Small Open Economy [J]. *The Review of Economic Studies*, 2005, 72 (3), pp. 707 – 734.

[16] Fisher, I., Appreciation and Interest [J]. *Publications of the American Economic Association*, 1896, pp. 1 – 98.

[17] Muth, J. F., Rational Expectations and the Theory of Price Movements [J]. *Econometrica: Journal of the Econometric Society*, 1961, pp. 315 – 335.

[18] Lucas, Jr. R. E., Expectations and the Neutrality of Money [J]. *Journal of Economic Theory*, 1972, 4 (2), pp. 103 – 124.

[19] Sargent, T. J., Wallace, N., "Rational" Expectations, the Optimal Monetary Instrument, and the Optimal Money Supply Rule [J]. *The Journal of Political Economy*, 1975, pp. 241 – 254.

[20] Blanchard, O., Dell Ariccia, G., Mauro, P., Rethinking Macroeconomic Policy [J]. *Journal of Money, Credit and Banking*, 2010, 42 (s1), pp. 199 – 215.

[21] Ball, L. M., The Case for Four Percent Inflation [J]. *Central Bank Review*, 2013, 13 (2), pp. 17 – 31.

[22] Mishkin, F. S., Monetary Policy Strategy: Lessons from the Crisis [R]. *National Bureau of Economic Research*, 2011.

[23] Bernanke, B. S., Testimony before the Joint Economic Committee of Congress [Z]. 2004.

[24] Woodford, M., Comment and Discussion [J]. *Brookings Papers on Economic Activity*, 2009 (2), pp. 38 – 49.

[25] Whitesell, W., Interest Rate Corridors and Reserves [J]. *Journal of Monetary Economics*, 2006, 53 (6), pp. 1177 – 1195.

[26] Wicksell, K., The Scandinavian Monetary System after the [First World] War [J]. Translated from the Swedish, in: B. Sandelin (ed.), *Knut Wicksell: Selected Essays*, 1917, 2, pp. 71 – 80.

[27] Clinton, K., Implementation of Monetary Policy in a Regime with Zero Reserve Requirements [R]. Bank of Canada, 1997, pp. 97 – 98.

[28] Cœuré, B., Central Banks and the Challenges of the Zero Lower Bound [J]. *Speech at the University of Chicago Booth School of Business*, 2012, 12.

[29] Eggertsson, G. B., Woodford, M., The Zero Bound on Interest Rates and Optimal Monetary Policy [J]. Brookings Papers on Economic Activity, 2003, 34(1), pp. 139 – 235.

[30] Plosser, C. I., Forward Guidance [R]. Lecture Presented to the Stanford Institute for Economic Policy Research's (SIEPR) Annual Meeting, Stanford, 2013 – 02 – 12.

[31] Andersson, M., Hofmann, B., Gauging the Effectiveness of Quantitative forward Guidance: Evidence from Three Inflation Targeters [R]. European Central Bank, 2009.

[32] International Monetary Fund, Unconventional Monetary Policy: Recent Experiences and Prospects. IMFPolicy Paper, Washington: 2013c.

[33] Carney, M., Guidance [J]. *Speech before the CFA Society Toronto*, Toronto, Ontario, 2012, 11.

[34] Billi, R. M., Kahn, G. A., What is the Optimal Inflation Rate? [J]. *Economic Review*, 2008 (Q II), pp. 5 – 28.

[35] Friedman, B. M., Has the Financial Crisis Permanently Changed the Practice of Monetary Policy? Has It Changed the Theory of Monetary Policy? [R]. *National Bureau of Economic Research*, 2014.

[36] 戴金平、魏昊:《发达国家非传统货币政策的走向》,《红旗文稿》2010 年第 13 期。

[37] Ugai, H., Effects of the Quantitative Easing Policy: A Survey of Empirical Analyses [J]. *Monetary and Economic Studies – Bank of Japan*, 2007, 25 (1), p. 1.

[38] Benford, J., Berry, S., Nikolov, K. et al., Quantitative Easing [J]. *Bank of England Quarterly Bulletin*, 2009, 49 (2), pp. 90 – 100.

[39] Blinder, A. S., Quantitative Easing: Entrance and Exit Strategies [J]. *Federal Reserve Bankof ST. Louis Review*, 2010, 92 (6), pp. 465 – 479.

[40] Joyce, M., Miles, D., Scott, A. et al., Quantitative Easing and Unconventional Monetary Policy—An Introduction [J]. *The Economic Journal*, 2012, 122 (564): F271 – F288.

[41] US, F. R., Federal Reserve Bulletin [M]. US Government Printing Office, 1951, p. 267.

[42] Gagnon, J., Raskin, M., Remache, J. et al., The Financial Market Effects of the Federal Reserve's Large – scale Asset Purchases [J]. *International Journal of Central Banking*, 2011, 7 (1), pp. 3 – 43.

[43] Carlstrom, C. T., Fuerst, T. S., Paustian, M., Targeting Long Rates in a Model with Segmented Markets [R]. Federal Reserve Bank of Cleveland, Mimeo, 2014.

[44] Woodford, M., Comment On: "Using a long-term Interest Rate as the Monetary Policy Instrument" [J]. *Journal of Monetary Economics*, 2005, 52 (5), pp. 881–887.

[45] Tucker, P., Managing the Central Bank's Balance Sheet: Where Monetary Policy Meets Financial Stability [J]. *Bank of England Quarterly Bulletin*, Autumn, 2004.

[46] Bauer, M. D., Rudebusch, G. D., The Signaling Channel for Federal Reserve Bond Purchases [J]. *International Journal of Central Banking*, 2014, 10 (3), pp. 233–289.

[47] Dixit, A., Lambertini, L., Interactions of Commitment and Discretion in Monetary and Fiscal Policies [J]. *American Economic Review*, 2003, pp. 1522–1542.

[48] Valencia, F. A. N., Monetary Policy, Bank Leverage, and Financial Stability [J]. *Journal of Economic Dynamics and Control*, 2014, 47, pp. 20–38.

[49] Barro, R. J., Gordon, D. B., A Positive Theory of Monetary Policy in a Natural Rate Model [J]. *The Journal of Political Economy*, 1983, 91 (4), pp. 589–610.

[50] Ueda, K., Valencia, F., Central Bank Independence and Macro-prudential Regulation [J]. *Economics Letters*, 2014.

[51] Eichengreen, B., International Policy Coordination: The Long View [R]. *National Bureau of Economic Research*, 2011,

[52] Obstfeld, M., Rogoff, K., Global Implications of Self-oriented National Monetary Rules [J]. *Quarterly Journal of Economics*, 2002, pp. 503–535.

[53] Jeanne, O., Macroprudential Policies in a Global Perspective [R]. *National Bureau of Economic Research*, 2014.

[54] Rey, H. E. L. E., Dilemma not Trilemma: The Global Financial Cycle and Monetary Policy Independence [C], 2013.

[55] Ostry, J. D., Ghosh, A. R., Obstacles to International Policy Coordination, and How to Overcome Them [J]. *Policy*, 2013, 13, p. 11.

[56] Eichengreen, B., El-Erian, M., Fraga, A. et al., Rethinking Central Banking, Committee on International Economic Policy and Reform [J]. *Brookings Institution*, 2011, S.

经济"新常态"背景下中国模式的转型升级

刘　洋　纪玉山

内容提要：中国模式和经济"新常态"作为近年来出现在理论界和公众视野的热门词汇，前者承载着改革开放30余年中国经济改革与发展的基本模式和经验总结；后者是决策层对当前中国经济形势的基本分析和研判。中国模式在引领中国经济取得长期持续高速增长巨大成就的同时，其存在的问题和缺陷也是导致当前中国经济步入"新常态"的一个重要因素。推动中国模式的转型升级，以使其妥善应对经济"新常态"背景下的新问题和新挑战，是关系未来中国经济能否在"新常态"时期实现可持续发展的一项重大议题。而转变经济改革的驱动机制、具体方式与策略，以及经济增长方式和宏观经济政策，是推动经济"新常态"背景下中国模式转型升级的主要途径。

关键词：经济"新常态"　中国模式　转型升级

一　引言：中国模式与经济"新常态"

后金融危机时代，全球主要经济体增速的普遍放缓宣告了全球经济已

［作者简介］刘洋，吉林大学马克思主义学院讲师；纪玉山，吉林大学经济学院教授、博士生导师。

［基金项目］国家社会科学基金重大项目"中国特色社会主义民生制度建设研究"（12ZD057）。

经步入深度调整期,处于全球经济调整期和过渡期的时代背景,同时受国内经济阶段性因素的叠加影响,中国经济自 2012 年第二季度 GDP 增速"破8"以来,已经逐步进入经济增速阶段性回落、经济结构深度调整的"新常态"时期。面对"新常态"时期国内外围绕中国经济下行的担忧甚至一系列唱空论调的出现,中国政府已然对"新常态"下的经济形势做出了明确分析和研判。应当看到的是,中国领导人就"新常态"的分析与解读既是对"中国经济悲观论"的有力回应,更意味着政府已经发出致力于摆脱中国经济"旧常态"的政策信号。

如何理解所谓中国经济的"旧常态"?如果按照当前理论界通行的对经济"新常态""三期叠加"式的解读,前者则应具备以下三个基本特征,即高增长下的总量繁荣、总量繁荣下的结构失衡以及结构失衡下传统增长方式与驱动机制的难以为继。毫无疑问,作为一条引领中国经济社会走向现代化的改革与发展路径,自改革开放以来,中国经济社会翻天覆地的变化与全面发展所取得的巨大成就离不开中国模式的探索与实践;然而,同时应当看到的是,在中国经济保持 30 余年高速增长的背后积累起来的因改革滞后形成的各种"体制病"与结构失衡引发的"经济社会综合征",具体表现为经济增速与改革进程脱节引致的制度转型障碍和强大的既得利益樊篱,日趋严峻的资源能源约束与生态环境危机,以贫富差距拉大为代表的各种结构性弊病,以及随着中国反腐风暴同时揭开的令人触目惊心的官员腐败现象,是中国模式在引领中国经济社会改革与发展中逐渐积累的突出矛盾与问题。考虑当前"新常态"下中国经济已与中国模式下的经济景象出现越来越多的差异,我们是否应该思考这样一个问题,即尽管全球经济在后金融危机时代的低迷走势被视为在中短期内影响中国经济增长的一个外部风险因素,自改革开放 30 余年以来我们所坚持与实践的中国模式是否可以视为导致中国经济进入"新常态"的一个中长期的内部因素?鉴于当前中国经济发展的国际国内环境,我们的确需要在经济"新常态"的背景下对中国模式进行更为系统、深入的认识与反思。

二 中国模式:成就与挑战

长期以来,围绕探究"中国奇迹"之谜,国内外理论界已对中国经济进行了广泛而深入的探讨，中国模式的提出及解读，使这场基于中国经济高速增长现实场景下的大讨论持续升温进而达到了一个全新的高度。美国学者马丁·哈特兰兹伯格与保罗·伯克特[①]指出，主流经济学界已经基本达成这样一个共识，即中国模式作为一种发展模式，使中国将成为发展中国家进行现代化建设的范式。尽管就中国模式具体内涵的解读离不开对中国特有的政治体制、社会结构以及历史文化特征的全面考察，但围绕中国经济对中国模式进行集中探讨，似乎能够将中国模式的解读更直观地带入中国经济改革与发展的现实场景中。从这一点而言，中国模式可以被视为具有中国特色的、中国经济改革与发展的具体路径，以及使中国经济走向市场化、全球化与现代化的战略安排。应当看到的是，30余年来，中国经济持续高速增长与社会全面发展的事实已经充分地说明中国模式的客观存在是毋庸置疑的，这种客观存在性是基于中国在经济改革与发展道路上的独立性，以及建立在中国经济体制改革与转轨丰富的理论和实践内容之上的巨大成就。在通向现代市场经济国家的道路上，面对来自英美的自由市场模式（盎格鲁—撒克逊模式）、欧洲大陆的社会市场模式（莱茵河模式）、东亚国家的强政府模式和俄罗斯的"第三条道路"等理论与实践的挑战，中国选择了一条适合本国国情的改革与发展道路，从而使在理论探索与实践发展中不断完善的中国特色社会主义市场经济体制与经济社会发展模式受到全世界的广泛关注。中国模式是对中国30余年改革开放得失经验总结和在对未来国内外政治经济环境预测基础上，归纳出来的一套具有中国特色的、内容清晰、呈体系化的、能够引领中国经济社会前行的思想理论和政策框架。它不仅是对前期中国改革与发展绩效的理论总结，也是指引未来中国改革与发展实践的灯塔。[②]

中国模式尽管成就斐然，但自身存在的问题与缺陷也不容忽视，这些问题和缺陷曾被中国经济的高速增长与总量繁荣的表象所掩盖，从而长期隐藏在中国经济的"旧常态"中并逐步发展成为制约中国经济未来改革与转型的强大阻力。在反思中国模式存在的具体问题与缺陷时，许多学者

---

① 马丁·哈特兰兹伯格、保罗·伯克特：《解读中国模式》，《经济社会体制比较》2005年第2期。
② 纪玉山、刘洋：《"北京共识"与"中国模式"：探索、争鸣与重识》，《学术交流》2014年第2期；纪玉山、刘洋：《论"北京共识"与"中国模式"的绿色转型》，日本北東アジア学会第20回記念学術研究大会報告論文予稿集，2014年9月20日。

认为，中国模式具有的粗放式特征和低技术创新能力已使经济增长中的资源环境承载力达到了极限，单位 GDP 能耗巨大的传统经济增长模式不仅意味着产出水平的低质低效，也造成了资源能源的严重浪费。高污染、高能耗、高排放产业和能源结构已使中国成为全球第一大温室气体排放国，这使中国在后危机与低碳经济时代承担着减排与发展的双重压力。吴敬琏[①]指出，由于粗放型经济增长方式下的出口导向政策的短期刺激效应正逐渐减弱，从长期来看，中国亟须转变经济增长方式来应对传统模式造成的资源枯竭、环境破坏、内需不足、技术创新滞后，以及劳动者收入提高缓慢等问题。尽管政府主导下的海量资源投入与强大的社会动员机制是"中国模式"引领中国经济长期高速增长的重要保证，然而，在强政府、"巨型国企"与粗放式生产投资营造的高增长与总量繁荣背后却是中国经济的高负债、高库存与高杠杆化，以及"投资饥渴症"下的产能过剩与内需不足。萧功秦[②]认为，在"强国家—弱社会"的现有结构关系与体制环境下，中国模式面临着腐败、国富民贫、国企病、两极分化与社会创新能力弱化的五大困境。许小年[③]基于对拉动中国经济增长"三驾马车"的比重关系出发认为，中国经济的高速增长是建立在对投资驱动过度依赖的基础上，这将导致中国经济在消费与投资关系严重失衡情况下面临结构性衰退的风险。进一步地，作为将中国模式发挥至极致的一项经济政策，依靠大规模投资刺激经济增长的"四万亿元投资"尽管在全球金融危机的高峰期保住了中国经济的增长态势，但在前一阶段生产尚未被消费充分吸收的前提下，在投资增速明显快于消费增长的产能过剩状态下，继续用投资作为经济增长的催化剂只能使宏观经济进一步偏离供求均衡的轨道。随着"四万亿元投资"的短期效应逐渐减弱，如今"新常态"下的中国经济正在增速回落与结构调整中努力消化前期刺激政策的消极后果。

回顾改革开放以来中国经济 30 余年的改革与发展历程，强政府控制下的市场开放与海量投资作为中国模式的一个基本实践特征，也是推动中国经济持续高速增长的主要动力机制。中国经济并没有在 30 年间一直呈

---

① 吴敬琏：《强势政府不是中国经济取得成功的原因》，http：//finance.ifeng.com/a/20130812/10411745_0.shtml，2013-08-12。
② 萧功秦：《中国模式面临五大困境》，《人民论坛》2008 年第 31 期。
③ 许小年：《结构性衰退及其医治方法》，网易财经，http：//money.163.com/13/1112/20/9DGNS7P400253B0H.html，2013-11-12。

爬坡式上涨态势，而是在三大增长区间（1984—1988年、1992—1997年和2002—2011年）后分别出现了三次明显的经济下滑（1989—1990年、1998—1999年和2012年至今）（见表1）。与前两次周期性经济下滑不同的是，2012年以来中国经济增速减缓则是一个中长期的结构性问题。

表1　改革开放以来中国经济增速三次下滑的原因及结果

阶段	原因	结果
1989—1990年	1988年"价格闯关"失败；改革过程中出现贫富差距拉大的问题激化了社会矛盾；改革进程因政治风波而趋于僵化；一些西方国家对中国展开的经济制裁	邓小平1992年的南方谈话奠定了中国市场化改革的基调；放开市场后外资的大规模引进和出口导向型经济的扩张极大地推动了20世纪90年代中国经济的快速增长
1998—1999年	国有企业等"存量领域"改革的成本激增；经济政策的适度从紧导致中国经济在20世纪90年代中期以来出现"软着陆"；1997—1998年亚洲金融风暴对中国经济的冲击	宏观经济政策从"适度从紧"到"积极有限扩张"；投资驱动型模式的全面开启；加入世界贸易组织对开放市场与出口贸易的利好影响，这些因素最终导致中国经济自2002年以来的飞速增长
2012年至今	后金融危机时代全球经济的低迷走势对中国经济的持续负面影响；"四万亿元投资"政策加剧了中国经济长期存在的结构失衡问题；改革进程在前一阶段陷入僵滞	引领中国经济持续高速增长的旧有模式难以持续；经济增长的传统动力机制日趋衰竭；中国经济在中长期内真正进入了经济增速换挡期、结构调整阵痛期、前期刺激政策消化期的"新常态"

强政府在推动市场开放过程中的政治示威作用、扩张性的宏观经济政策，以及充分利用相对利好的国际国内环境发挥政府投资与出口对经济增长的拉动作用，这是中国经济在经历前两次的短期下滑后受益于中国模式的"反危机"和"促增长"政策迅速企稳上涨的重要原因。然而，2012年以来中国经济增速的明显放缓则突出反映了经济高速增长过程中长期积累的结构性危机，具体表现为：粗放型的投资驱动模式使传统工业部门在"转型难"的同时又普遍面临产能过剩问题；房地产行业的过热导致相关市场领域存在泡沫化风险；在全球金融危机背景下，外需不足导致中国经

济面临出口拉动乏力;随着劳动力成本的抬升与人口结构的老龄化,中国经济高速增长长期依赖的人口红利正逐步消失;更为重要的是,当市场化改革全面进入存量调整的深水区时,以往在体制外围打擦边球式的、"先易后难"的改革策略已经无法适应经济社会转型发展的实际需要,传统体制及其既得利益的强大樊篱已使渐进式改革的长期成本越发凸显。毫无疑问,当经济增长与现有体制、既得利益、资源环境等约束条件呈现出紧张的矛盾冲突时;当拉动经济增长的传统动力日益衰竭而新生动力尚未发育成熟时,仍然在战略思维与政策安排上沿袭套用中国模式的"四万亿元投资"救市方案显然无法从根本上解决目前经济存在的结构性弊病。这是"新常态"下中国经济与以往两次增速出现短期下滑现象的实质性差异。

应当看到,中国经济的深化改革与全面转型是由中国模式长期存在的问题和缺陷倒逼而生,而后者的集中爆发是中国经济从"旧常态"走向"新常态"的基本诱因;在这一过程中,作为外部影响因素,全球金融危机起到了促使中国经济进入"新常态"的催化作用。在经济"新常态"背景下,如何正视中国模式在引领中国经济改革与发展中存在的具体问题和缺陷,使中国模式在理论与实践发展中从容应对经济"新常态"的挑战,这将是深刻影响未来中国经济转型与发展的一项重大议题。

三 中国模式转型升级的背景、意义与内涵

2008年金融危机的爆发及蔓延已使全球经济逐渐步入了一个大调整和大过渡的时代,鉴于全球主要经济体复苏与增长态势的持续低迷,转型业已成为各个国家寻找新增长点以谋求未来经济可持续发展的一个基本共识。以金融资本为主导的虚拟经济向以工业资本为基础的实体经济转型,以及传统的高碳经济向未来的低碳经济转型,已成为当前全球经济在面临各种问题与挑战下就未来改革、转型与发展议程的两条主线。与此同时,在全球两大转型潮流的带动下,一方面,发达国家为抑制金融泡沫与促进经济复苏出现了"再工业化"与"再制造业化"的发展趋势;另一方面,科学技术的创新浪潮在全球经济回归实体化过程中为推动传统产业向新兴产业的转型升级提供了前提基础。实际上,全球经济的转型浪潮是对当前

全球经济增速减缓与结构失衡的一次积极回应。面对同样的问题，转型也是"新常态"背景下促进中国经济可持续发展的一个重要机遇。然而，考虑到当前中国经济改革与发展中存在的突出矛盾和问题，这种转型不应再局限于具体领域或层面，而是应基于国家发展长远利益的战略高度，把转型扩展到一个国家改革与发展模式的整体化变迁的宏观视域，即中国模式的转型升级。这种改革与发展总体模式上的转型升级将进一步推动当前中国经济在生产方式、消费方式、产业、能源、收入分配等具体结构和领域的全面升级优化。

中国模式的转型升级并不是对改革开放 30 余年中国经济社会发展成果和实践经验的全盘否定，而是基于中国经济改革与发展过程中存在的现实问题，对中国模式的一次积极扬弃。人类社会发展至今尚不存在一种具有普适性的、亘古不变的模式，而模式的僵滞和定型化只能因其无法适应不断变化与发展的外部环境而最终走向失败——苏联模式在苏东社会主义国家的崩溃便是一个很好的例证；而从曾经的"华盛顿共识"到如今的"后华盛顿共识"，这种经济政策观与具体政策框架的演化变迁也清晰地反映了西方价值观及其所倡导的市场化模式越来越能着眼于转轨国家在全球化过程中市场化改革与经济发展的实际情况。[①] 因此，就任何模式本身而言，它是固定性与多样性的对立统一。中国模式之所以能够引领中国经济取得当今的成就，正是由于在改革开放时期的特定国内外环境下，中国经济能够务实、积极且不失时宜地践行着体制改革的试错、探索与创新，并在经济发展与现代化建设中不断丰富着中国模式的具体内涵。这种在改革与发展过程中对中国模式与时俱进的理论探索与实践创新无疑从实质上使中国模式成为推动中国经济 30 余年持续高速增长的主导力量。然而，随着经济高速增长与改革进程相对滞后的矛盾已使中国经济在发展中，长期积累的问题日益凸显，特别是在经济新常态时期，中国经济既面临着经济增速减缓、经济结构失衡以及经济增长传统动力日趋式微的中国式问题，也面临着"刘易斯拐点"、"中等收入陷阱"以及"后发劣势"等普遍困扰发展中国家经济可持续发展的通病挑战。在旧有模式逐渐无法适应经济"新常态"背景下，只有通过中国模式的转型升级，才能在整体推

[①] Stiglitz, J. E., More Instruments and Broader Goals: Moving toward the Post – Washington Consensus [R]. The WIDER Annual Lecture, Helsinki, 1998, 1.

进中国经济改革与转型进程的同时逐步解决经济发展中长期积累的结构失衡问题并突破传统体制机制的"瓶颈"。因此，中国模式的转型升级将是未来中国经济改革与发展的主要议题，同时也将成为中国模式在全球经济转型浪潮中保持其强大生命力的重要途径。

中国模式的转型升级是在中国经济进入"新常态"背景下，围绕前期经济社会改革与发展的得失经验，就当前中国经济改革与发展中存在的突出问题进行的一次深刻反思和集中回应。应当看到的是，建立在依靠强势政府推动下的海量投资和对资源环境过度依赖基础之上的高速增长不仅野蛮，而且不可持续。中国模式的转型升级应当基于经济"新常态"的现实场景，直接面对并处理新常态呈现给中国经济的新问题和新挑战。作为对中国未来改革与发展模式的积极调整，中国模式的转型升级将是关系到中国经济在新常态时期能否实现可持续发展的关键所在。与微观层面上强调的转型升级不同的是，中国模式的转型升级将集中围绕未来中国经济改革与发展的路径选择与制度安排这一更具战略意义的宏观视域，以寻求中国经济在新常态下的新增长点为目的，以培育创新型增长驱动机制为着力点，突破传统经济增长方式与增长理念的理论框架和实践范式，推动中国经济从追求高速度与总量繁荣向强调结构优化、质量改善和效益提升的方向发展。

基于改革开放30余年中国经济高速增长过程中不断积累和激化的各种问题与矛盾，中国模式的转型升级要求中国必须认识在结构失衡与改革动力相对匮乏的条件下，以往建立在逆周期调控理论基础之上的、需求导向的强刺激政策在应对经济"新常态"问题时的局限性；也要认识到政府主导投资驱动下的、以过度消耗资源和环境承载力为代价的、寅吃卯粮的经济增长方式的不可持续；更要认识到为保障经济增速不与改革进程脱节，而为未来持续的改革提供空间并创造动力的重要意义。因此，作为一场"转型+发展"的重要理论创新与实践探索，中国模式的转型升级是在经济新常态时期中国寻求未来改革出路以实现经济可持续发展的主要途径；同时也是面向中国未来小康社会建设与现代化发展的一场生产方式和生活方式的深刻变革。进一步地，作为新常态背景下中国经济未来改革和发展的一项重大战略举措，中国模式的转型升级既是对中国模式的自我完善，也是对中国特色社会主义理论认知的深化，更是促进中国经济社会可持续发展的应有之义。

四 推动中国模式转型升级的具体路径

（一）从政府供给主导型到社会需求诱致型：经济改革驱动机制的转变

依靠政府力量推动中国经济改革进程，并为中国经济增长创造各种政策条件和制度环境的"强政府"模式一直以来是中国模式下中国经济改革与发展的显著特征。改革开放30余年来，中国的经济体制改革一直延续着由制度供给驱动的、从中央顶层设计到地方层级扩散的、自上而下的制度创新模式。这种由强势政府主导的、以制度供给方式推动的经济体制改革实际上反映了在政府控制改革进程与提供具体政策安排时特定的行为方式和利益诉求。政府以制度企业家身份直接介入制度创新活动实则反映了在中国改革开放时代背景下，政府通过学习和模仿寻求符合自身利益最大化的外部规则的过程，这一过程既可能在特定的环境条件下产生规则改变与社会增益的激励相容，也可能因政府与社会成员对规则理解的不一致而减损改革过程中的社会福利。[①] 在经济体制改革尚处于浅水区时，增量改革带来的经济增益与决策层的政治收益之间所形成的激励相容，使强势政府主导下的经济改革在短期内产生了十分丰厚的、具有中国模式特征的改革红利。然而，当经济体制改革逐渐进入深水区时，结构调整与存量改革势必会触及现存体制框架内的核心制度安排及相关的既得利益。进一步地，当现有体制和既得利益无法满足对现存利益结构重新分配与深度调整的改革需要时，强势政府主导下的经济改革往往会陷入重重困境。与此同时，中国既存的政治经济体制环境决定了社会民众尽管具有反映制度需求的意愿，但缺乏通过自发的制度创新活动满足其制度需求的能力。长期以来，因政府主导的制度供给不充分或明显滞后于社会成员的制度需求而引致的制度供求缺口的不断扩大，以及社会范围内各种利益冲突的持续激化，促使改革经常以问题倒逼的方式开启或延续。显然，这种政府主导的制度变迁驱动机制是当前中国经济改革动力不足的症结所在。

同强调在微观经济活动领域的政府退出一样，在市场经济体制机制日

[①] 周业安:《中国制度变迁的演进论解释》,《经济研究》2000年第5期。

趋成熟的条件下，政府对制度供给的主导作用应逐渐弱化，而平行于这一过程的则是社会民众的制度需求对制度创新作用的持续增强，活跃于市场经济活动中的个体和组织应当逐渐发育成为推动制度创新与改革进程的主导力量。作为中国模式转型升级的一个重要组成部分，新常态背景下的中国经济亟须通过转变强势政府主导下的改革驱动机制，在结构调整与深化改革过程中解决长期存在的改革动力不足问题。经济改革的驱动机制由政府供给主导型向社会需求诱致型转变要求政府权力的进一步下放与职能转型过程中的自我约束。一个"有限政府"、"服务型政府"和"善治政府"意味着，政府行为与来自政府的外部规则应适时退出微观层面的制度创新活动，从而使中央政府顶层的制度设计能够更好地激发社会范围内的制度创新活动，而不是用政府在经济改革中的主导作用去取代其他社会主体从事制度创新的能力和意愿。与此同时，应尽可能地赋予社会民众在市场活动中更多的制度创新空间，充分挖掘来自民间与基层的改革动力，并通过互惠性的制度创新活动促使社会民众广泛参与政策制定与出台的讨论和听证过程，以期逐步提高社会民众表达制度需求的能力和意愿，以及前者相对于政府在制度创新过程中的议价水平。毫无疑问，这些将是在新常态时期推动中国经济改革驱动机制由政府供给主导型向社会需求诱致型转变的途径。

（二）从循序渐进到平行推进：改革方式与改革策略的转变

作为经济改革和转轨的战略选择与具体方式，理论界曾围绕不同转轨国家的改革成本和绩效就"渐进主义"和"激进主义"的改革与转轨方式进行了旷日持久的争论。其中，作为渐进主义改革与转轨的范例，中国渐进式的市场化改革被理解为在原有体制框架内以"试验推广"或"窗口示范"的方式推行增量改革，而这种渐进式的改革保证了改革过程的稳定性和中央政府对改革目标与改革方式的可操控性。[①]樊纲[②]指出，中国渐进式的市场化改革能够充分利用体制外部增量部分经济增益的"示范效应"推动体制内存量领域的改革，从而减少了市场化改革的成本和阻力。尽管在较长一段时期内，渐进式改革下中国经济的持续高速增长已使这种改革战略和改革方式被普遍看作是中国模式的一个

---

① 林毅夫、蔡昉、李周：《论中国经济改革的渐进式道路》，《经济研究》1993年第9期。
② 樊纲：《两种改革成本与两种改革方式》，《经济研究》1993年第1期；樊纲：《渐进改革的政治经济学分析》，上海远东出版社1996年版。

突出实践特征和主要成功经验。然而，考虑到渐进式的改革过程更容易形成对双轨制的长期路径依赖[①]，以及在经济增速明显快于改革进程的背景下，大量"未偿费用"[②]或制度遗留因素的积累所引发的结构失衡问题，渐进式改革的长期成本已然在中国经济的改革与发展中被无限放大。

以往中国模式的渐进式改革通常被描述为一种"先易后难、逐个击破"的循序渐进式的改革方式。这种对经济体制机制循序渐进式的改革容易因具体改革领域的"各自为政"进而引致改革过程中的制度不协调问题，主要表现为在相关性改革领域中出现的改革超前与改革滞后并存，以及因某一领域的改革瓶颈引发的整体改革进程的"原地等待"。[③]"新常态"背景下的经济改革需要我们适时转变以往的改革策略与改革思维，以"平行推进"式改革方式全面促进各项领域的深化改革。"平行推进"式的改革方式强调渐进式改革过程中体制间的相互协调，以及各个领域间改革进度的动态平衡。这意味着，鉴于民生建设的完善是释放个人消费潜力的重要前提，针对扩大"内需"的结构调整应当与民生领域的各项改革相互平行；而考虑到国有企业上市所依赖的融资和信贷环境，金融机构与资本市场的改革应当与国有企业改革协调兼顾。与"循序渐进"式的改革在具体操作环节上强调顺序相比，"平行推进"式的改革基于各种制度安排间的相互依存与制约关系，在改革路径与宏观政策设计上更加注重改革总体进程的协调性。因此，以"平行推进"式的改革方式与改革策略推动各个领域的积极改革将是在"新常态"背景下突破以往渐进式改革长期遗留的各种体制机制障碍，以及避免改革总体进程出现"原地等待"的有效途径。

[①] 从制度变迁与宪政转轨的长期绩效来看，萨克斯、胡永泰和杨小凯指出渐进式的"双轨制"对经济改革与宪政转轨产生了十分消极的作用。渐进式的经济转轨中所采取的双轨方式可能形成宪政转轨非常高的长期成本，而这将大大超过通过赎买既得利益所获取的短期收益（Sachs, Woo and Yang, 2000）。

[②] 吕炜（2009）将"未偿费用"定义为在经济转轨过程中某些当期行为产生的费用因政策安排或政府能力等原因尚未在当期支付，具体表现为一些诸如"先增长后民生"、"先发展后环境治理"等改革过程中的历史欠账问题。

[③] 樊纲、胡永泰：《"循序渐进"还是"平行推进"？——论体制转轨最优路径的理论与政策》，《经济研究》2005年第1期。

(三) 从单一性的总量经济向包容性的质量经济：经济增长方式的转变

转变经济增长方式一直以来是中国政府和理论界持续探讨的焦点问题，在经济"新常态"时期，经济增长方式的转变同时也是中国模式转型升级的一个重要内容。面对当前中国经济增速减缓、结构失衡，以及增长动力相对匮乏的新常态问题，经济增长方式转变，首先，要求在稳定增速中挤掉以往在粗放型增长与结构畸形下增长的 GDP 泡沫，提高经济增长的质量和效益。其次，经济增长方式的转变要在结构调整中探寻新增长点并培育创新型增长动力，通过经济增长中技术与制度的创新，以及人力资本质量的提升推动经济增长方式自觉、有序地由低级向高级转变。最后，经济增长方式的转变要在对创新型动力机制的探寻与培育中使经济增长从以金钱和物质财富的积累为第一要务，向以提高经济增长与生产力发展的可持续性、提升社会福利水平与总体幸福感，以及实现人的全面发展的目标要求转变。因此，这种经济增长方式的积极变化不仅是从传统的粗放型向现代的集约型方式转变，也蕴含着从以 GDP 主义为核心的单一性增长理念向更全面反映经济社会发展的包容性增长理念的转变。①

转变经济增长方式的落脚点在于经济增长驱动机制的革新。在经济新常态背景下，政府应当对具有技术创新特征并彰显人力资本质量积累与提升的新兴产业及相关的经济活动给予更多的政策支持，使新产品、新技术、新商业模式具有更多的获利空间，从而带动产业组织形式向专业化、信息化、网络化和智能化的方向发展。鉴于传统经济增长方式已使中国的资源环境承载力接近或达到上限，经济新常态时期的产业政策与配套措施要推动产业结构和生产方式从以往具有"中国模式"特征的高投入、高能耗、高排放、高污染的"黑色发展"，向具有集约型、高科技、低能耗、低排放、低污染特征的"绿色发展"转型升级。这意味着，一方面，具有资源节约、环境保护、生态安全特征和低碳循环理念的绿色产业将在经济增长方式转变的过程中存在巨大的发展潜力；另一方面，中国经济也要在化解产能过剩的同时，共同发挥市场与政府的作用来寻找传统产业发展的新方向。在经济新常态时期，为突破传统经济增长方式的路径依赖以

---

① 纪玉山、刘洋：《从"单一"到"包容"：中国经济增长理念的传承与超越》，《学习与探索》2012 年第 3 期。

真正实现中国经济的提质增效，中国经济需要在结构改革过程中不断探索加快经济增长方式转变的新途径。

（四）从逆周期调控到结构性改革：宏观经济政策框架的转变

鉴于结构失衡而非需求不足是当前新常态下中国经济增速减缓的基本诱因，而这种增速减缓具体表现为宏观经济的结构性下滑而非周期性波动，因此，建立在逆周期调控理论基础之上、旨在刺激总需求的扩张性经济政策难以发挥以往功效，而结构性改革措施应当成为当前宏观经济政策的合理选择。应当看到，扩张性的反周期调控政策是以加剧结构失衡与牺牲长期增长活力为代价换取短期内对经济增长的强刺激；而结构性改革并不旨在推动经济迅速重新回到高速增长的轨道，却是为实现未来经济的可持续增长铺平道路。

经济新常态背景下对前期刺激政策的消化实际上已经表明以往推行的由国家主导投资行为拉动的、具有中国模式特征的扩张性政策和强刺激措施不能适应当前中国的宏观经济形势，曾经的"良药"如今已成为造成中国经济高负债、高杠杆和产能过剩的"毒药"。首先，结构性改革的政策框架要求政府不能在经济调控的过程中对强刺激措施产生"政策依赖症"，而是应逐步缩减国家主导的投资行为以弱化政府投资对宏观经济的政策效应，在结构调整中重构经济增长的动力机制并探寻经济"新常态"下的新增长点。其次，要通过结构性改革推动实体经济的去杠杆化和虚拟经济的去泡沫化，一方面，降低目前过高的借贷产出比，以避免由高杠杆和高负债引发的系统性风险；另一方面，完善金融市场的监管秩序，整顿放贷行为并严格约束影子银行业务，防止资产泡沫的出现并缓解当前持续攀高的总体性金融风险。最后，在结构性改革操作层面，应强化结构政策"定向宽松"与"定向收紧"的配套组合，如货币政策应在保持总量稳健的基础上，对新兴产业、服务业和小微企业进行定向宽松；而对房地产等存在产能过剩和泡沫风险的行业领域进行定向紧缩。在结构性改革中要转变单向调控的传统行为模式，灵活运用各领域的政策工具以强化对结构性问题的综合治理。

参考文献

[1] 常修泽：《中国发展模式论纲》，《生产力研究》2008 年第 1 期。
[2] 樊纲：《两种改革成本与两种改革方式》，《经济研究》1993 年第 1 期。

[3] 樊纲:《渐进改革的政治经济学分析》,上海远东出版社 1996 年版。
[4] 樊纲、胡永泰:《"循序渐进"还是"平行推进"?——论体制转轨最优路径的理论与政策》,《经济研究》2005 年第 1 期。
[5] 马丁·哈特兰兹伯格、保罗·伯克特:《解读中国模式》,《经济社会体制比较》2005 年第 2 期。
[6] 纪玉山、刘洋:《从"单一"到"包容":中国经济增长理念的传承与超越》,《学习与探索》2012 年第 3 期。
[7] 纪玉山、刘洋:《"北京共识"与"中国模式":探索、争鸣与重识》,《学术交流》2014 年第 2 期。
[8] 纪玉山、刘洋:《论"北京共识"与"中国模式"的绿色转型》,日本北東アジア学会第 20 回記念学術研究大会報告論文予稿集,2014 年 9 月 20 日。
[9] 林毅夫、蔡昉、李周:《论中国经济改革的渐进式道路》,《经济研究》1993 年第 9 期。
[10] 刘洋:《前苏东国家与中国经济体制转轨模式的比较研究》,博士学位论文,吉林大学,2014 年。
[11] 吕炜:《中国式转轨:内在特征、演进逻辑与前景展望——纪念中国改革开放 30 周年》,《财经问题研究》2009 年第 3 期。
[12] 邱耕田:《中国模式与低代价发展道路》,《中共中央党校学报》2008 年第 3 期。
[13] 吴敬琏:《强势政府不是中国经济取得成功的原因》,凤凰财经,http://finance.ifeng.com/a/20130812/10411745_ 0. shtml, 2013 – 08 – 12。
[14] 萧功秦:《中国模式面临五大困境》,《人民论坛》2008 年第 31 期。
[15] 许小年:《结构性衰退及其医治方法》,网易财经,http://money.163.com/13/1112/20/9DGNS7P400253B0H. html, 2013 – 11 – 12。
[16] 周业安:《中国制度变迁的演进论解释》,《经济研究》2000 年第 5 期。
[17] Yifu, Lin, An Economic Theory of Institutional Change: Induced and Imposed Change [J]. *Cato Journal*, 1989, 9 (12), pp. 1 – 33.
[18] Ruttan, V. W. and Hayami, Y., Toward a Theory of Induced Institutional Innovation [J]. *Journal of Development Studies*, 1984, 20, pp. 203 – 223.
[19] Sachs, J. D., Woo, W. T. and Yang, X. K., Economic Reforms and Constitutional Transition [J]. *Annals of Economic and Finance*, 2000, 1 (2), pp. 423 – 479.
[20] Stiglitz, J. E., More Instruments and Broader Goals: Moving toward the Post – Washington Consensus [R]. The WIDER Annual Lecture, Helsinki, 1998, 1.

第二篇

增长动力转换

外资流入对我国企业间工资差异的影响研究*

周云波　陈　岑　田　柳

内容提要：本文研究外资流入对我国企业间工资差距的影响，分析发现，外资通过劳动力流动和技术溢出两种途径对工资间的不平等产生作用，在这两种机制的综合作用下，外资流入对工资差距的影响是一个先扩大再缩小的过程，特别是以生产资本和技术密集型商品为主的外资引入具有较高的技术溢出水平，其对工资间不平等具有明显的缩小作用；1999—2007年的实证检验表明，虽然外资仍是影响我国工资差距的最主要原因，但其对工资间不平等的贡献度呈现出逐年下降的趋势。

关键词：外资流入　企业间工资差异　政策效应

一　引言

改革开放以来，我国取得了举世瞩目的经济成就，但收入差距也不断扩大。当经济发展水平较低时，收入差距的扩大有利于物质资本的积累，从而推动经济的快速发展，但随着经济发展水平提高，收入差距的扩大会制约低收入者的人力资本投入，从而对经济发展产生不利影响。[①]更进一

---

* 本文发表在《经济研究》2015年第12期。

［作者简介］周云波，南开大学经济研究所教授、博士生导师；陈岑，南开大学经济研究所博士研究生；田柳，南开大学经济研究所博士研究生。

[①] Galor, O., Moav, O., From Physical to Human Capital Accumulation: Inequality in the Process of Development [J]. *Review of Economic Studies*, 2004 (4), pp. 1001 – 1026.

步说，随着我国经济进入"新常态"，消费成为拉动经济的主要动力，但收入差距扩大会降低社会的边际消费倾向，限制消费结构的调整，延缓总体消费水平的增长，从而使消费对经济增长的拉动作用受到抑制。因此，如何缩小收入差距以保证经济健康平稳增长是亟须解决的重要课题。截至目前，劳动收入依然是我国居民收入构成的主体，而作为劳动收入的主要表现形式的工资收入近些年在收入构成中所占比例虽略有所下降，但依旧占据了绝大部分比例，国家统计局的数据显示，2013年工资性收入在全国居民人均可支配收入中所占比例达到56.9%。劳动者的工资水平是由企业根据劳动力市场的供求以及自身的经营状况来共同决定的，因此，研究企业间工资差距对于解决收入差距问题有着重要的现实意义。

通常来说，引起企业间工资差距的因素主要包括企业规模、生产率水平、人力资本、地区差异、行业属性、制度因素以及企业的所有制性质（叶林祥等[1]，杨继东等[2]），本文主要从外商直接投资视角，考察已引入30多年且规模呈逐渐上升趋势的外资[3]对我国企业间工资差距的贡献度及影响趋势。FDI是我国承接国际产业转移的最主要方式（邵敏和包群，2013[4]），其先进的技术和专业的管理可以帮助东道国提高国内的基础设施水平、改善商业环境、增加就业等（Kinoshita and Campos[5]；Samii and Teekasap[6]；Zulfiu and Alili[7]）。但是，外资的引入在推进经济快速发展的同时，如何对收入分配产生作用，学界并无统一的定论。根据《中国统

---

[1] 叶林祥、李实、罗楚亮：《行业垄断、所有制与企业工资收入差距——基于第一次全国经济普查企业数据的实证研究》，《管理世界》2011年第4期。

[2] 杨继东、江艇：《中国企业生产率差距与工资差距——基于1999—2007年工业企业数据的分析》，《经济研究》2012年第S2期。

[3] 据联合国贸发会议日前发布的《全球投资趋势监测报告》，中国2014年吸收外资规模达1196亿美元（不含银行、证券、保险领域），同比增长1.7%，外资流入量首次超过美国成为全球第一。

[4] 邵敏、包群：《FDI对我国国内劳工权益的影响——改善抑或是恶化？》，《管理世界》2013年第9期。

[5] Kinoshita, Y. and Campos, N., Estimating the Determinants of Foreign Direct Investment Inflows: How Important are Sampling and Omitted Variable Biases? [D]. *BOFIT Discussion Papers*, 2004, No. 10.

[6] Samii, M. and Teekasap, P., System Dynamics Approach to the Analysis of Interaction of Foreign Direct Investment and Employment in Thailand [J]. *Academy of Taiwan Business Management Review*, 2010, Vol. 6, No. 1, pp. 16 – 24.

[7] Zulfiu M. Alili, Simulation Analysis of the Effects of Increased Foreign Ownership on Wage Inequality [J]. *Academics International Scientific Journal*, issue: 09/2014, pp. 163 – 179.

计年鉴》数据，我国不同注册类型的企业间一直存在着很大的工资差距。1992年，国有企业、城镇集体企业、其他内资单位以及外资企业的年平均工资分别为2731元、2000元、3763元和4125元，剔除价格指数影响后，到2013年，这四种类型企业的平均工资均出现了不同程度的增长，分别涨至50776元、37516元、49615元和60915元，不同注册类型的企业间有着较大的工资差距，而外资企业的工资水平一直高于同期其他类型的企业，由此引出的问题是外资是不是造成我国企业间工资差距过大的主要原因？内外资企业之间的工资差距对我国企业间工资差距的贡献度有多少？从动态角度看，外资对企业间工资差距的发生了哪些变化？目前尚未有文献对上述问题进行研究，且也尚未建立起一套系统的理论模型对FDI影响工资差距的机制进行推导和阐述。

二 文献综述

外资的流入对东道国收入分配的影响近年来已经引起了越来越多学者的关注，目前的研究主要集中在FDI对东道国的行业、地区、城乡间以及高技能（熟练）与低技能（非熟练）劳动力之间的收入差距的影响等方面。如包群、邵敏[1]认为，外资的进入有利于提高科技活动人员的相对报酬，并且其工资的外溢效应与行业特征密切相关，其中行业引资份额、行业研发活动密集度、内外资企业技术差距以及外资企业外向程度等是影响工资差异的重要因素。随后，两人采用联立方程组对我国工业制造行业的样本数据进行估计，结果表明，FDI可以通过工资溢出效应拉大行业内工资差距。研究外资与地区间工资差距的文献认为，外资相对集中地区会提供更高的工资水平，外资投资区域分布的失衡是造成地区间工资差距的主要原因。[2] 也有学者得出相反的结论，Bhandari的实证分析结果表明，外资的流入能够显著减少除美国东北部之外地区的收入差距。而关于外资对

---

[1] 包群、邵敏：《外商投资与东道国工资差异：基于我国工业行业的经验研究》，《管理世界》2008年第5期；邵敏、包群：《外资进入与国内工资差距：基于工业行业面板数据的联立估计》，《统计研究》2010年第4期。

[2] 宣烨、赵曙东：《外商直接投资的工资效应分析——以江苏为对象的实证研究》，《南开经济研究》2005年第1期。

城乡收入差距的影响方面的研究也有较大分歧。有的学者认为，城市从外资的流入中得到更多的好处，从而加剧了城乡间收入的不平等（聂冲[①]、陆云航[②]）；有的学者则认为，外资的引入有利于产业结构和就业结构的调整，促进经济的开放和发展，从而能够降低城乡收入不均等的程度（张广胜等[③]，袁冬梅等[④]）。关于外资所引起的高技能（熟练）与低技能（非熟练）劳动力之间的工资差距的变化。一般认为，由于劳动力市场的不完全竞争，外资的进入会加大对高技能劳动力的相对需求，提高其工资水平，但对低技能劳动力的工资提升作用不显著，因此会拉大不同技能程度的劳动力的工资差距（Yaohui Zhao[⑤]，Lipsey and Sjoholm[⑥]）。Xiaodong Wu[⑦]从技术转移偏好角度进行研究，认为当外资的技术转移属于劳动力偏向型时，会降低高低技能劳动力之间的工资差距；相反，当外资的技术转移属于技能偏向型时，高低技能劳动力之间的工资差距会扩大。若外资公司在东道国的定位仅仅是为了出口，这种类型的资本大多会流入技术水平较低而劳动力较富裕的部门，因而会缩小高低技能劳动力之间的工资差距。Satya P. Das[⑧]从外资进入的时间考虑，短期看来，竞争会促使内资企业增大对高技能劳动力的雇用，使高技能劳动者的工资水平上升；但从长期来看，高技能劳动力的供给会随着需求增加，高低技能劳动力之间的工资差距会缩小。

关于外资对东道国工资的影响机制和渠道，大多数文献的分析角度一致，均认为外资的进入会通过技术溢出和影响劳动力市场两种渠道提高东道国的工资水平：一方面，外资企业通过技术转移、人才流动等正向技

---

① 聂冲：《对我国居民收入差距的理性思考》，《江西财经大学学报》2003年第3期。
② 陆云航：《浙江居民收入差距状况的比较分析》，《浙江经济》2006年第22期。
③ 张广胜、周娟：《FDI对城乡收入不均等影响的实证研究——基于省际面板数据的GMM分析》，《财经科学》2009年第2期。
④ 袁冬梅、魏后凯、杨焕：《对外开放、贸易商品结构与中国城乡收入差距——基于省际面板数据的实证分析》，《中国软科学》2011年第6期。
⑤ Yaohui Zhao, Foreign Direct Investment and Relative Wages: The Case of China [J]. China Economic Review, 2001, 12 (1), pp. 40 – 57.
⑥ Lipsey, B. and F. Sjoholm, Foreign Direct Investment and Wages in Indonesian Manufacturing, NBER Working Paper, 2001, pp. 82 – 99.
⑦ Xiaodong Wu, The Impact of Foreign Direct Investment on the Relative Return to Skill [J]. Economics of Transition, 2001 (9), pp. 695 – 715.
⑧ Satya P. Das, Foreign Direct Investment and the Relativewagein a Developing Economy [J]. Journal of Development EconomicsVolume, 2002, 67 (1), pp. 55 – 77.

溢出途径提高内资企业的生产率并进而提高工资水平（Graham[①]，邵敏、包群[②]），技术的水平溢出程度取决于外资公司在东道国开展研发活动的程度和内资企业的消化吸收能力（Kinoshita[③]，Todo and Miyamoto[④]），垂直溢出程度取决于内资企业参与外资企业产品供应链的程度[⑤]；另一方面，外资的进入会增加对劳动力的需求，大量的劳动力从工资水平较低的内资企业流向愿意支付高于市场均衡状态的工资水平的外资部门，在劳动力市场供给和产品价格不变的情况下必然导致劳动力价格的上升（邱立成和王自峰[⑥]，Driffield 和 Taylor[⑦]）。但也有研究认为，当东道国自身的经济发展水平和企业规模、技术等均达不到基本条件时，外资对内资企业的挤出负效应可能大于其正向的技术溢出效应，甚至阻碍内资企业的发展和技术水平的提高。[⑧]

内外资企业之间工资差距的研究主要集中在对内外资企业间的工资差距的估计及解释上。由于外资公司拥有更高的技术水平、管理水平以及资金规模，有能力提供更高的工资，再加上进驻东道国市场后，基于信息不对称等因素，往往利用较高的工资来识别和吸引高质量的劳动力，预防和减少人才流失。[⑨] 众多实证研究结果也表明，在控制了企业规模、资本密集度、行业和技术水平等变量后，外资企业的工资水平仍不同程度地高于

[①] Graham, E., Fighting the Wrong Enemy: Antiglobal Activists and Multinational Enterprises, Washington D. C.: Peterson Institute for International Economics, 2000.

[②] 邵敏、包群:《外资进入与国内工资差异：基于工业行业面板数据的联立估计》,《统计研究》2010 年第 4 期。

[③] Kinoshita, Yuko, R&D and Technology Spillovers via FDI: Innovation and Absorptive Capacity [D]. CEPR Discussion Paper, 2001, No. 2775, Center for Economic Policy Research, London.

[④] Todo, Yasuyuki and Miyamoto, Koji, Knowledge Spillovers from Foreign Direct Investment and the Role of Local R&D Activities: Evidence from Indonesia. *Economic Development and Cultural Change*, 2006, 55, pp. 173 – 200.

[⑤] Saggi, K., Trade, Foreign Direct Investment, and International Technology Transfer: A Survey [J]. *World Bank Research Observer*, 2002, 17, pp. 191 – 235.

[⑥] 邱立成、王自峰:《外国直接投资的"工资溢出"效应研究》,《经济评论》2006 年第 5 期。

[⑦] Driffield, N. and Taylor, K., Wage Spillovers, Inter – regional Effects and the Impact of Inward Investment [J]. *Spatial Economic Analysis*, Vol. 1, 2006 (2), pp. 187 – 205.

[⑧] 王瑜:《外商直接投资对我国工业技术进步的影响》,《世界经济研究》2009 年第 2 期。

[⑨] Lipsey, R., Home and Host Effects of FDI. In R. Baldwin and A. Winters (eds.), Challenges to globalization. Chicago: Chicago University Press, 2004: 333 – 379.

内资企业。① 但对于外资企业的工资溢出效应,尚未出现统一的研究结论,从劳动力市场来看,由于外资企业拥有劳动力市场的定价权,可以制定高于或低于内资企业的工资水平,因此外资企业的工资溢出效应具有不确定性。② 从产品市场来看,内外资企业的产品竞争会迫使内资企业提高生产率或者降低工资水平,对内外资工资差距的影响也是不确定的。③ 众多实证分析的结果也随着样本的国家、行业、经济发展水平和外资来源地的不同而得出不同的结论。如 Chen④ 利用中国制造业的数据研究发现,内外资企业间存在显著的工资差距,但外资企业的工资溢出效应显著为负,限制了内资企业工资水平的上升,恶化企业间的工资差距。而 Taylor 和 Driffield⑤ 在控制了英国企业的贸易和技术因素后,认为外资企业对内资企业仍具有显著的工资溢出效应,这种正向的效应会缩小内外资企业间的工资差距。

通过对相关研究文献的整理可以发现,关于外资企业相对内资企业支付更高水平的工资这个结论,学者们大多已取得普遍共识,但对外资企业的溢出效应是否有利于内资企业工资水平的提高这个观点,争议颇多,尚未形成一套完整的理论体系对此加以证明,实证分析随着样本和计量方法的不同得出各异的结论。本文试图从理论和实证两方面对已有的研究作出改进,以期得出更科学、合理的解释和论断。

三 理论模型

根据上述的分析(文献综述)可知,外资主要通过劳动力的转移和

---

① 邵敏、刘重力:《外资进入与技能溢价——兼论我国 FDI 技术外溢的偏向性》,《世界经济研究》2011 年第 1 期。

② Brown, D., Deardorff, A. and Stern, R., The Effects of Multinational Production on Wages and Working Conditions in Developing Countries. NBER Working Paper, No. 9669, 2003.

③ Barry, F., H. Goerg and Strobl, E., Foreign Direct Investment and Wages in Domestic Firms in Ireland: Productivity Spillovers versus Labour - Market Crowding Out. *International Journal of the Economics of Business*, Vol. 12, 2005, pp. 67 - 84.

④ Chen Zhihong, Ge Ying, Lai Huiwen, Foreign Direct Investment and Wage Inequality: Evidence from China [J]. *World Development*, 2011 (39), pp. 1322 - 1332.

⑤ Driffield, N. and Taylor, K., Wage Spillovers, Inter - regional Effects and the Impact of Inward Investment [J]. *Spatial Economic Analysis*, Vol. 1, 2006 (2), pp. 187 - 205.

技术溢出两方面机制的作用来影响工资差距。因此,我们将构建一个理论模型,分别考察劳动力转移和技术溢出带来的工资差距变化。由于外资部门和内资部门在技术水平上存在差距,导致其雇用劳动力的技能也存在差距,因此在借鉴了 Acemoglu 的分析框架以及在 Robinson[①]、Glomm[②]、Rauch[③]、Anand[④]、陈宗胜[⑤]、周云波[⑥]等两部门模型分析思路的基础上,我们做出以下基本假设:

假设 1:假设有内资和外资两个生产部门,社会总产出 Y 由这两个部门的产出 Y_d 和 Y_f 构成,并且两部门的产出存在一定程度的替代性,具体函数为:$Y = (Y_d^\rho + \gamma Y_f^\rho)^{\frac{1}{\rho}}$,其中,$\rho \leq 1$,$Y_d$ 与 Y_f 的直接替代弹性为 $\frac{1}{(1-\rho)}$,γ 为外资部门生产的产品 Y_f 对社会总产出 Y 的重要程度。

假设 2:假设 Y_d、Y_f 的生产均服从 C—D 生产函数,其中,$Y_f = A_f K_f^\alpha L_f^\beta$,$Y_d = A_d K_d^\alpha L_d^\beta$,$K_f$ 和 K_d 分别为外资部门和内资部门所使用的资本,L_f 和 L_d 分别为外资部门和内资部门所使用的劳动力,劳动力充分就业且可以在部门间自由流动。设劳动力总量为 L,L_f 部门所占的劳动份额为 η,L_d 部门所占的劳动份额为 $1-\eta$。

假设 3:假设内资部门的平均工资为 w_d,外资部门的平均工资为 w_f,全体人员的平均工资 w 可表示为 $(1-\eta)w_d + \eta w_f$。两部门的工资水平取决于技术水平,并且是其增函数,即 $w_f = f(A_f)$,$w_d = f(A_d)$,且 $\frac{\partial w_f}{\partial A_f} > 0$,$\frac{\partial w_d}{\partial A_d} > 0$,外资部门的技术水平高于内资部门,由此可以得出 $w_f > w_d$,则两部门的工资差距 $w = \frac{w_f}{w_d} > 1$。

[①] Robinson, S., A Note on the U Hypothesis Relating Income Inequality and Economic Development [J]. *American Economic Review*, 1976, 66 (3), pp. 437 – 440.

[②] Glomm, G., A Model of Growth and Migration [J]. *Canadian Journal of Economics*, 1992, 25 (4), pp. 901 – 922.

[③] Rauch, J., Economic Development, Urban Underemployment, and Income Inequality [J]. *Canadian Journal of Economics*, 1993, 26 (4), pp. 901 – 918.

[④] Anand, S., The Kuznets Process and The Inequality Development Relationship [J]. *Journal of Development Economics*, 1993, 40 (1), pp. 25 – 52.

[⑤] 陈宗胜:《倒 U 形曲线的"阶梯形"变异》,《经济研究》1994 年第 5 期;陈宗胜:《收入分配、贫困与失业》,南开大学出版社 2000 年版。

[⑥] 周云波:《城市化、城乡差距以及全国居民总体收入差距的变动——收入差距倒 U 形假说的实证检验》,《经济学》(季刊) 2009 年第 4 期。

假设4：由于本文是考察外资进入对内外资部门间的工资差距的影响机制和过程，为了简化分析，我们设定两部门内部收入分配均等化，即两部门内部的工资差距均为0。

（一）劳动力转移效应对两部门间工资差距的影响

为了分析劳动力转移效应对两部门间工资差距影响的过程和机制，我们给出假设5。

假设5：假设两部门之间不存在技术溢出效应，因此，两部门之间由于技术水平的差距为常数，因此由其决定的工资差距为常数。

由于外资部门的工资水平高于内资部门，两部门间存在的工资差距必然会吸引劳动力从内资部门向外资部门转移。由于泰尔指数（T）在度量人口的组间转移时具有敏感性，本文选择该指标衡量部门间的工资差距。① 泰尔指数公式为：

$$T = \sum \left(\frac{I_i}{I} \ln \frac{I_i/I}{N_i/N} \right) \tag{1}$$

其中，I_i 表示第 i 组个体的收入和，I 为总收入，N_i 表示第 i 组的个体数，N 表示总人数。因此，两部门间的泰尔指数可表示为：

$$T = \frac{L_d w_d}{L[(1-\eta)w_d + \eta w_f]} \ln \frac{L_d w_d / L[(1-\eta)w_d + \eta w_f]}{1-\eta} + \frac{L_f w_f}{L[(1-\eta)w_d + \eta w_f]} \ln \frac{L_f w_f / L[(1-\eta)w_d + \eta w_f]}{\eta}$$

进一步整理后得到：

$$T = \frac{(1-\eta)w_d \ln w_d + \eta w_f \ln w_f}{(1-\eta)w_d + \eta w_f} - \ln[(1-\eta)w_d + \eta w_f] \tag{2}$$

为了考察劳动力转移效应对两部门间工资差距的影响，我们进一步对式（2）求 η 的导数，得出：

$$\frac{\partial T}{\partial \eta} = \frac{(w_f \ln w_f - w_f \ln w_d)[(1-\eta)w_d + \eta w_f] - (w_d - w_f)\{(1-\eta)w_d \ln w_d + \eta w_f \ln w_f - [(1-\eta)w_d + \eta w_f]\}}{[(1-\eta)w_d + \eta w_f]^2}$$

对上式进一步整理化简后得到：

$$\frac{\partial T}{\partial \eta} = \frac{w_d w_f \ln w_f - w_d w_f \ln w_d - \eta w_f^2 - \eta w_d^2 + 2\eta w_d w_f + w_d^2 - w_d w_f}{[(1-\eta)w_d + \eta w_f]^2}$$

---

① 学者们一般采用基尼系数或变异系数对我国的收入差距进行度量，但基尼系数侧重于度量总体收入差距，且存在不确定性、不全面性和不可比等缺点；而变异系数侧重度量子群的平均水平与总体收入水平的差异，泰尔指数的优点是能更好地测度组与组之间的差异。

$$= \frac{-\eta(w_d - w_f)^2 + w_d w_f(\ln w_f - \ln w_d) + w_d(w_d - w_f)}{[(1-\eta)w_d + \eta w_f]^2} \quad (3)$$

求 η^* 使式(3)为 0。由于 $[(1-\eta)w_d + \eta w_f]^2 > 0$，式(3)为 0 意味着 $-\eta(w_d - w_f)^2 + w_d w_f(\ln w_f - \ln w_d) + w_d(w_d - w_f) = 0$，整理后得到：

$$\eta^* = \frac{w_d w_f(\ln w_f - \ln w_d) + w_d(w_d - w_f)}{(w_d - w_f)^2}$$

进一步化简后得到：$\eta^* = \dfrac{\dfrac{w_f}{w_d}\ln\dfrac{w_f}{w_d} - \dfrac{w_f}{w_d} + 1}{\left(1 - \dfrac{w_f}{w_d}\right)^2}$。

因此，当 $\eta = \eta^*$ 时，$\dfrac{\partial T}{\partial \eta} = 0$。

由于 $\dfrac{w_f}{w_d} > 1$，易知 η^* 为 (0, 1) 区间上的某点①，故当 $0 < \eta < \eta^*$ 时，$\dfrac{\partial T}{\partial \eta} > 0$。这也意味着，在达到临界点 η^* 之前，随着劳动力向外资部门的转移，初期部门间的工资差距是逐渐拉大的。当 $\eta^* < \eta < 1$ 时，$\dfrac{\partial T}{\partial \eta} < 0$，也就是说，当外资部门所占的劳动份额超过 η^* 时，劳动力向外资部门的转移则会缩小部门间的工资差距。综上所述，在外资部门工资高于内资部门的条件下，劳动力向外资部门的转移效应引起两部门间的工资差距呈现出先扩大后缩小的倒 U 形特点。

为了进一步考察倒 U 形曲线的具体特征形状，我们进一步求 $\dfrac{\partial T}{\partial \eta}$ 对 η 的导数，得到：

$$\frac{\partial^2 T}{\partial \eta^2} = \frac{\left(\dfrac{w_f}{w_d}-1\right)\left[\left(1-\dfrac{w_f}{w_d}\right)\left(1-\eta+\eta\dfrac{w_f}{w_d}\right) + 2\eta\left(1-\dfrac{w_f}{w_d}\right)^2 - 2\left(\dfrac{w_f}{w_d}\ln\dfrac{w_f}{w_d} - \dfrac{w_f}{w_d}+1\right)\right]}{\left(1-\eta+\eta\dfrac{w_f}{w_d}\right)^3} \quad (4)$$

---

① 令 $f\left(\dfrac{w_f}{w_d}\right) = \dfrac{w_f}{w_d}\ln\dfrac{w_f}{w_d} - \dfrac{w_f}{w_d} + 1$，$f'\left(\dfrac{w_f}{w_d}\right) = \ln\dfrac{w_f}{w_d} > 0$，$f(1) = 0$，所以，$f\left(\dfrac{w_f}{w_d}\right) > 0$；令 $g\left(\dfrac{w_f}{w_d}\right) = 1 - \dfrac{w_f}{w_d} + \ln\dfrac{w_f}{w_d}$，$g'\left(\dfrac{w_f}{w_d}\right) = \dfrac{w_d}{w_f} - 1 < 0$，$g(1) = 0$，所以，$g\left(\dfrac{w_f}{w_d}\right) < 0$，即 $\dfrac{w_f}{w_d}\left(1 - \dfrac{w_f}{w_d} + \ln\dfrac{w_f}{w_d}\right) < 0$，所以，$\eta^* < 1$。

对式（4）进一步化简后得到：

$$\frac{\partial^2 T}{\partial \eta^2} = \frac{\left(\frac{w_f}{w_d}-1\right)\left(\left(2\frac{w_f}{w_d}-2\right)\eta - 2\ln\frac{w_f}{w_d}-1\right)}{\left(1-\eta+\eta\frac{w_f}{w_d}\right)^3} \tag{5}$$

求解 η^{**} 使得 $\frac{\partial^2 T}{\partial \eta^2}=0$，求得：

$$\eta^{**} = \frac{2\ln\frac{w_f}{w_d}+1}{2\left(\frac{w_f}{w_d}-1\right)} \tag{6}$$

为判断 η^* 和 η^{**} 的位置，计算 $\eta^{**}-\eta^* = \frac{2\ln\frac{w_f}{w_d}+1}{2\left(\frac{w_f}{w_d}-1\right)} - \frac{\frac{w_f}{w_d}\ln\frac{w_f}{w_d}-\frac{w_f}{w_d}+1}{\left(1-\frac{w_f}{w_d}\right)^2}$。

进一步简化整理后得到：$\eta^{**}-\eta^* = \dfrac{3\frac{w_f}{w_d}-2\ln\frac{w_f}{w_d}-3}{2\left(\frac{w_f}{w_d}-1\right)^2}$。

令 $h\left(\frac{w_f}{w_d}\right) = 3\frac{w_f}{w_d}-2\ln\frac{w_f}{w_d}-3$，则 $h(1)=0$，$h'\left(\frac{w_f}{w_d}\right) = 3-2\frac{w_d}{w_f}>0$

所以，$h\left(\frac{w_f}{w_d}\right)>0$，即 $\eta^{**}-\eta^*>0$

因此，$\eta^* < \eta^{**}$。

综合上述分析可以看出，劳动力转移效用对两部门间工资差距的影响可以分为三个阶段：当 $0<\eta<\eta^*$ 时，即图1中的 A 阶段，劳动力从内资部门向外资部门的转移将引起两部门间工资差距的扩大，并且扩大的速度逐步递减；当 $\eta^*<\eta<\eta^{**}$ 时，即图1中的 B 阶段，劳动力向外资部门的转移将会引起两部门间工资差距的缩小，并且差距缩小的速度逐步递减；当 $\eta>\eta^{**}$ 时，即图1中的 C 阶段，劳动力向外资部门转移引起的收入差距缩小的速度开始加快。

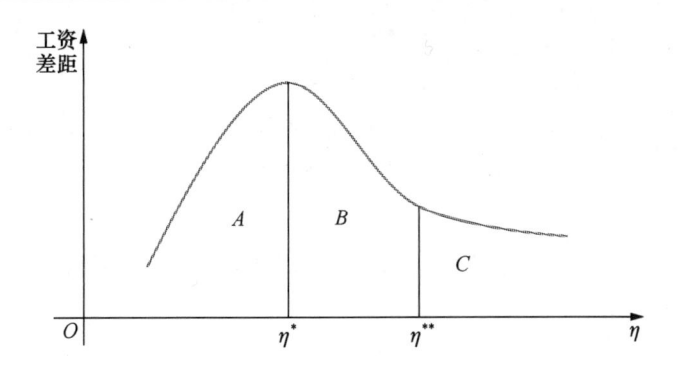

图1 劳动力转移效应对两部门间工资收入差距影响的过程

(二) 技术溢出效应对企业间工资差距的影响

上文我们只考察了劳动力转移效应对部门间工资差距的影响,接下来考察当外资部门对内资部门存在技术溢出效应时,外资的流入对部门间收入差距的影响,为此,我们有必要放松假设5。

假设6:外资部门通过技术溢出效应对内资部门的生产率产生影响,即 $A_d = AK_f^\delta$,其中,A表示外资部门对内资部门生产率的溢出系数,δ表示内资部门受到外资技术溢出的影响程度,δ是关于K_f的增函数,同时假设Y的价格为1。

根据假设1,在资源约束条件下最大化Y,则对内资和外资部门产品的标准相对需求方程为:

$$\frac{P_f}{P_d} = \gamma \left(\frac{Y_d}{Y_f}\right)^{1-\rho}$$

外资部门相对内资部门的工资溢价可以表示为:

$$w = \frac{W_f}{W_d} = \frac{K_f^{\rho(\alpha-\delta)}}{\gamma K_d^{\alpha\rho}} \left(\frac{A_f}{A}\right)^\rho \left(\frac{L_f}{L_d}\right)^{\beta\rho-1} \tag{7}$$

方程(2)可以做如下变换:

$$T = \frac{\eta \frac{W_1}{W_2}\left[\ln\frac{W_1}{W_2} - \ln(1-\eta+\eta\frac{W_1}{W_2})\right] - (1-\eta)\ln(1-\eta+\eta\frac{W_1}{W_2})}{1-\eta+\eta\frac{W_1}{W_2}} \tag{8}$$

将$\frac{W_f}{W_d}$代入方程(8),考察δ的变化所引起的收入差距的变化,为方便推导，令 $J = \frac{1}{\gamma}\left(\frac{K_f}{K_d}\right)^{\alpha\rho}\left(\frac{A_f}{A}\right)^{\rho}\left(\frac{L_f}{L_d}\right)^{\beta\rho-1}$，$\frac{W_f}{W_d} = JK_f^{-\rho\delta}$，得到：

$$T = \frac{\eta J K_f^{-\rho\delta}[\ln JK_f^{-\rho\delta} - \ln(1-\eta+\eta JK_f^{-\rho\delta})] - (1-\eta)\ln(1-\eta+\eta JK_f^{-\rho\delta})}{1-\eta+\eta JK_f^{-\rho\delta}} \quad (9)$$

为了考察外资部门的技术溢出效应对两部门间工资差距的影响，我们对方程（9）求 δ 的导数，得到：

$$\frac{\partial T}{\partial \delta} = \frac{-(1-\eta)\rho\eta JK_f^{-\rho\delta}\ln K_f \ln JK_f^{-\rho\delta}}{(1-\eta+\eta JK_f^{-\rho\delta})^2} \quad (10)$$

根据上式，我们可以发现与预期一致，$\frac{\partial T}{\partial \delta}$ 的符号是小于 0 的。也就是说，外资部门对内资部门技术溢出水平的增加，能够缩小两部门间工资差距。

同样，为了进一步考察外资部门的技术溢出效应对内外资部门间工资差距的影响的具体情况，我们接着对方程（10）求 δ 的导数，得到：

$$\frac{\partial^2 T}{\partial \delta^2} = \frac{(1-\eta)\rho^2\eta JK_f^{-\rho\delta}(\ln K_f)^2[(1-\eta)(\ln JK_f^{-\rho\delta}+1) - \eta JK_f^{-\rho\delta}\ln JK_f^{-\rho\delta} + \eta JK_f^{-\rho\delta}]}{(1-\eta+\eta JK_f^{-\rho\delta})^3}$$

$$= \frac{(1-\eta)\rho^2\eta(\ln K_f)^2\frac{W_f}{W_d}\left[(1-\eta)(\ln\frac{W_f}{W_d}+1) - \eta\frac{W_f}{W_d}\ln\frac{W_f}{W_d} + \eta\frac{W_f}{W_d}\right]}{(1-\eta+\eta\frac{W_f}{W_d})^3} \quad (11)$$

等式（11）的符号由函数 $L\left(\frac{W_f}{W_d}\right) = (1-\eta)\left(\ln\frac{W_f}{W_d}+1\right) - \eta\frac{W_f}{W_d}\ln\frac{W_f}{W_d} + \eta\frac{W_f}{W_d}$ 决定，$L\left(\frac{W_f}{W_d}\right)$ 的图像大致如图 2 所示，当 $\frac{W_f}{W_d} = A_0$[①] 时，$L\left(\frac{W_f}{W_d}\right) = 0$，此时，$\delta = \delta^* = \frac{\ln\left(\frac{J}{A_0}\right)}{\rho\ln K_f}$，从图中可以看出，当 $1 < \frac{W_f}{W_d} < A_0$ 时，$L\left(\frac{W_f}{W_d}\right) > 0$，即 $\delta < \delta^*$ 时，$\frac{\partial^2 T}{\partial \delta^2} > 0$，当 $\frac{W_f}{W_d} > A_0$ 时，$L\left(\frac{W_f}{W_d}\right) < 0$，即 $\delta > \delta^*$ 时，$\frac{\partial^2 T}{\partial \delta^2} < 0$。

---

① 给出特定的 η，可以求出 A_0 的拟合值。

图 2 $L\left(\dfrac{W_f}{W_d}\right)$ 的曲线

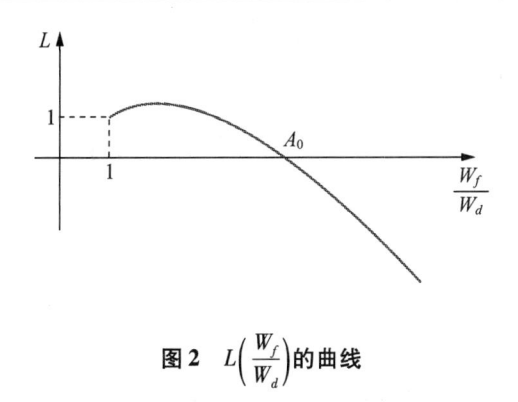

根据上述推导，可以得知工资差距是关于 σ 变化的减函数，且当 $\delta < \delta^*$ 时是凹函数，当 $\delta > \delta^*$ 时是凸函数。具体来说，外资部门技术溢出水平的增加可以缩小部门间的工资差距，且当 $\delta < \delta^*$ 时，工资差距的缩小速度越来越快，当 $\delta > \delta^*$ 时，工资差距缩小的速度逐渐放缓。一般情况下，发展中国家的资源禀赋结构是劳动力丰富，而技术和资本稀缺，国外资本进入发展中国家的主要目的就是利用其丰富而廉价的劳动力，然后随着发展中国家自身资源禀赋结构的升级以及引资政策的调整，外资部门开始逐渐地向技术和资本密集型行业和领域渗透，中国利用外资 30 多年的经验也基本上遵从这一趋势（赵文军等[1]，李平和季永宝[2]，王舒鸿等[3]）。因此，外资部门进入带来的技术溢出效应会逐渐增大，而其带来的工资溢出效应会缩小部门间的工资差距，具体变化过程如图 3 所示。

---

[1] 赵文军、于津平：《贸易开放、FDI 与中国工业经济增长方式》，《经济研究》2012 年第 8 期。

[2] 李平、季永宝：《政策导向转化、要素市场扭曲与 FDI 技术溢出》，《南开经济研究》2014 年第 6 期。

[3] 王舒鸿、宋马林：《后危机时代外商直接投资趋势变化的统计分析》，《中央财经大学学报》2014 年第 11 期。

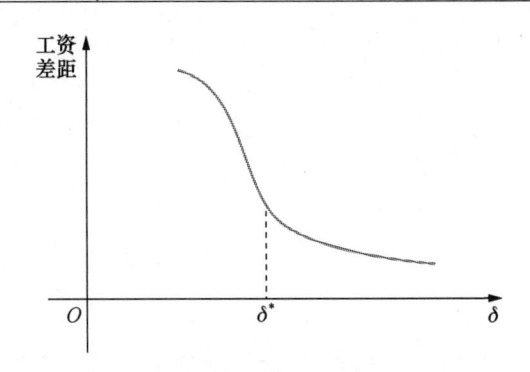

图 3　技术溢出效应对两部门间工资收入差距影响的过程

（三）综合劳动力转移效应和技术溢出效应，考察外资部门的进入对两部门间工资差距的影响

综合上述的劳动力转移效应和技术溢出效应，可以认为，外资的进入对部门间工资差距的影响是上述两种效应的叠加。一般情况下，当外资进入到东道国以后只要不存在制度上的障碍，如果外资部门能够提供比较高的工资和福利，会很快吸引当地的高素质劳动力从其他部门转移过来，因此，劳动力转移效应会首先发挥作用。与之相对应，受技术壁垒、专利制度以及本地企业吸收能力等诸多因素的限制，技术溢出效用滞后于劳动力转移效应，但是，滞后时间的长短受多种因素的影响。从理论上看，劳动力转移效应和技术溢出效应在时间维度上大致存在两种可能。

第一，二者之间的滞后期很短，即劳动力转移效应刚刚开始发挥作用，技术溢出效应也随之显现，也就是说，技术溢出效应发生在劳动溢出效应的拐点之前（见图 4）。这两种效应叠加在一起的结果是，外资部门进入引起的东道国部门间工资差距先不断拉大，达到顶点后，在劳动力的拉大效应和技术溢出的缩小效应的共同作用下，其会在顶点附近徘徊一段时间后进入快速下降阶段。

第二，二者之间的滞后期较长，技术溢出效应发生在劳动溢出效应的拐点之后，两者引起的工资差距的缩小效应部分重合，技术溢出的缩小效应也有可能发生在劳动力的缩小效应之后。即外资部门进入后劳动力转移效应引起部门间的工资差距先逐步扩大，达到顶点后，在劳动力和技术溢出的双重作用下工资差距迅速缩小，具体如图 5 所示。

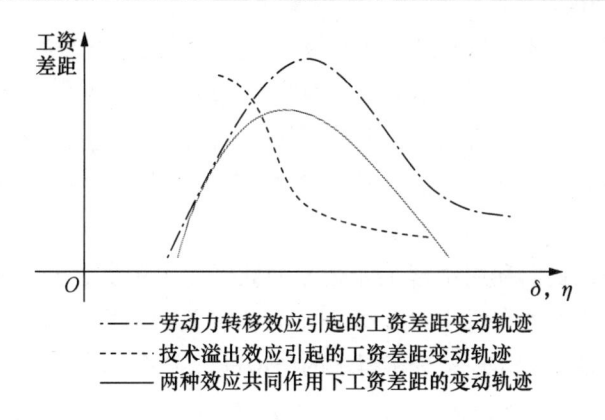

图4　两种效应的滞后期较短时工资差距的变动轨迹

（-·-劳动力转移效应引起的工资差距变动轨迹
----技术溢出效应引起的工资差距变动轨迹
——两种效应共同作用下工资差距的变动轨迹）

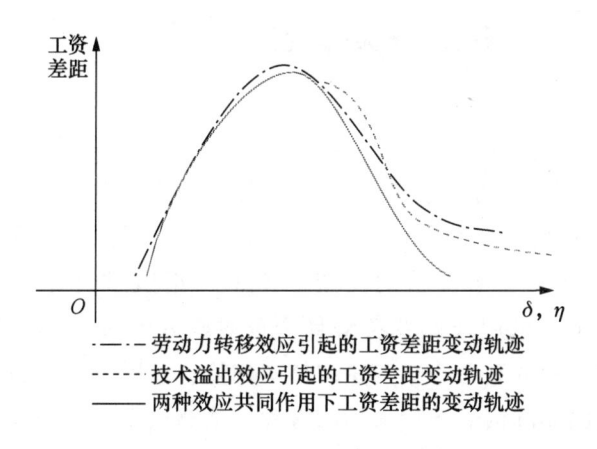

图5　两种效应的滞后期较长时工资差距的变动轨迹

（-·-劳动力转移效应引起的工资差距变动轨迹
----技术溢出效应引起的工资差距变动轨迹
——两种效应共同作用下工资差距的变动轨迹）

上述理论分析表明，外部门进入东道国后会通过劳动力转移效应和技术溢出效应对东道国部门间的工资差距产生影响。数理推导的结果表明，劳动力转移效应引起的部门间工资差距呈先扩大后缩小的倒 U 形变化特点，而技术溢出效应的增加会缩小部门间的工资差距。两种效应叠加引起的差距变化取决于外资部门进入东道国哪些领域。如果进入的是劳动密集型的行业，其技术溢出效应较小，这时发挥主要作用的是劳动力转移效应；如果进入资本、技术密集型等技术溢出效应较大的领域，笔者认为，两种效应之间的滞后期较短，部门间的工资差距在短暂上升后，会快速进入下降阶段。根据发展中国家吸收和利用外资的历史，一般情况下，外资部门进入发展中国家首先选择劳动力密集型行业，然后随着东道国经济发展水平的提高,要素禀赋结构的升级,逐步渗透到资本密集型行业,随之引起的部门间收入差距逐渐缩小。因此,归纳起来,外资部门对东道国部门间工资差距的综合影响是,由其引起的部门间收入差距整体上呈现出先扩大后缩小的倒 U 形变化过程,其对东道国部门间工资差距的贡献也是一个先扩大后缩小的倒 U 形过程。

接下来,我们利用中国工业企业的数据,运用夏普利(Shapley)分解方法定量测度外资进入对我国企业间工资差距的影响程度及其变化过程,同时也是对上述理论分析得出的结论进行实证检验。

四 实证分析方法与数据、工资决定方程及分解方法

(一) 实证分析方法

本文测度实证分析使用的是夏普利分解方法。确定了收入的决定方程后,本文使用肖洛克斯(Shorrocks)提出的基于回归方程的夏普利值(Shapley Value)分解方法对工资的不平等指数进行分解,该方法在 Wan 的改进下,可用来计算各解释变量对收入的贡献率。其基本思想是:将回归方程的某一个自变量取样本均值,然后将该变量的均值与其他解释变量的实际值一起代入回归方程,估算出企业工资及相关的不平等指数,估算出的不平等指数已不包含该变量的影响,原始不平等指数与估算出的不平等指数之差反映了该变量对收入差距的贡献。这种分解方法不仅能够弥补很多传统分解方法的不足,而且还由于其对回归方程并无任何限制,因此可以应用于对任何不平等的分解,被认为是一般性的回归分解方法。

夏普利值分解方法分为两步:

第一步:先确定分解方程。在半对数模型中,我们所使用的大多数不平等指标,经过常数项倍乘后,均不会发生变化。因此,共同截距项和时间虚拟变量都不会对收入产生影响,所以,分解方程可以同时包含这两项。根据上述的收入决定方程,确定收入分解方程为:

$$W_i = \exp(\alpha) \cdot \exp(\beta_i X_i) \cdot \exp(T)\exp(u)$$

其中,α 表示常数,X_i 和 β_i 分别表示解释变量及其系数,T 表示地

区虚拟变量，u 表示误差项。

第二步：根据收入分解方程的回归结果，采用夏普利值对不平等指数对每年的数据进行分解，本文使用联合国世界发展经济研究院（UNU - WIDER）开发的基于夏普利值分解的 Java 程序计算各解释变量对不平等指数的贡献度。

（二）实证分析的数据

由于工资决定的主体是企业，因此利用微观企业数据考察外资对企业间工资差距的影响会更具合理性。本文采用的数据来自国家统计局建立的中国工业企业数据库，其样本包括全部国有工业企业以及规模以上非国有工业企业，行业包括行业代码为 06—11 的采掘业（B 类）、行业代码为 13—43 的制造业（C 类）以及行业代码为 44—46 的电力、燃气及水（D 类）的生产三个门类，共包含 39 个细分行业，其中制造业占 90% 以上。该数据库每年包含的企业数不等，1999 年最少，约为 16 万家，2007 年最多，约为 33 万家。本文选取 1999—2007 年的数据集，采用 Cai 和 Liu 的剔除方式，对每年的无效观测值进行剔除。① 为消除价格因素的影响，我们用以 1999 年为基期的居民消费价格指数、按行业分工业品出厂价格指数以及固定资产投资价格指数等指标对相关变量进行了平减②，最后得到一个包含 12892 家企业（其中内资 7726 家，外资 5166 家）的连续样本。

由于收入变量一般呈正态分布，故选择半对数方程作为分析企业工资的基本模型，收入决定方程可以表示为：

$$\ln W_{it} = \alpha + \beta_t X_{it} + \varepsilon_{it}$$

式中，i 表示 12892 个工业企业，$i = 1, 2, 3, \cdots, 12892$；$t$ 表示时间，$t = 1999, 2000, \cdots, 2007$；$W$ 表示企业员工的年平均收入；X 表示企业特征；β 表示被估参数；ε_{it} 表示误差项。

本文的解释变量具体包括：（1）资产负债率，是企业负债总额与资产总额的比率，该指标反映了行业企业的经营活动能力；（2）出口，是

---

① 剔除的样本包括重要指标的观测值有缺失、不满足"规模以上"标准的观测值、不符合会计原则的观测值以及关键指标的极端值。

② 由于按行业分工业品出厂价格指数部分行业数据有缺少，我们这样处理：其他采矿业、农副食品加工业、印刷业和记录媒介的复制、通用设备制造业、废弃资源和废旧材料回收加工业分别用非金属矿采选业、食品制造业、造纸及纸制品业、专用设备制造业、工艺品及其他制造业的同期指数代替。

企业出口交货值占工业销售值的比重，该指标可用来衡量企业出口规模及对国际市场的依赖程度；(3) 资本劳动比，是企业的资产总额与从业者人数的比值，该指标反映了单个劳动力所需要的资本配置，可以用来判断企业的类型（劳动密集型或资本密集型）；(4) 人均利润，用企业的年度净利润总额与从业者人数之比来表示，该指标可用来评价企业的经济效益状况；(5) 国有资本占比，用国有资本占实收资本的比重来表示，该指标可用来反映企业的所有制性质；(6) 全员劳动生产率，用企业的工业增加值与从业人数的比值来表示，该指标可以反映企业的生产技术水平；(7) 垄断性行业，用虚拟变量 0、1 来表示，当企业属于垄断性行业时用 1 表示，当企业所属行业为非垄断性时，用 0 表示，这里的垄断主要指行政性垄断和自然垄断；(8) 企业规模，用企业的资产总值来表示，该指标可以从资源占用的角度反映行业企业的经营能力；(9) 新产品比重，是新产品产值与工业总产值的比重，用来反映企业的创新能力。此外，考虑到东部、中部、西部地区经济发展水平的不同，还需加入地区虚拟变量。

五　回归及分解结果

表 1 显示了主要变量的描述性统计，首先需要关注的是主要变量之间可能存在的多重共线性问题，本文使用 Pearson 方法测算了主要变量间的相关系数，变量间的相关系数均未超过 0.4，进一步测算方差膨胀因子，介于 1.03—1.41 之间，说明各主要变量之间并未存在严重的多重共线性问题。[①]

表 1　　　　　　　　　主要变量的描述性统计

变量	预测样本	均值	标准差	最小值	最大值
工资	116028	17555.26	16282.34	15	1478836
资产负债率	116028	57.74148	38.58012	-46.31667	4846.227
出口	116028	26.85987	39.55926	0	104.6653
资本劳动比	116028	313.5826	695.9618	0.1695103	147886.4
人均利润	116028	23.79498	137.327	-5501.613	15676.06

---

① 因受篇幅所限，并未列出多重共线性检验的结果，有兴趣的读者可向笔者索取。

续表

变量	预测样本	均值	标准差	最小值	最大值
全员劳动生产率	116028	88.76502	196.0271	-8801.032	22506.07
垄断性行业	116028	0.0650791	0.2466665	0	1
是否外资	116028	0.4096942	0.4917794	0	1
企业规模	116028	80251.62	147725.9	171	2921800
新产品比重	116028	3.676229	14.48128	0	100

表 2 是工资决定方程的面板估计结果，我们对回归模型进行了 F 检验和 Hausman 检验，检验结果拒绝了混合模型回归和随机效应估计，再进行年度虚拟变量的联合显著性检验，F 检验的 P 值等于 0.0000，强烈拒绝 "无时间效应"的原假设，因此，应当采用包含时间效应的双向固定效应模型。根据 Wooldridge 检验和 Wald 检验的结果，模型存在显著的异方差和序列相关，按照 Driscoll 和 Kraay 的方法，我们对标准差进行了修正。

表 2　　　　　　　　工资决定方程的估计结果

变量	双向固定效应	标准误估计（xtscc）
资产负债率	-0.12783***	-0.13
出口	-0.51909***	-0.52
资本劳动比	0.03491***	0.03491
人均利润	0.08837***	0.08837*
全员劳动生产率	0.25215***	0.25215***
垄断性行业	0.23523625***	0.23523625***
是否外资	0.05763851***	0.05763851**
地区1	-0.14515	-0.14515309***
地区2	0.018294	0.018294
企业规模	0.02914***	0.02914***
新产品比重	0.108	0.108
yr2	0.08932717***	0.08932717***
yr3	0.1539159***	0.1539159***
yr4	0.23753716***	0.23753716***

续表

变量	双向固定效应	标准误估计（xtscc）
yr5	0.2811528***	0.2811528***
yr6	0.43230419***	0.43230419***
yr7	0.5279908***	0.5279908***
yr8	0.66107672***	0.66107672***
yr9	0.81669897***	0.81669897***
_cons	9.1225583***	9.1225583***
R^2	0.3659	
F值	9.18	

注：***、**、*表示在1%、5%、10%的统计水平上显著。

根据双向固定效应的结果，除地区虚拟变量和新产品的比重外，其余各解释变量对企业工资的影响均比较显著。与预期一致，资本劳动比、人均利润、全员劳动生产率、垄断性行业、外资公司、企业规模以及新产品比重均对企业工资起正向作用。也就是说，这些指标的上升，有利于企业员工工资的提升。相反，资产负债率和出口对企业工资的影响为负，企业的资产负债率对工资的影响显而易见，财务状况越好的企业工资水平越高，而我国目前的出口依旧以劳动力密集型的产品为主，出口优势越强的企业，就越有能力利用自身在工资谈判中强势地位支付给企业员工相对更低的工资水平，以维持自身的出口优势（张杰等，2010[①]）。与经济发展水平一致，中部地区的工资水平低于东部地区，但西部地区的工资水平略高于东部，笔者认为，这主要是因为西部地区的样本量较少且均是大型国有企业，因此，从结果来看，略高于东部。值得注意的是，本文的研究焦点即外资对企业收入的影响为正，且外资公司平均比内资公司支付高约5.76%的工资，这说明如我们的预期一样，外资的流入确实对工资水平的增加具有促进作用。模型的 R^2 为 0.3659（见表2），说明模型的解释能力较强。

[①] 张杰、张培丽、黄泰岩：《市场分割推动了中国企业出口吗?》，《经济研究》2010年第8期。

表3　　　　　　1999—2007年企业工资差距的分解结果　　　　　单位:%

	1999年		2000年		2001年	
	基尼系数	泰尔指数L	基尼系数	泰尔指数L	基尼系数	泰尔指数L
资产负债率	2.14	0.67	3.98	1.07	1.69	0.41
出口	0.53	-0.01	0.64	0.07	1.53	0.49
资本劳动比	17.56	20.14	15.14	20.12	13.24	21.73
人均利润	3.03	2.83	4.88	7.56	4.98	10.79
全员劳动生产率	4.48	6.45	0.97	2.12	5.16	11.93
垄断性行业	0.74	0.74	1.04	0.97	1.97	1.56
是否外资	17.11	8.05	15.71	6.79	14.07	4.98
地区1	6.95	3.49	7.53	3.92	7.10	0.47
地区2	2.74	0.62	2.53	0.13	2.18	0.49
企业平均规模	2.24	2.18	2.85	3.07	3.90	3.29
新产品比重	0.71	0.22	1.30	0.35	1.04	0.30
总解释度	58.22	45.38	56.59	46.19	56.84	56.45

	2002年		2003年		2004年	
	基尼系数	泰尔指数L	基尼系数	泰尔指数L	基尼系数	泰尔指数L
资产负债率	12.86	5.59	1.10	0.38	2.65	0.78
出口	1.00	-0.29	1.31	0.46	2.70	0.89
资本劳动比	14.58	25.43	19.12	23.38	10.29	16.80
人均利润	5.36	9.38	2.74	7.95	3.94	5.24
全员劳动生产率	4.80	10.67	6.55	15.22	3.35	5.04
垄断性行业	1.88	1.76	1.86	1.01	2.22	2.37
是否外资	13.12	7.89	12.60	7.21	12.95	4.85
地区1	6.33	3.65	6.90	3.80	6.51	3.33
地区2	1.93	0.13	1.98	0.75	1.62	-0.06
企业平均规模	3.54	3.32	2.62	2.06	4.92	5.30
新产品比重	1.31	0.47	1.69	3.01	1.63	0.64
总解释度	66.71	67.99	58.48	65.23	52.78	45.18

续表

	2005 年		2006 年		2007 年	
	基尼系数	泰尔指数 L	基尼系数	泰尔指数 L	基尼系数	泰尔指数 L
资产负债率	2.08	0.61	2.57	0.46	2.16	0.57
出口	2.20	0.33	1.89	0.26	1.72	0.36
资本劳动比	7.70	10.50	7.06	10.83	8.68	13.66
人均利润	1.96	2.58	1.89	2.02	2.14	1.05
全员劳动生产率	4.62	4.60	6.39	9.11	2.46	5.82
垄断性行业	2.17	1.66	2.59	1.20	2.45	1.30
是否外资	13.34	5.30	13.55	5.41	11.73	4.98
地区 1	5.78	2.70	5.97	2.83	6.72	3.36
地区 2	1.90	0.62	1.36	0.29	2.11	0.73
企业平均规模	5.38	4.04	6.56	4.14	7.23	4.99
新产品比重	1.63	0.70	1.47	0.48	1.10	0.40
总解释度	48.76	33.62	51.30	37.04	48.51	37.22

注：由于 2004 年的工业增加值、销售额和总产值、新产品产值、出口交货值等变量缺失，故利用 2003 年和 2005 年两年的平均值进行了添补处理。

根据收入分解方程的回归结果，采用夏普利值对 1999—2007 年每年的基尼系数和泰尔指数的数据进行分解，分解结果见表 3，两种指标的分解结果不尽相同，但差别不大。模型对不平等指数的总解释大多维持在 50%—60%，说明模型具有较高的可信度。

由于模型对基尼系数具有更好的解释度，故主要对基尼系数的分解结果进行评述，从表 3 中可以看出，11 种指标对行业收入差距的贡献率及其排序均发生了很大变化，这主要是由于经济快速发展、政策体制的变化等原因造成的，但整体的变动趋势并未发生太大变化。考察期的初始阶段，资本劳动比、是否为外资公司是影响企业间工资差距最大的因素，说明这一时期是否为外资公司和资本密集型企业在很大程度上决定了企业工资的高低，且是造成企业间不平等的主要因素，这与我们的理论模型中认为外资进入的初期会拉大工资差距的论断保持一致。随着时间的变化，全员劳动生产率和企业规模对企业工资差距影响越来越大，与资本劳动比和外资一起成为企业工资的决定性因素，这说明技术和规模经济效应也越来越成为影响企业工资差距扩大的主要因素。垄断因素对工资差距的贡献度一直维持在一个较低的水平，这说明近年来我国对垄断行业的工资制度调整已取得明显成效。与理论推导一致，外资因素对企业间工资差距的贡献率表现为逐年下降的趋势，从基尼系数来看，从1999年的17.11%下降到2007年的11.73%，下降了约6个百分点，但依旧是影响企业工资差距的最主要因素。对于这种下降的趋势，究其原因，笔者认为，在外资进入的初期，大多进入劳动力密集型行业，相对于大多数的内资企业，其能提供相对较高的工资水平，但随着经济的发展，内资企业的技术水平及其经营水平不断提高，具备了比外资企业更高的工资增长率，两者之间的工资水平的差距不断缩小，因而外资对行业收入差距的贡献率也在缩小。

六 结论与政策启示

本文利用工业企业数据库，通过理论推导，并利用夏普利值分解方法，分析了外资的引入对我国企业间工资不平等的影响，通过研究可以得出以下结论：

第一，从理论上看，外资通过劳动力流动以及技术溢出两种途径对工资间的不平等产生作用，从泰尔指数的推导结果看，在这两种机制的综合作用下，外资流入对工资差距的影响是一个先扩大再缩小的过程，特别是以生产资本及技术密集型商品为主的外资的引入具有较高的技术溢出水平，其对工资间不平等具有明显的缩小作用。

第二，1999—2007年的实证检验表明，虽然外资仍然是影响我国工资差距的最主要原因，但其对工资间不平等的贡献度呈现出逐年下降的过程，这个结论基本与我们的理论推导一致，但由于受到样本数据的限制，无法进行更长时间的检验。

本文的理论推导和实证检验的结果对合理利用外资具有政策启示意义。传统的理论认为，外资因支付比内资企业更高水平的工资，会拉大东道国内部的工资差距，但本文的研究表明，从长期来看，外资具有缩小工资间不平等的作用，尤其是资本及密集型外资的引入对提高整体工资水平及缩小工资间的差距均发挥明显作用。对政府部门而言，应注重对外资流入方向和质量的引导，充分利用引进技术目录及推进相关的鼓励政策，引导外资流向，必要时政府应收紧外资项目的审批权以控制外资质量，这不仅有利于促进我国经济的健康发展，更对缩小我国的工资差距具有积极作用。

参考文献

[1] Anand, S., The Kuznets Process and the Inequality Development Relationship [J]. *Journal of Development Economics*, 1993, 40 (1), pp. 25 – 52.

[2] Barry, F., H. Goerg and Strobl, E., Foreign Direct Investment and Wages in Domestic Firms in Ireland: Productivity Spillovers versus Labour – Market Crowding Out [J]. *International Journal of the Economics of Business*, Vol. 12, 2005, pp. 67 – 84.

[3] Brown, D., Deardorff, A. and Stern, R., The Effects of Multinational Production on Wages and Working Conditions in Developing Countries [D]. NBER Working Paper, No. 9669, 2003.

[4] Chen Zhihong, Ge Ying, Lai Huiwen, Foreign Direct Investment and Wage Inequality: Evidence from China [J]. *World Development*, 2011, (39), pp. 1322 – 1332.

[5] Driffield, N. and Taylor, K., Wage Spillovers, Inter – regional Effects and the Impact of Inward Investment [J]. *Spatial Economic Analysis*, Vol. 1, 2006, (2), pp. 187 – 205.

[6] Galor, O., Moav, O., From Physical to Human Capital Accumulation: Inequality in the Process of Development [J]. *Review of Economic Studies*, 2004 (4), pp. 1001 – 1026.

[7] Glomm, G., A Model of Growth and Migration [J]. *Canadian Journal of Economics*, 1992, 25 (4): 901 – 922.

[8] Graham, E., Fighting the Wrong Enemy: Antiglobal Activists and Multinational Enterprises. Washington D. C.: Peterson Institute for International Economics, 2000.

[9] Kinoshita, Y. and Campos, N., Estimating the Determinants of Foreign Direct Investment Inflows: How Important are Sampling and Omitted Variable Biases?. BOFIT Discussion Papers, No. 10, 2004.

[10] Kinoshita, Yuko, R&D and Technology Spillovers via FDI: Innovation and Absorptive Capacity. *CEPR Discussion Paper*, No. 2775, 2001, Center for Economic Policy Research, London.

[11] Lipsey, B. and F. Sjoholm, Foreign Direct Investment and Wages in Indonesian Manufacturing. *NBER Working Paper*, 2001, pp. 82 – 99.

[12] Lipsey, R., Home and Host Effects of FDI. In R. Baldwin and A. Winters (eds.), *Challenges to Globalization*. Chicago: Chicago University Press, 2004, 333 – 379.

[13] Rauch, J., Economic Development, Urban Underemployment, and Income Inequality [J]. *Canadian Journal of Economics*, 1993, 26 (4), pp. 901 – 918.

[14] Robinson, S., A Note on the U Hypothesis Relating Income Inequality and Economic

Development, *American Economic Review*, 1976, 66 (3), pp. 437 – 440.

[15] Saggi, K., Trade, Foreign Direct Investment, and International Technology Transfer: A Survey [J]. *World Bank Research Observer*, 2002, 17, pp. 191 – 235.

[16] Samii, M. and Teekasap, P., System Dynamics Approach to the Analysis of Interaction of Foreign Direct Investment and Employment in Thailand [J]. *Academy of Taiwan Business Management Review*, Vol. 6, No. 1, 2010, pp. 16 – 24.

[17] Satya P. Das, Foreign Direct Investment and the Relativewage in a Developing Economy [J]. *Journal of Development Economics Volume*, 2002, 67 (1), pp. 55 – 77.

[18] Todo, Yasuyuki and Miyamoto, Koji, Knowledge Spillovers from Foreign Direct Investment and the Role of Local R&D Activities: Evidence from Indonesia [J]. *Economic Development and Cultural Change*, 2006, 55, pp. 173 – 200.

[19] Xiaodong Wu, The Impact of Foreign Direct Investment on the Relative Return to Skill" [J]. *Economics of Transition*, 2001 (9), pp. 695 – 715.

[20] Yaohui Zhao, Foreign Direct Investment and Relative Wages: The Case of China [J]. *China Economic Review*, 2001, 12 (1), pp. 40 – 57.

[21] Zulfiu M. Alili, Simulation Analysis of the Effects of Increased Foreign Ownership on Wage Inequality [J]. *Academics International Scientific Journal*, issue: 09 /2014, pp. 163 – 179.

[22] 包群、邵敏：《外商投资与东道国工资差异：基于我国工业行业的经验研究》，《管理世界》2008 年第 5 期。

[23] 陈宗胜：《倒 U 形曲线的"阶梯形"变异》，《经济研究》1994 年第 5 期。

[24] 陈宗胜：《收入分配、贫困与失业》，南开大学出版社 2000 年版。

[25] 李平、季永宝：《政策导向转化、要素市场扭曲与 FDI 技术溢出》，《南开经济研究》2014 年第 6 期。

[26] 陆云航：《浙江居民收入差距状况的比较分析》，《浙江经济》2006 年第 22 期。

[27] 聂冲：《对我国居民收入差距的理性思考》，《江西财经大学学报》2003 年第 3 期。

[28] 邱立成、王自锋：《外国直接投资的"工资溢出"效应研究》，《经济评论》2006 年第 5 期。

[29] 邵敏、包群：《FDI 对我国国内劳工权益的影响——改善抑或是恶化？》，《管理世界》2013 年第 9 期。

[30] 邵敏、包群：《外资进入与国内工资差异：基于工业行业面板数据的联立估计》，《统计研究》2010 年第 4 期。

[31] 邵敏、刘重力：《外资进入与技能溢价——兼论我国 FDI 技术外溢的偏向性》，《世界经济研究》2011 年第 1 期。

[32] 王舒鸿、宋马林：《后危机时代外商直接投资趋势变化的统计分析》，《中央财经大学学报》2014年第11期。

[33] 王瑜：《外商直接投资对我国工业技术进步的影响》，《世界经济研究》2009年第2期。

[34] 宣烨、赵曙东：《外商直接投资的工资效应分析——以江苏为对象的实证研究》，《南开经济研究》2005年第1期。

[35] 杨继东、江艇：《中国企业生产率差距与工资差距——基于1999—2007年工业企业数据的分析》，《经济研究》2012年第S2期。

[36] 叶林祥、李实、罗楚亮：《行业垄断、所有制与企业工资收入差距——基于第一次全国经济普查企业数据的实证研究》，《管理世界》2011年第4期。

[37] 袁冬梅、魏后凯、杨焕：《对外开放、贸易商品结构与中国城乡收入差距——基于省际面板数据的实证分析》，《中国软科学》2011年第6期。

[38] 张广胜、周娟：《FDI对城乡收入不均等影响的实证研究——基于省际面板数据的GMM分析》，《财经科学》2009年第2期。

[39] 张杰、张培丽、黄泰岩：《市场分割推动了中国企业出口吗？》，《经济研究》2010年第8期。

[40] 赵文军、于津平：《贸易开放、FDI与中国工业经济增长方式》，《经济研究》2012年第8期。

[41] 周云波：《城市化、城乡差距以及全国居民总体收入差距的变动——收入差距倒U形假说的实证检验》，《经济学》（季刊）2009年第4期。

消费主导型大国：特征、测度及政策

毛中根 孙 豪 叶 胥

内容提要：大国经济增长主要依赖内需驱动，选择消费主导型增长模式。在分析消费主导型大国特征基础上，本文设计了测量消费主导型大国经济的指标体系。依据2011年的数据，按照等权重计算方法，测度了GDP排名世界前18位国家的消费主导型程度。结果表明：不同类型国家的增长模式选择不同；处于不同发展阶段的国家消费主导型程度不同，经济增长模式最终趋于消费主导型；中国尚处于从投资主导向消费主导的转型阶段。对消费主体、消费客体、消费环境、经济发展阶段和政策导向等方面分析表明，中国具备向消费主导型转型的条件，应积极促进中国经济向消费主导增长转型。

关键词：大国经济 消费主导型 指标体系 权重

一 引言

生产、分配、交换、消费是社会再生产总过程的四个环节。一方面，

[作者简介] 毛中根，西南财经大学消费经济研究所教授、博士生导师；孙豪、叶胥，西南财经大学消费经济研究所博士研究生。

[基金项目] 国家社会科学基金项目（14ZDA052、08CJL007）、国家自然科学基金项目（71373212）、霍英东教育基金会项目（131085）、教育部"新世纪优秀人才支持计划"和西南财经大学中央高校基本科研业务费"消费经济学创新团队"（JBK140503）。

生产是社会生产总过程的起点，决定消费的对象、水平和结构；另一方面，消费是社会生产总过程的最后环节，作为生产的目的，是生产的最终实现，并反作用于生产，为生产发展创造动力。当生产不足、消费旺盛时，表现为商品供不应求，物价上涨，经济萧条；当生产过剩、消费不足时，表现为商品供过于求，库存增加，严重时出现经济危机。只有当生产与消费协调运行时，经济社会才能良好运转。

1997年亚洲金融危机后，中国政府提出了扩大国内需求，开拓国内市场的经济政策。2001年中国加入世界贸易组织，中国经济与世界经济的联系更加紧密，经济受外部冲击的风险增加，政府坚持扩大内需政策，并将扩大内需作为经济发展的基本立足点和长期战略方针。凭借劳动力廉价等优势，中国制造业繁荣发展，贸易顺差不断增加，但同时带来贸易摩擦增多、外汇储备过快增长、资源流失、外贸依存度过高和人民币升值压力等问题。为此，政府提出协调内需和外需、调整投资与消费关系的政策，促进经济发展方式转变。2008年国际金融危机对中国出口造成巨大冲击，政府通过促进消费需求持续较快增长和保持合理投资规模的扩大内需政策，保持经济增长。目前，中国经济步入新常态，经济从高速增长逐步转为中高速增长。调整经济结构，促进产业结构升级，扩大消费需求，提高经济增长质量和效益，成为改革的重点。

无论在社会生产总过程的循环中分析生产与消费的关系，还是在不同经济环境下分析经济结构在经济增长中的作用，扩大内需特别是消费需求对于减少外部冲击、保持经济增长、提高经济增长质量和促进经济可持续发展都具有重要意义。经济大国应该通过建设消费主导型大国，依赖内生动力拉动经济增长，保持经济健康发展。从国土面积、资源总量、人口数量和市场容量（或潜力）看，中国是大国[1]；从制造业产量、农林牧渔业产量和进出口贸易额看，中国是生产大国[2]；然而，从需求结构、人均消费水平、居民消费率、消费结构和消费环境看，中国并没有成为消费主导型大国。

---

[1] 欧阳峣、罗会华：《大国的概念：含义、层次及类型》，《经济学动态》2010年第8期。
[2] 毛中根、洪涛：《从生产大国到消费大国——现状、机制与政策》，《南京大学学报》2011年第3期。

二 文献综述

相对于小国经济，大国经济更需要发展依赖内需拉动的消费主导型增长模式。大国经济不同于小国经济，大国因其规模经济、差异性、多元结构和独立系统而具有分工优势、互补优势、适应优势和稳定优势。① 大国经济内部差异大，经济发展的对外依存度低，国内资源及市场规模较大，经济结构复杂，工业门类齐全，是大国经济的典型性特征。② 改革开放以来，经济的高速增长使中国成为世界第二大经济体，但中国这种资源消耗型的粗放式增长难以持续，需要调整经济结构和转变发展方式，转向消费主导型战略，实现经济平稳增长。③ 对于大国而言，更应该建立消费主导型增长模式，以减少外部冲击和实现经济可持续发展。

消费主导型增长模式是经济发展模式的最终趋势。中国投资主导经济增长的发展模式既有其历史原因，也有政治体制因素。投资主导经济增长导致产能过剩、投资效率下降、银行坏账增多、资源环境压力加大、国民福利水平降低、资本效率与社会公平的对立等后果。④ 对经济增长动力的国际研究表明，消费主导型是各国经济发展模式的共同方向，这种增长模式在人均国民收入达到3000—4000美元时得到加强。⑤ 通过改变需求结构，由投资主导经济增长转向消费主导经济增长是改善经济增长质量的有效途径。这种转变有两种实现途径：一是像欧美发达国家那样通过市场经济自身发展和完善来实现；二是像日本和亚洲"四小龙"那样通过市场

---

① 欧阳峣：《"大国综合优势"的提出及研究思路》，《经济学动态》2009年第6期。

② 欧阳峣、生延超、易先忠：《大国经济发展的典型化特征》，《经济理论与经济管理》2012年第5期；西蒙·库兹涅茨：《现代经济增长》，北京经济学院出版社1989年版；霍利斯·钱纳里、莫伊思·赛尔昆：《发展的形式1950—1970》，经济科学出版社1988年版；童有好：《大国经济浅论》，硕士学位论文，中共中央党校，2000年。

③ 张慧芳：《消费主导的战略转型与中国经济行稳致远、均衡增长》，《经济问题》2014年第8期；迟福林：《第二次转型》，中国经济出版社2010年版。

④ 国家统计局课题组：《如何实现经济增长向消费拉动为主的转变》，《统计研究》2007年第3期；莫山农：《投资主导型经济增长方式内在矛盾及其解决路径分析》，《广西大学学报》（哲学社会科学版）2009年第6期。

⑤ 郭其友、芦丽静：《经济持续增长动力的转变——消费主导型增长的国际经验与借鉴》，《中山大学学报》（社会科学版）2009年第2期。

机制和政府引导相结合来实现。① 在经济发展初期,通过投资实现经济快速增长是发展经济的主要目标,当经济发展到一定阶段后,通过经济结构调整,由投资主导经济增长转向消费主导经济增长,可以提高经济增长质量。1997年以来,中国经济从供给不足型转变为需求不足型,并且需求不足主要表现为居民消费需求不足。② 目前,中国经济进入新常态,经济发展模式必须实现从追求增长速度到追求增长质量的转型。这是经济增长的最终选择,也符合我国经济发展阶段。③

实现消费主导型增长模式,需要调节经济结构。收入是消费的基础,不能脱离收入讨论消费,也不能脱离经济增长讨论消费。④ 实现消费主导型增长模式,最重要的是提高居民收入水平。⑤ 调整人口结构,发展服务业,调整国民收入分配,缩小收入差距,提高社会保障水平和深化投资体制改革也是推进消费主导经济增长的重要途径。⑥

虽然对大国选择消费主导型增长模式、消费主导型增长模式的国际经验和如何实现消费主导型增长模式的研究已有很多,但什么是消费主导型增长模式、消费主导型大国具有什么特征等问题,尚没有清晰的答案。基于此,本文对有关问题题进行探讨并提出政策建议。

三 消费主导型大国特征及指标体系

相对于投资主导型,消费主导型是指经济增长主要依靠消费拉动的增

---

① 施发启:《投资主导型向消费主导型转变的国际经验》,《上海证券报》2006年12月4日。
② 方福前:《中国居民消费需求不足原因研究——基于中国城乡分省数据》,《中国社会科学》2009年第2期。
③ 李方正、刘慧:《消费主导还是投资主导——当前我国经济增长方式的选择》,《现代经济探讨》2013年第11期。
④ 赵晓雷:《投资与消费:经济增长源泉辨析》,《文汇报》2013年8月19日。
⑤ 国家统计局课题组:《如何实现经济增长向消费拉动为主的转变》,《统计研究》2007年第3期;迟福林:《走向消费主导的中国经济转型与改革战略》,《经济社会体制比较》2012年第4期。
⑥ 田雪原:《消费主导型经济与人口结构调整》,《人民日报》(理论版)2012年8月30日;李炳炎、袁灏:《以利益分享机制重建经济增长动力结构》,《财经科学》2010年第6期;郭其友、芦丽静:《经济持续增长动力的转变——消费主导型增长的国际经验与借鉴》,《中山大学学报》(社会科学版)2009年第2期。

长模式，投资、出口在经济增长中所占比重相对较小。建设消费主导型国家，可以优化经济结构，提高投资效率，减少外部冲击，稳定经济发展。增长方式从投资主导型向消费主导型转变是经济从粗放型增长向集约型增长转变的过程，也是从注重经济增长速度向注重经济增长效益转变的过程。消费主导型大国要求满足总需求结构合理、消费水平较高、消费结构合理和消费环境良好等条件。本文分别从总需求结构、消费水平、消费结构和消费环境四个方面分析消费主导型大国的特征，并在此基础上，设计消费主导型大国指标体系。

（一）消费主导型大国特征

（1）总需求结构。消费主导型增长模式对总需求结构有较高的要求。首先，从总需求结构角度看，三大需求中消费是主要需求，这要求消费率较高，投资率相对较低。其次，从三大需求对经济增长的贡献率看，消费对经济增长有重要影响，消费支出对GDP增长的贡献率较高。最后，从对外部冲击的反应看，消费主导型大国主要依赖内需拉动经济增长，经济受外部冲击较少，对外贸易依存度较低。

（2）消费水平。消费总量巨大和人均消费水平较高是消费主导型大国的本质特征。没有消费的数量基础，即使消费水平再高也不足以称为消费主导型大国。消费总量巨大，在不考虑消费结构和消费质量的情况下，体现出经济体巨大的市场容量和居民巨大的消费能力。巨大的市场容量和居民消费能力，使消费在经济增长中占有重要地位，成为拉动经济增长最重要的动力。消费总量巨大的国家，经济增长更多依赖国内市场，减少外部波动对本国经济的冲击。消费主导型增长方式下，生产与消费的循环更加顺畅，企业投资利润可观，社会投资效率较高，资本市场风险降低，国民分享经济发展成果，社会公平与福利得到提高。

满足人民日益增长的物质文化需求是经济发展的根本目的，人均消费水平在很大程度上体现着居民生活水平，较高的人均消费水平是居民强劲消费能力的体现。因此，较高的人均消费水平是消费主导型大国的应有特征。从经济增长的宏观角度看，消费主导型大国是大国经济的一种增长方式选择，从居民福利的微观角度看，消费主导型大国是居民共享经济发展成果的公平决策。较高的人均消费水平代表着居民在经济发展过程中生活水平的提高，也是消费主导经济增长的微观动因。

（3）消费结构。居民消费率合理和消费结构良好是消费主导型大国的典型特征。要成为消费主导型大国，除消费的水平较高外，还要保证消费结构合理。消费结构包括需求结构中消费占国内生产总值的比重，还包括居民消费内部结构优化。如果一国居民消费率偏低、恩格尔系数较高、服务消费占消费支出的比重较低，则不能称为消费主导型大国。

居民消费率是居民消费占国内生产总值的比重，是居民收入在国民收入中的比例以及居民消费意愿（或消费倾向）的体现。居民消费率合理表明，国民收入分配合理，消费在经济增长中占有重要地位，居民共享经济发展成果。另外，消费发展遵循消费需求上升规律，即随着经济发展，居民消费的需求结构逐渐上升。消费结构体现着居民的消费层次与消费质量。消费结构良好表明，居民消费观念和消费心理成熟，地区间及群体间不存在过大消费差距，消费与经济发展水平相匹配。

(4) 消费环境。消费环境良好是消费主导型大国的一般特征。研究表明，文化水平、基础设施投资、交通运输和通信设施对消费有重要影响。消费环境良好表现为商品供求匹配、市场秩序良好、消费者权益得到较好保护、消费文化健康等。市场上商品供求匹配，较少发生供不应求和供给过剩的情况，大多商品价格稳定。市场秩序良好，经营规范有序，交易规则明确，产品质量监管严明，较少存在欺行霸市、假冒伪劣、囤积居奇等扰乱市场秩序的行为。消费者权益得到较好保护，消费者权益保护的相关法律法规比较完善，消费者维权意识增强，维权成本较低。消费文化健康，人们能自觉抵制黄、赌、毒及不良消费主义思潮的影响，形成积极文明的消费文化。

（二）消费主导型大国指标体系

根据对消费主导型大国特征的分析，本文设计了如表1所示的消费主导型大国指标体系。该指标体系包括总需求结构、消费水平、消费结构和消费环境4个一级指标，包括资本形成率、消费支出对GDP增长的贡献率、对外贸易依存度、消费总量、居民人均消费水平、居民消费率、恩格尔系数、服务消费比重、基础设施建设状况、医疗卫生条件、居民文化水平和消费信贷状况12个二级指标，并对其中部分二级指标细分至三级指标。在指标设计上，尽可能完备体现消费主导型大国特征，同时保持指标之间的互斥性。

表1　　　　　　　　　消费主导型大国指标体系

原始指标	一级指标	二级指标	三级指标
消费主导型大国	总需求结构	资本形成率	
		消费支出对GDP增长的贡献率	
		对外贸易依存度	
	消费水平	消费总量	
		居民人均消费水平	
	消费结构	居民消费率	
		恩格尔系数	
		服务消费比重	
	消费环境	基础设施建设状况	人均航空客运量
			公路密度（每百平方公里土地公路长度）
			宽带用户（每千人宽带用户）
		医疗卫生条件	每千人口医生数
			人均医疗支出
		居民文化水平	大学生粗入学率
			平均受教育年限
		消费信贷状况	银行部门国内信贷占国内生产总值比重

四　消费主导型大国的测度及分析

（一）变量说明及数据来源

依据消费主导型大国指标体系，需要查找二级指标和三级指标的具体客观数据。数据来源于《中国统计年鉴》、《国际统计年鉴》、世界银行WDI数据库和经合组织OLIS数据库，部分指标的数据通过计算得出，二级指标定义与说明见表2。

表 2　　　　　　　　　　变量定义与说明

变量符号	变量名称	变量说明
rinvest	资本形成率	资本形成总额占国内生产总值比重
cecontri	消费支出对 GDP 增长的贡献率	消费增加量占 GDP 增加量比重
ftdepend	对外贸易依存度	进出口总额占国内生产总值比重
conslev	消费总量	消费总量是指居民最终消费支出
perconslev	居民人均消费水平	人均消费水平是指居民最终消费支出除以人口数量
racons	居民消费率	居民消费率指居民最终消费支出占国内生产总值比重
Engelco	恩格尔系数	恩格尔系数指食品（包括烟酒）支出占个人消费支出总额比重
sercons	服务消费比重	服务消费比重用服务业增加值占国内生产总值比重替代
construinfra	基础设施建设状况	基础设施建设状况由人均航空客运量、公路密度（每百平方公里土地公路长度）和宽带用户（每千人宽带用户）三个变量测度
medicheal	医疗卫生条件	医疗卫生条件变量由每千人口医生数（人）和人均医疗支出两个变量测度
cultulev	居民文化水平	居民文化水平由大学生粗入学率和平均受教育年限两个变量测度
conscred	消费信贷状况	消费信贷状况变量由银行部门国内信贷占国内生产总值比重替代

为考察世界大国经济的消费主导型程度，我们查找了美国、中国等 GDP 排名前 18 位[①]国家 2011 年的横截面数据。有些国家和部分变量数据不是 2011 年数据，而是用相邻年份数据替代，具体如下：

资本形成率：美国、日本、加拿大和韩国为 2010 年的数据。

消费支出对 GDP 增长的贡献率：日本、意大利为 2009 年数据；俄罗斯、韩国、土耳其为 2010 年的数据；巴西、加拿大为 2008 的数据。

万美元国内生产总值能耗：中国、巴西、俄罗斯、印度、印度尼西亚为 2010 年数据。

---

① 欧阳峣、罗会华：《大国的概念：含义、层次及类型》中遴选出 24 个大国，基于各指标数据的可获得性，本文仅就 GDP 排名前 18 位的国家进行讨论。

公路密度为 2009 年数据，每千人口医生数、人均医疗支出、大学生粗入学率为 2010 年数据。

中国的恩格尔系数为城镇居民恩格尔系数和农村居民恩格尔系数依据消费规模的加权平均。

服务消费比重：澳大利亚、德国、英国、意大利、西班牙和荷兰为 2010 年数据；加拿大和法国 2011 年服务消费比重分别用 2008 年、2009 年的数据替代。

居民文化水平：美国、加拿大、澳大利亚、巴西、德国、法国、英国、意大利、西班牙、荷兰、韩国为 2009 年数据；日本、印度、印度尼西亚为 2010 年数据；土耳其为 2006 年的数据；俄罗斯为 2008 年的数据。

加拿大消费信贷状况为 2008 年的数据。

（二）消费主导型大国综合得分

本文用消费主导型大国综合得分来评价主导型大国程度。消费主导型大国综合得分来自两个维度：一个维度是客观维度，即各国数据的客观情况；另一个维度是权重，即各指标在消费主导型大国指标体系中的权重。消费主导型大国综合得分依据客观维度进行等权重计算得出。① 消费主导型大国综合得分的计算公式为：

$$score = \sum_{i=1}^{16}(n_i \times w_i) \tag{1}$$

其中，$score$ 为消费主导型大国综合得分，i 为各个指标，16 为指标个数，n_i 为指标 i 的客观数据得分，w_i 为指标 i 的等权重。$score$ 的范围为 1—18，得分越高，说明越符合消费主导型大国标准，越具备消费主导型大国特征。为将客观数据得分 n_i 能在同一个标准下测度各指标，我们将各国数据进行了同质化处理②，即以各国各指标数据排名 r_i③ 来测度客观

---

① 由于各个国家的历史阶段、发展特征不同，为避免人为影响，指标体系计算取等权重计算。等权重是指每个指数中的组成成员比重相同。

② 这种处理是为了使各指标能在同一标准下测度消费主导型大国，但这种处理带有明显缺陷：忽略了各变量之间的异质性，排名差异不能准确地衡量真实差距。另外，排名也并非越高越好，比如居民消费率并非越高越好。在没有更好方法的情况下，这是一种粗糙处理，但由于所有指标均在同一标准下处理的，这样的处理并不会对最终结果造成太大影响。这在后面的消费主导型大国综合得分中得到体现。

③ 排名的依据是各指标对消费主导型大国的影响，比如，资本形成率越高，排名越靠后，消费支出对 GDP 增长的贡献率越高，排名越靠前，其他指标类似。

数据得分 n_i，因此 n_i 的范围为 1—18，计算公式为：
$$n_i = 19 - r_i \tag{2}$$

(三) 消费主导型大国测度结果及分析

（1）消费主导型大国测度结果。根据 2011 年 GDP 排名，本文将美国、中国等 GDP 居世界前 18 名的国家视为大国，作为研究对象。依据各指标数据计算的消费主导型大国综合得分及排名见表 3 和表 4。表 3 为 18 个经济大国 2011 年的客观数据，表 4 为各指标数据的综合得分及排名。其中，score 为消费主导型大国的综合得分，ranking 为依据消费主导型大国综合得分排序的消费主导型大国排名。

根据表 3 和表 4 中消费主导型大国综合得分结果，依据消费主导型大国综合得分对各国再次进行排名①，结果见表 5。从表 5 可知，在消费主导型大国指标体系下依据等权重计算的消费主导型大国综合得分和排名，可以将不同类型的国家进行区分和归类。根据 2011 年消费主导型大国综合得分和排名结果，可以得出以下结论：西方发达国家占据消费主导型大国的前 9 名和第 11 名，得分较高，平均得分为 12.0；新兴工业化国家土耳其、韩国和墨西哥位列第 12、第 13 和 14 名，平均得分为 7.0；金砖国家巴西、俄罗斯、中国和印度位列第 10、第 15、第 16 和第 17 名，平均得分为 6.7；印度尼西亚的消费主导型程度最弱，排第 18 名，得分为 3.5。

（2）消费主导型大国测度结果分析。从消费主导型大国综合得分结果及国家归类可以看出：具有相似特征的国家，其消费主导型大国综合得分接近；经济越发达国家，消费主导型大国综合得分越高，消费主导型程度越高。这一结果有两层含义：第一，具有相似特征的国家，经济增长方式趋于靠近；第二，消费主导型增长方式是经济增长方式的最终趋势，这一特征体现在金砖国家、新兴工业化国家与发达国家的消费主导型大国综合得分变化上。在经济发展初期，以经济快速增长为目标的投资驱动经济增长占主导地位，在经济发展到一定程度后，以提高经济增长质量为目标的消费拉动经济增长占主导地位。西方发达国家是典型的消费主导型国家，新兴工业化国家正在步入消费主导型国家，金砖国家则刚刚开始向消费主导型国家转变。

---

① 依据排名进行评分和依据评分进行排名，两次相反的操作可以减少因抹平各国指标异质性带来的影响。

表3 消费主导型大国各指标数据

GDP排名	国别	A	B	C	D	E	F	G	H	I	J	K	L	M	N	O	P
1	美国	15.2	77.6	0.25	13238	42485	69	8.67	78.6	2.35	67	287.46	2.42	6258.60	94.81	12.4	233.3
2	中国	48.5	55.5	0.50	6336	4703	35.7	37.30	43.4	0.22	40	116.13	1.42	80.58	25.95	7.5	145.49
3	日本	19.8	5.0	0.29	4774	37348	60.5	16.24	72.7	0.70	320	369.05	2.14	2907.88	59.74	11.6	340.9
4	德国	18.2	32.9	0.76	2777	33954	57.4	14.71	71.2	1.37	180	324.72	3.60	3635.10	55.00	12.2	125.9
5	法国	20.6	64.4	0.47	2287	34953	57.7	16.68	79.2	0.90	173	361.18	3.45	3801.85	54.53	10.6	133.5
6	英国	14.9	85.2	0.45	2144	34176	64.6	12.79	77.7	1.78	172	327.44	2.74	3115.71	58.53	9.3	213.8
7	巴西	19.7	94.4	0.20	2006	10202	60.3	17.00	67	0.45	50	85.59	1.76	387.27	37.57	7.2	98.3
8	意大利	19.6	13.7	0.49	1793	29531	61.2	16.99	72.8	0.56	170	228.43	3.49	2613.41	65.98	10.1	156.9
9	俄罗斯	24.6	366.1	0.46	1274	8913	49.1	38.00	58.7	0.35	6	121.98	4.31	278.14	75.89	9.8	39.6
10	印度	35.5	55.5	0.42	1287	1037	57.1	29.00	55.7	0.06	125	10.33	0.65	29.97	17.87	4.4	75.1
11	加拿大	22.2	439.4	0.53	1364	39558	57.1	13.25	66.1	2.04	14	320.24	1.98	3297.81	94.80	12.1	177.6
12	西班牙	22.1	72.6	0.46	1161	25140	58.6	16.72	71.2	1.15	132	235.19	3.96	2150.71	73.24	10.4	228.8
13	澳大利亚	27.5	160.9	0.37	992	44447	53.6	13.85	77.9	2.80	11	239.32	2.99	3157.75	79.92	12.0	145.9
14	墨西哥	25.1	88.3	0.62	911	7939	66.8	26.94	59.9	0.26	19	106.18	1.96	471.54	28.03	8.5	45.5
15	韩国	29.1	46.0	0.97	762	15315	53.1	15.63	58.1	0.80	105	369.05	2.02	1005.40	103.11	11.6	102.3
16	印度尼西亚	32.5	40.8	0.46	538	2222	54.6	37.00	38.1	0.28	25	11.29	0.29	26.84	23.12	5.8	38.5
17	荷兰	18.9	-35.7	1.51	610	36566	45.4	14.89	74.2	1.75	329	387.40	2.86	3861.65	62.70	11.6	211.1
18	土耳其	21	55.2	0.49	659	8955	71.2	15.00	63	0.73	46	102.88	1.54	382.19	45.82	6.5	69.4

注:表3中第一行的字母A—P分别代表资本形成率(%)、消费支出对GDP增长的贡献率(%)、居民人均消费水平(美元)、居民消费(%)、恩格尔系数(%)、服务消费比重(%)、人均航空客运量(每人次)、公路密度(每百平方公里土地公路长度)、居民人均消费总量(十亿美元)、对外贸易依存度(%)、每千人宽带用户(每千人口医生数(人)、人均医疗支出(美元)、大学生粗入学率(%)、平均受教育年限(年)和银行部门国内信贷占国内生产总值比重(%)。

表4 消费主导型大国各指标排名、综合得分及综合排名

GDP 排名	国别	A	B	C	D	E	F	G	H	I	J	K	L	M	N	O	P	score	ranking
1	美国	17	13	17	18	17	17	18	17	17	9	11	10	18	17	18	17	16.427	1
2	中国	1	10	6	17	3	1	2	2	2	6	6	3	3	3	5	10	5.688	16
3	日本	12	3	16	16	15	13	10	12	8	17	17	9	11	10	13	18	12.719	3
4	德国	16	5	3	15	11	9	14	11	13	16	13	16	15	7	17	8	11.177	7
5	法国	11	11	9	14	13	10	9	18	15	15	14	14	16	8	11	9	11.990	5
6	英国	18	14	11	13	12	15	17	15	15	14	11	11	12	9	7	15	13.677	2
7	巴西	13	16	18	12	7	12	6	9	6	8	3	5	6	5	4	6	9.896	10
8	意大利	14	4	7	11	10	14	7	13	7	13	8	15	10	12	9	12	10.313	8
9	俄罗斯	7	1	12	8	5	3	1	5	5	1	7	18	4	14	8	2	5.813	15
10	印度	2	9	14	9	1	7	4	3	1	11	1	2	2	1	1	5	5.271	17
11	加拿大	8	18	5	10	16	8	16	8	16	3	12	7	14	16	16	13	11.615	6
12	西班牙	9	12	10	7	9	11	8	10	12	12	9	17	9	13	10	16	10.219	9
13	澳大利亚	5	17	15	6	18	5	15	16	18	2	10	13	13	15	15	11	12.146	4
14	墨西哥	6	15	4	5	4	16	5	6	3	4	5	6	7	4	6	3	6.615	14
15	韩国	4	7	2	4	8	4	11	4	10	10	16	8	8	18	12	7	6.792	13
16	印度尼西亚	3	6	13	1	2	6	3	1	4	5	2	1	1	2	2	1	3.521	18
17	荷兰	15	2	1	2	14	2	13	14	14	18	18	12	17	11	14	14	9.521	11
18	土耳其	10	8	8	3	6	18	12	7	9	7	4	4	5	6	3	4	7.604	12

注：表4中的字母A—P是指各指标按照排名计算的得分。

经济增长方式变迁与罗斯托经济发展阶段相吻合。金砖国家、新兴工业化国家和发达国家的发展阶段分别对应于经济起飞阶段、成熟阶段和高额群众消费阶段。处于起飞阶段的经济，生产性投资率高，居民收入快速提高，但消费习惯滞后于经济增长，经济增长主要依靠投资驱动。处于成熟阶段的经济，经济结构得到一定的调整，消费环境得到改善，消费开始与收入同步增长，投资比重降低，消费需求比重增加，经济增长由投资主导型向消费主导型转变。处于高额群众消费阶段的经济，以追求生活质量为主要目标，居民消费结构实现升级，消费主导经济增长。因此，经济增长模式随经济发展阶段变迁，处于不同发展阶段的国家，其增长模式不同。

表5　　　　　　　各国消费主导型大国排名及分类

排名	国家	国家类型	平均综合得分
前9名和第11名	美国、英国、日本、澳大利亚、法国、加拿大、德国、意大利、西班牙、荷兰	发达国家	12.0
第12、第13、第14名	土耳其、墨西哥、韩国	新兴工业化国家	7.0
第10、第15、第16、第17名	巴西、俄罗斯、中国、印度	金砖国家	6.7
第18名	印度尼西亚	其他	3.5

五　中国的消费主导型大国定位

（一）中国尚未成为消费主导型大国

从GDP排名前20的各国消费主导型大国综合得分和排名可以看出，中国除消费总量指标得分较高外，其他指标得分均较低。中国消费主导型大国综合得分较低，排名靠后，不足以称为消费主导型大国。需求结构合理、消费总量巨大、居民消费率合理、人均消费水平较高、消费结构良好和消费环境良好是消费主导型大国的主要特征，一个具备其中某一项或某几项特征的国家，不能称为完全意义上的消费主导型大国。

从资本形成率、资本形成总额对 GDP 增长的贡献率和资本投资效率来看，中国经济的增长模式还带有明显的投资驱动型特征。2010 年中国的资本形成率为 48.2%，高收入国家的资本形成率平均为 18.1%。2013 年中国资本形成总额对 GDP 增长贡献率为 54.4%，高于最终消费支出对 GDP 增长贡献率（50.0%）。目前，中国资本投资效率较低，平均增量资本产出率（ICOR）为 3—5，而发达国家的增量资本产出率为 1—2。2010 年，中国单位国内生产总值能耗是世界平均水平的 2.2 倍。

从消费总量、人均消费水平、居民消费率、消费结构和消费环境来看，中国的消费与生产能力和人口数量不相匹配，人均消费水平和居民消费率较低，消费结构不合理，消费环境欠佳，消费在经济增长中没有发挥主导性作用。中国拥有约世界 20% 的人口和 10% 的生产能力，但居民消费总支出只占世界总消费的 5.8%。从人均消费来看，我国居民消费水平较低，2010 年我国居民人均最终消费支出为 879 美元，不及世界平均水平 3625 美元的 1/4，仅为美国的 3.3% 和日本的 4%。在居民消费率上，2011 年中国的居民消费率为 35.7%，同期西方发达国家中，美国、日本、德国、英国和法国的居民消费率分别为 71.6%、60.5%、57.4%、64.4% 和 57.7%，同为金砖国家的印度、巴西、俄罗斯和南非分别为 56.3%、60.3%、49.2% 和 59.8%，均远高于中国。在消费结构上，中国城镇居民恩格尔系数在 36% 左右，农村居民恩格尔系数刚突破 40%，而西方发达国家的恩格尔系数基本在 15% 左右；中国文化消费仅占居民消费总支出的 6.6%，文化消费支出水平约为发达国家的 1/3。在消费环境上，商品供求结构有待进一步优化，假冒伪劣商品存在，食品药品安全问题时有发生，消费者权益保护意识不强，维权成本较高，消费文化需进一步净化。

（二）中国具备成为消费主导型大国条件

虽然中国目前并非消费主导型大国，但中国具备发展为消费主导型大国的主客观条件。在消费主体、消费客体、消费环境、经济发展阶段和政策导向等方面都有利于促使中国从投资主导型大国向消费主导型大国转变。

（1）消费主体：人口众多。人是消费的主体，人口众多是使一国成为消费主导型大国最重要的条件。人口数量巨大、人口结构变化和居民消费能力提高，使中国具备成为消费主导型大国的主观条件。首先，中国人口众多。中国是世界上人口最多的国家。众多的人口形成巨大的市场需求，使市场上种类繁多的商品得到最终实现。其次，中国的人口结构正在发生变化。一方面，目前中国人口总抚养比在35%左右，较低的人口抚养比使人口红利在经济发展中得到释放，形成较高的储蓄率。随着人口老龄化不断加深和人口红利逐渐减少，居民消费率会随之提高。另一方面，中国人口城镇化率已经超过50%，城镇居民消费水平是农村居民的3倍以上，随着城镇化进程迅速推进，大量农民成为城镇居民，消费需求将大大增加。最后，居民消费能力不断增强。一方面，居民受教育水平明显提高，人口普查文盲率由2000年的6.7%下降至2010年的4.1%，每十万人口中受大专及以上教育人口由2000年的3611人增加到2010年的8930人。另一方面，居民收入水平快速提高，农村居民纯收入从2000年的2253元增加到2013年的8896元，同期城镇居民可支配收入从6280元增加到26955元。研究表明，人均居民收入增长对居民消费增长的贡献率高达93.2%，是居民消费增长的主要动力。居民受教育程度提升优化居民消费方式和改善消费结构，收入水平快速提高有助于增强居民消费能力。

(2) 消费客体：产品丰富。商品是消费客体，是消费对象，市场上的商品供给使消费者的消费需要得以满足。生产能力增强和供给能力增加，是一国成为消费主导型大国的基础条件。中国是世界头号商品生产国，粗钢、煤、水泥及主要农产品等商品生产位居世界第一，中国已经是生产大国。生产大国可以通过多种途径促进消费主导型大国的形成。第一，通过生产产品数量的增加，向市场提供种类繁多的、满足消费者需求的商品，使消费者的消费成为可能。第二，通过生产能力和生产效率的提高，降低产品价格，提高居民收入，形成乐观预期，促进居民消费，提高人均消费水平。第三，通过产业结构升级，生产出更加迎合消费者需要的更新换代产品，促进消费结构升级。

(3) 消费环境：日益优化。良好的消费环境是一国成为消费主导型大国的客观条件。伴随市场经济制度逐渐成熟和改革不断深入，中国的消费环境不断优化。在制度层面，为稳定居民预期、激发居民消费潜力、保护消费者权益提供制度保障。住房、医疗、教育、养老等社会保障体系建设不断深入，居民预期将逐步趋于稳定，预防性储蓄动机逐渐减少；消费者权益保护的法律法规和制度建设不断完善，维权成本将会减小。在市场层面，市场秩序良好，消费信贷不断发展，为消费提供良好的市场氛围。

随着我国市场经济制度不断完善，市场在资源配置中日益发挥决定性作用，交易规则更加明确，交易成本不断减小；食品药品等产品质量监管更加严格，产品假冒伪劣和食品药品安全事故将进一步减少；金融市场不断发展，消费信贷更加繁荣。2000—2011年，教育经费占GDP比重从3.9%提高至5.1%，人均卫生费用从362元提高至1807元，参加养老保险人数从13617.4万人增加至28391.3万人，农村居民人均住房面积从24.8平方米提高至36.2平方米，城镇居民家庭人均居住消费支出从565元提高至1405元。

(4) 经济发展阶段：历史机遇。罗斯托的经济发展阶段论表明，在经济经历起飞阶段和成熟阶段后，将进入高额群体消费阶段，居民消费成为拉动经济增长的主要动力。从经济增长制约因素的演变看，经济逐渐从资源约束转向需求约束。发达国家经济发展的经验表明，消费主导型的经济增长是各国经济发展的共同方向。目前，中国经济刚经历经济起飞阶段，处于经济成熟阶段，正在向高额群众消费阶段迈进。随着经济进一步发展，中国经济也将步入以消费为主导、投资和出口稳步增长的经济增长模式。钱纳里等对工业化进程的研究表明，消费率会随着经济增长出现先下降后上升的变动轨迹。在工业化进程中，随着产业结构升级，消费结构会随之升级。

现阶段，中国处于走向消费主导型大国的拐点，收入分配结构、产业结构、城乡区域结构和需求结构都趋向优化。在收入分配结构上，劳动者报酬占GDP的比重仍低于50%，具有较大的增长空间；在产业结构上，第三产业占GDP比重已超过第二产业的比重；在城乡区域结构上，城镇化率超过50%；在需求结构上，消费支出对GDP增长贡献率日益上升。随着政府职能转型和经济体制改革，中国将逐渐转变为消费主导型增长模式。

(5) 政策导向：经济新常态。目前，中国经济步入新常态，经济从高速增长转为中高速增长，经济结构不断优化升级，第三产业和消费需求逐步成为主体，经济增长从要素驱动、投资驱动转向创新驱动，这种经济新常态为扩大居民消费、提高人均消费水平、提高居民消费率和优化消费结构创造条件。新常态下，政府将扩大内需特别是消费需求确立为促进经济发展的长期战略方针；坚持经济结构调整，依靠消费、投资和出口协调拉动经济增长；改革收入分配制度，不断增加居民收入在国民收入中比重，提高中等收入人口比重；转变政府职能，加快公共服务体系建设。政府出台的一系列调整经济结构、优化经济增长质量的政策措施将影响需求结构和经济增长动力，促进中国向消费主导型大国转变。

六 结论与政策建议

本文通过对 GDP 排名世界前 18 位的消费主导型大国进行综合评价，得出如下结论：

第一，处于相似发展阶段的国家，经济增长模式选择相似。

第二，以快速增长为主要目标的经济初期阶段，容易形成投资主导型增长模式，以提高经济增长质量和提高居民生活水平为主要目标的经济成熟阶段，容易形成消费主导型增长模式。

第三，消费主导型增长模式是经济增长方式的最终趋势，经济发展到一定阶段后将从投资主导型向消费主导型转变。

第四，中国尚未成为消费主导型大国，但中国具备成为消费主导型大国的主客观条件。

消费主导型大国指标体系测度结果显示，中国消费主导型大国程度较低，各指标的排名中，除消费总量指标排名靠前外，其他各指标排名均较低。因此，提高中国的消费主导型大国程度，促进经济增长方式从投资主导转向消费主导，重点在于提高人均消费水平、居民消费率等指标的水平，即重点要抓住经济改革的历史机遇，转变经济增长方式和调整经济结构。

第一，加快经济从粗放型增长向集约型增长转型。让市场发挥决定性作用，淘汰过剩产能，使经济增长动力从要素驱动、投资驱动转向创新驱动和消费驱动，进一步挖掘人力资本红利和改革红利。从各指标对消费主导型大国的权重来看，人均消费水平对消费主导型大国程度具有重要影响。因此，要在经济增长方式转型期间努力保持经济中高速增长，提高居民收入和消费水平。

第二，通过调整经济结构促进经济向消费主导型增长模式转变。调整产业结构，大力发展能耗低、吸纳就业能力强的服务业，提高投资效益和优化产业结构。调整需求结构，增加居民收入，扩大居民消费，使消费需求成为需求主体。调整收入分配结构和区域结构，缩小城乡、区域、行业、群体的收入差距,提高劳动报酬占 GDP 比重,让民众共享经济发展成果。

第三,加强制度建设,优化消费环境。摒弃 GDP 政绩观,转变政府职能,更好地发挥政府的公共服务功能。增加民生性财政支出占政府支出的比重,加快推进基本公共服务均等化。完善和加强社会保障体系建设,稳定居民预期。推进财税金融体制改革,发挥税收和信贷对消费的调节功能。

参考文献

[1] 欧阳峣、罗会华:《大国的概念:含义、层次及类型》,《经济学动态》2010 年第 8 期。

[2] 毛中根、洪涛:《从生产大国到消费大国——现状、机制与政策》,《南京大学学报》2011 年第 3 期。

[3] 欧阳峣:《"大国综合优势"的提出及研究思路》,《经济学动态》2009 年第 6 期。

[4] 欧阳峣、生延超、易先忠:《大国经济发展的典型化特征》,《经济理论与经济管理》2012 年第 5 期。

[5] 西蒙·库兹涅茨:《现代经济增长》,北京经济学院出版社 1989 年版。

[6] 霍利斯·钱纳里、莫伊思·赛尔昆:《发展的形式(1950—1970)》,经济科学出版社 1988 年版。

[7] 童有好:《大国经济浅论》,硕士学位论文,中共中央党校,2000 年。

[8] 张慧芳:《消费主导的战略转型与中国经济行稳致远、均衡增长》,《经济问题》2014 年第 8 期。

[9] 迟福林:《第二次转型》,中国经济出版社 2010 年版。

[10] 国家统计局课题组:《如何实现经济增长向消费拉动为主的转变》,《统计研究》2007 年第 3 期。

[11] 莫山农:《投资主导型经济增长方式内在矛盾及其解决路径分析》,《广西大学学报》(哲学社会科学版)2009 年第 6 期。

[12] 郭其友、芦丽静:《经济持续增长动力的转变——消费主导型增长的国际经验与借鉴》,《中山大学学报》(社会科学版)2009 年第 2 期。

[13] 施发启:《投资主导型向消费主导型转变的国际经验》,《上海证券报》2006 年 12 月 4 日。

[14] 方福前:《中国居民消费需求不足原因研究——基于中国城乡分省数据》,《中国社会科学》2009 年第 2 期。

[15] 李方正、刘慧:《消费主导还是投资主导——当前我国经济增长方式的选择》,《现代经济探讨》2013 年第 11 期。

[16] 赵晓雷:《投资与消费:经济增长源泉辨析》,《文汇报》2013 年 8 月 19 日。

[17] 迟福林:《走向消费主导的中国经济转型与改革战略》,《经济社会体制比较》2012 年第 4 期。

[18] 田雪原:《消费主导型经济与人口结构调整》,《人民日报》(理论版) 2012 年 8 月 30 日。

[19] 李炳炎、袁灏:《以利益分享机制重建经济增长动力结构》,《财经科学》2010 年第 6 期。

[20] 耿晔强:《消费环境对我国农村居民消费影响的实证分析》,《统计研究》2009 年第 11 期。

[21] 樊纲、王小鲁:《消费条件模型和各地区消费条件指数》,《经济研究》2004 年第 5 期。

[22] 金三林:《收入分配和城市化对中国居民消费的影响》,《中国经济时报》2009 年 9 月 28 日。

[23] 王裕国:《消费需求制约经济增长的机理及影响》,《经济学家》1999 年第 5 期。

扩大中等收入阶层及居民消费对策研究

宋 建 臧旭恒

内容提要：本文基于扩大中等收入阶层有利于我国向消费主导型经济发展方式转型的经济现实，在对中等收入阶层与中产阶层进行概念辨析基础上，从中产阶层的职业、教育、住房等社会学特征以及不同等级收入户的收入来源和消费结构对比等角度给出了扩大中等收入阶层及居民消费的政策建议，认为职业方面应该稳定雇员化就业并促进自雇化就业，教育方面应该提高平均受教育年限到12年并促进高等教育发展，收入来源方面应该提高低收入群体工薪收入并降低对中高收入群体的转移支付，住房方面应该加大对中低收入群体的住房补贴并减少居住隔离以加强各阶层之间的消费联系，消费结构方面应该降低交通通信消费和教育文化娱乐服务消费成本，并且大力发展服装业进而促进低收入群体向中等消费水平升级。

关键词：中等收入阶层 职业 教育 收入来源 消费结构

改革开放以来，我国经济增长取得了飞速发展，大多数居民生活水平得到提高。但是，在资源和环境约束下，当前我国又面临向消费主导型经济发展方式转型问题。低收入阶层购买力有限，高收入阶层更多消费进口品甚至直接去国外消费，因而中等收入阶层成为国内消费市场的主体，也得到政策层面的持续关注。2002年，党的十六大报告首次明确提出，"以

[作者简介] 宋建，山东社会科学院财政金融研究所助理研究员；臧旭恒，山东大学消费与发展研究所教授。

[基金项目] 教育部哲学社会科学研究重大课题攻关项目（11JZD0016）、国家社会科学基金重点项目（12AJY006）和山东大学自主创新基金项目"不确定性下的消费需求研究"。

共同富裕为目标，扩大中等收入者比重"；2011年，中央经济工作会议又指出，要把扩大内需的重点更多地放在保障和改善民生，提高中等收入者比重上来。2014年7月，北京大学社会学调查中心发布了《中国民生发展报告（2014）》，根据各项消费品的消费水平拥有比例，将目前中国家庭的消费模式分成贫病型、蚂蚁型、蜗牛型、稳妥型和享乐型五种，并称从全国看，中国家庭消费模式已呈现出两极分化，一边是消费极少、抑制消费的，如蚂蚁型家庭，或医疗、教育、住房负担沉重的，如蜗牛型和贫病型家庭；另一边是享受着丰富物质生活的享乐型家庭等。农村地区多贫病型家庭，稳妥型和享乐型家庭较少，城镇则相反。从阶层来看，贫病型、蚂蚁型和蜗牛型属于低收入和中低收入阶层消费水平，稳妥型属于中等收入家庭，而享乐型家庭包括高收入家庭。2014年中央经济工作会议提出"新常态"，认为过去我国消费具有的模仿型、排浪式特征将逐渐被个性化和多样化消费特征代替，而一向关注消费品质的中等收入阶层，更有可能成为这一新消费阶段的主导者。

鉴于中等收入阶层与中产阶层在概念上具有某些一致性，且后者的一些特征可以作为提高中等收入阶层以及居民消费的有益借鉴，因此下文在对中等收入阶层与中产阶层的概念进行辨析的基础上，从职业、教育、住房、收入来源和消费结构等角度给出扩大中等收入阶层及居民消费的政策建议。

一 中等收入阶层与中产阶层辨析

作为经济学范畴，中等收入阶层与社会学领域的中产阶层范畴密切相关，既有联系又有区别。中等收入阶层是指一定时期内处于社会中间收入水平或消费水平的居民群体。中产阶层的含义更加广泛，从名称上讲，就有"中产阶级"、"中产阶层"、"中间阶层"和"社会中间层"等不同说法。[1] 从字面意义看，中等收入阶层仅涉及收入，中产阶层则可能包括财产概念；从具体内涵看，中产阶层定义既包括收入因素又包括职业、教育

---

[1] 下文主要采用"中产阶层"说法，引用的原文中采用"中产阶级"说法的除外，但两者是同一个意思。

水平和生活方式等其他社会学特征。总体来说，中等收入阶层仅指一定时期内在一定地区处于社会中间收入水平或消费水平的群体，中等收入和适度消费是其主要特征；中产阶层是指满足一定职业地位、教育水平、收入和财产水平、生活方式和政治态度等综合特征的群体，他们介于贫富之间，具有大专或本科以上教育水平，从事与管理以及技术相关的职业，拥有经济资源、文化资源（包括受教育程度、管理经验和技术等）和组织资源，追求并实践具有一定品质的生活方式，拥有温和的政治态度，支持保守的社会改革，是社会发展的稳定器，他们的人力资本和企业家精神以及信奉努力和公平竞争的价值观对经济发展和社会进步具有很大的促进作用。

由上面的分析可以看出，中等收入阶层不一定是中产阶层，中产阶层很可能是中等收入阶层。中等收入阶层可以看作中产阶层的后备军，中产阶层可以看作中等收入阶层的成熟形态；对于一个国家来说，要产生一个稳定规模的中产阶层必定经历一个中等收入群体的扩大过程。[①] 因此，从中产阶层的特征出发，也可以找出扩大中等收入阶层的相应政策建议。进一步地，作为消费主体和时尚引领者，中等收入群体的扩大也可以带动居民消费的提高。

从中等收入阶层和中产阶层的联系来说，可以借鉴中产阶层的某些特征，比如职业范围和受教育水平等，提出扩大中等收入阶层的相应政策建议。职业与收入相关，而各阶层之间不同收入来源的分析，也可以成为提出缩小阶层间收入差距的政策建议的主要依据；中产阶层包括中等收入阶层一向重视消费的质量，可以引领低收入阶层的消费甚至促进全社会的消费升级。住房水平由于取决于房主的职业、收入和受教育程度等，也成为区分不同收入阶层的重要标志之一。而且，中国传统文化十分重视住房，讲究"安居乐业"或者"有恒产者有恒心"，因此住房也极大地影响了不同收入阶层的消费。

中等收入阶层内部也具有异质性，可以分为不同的收入水平。如果具有中产阶层的某些社会学特征，低收入群体则可能很快转化成中等收入群体，一部分收入较低的中等收入群体也可以提高其收入水平。中产阶层的特征主要可以分为职业、教育、收入和消费四大类。而中产阶层的住房特

---

① 王凯：《住房：中国中产阶级的身份建构与符号区隔》，博士学位论文，中南大学，2010年。

征又可以有效地整合职业、教育、收入和消费等单一特点。① 下面首先分析中产阶层的职业、教育和住房特征,然后对比分析包括中等收入阶层在内的不同收入阶层的收入来源和消费结构,同时给出从职业、教育和住房、收入和消费五个维度扩大中等收入阶层和居民消费的政策建议。

二 从职业维度看扩大中等收入阶层和居民消费

与经济学主要从收入角度定义中等收入阶层不同,社会学界"已经更加趋向一致,即把职业分类作为界定中产阶级的最重要的测量指标"。② 不同学者对于中产阶层的职业范畴也基本达成一致。需要指出的是,中国与外国尤其发达国家的国情又有所不同,即使发达国家的情况有可能成为我国将来发展的前景,国外的某些规律并不一定适用于中国。

1951年,美国社会学家赖特·米尔斯第一次将白领阶层作为"中产阶级"的主体。他认为,中产阶级白领所从事的职业类型主要为政府部门和大型企业等大型机构的非直接生产性的行政管理工作与技术服务,白领无固定私产,不对服务机构拥有财产分配权,主要依靠知识与技术谋生,领取较稳定且丰厚的年薪或月俸。③ 英国社会学家戈德索普1995年区分了雇主与被雇者之间的"劳动性契约"、"服务性契约"和"混合型契约",并将与雇主建立"服务性契约"的群体定义为"服务阶层",即中产阶层,该阶层包括经理阶层、专业技术人员和行政管理人员。④ 我国的中产阶层与上述定义稍有不同,国内社会学界从职业角度定义的中产阶层有如下几种:

根据个人所拥有的组织资源、文化资源和经济资源的多寡,可将社会成员分为十大阶层,其中的中产阶层由私营企业主、经理人员、专业技术人员、办事人员和个体工商户构成;中产阶层占总就业人口比例由1999

---

① 王凯:《住房:中国中产阶级的身份建构与符号区隔》,博士学位论文,中南大学,2010年。
② 李培林、张翼:《中国中产阶级的规模、认同和社会态度》,《社会》2008年第2期。
③ 赖特·米尔斯:《白领:美国的中产阶级》,周晓虹译,南京大学出版社2006年版。
④ 朱妍:《新韦伯主义的阶层分类框架适用于中国吗?——戈德索普的阶层理论述评》,《社会学》2011年第2期。

年的15%增加到2007年的23%,其中包括大量的个体工商户、私营企业主和大学生就业人员。① 根据EAMC项目阶级分类,中国的中产阶层又可分为新中产阶层、老中产阶层和边缘中产阶层三个群体。大多数新中产阶层是政府部门、国有企业和政府管理的事业单位的雇员,少数是私营和外资企业的雇员;老中产阶层即个体工商户,边缘中产阶层主要指受过中高等教育、从事低层白领工作的"70后"中年人和"80后"年轻人。由历年人口普查数据、1%人口抽样数据和其他统计数据以及全国抽样调查数据可估算出,1982—2006年的24年间,城市新中产阶层增长约10%。老中产阶层几乎从无到有,增长超过10%,边缘中产阶层增长也约10%;老中产阶层数量增长迅速并保持一定规模是中国以及其他东亚国家区别于西方发达国家的一个显著特征。② 国外的老中产阶层,即主要包括个体工商户的传统中产阶层,是随着经济发展而逐渐减少的。③

中国中产阶层区别于其他国家中产阶层的另一个特点是,它们与国有企业或者公共权力具有很大的联系,尽管随着国有企业改革的进行,主要由国有企业职工组成的"类中等收入阶层"出现了萎缩。④ 考虑中国公有制经济占主体的特殊国情,还是可以根据对公共权力、资产控制权和技术资本的占有关系将中国的城市居民划分为五个阶层,它们分别是社会上层、中产上层、中产下层、技术工人及小职员、非技术工人及个体劳动者。其中,中产上层包括党政事业单位的中层领导干部、中层国有企业经理、小业主、民营企业经理、高级专业技术人员;中产下层包括低级职务的党政事业单位的干部、低级专业技术人员、有行政定级的职员办事人员、国有企业基层管理者、私营企业中的底层管理者、私营小企业经理等。研究发现,中国城市社会是较典型的"金字塔"形状,社会上层比例较小(0.6%),下层比例较大(69%),中产上层(7.6%)和中产下层比例(22.8%)合计约30%。若考虑到庞大的农村人口在内,中产阶层的比例会更低。⑤

---

① 陆学艺:《当代中国社会结构》,社会科学文献出版社2010年版。
② 李春玲:《中国中产阶级的增长及其现状》,《江苏社会科学》2008年第5期。
③ 周晓虹:《扩大中等收入者的比重是保证社会和谐发展的不二法则》,《学习与探索》2005年第6期。
④ 李强:《中国中等收入阶层的构成》,《湖南师范大学社会科学学报》2003年第4期。
⑤ 刘欣:《中国城市的阶层结构与中产阶层的定位》,《社会学研究》2007年第6期。

从上面的分析可以看出，从职业角度划分的中国中产阶层仅在总人口中占20%—30%，主要可分为公务员和国有企业职工、经理人员、中高级专业技术人员、低层白领以及私营企业主和个体工商户。而中国中产阶层区别于西方国家的两个特色是包括个体工商户在内的传统中产阶层的比例不降反升，以及国有企业员工比例大。那么，如何从职业角度扩大中等收入阶层及其消费呢？

分开来看，公务员的比例不会过于庞大，甚至有缩小的趋势。但是，随着国家公务员以及政府管理的事业单位的薪酬改革的进行，公务员占总人口的比例和薪酬水平应该会比较稳定。经理人员和高级专业技术人员的比例也不会很高，因为在制度之外还受天赋和机遇的影响。因此，老中产阶层或者传统中产阶层的发展也许是扩大中国中等收入阶层的突破口。目前国家所鼓励提倡的"大众创业、万众创新"[1]也正是基于对中国国情的现实考量，鼓励自雇化就业，也许会成为中国中等收入阶层扩大的"新常态"。至于广大的低层白领，他们的收入水平不高，却是消费尤其网购等新型消费业态的主力。应该采取措施，一方面使这一部分群体的收入进一步提高，进一步释放其消费欲望；另一方面继续推进各种新型消费业态发展，使年轻人的消费更加多样化。

中国区别于西方国家的另一个特色是城乡二元结构，而且存在大量进城务工人员，农民工总人数达到2.6亿上下。对有技术的农民工恢复建立八级职员技术分层制度的做法可能产生有效激励，造就一大批中高级专业技术人员。[2] 随着城市化的进一步推进，尤其是农民工的市民化，这一部分"技术中产阶层"的比例还将进一步提高，也能极大地促进中等收入阶层和居民消费的扩大。

三 从教育和住房维度看扩大中等收入阶层和居民消费

受教育程度或文化水平是常见的阶层划分指标之一，住房由于隐含家

---

[1] 摘自国务院总理李克强2015年《政府工作报告》。
[2] 李强：《为什么农民工"有技术无地位"——技术工人转向中间阶层社会结构的战略探索》，《江苏社会科学》2010年第6期。

庭主要成员（一般为户主）的职业性质、收入水平和受教育程度等特征，也被一些学者单独用来划分阶层。通过教育和住房水平定义的中产阶层分别被称为教育中产和住房中产，而教育和住房水平本身也与消费有诸多联系。例如，教育本身就是一项消费，受教育程度较高的居民其收入水平和消费层次一般也较高；拥有优质的住房则一般表明该家庭其他方面的消费水平也较高，当然，房贷也可能挤出部分其他消费。因此，提高低收入群体和较低收入水平的中等收入阶层的受教育程度和住房条件也能在一定程度上促进其收入和消费水平的提高。

（一）教育维度

教育水平一方面决定中产阶层的就业去向，另一方面也提高其文化素养，影响其消费选择和生活水平的进一步提高，进而从收入和消费两方面对总消费的扩大产生积极影响。判定一个国家是否形成了庞大的中产阶层的标准之一是：平均受教育年限超过12年。① 一般来说，"教育中产"是指取得中专和大学本科及以上教育文凭的人员，"教育中低层"是指拥有高中及职高、技校等学历的人员，"教育底层"为初中及以下学历的人员。② 第六次全国人口普查资料显示，2010年我国人口平均受教育年限为8.81年，城市人口平均受教育年限为10.57年，镇的人口平均受教育年限为9.08年，农村人口平均受教育年限为7.58年。③

从上面的分析可以看出，教育中产主要分布在城市，要扩大教育中产，首先要在城镇地区普及高中阶段的教育，加强农村地区的初高中教育，逐步使城乡平均受教育年限达到12年。鉴于中产阶层的职业分布，为了进一步促进中等收入阶层扩大，对接受高等教育潜在人群的扶植力度也应加强，例如助学贷款审批和发放的便利化。通过提高受教育水平增加广大中低收入群体的人力资本，为收入的进一步提高打下基础，进而使经济发展进入消费驱动型的良性循环。

2015年3月5日，国务院总理李克强在第十二届全国人民代表大会第三次会议上所做的《政府工作报告》提出，要推进教育发展和改革，

---

① 马海龙、黄永杰、孔丽艳：《我国中产阶层的形成与发展》，《行政与法》2004年第7期。
② 李培林、张翼：《中国中产阶级的规模、认同和社会态度》，《社会》2008年第2期。
③ 孙炜红、张冲：《中国人口10年来受教育状况的变动情况》，《人口与社会》2014年第1期。

启动教育扶贫工程,加大对农村地区的学校改造、学生营养以及教师生活改善的力度,提高贫困地区重点高校升学率以及农民工子女的受教育程度和升学率,有计划地提升农民工的职业技能;继续增加中央教育财政支出,扩大地方办学自主权,构建以就业为导向的现代职业教育体系。[①] 从本文分析看,推进教育发展和改革将成为扩大中等收入阶层和居民消费的有力举措。

(二) 住房维度

不同阶层居民拥有不同质量的房子,一个家庭拥有的房产面积、数量和档次,已经成为判定一个家庭经济与社会地位的最直接指标。[②] 而随着城市的发展,不同阶层又在不同的空间形成了居住隔离[③],减弱了阶层消费之间的互相影响,影响总消费的提高。由于房价以及房价收入比受一时一地的影响很大,不能反映中等收入阶层的真正生活水平,下面仅对不同年份、不同阶层居民家庭的居住面积和套数进行考察。

由 CGSS2003 得出,社会上层、中产上层、中产下层、技术工人及小职员、非技术工人及个体劳动者的家庭住房面积均值分别为 100.6 平方米、92.6 平方米、93.9 平方米、82.4 平方米以及 87.4 平方米。除非技术工人及个体劳动者外,家庭住房面积随着阶层的提高而增加。[④] 根据 2006 年"南京城市居民住房消费 1000 户调查"数据,中等收入阶层各个组别的住房建筑面积均值和套数分别为:中低收入阶层 89.06 平方米、1.16 套,中等收入阶层 105.94 平方米、1.28 套,中高收入阶层 115.24 平方米、1.31 套。可见,住房面积和套数随着收入层次提高而增加。[⑤] 根据 2007 年一项针对北京市 15 个中高档商品房社区的调查,企业主阶层、新中产阶层、老中产阶层、边缘中产阶层的居住面积分别为 122.80 平方米、95.55 平方米、80.56 平方米、73.08 平方米,中产阶层家庭的平均住房面积为 89.84 平方米,平均拥有房产数量 1.22 套。[⑥]

---

① 中央政府门户网站,http://www.gov.cn/guowuyuan/2015-03/16/content_2835101.htm, 2015 年 3 月 16 日。
② 王凯:《住房:中国中产阶级的身份建构与符号区隔》,博士学位论文,中南大学,2010 年。
③ 居住隔离,又称居住分异,是指由于职业类型、收入水平及文化背景存在差异,由此导致不同社会阶层居住于不同的空间区域之中(王道勇、鄢彦辉,2014)。
④ 刘欣:《中国城市的阶层结构与中产阶层的定位》,《社会学研究》2007 年第 6 期。
⑤ 浩春杏:《阶层视野中的城市居民住房梯度消费——以南京为个案的社会学研究》,《南京社会科学》2007 年第 3 期。
⑥ 李春玲:《比较视野下的中产阶级形成过程、影响以及社会经济后果》,社会科学文献出版社 2009 年版。

由上面的分析可以看出,要想在中国成为住房中产阶层,至少应该拥有一套70—120平方米的房子。"有恒产者有恒心,无恒产者无恒心。"对于大多数人还是成立的,只有使居民具有了一定的"恒产"如住房,改善了居民的消费预期,消费的稳定增长才有可能,而且"恒产"本身也会带来消费,比如中国传统文化里讲究住房对于婚姻的不可或缺。当然,住房贷款对于青年一代其他方面消费的挤出作用也不容忽视。除此之外,也应该看到各阶层消费之间的互相影响,而住房在空间上的隔离在一定程度上减弱了不同阶层居民之间的消费影响。比如目前高收入阶层主要居住在别墅区和高档住宅社区,中等收入群体主要居住在普通的商品房社区,而低收入群体主要聚居在经济适用房社区,甚至公租房和廉租房。目前最好的防止阶层之间过度隔离的做法是形成不同档次的住房"大混居、小聚居"局面,而形成这一局面又需要地方政府让渡一部分土地,出让收益。① 而考虑住房在不同阶层之间的流动,有关住房"过滤模型"的研究指出,对低收入群体提供住房补贴比修建新房的住房政策更有效率。

2015年3月13日,国务院总理李克强在第十二届全国人民代表大会三次会议闭幕会后的记者会上提出,中国房地产市场的需求是刚性的,鼓励居民自住性住房和改善性住房需求,并提出2015年将要在改造棚户区、城市和农村危房方面加大力度,各增加100万套保障性住房②;3月30日,中国人民银行、住建部以及银监会也相应联合出台了促进这一举措的房贷优惠政策。③ 改善居民住房条件,应该也有可能成为扩大中等收入阶层以及居民消费的途径之一。

四 从收入来源维度看扩大中等收入阶层和居民消费

不同收入阶层之间收入来源结构的差异是造成不同收入阶层收入份额

---

① 王道勇、郎彦辉:《西方居住隔离理论:发展历程与现实启示》,《城市观察》2014年第1期。

② 中国新闻网,http://www.chinanews.com/gn/2014/03-13/5946659.shtml,2015年3月13日。

③ 中华人民共和国国土资源部,http://www.mlr.gov.cn/xwdt/bmdt/201503/t20150331_1346552.htm,2015年3月30日。

差距的主要原因之一。通过分析不同阶层收入来源可以得到各阶层的主要收入来源，提出缩小阶层间收入差距的政策建议。下面以城镇住户调查中不同收入组的居民家庭为例进行分析。

我国城乡居民的收入来源主要分为工薪收入、经营净收入、财产性收入和转移性收入四种。以城镇为例，根据各年份《中国价格及城镇居民家庭收支调查统计年鉴》和《中国城市（镇）生活与价格年鉴》公布的2000—2012年各居民收入组的不同收入来源数据，计算各组不同来源收入占比，并将低收入各组组成低收入群体①，中等收入各组②组成中等收入群体，高收入各组③组成高收入群体，然后，分别对比低收入群体与中等收入群体各组、中等收入群体与高收入群体各组，对比结果如图1所示。

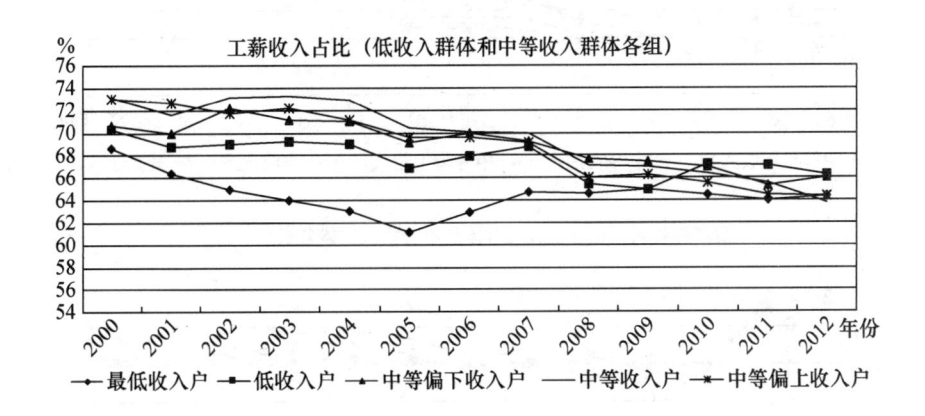

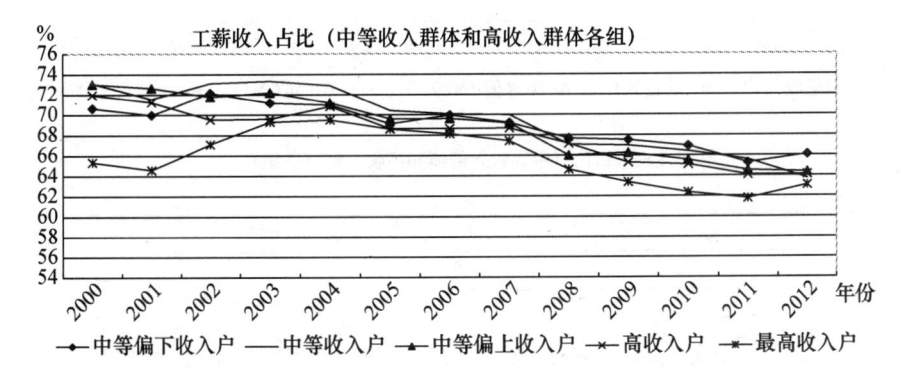

---

① 包括最低收入户和低收入户。
② 包括中等偏下收入户、中等收入户和中等偏上收入户。
③ 包括高收入户和最高收入户。

经营净收入占比（低收入群体和中等收入群体各组）

→ 最低收入户 ─■─ 低收入户 ─▲─ 中等偏下收入户 ── 中等收入户 ─※─ 中等偏上收入户

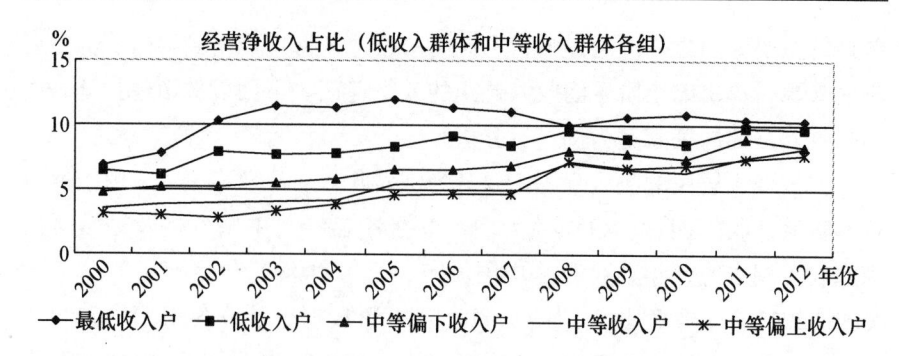

经营净收入占比（中等收入群体和高收入群体各组）

→ 中等偏下收入户 ── 中等收入户 ─▲─ 中等偏上收入户 ─※─ 高收入户 ─＊─ 最高收入户

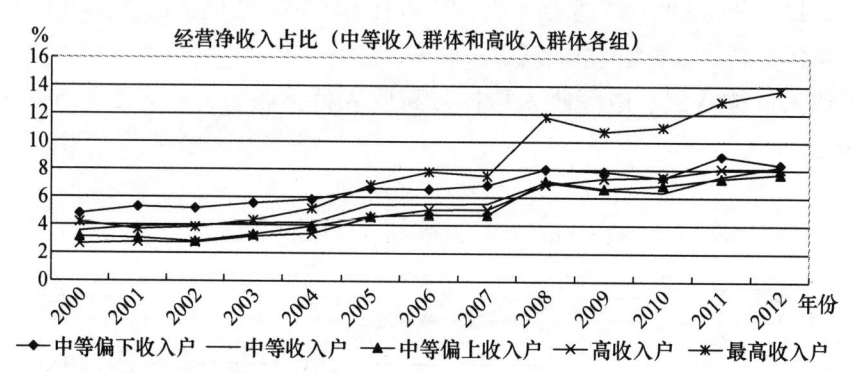

财产性收入占比（低收入群体和中等收入群体各组）

→ 最低收入户 ─■─ 低收入户 ─▲─ 中等偏下收入户 ── 中等收入户 ─※─ 中等偏上收入户

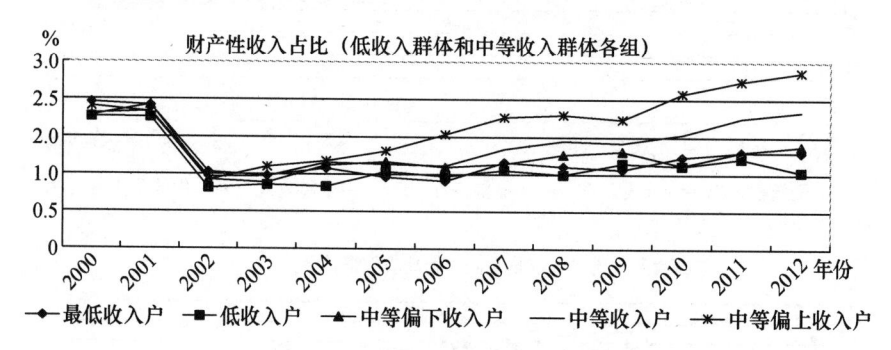

财产性收入占比（中等收入群体和高收入群体各组）

→ 中等偏下收入户 ── 中等收入户 ─▲─ 中等偏上收入户 ─※─ 高收入户 ─＊─ 最高收入户

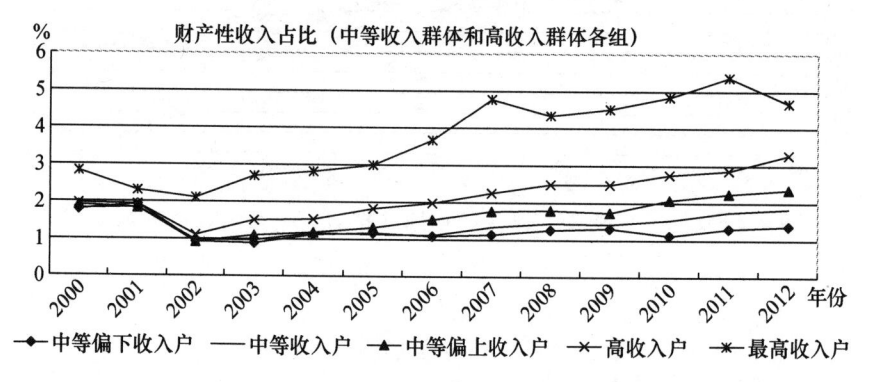

转移性收入占比（低收入群体和中等收入群体各组）

转移性收入占比（中等收入群体和高收入群体各组）

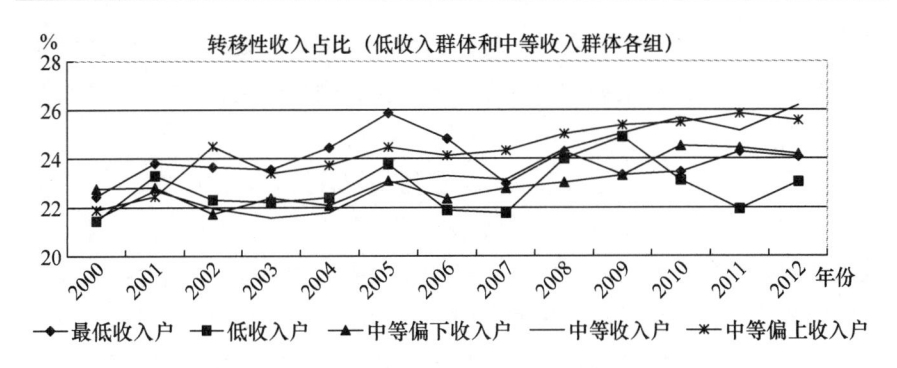

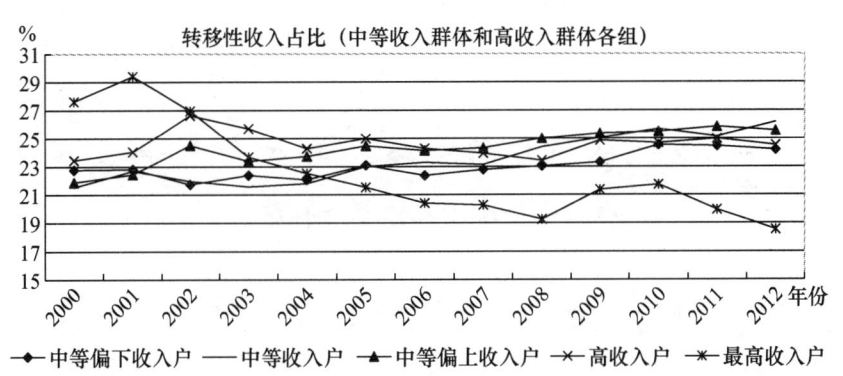

图1 低收入群体、中等收入群体以及高收入群体各组不同收入来源占比

由图1可以看出，首先，各收入组的工薪收入占比均呈下降趋势，但是，中等收入各组的工薪收入占比要高于低收入各组和高收入各组。可见，工薪收入是中等收入群体的最主要收入来源，因此继续稳定中等收入阶层的工资收入、提高低收入阶层的工薪收入水平是提高中等收入阶层比例的重要措施。

其次，低收入各组和最高收入组的经营净收入占比要高于中等收入各组和高收入组，因此继续采取措施为低收入群体增加经营净收入创造条件，也可能有利于该部分群体的收入水平进入中等收入范围，虽然目前经营净收入并非中国中等收入阶层主要收入来源；同时，可对经营净收入占比最高的最高收入组实行累进税，在不损害效率的前提下缩小其与其他收入阶层的收入差距。

再次，财产性收入占比与各收入组收入水平成正比，但是，除最高收入组外，比例均不足5%，因而完善资本市场、扩大居民财产收入渠道有利于各阶层居民提高收入水平，促进消费；如果对低收入居民普及更多的理财知识，逐步提高他们的财产性收入占比，则可能提高中等收入阶层的人口比例。

最后，中等收入各组和高收入组获得的转移性收入占比较高，与一般认为低收入群体应该获得最高的转移支付的观念相悖。鉴于低收入各组收入水平本来就低，且各收入组的转移收入比例在四种收入来源中均仅次于工薪收入，是重要的收入来源，因此，为使更多的低收入者升级进入中等收入阶层，政府应该降低对中等收入各组和高收入户的转移性支出，提高对低收入各组的转移性支出，以最终提高中等收入阶层的人口比例。

五 从消费结构维度看扩大中等收入阶层和居民消费

从全社会来说，低收入阶层的消费水平尚处于生存阶段，中等收入阶层处于发展和升级阶段，高收入阶层完成了消费升级，处于炫耀性消费阶段。不同收入阶层之间存在消费的示范效应和攀比效应。随着收入的提高，较低收入阶层的消费随之出现升级。通过对比分析各收入阶层的消费结构，可以得出低收入阶层的消费向中等收入阶层消费转化的路径，进而得出扩大中等收入阶层和消费的举措。

我国居民的消费支出分为食品、衣着、居住、家庭设备用品及服务、医疗保健、交通通信、教育文化娱乐服务、杂项商品与服务八大类，从各年份城镇住户调查可以直接得到七个收入组家庭各项消费支出比例。在此，以食品支出占总支出的比例即恩格尔系数划分高中低三大阶层。由于各收入组的各项消费支出比例几乎均在 2002 年出现大的变化，而 2002 年之后我国经济环境更加稳定，因此下文的分析主要关注 2002 年之后。观察各收入组的食物支出比例可得，2002 年以后，最低收入户、低收入户和中等偏下收入户的恩格尔系数在 0.4—0.5 之间，中等收入户、中等偏上收入户和高收入户的恩格尔系数在 0.3—0.4 之间，最高收入户的恩格尔系数低于 0.3。故将最低收入户、低收入户和中等偏下收入户合为低收入阶层，中等收入户、中等偏上户和高收入户合为中等收入阶层，最高收入户单列为高收入阶层。随着收入等级的提高，居民的消费结构也发生了变化。本文主要关注低收入群体消费向中等收入群体消费转化的路径，以得到扩大中等收入阶层及居民消费的政策建议。

对比八项消费支出在各收入组中的不同比例（见图2）。从时间趋势上看，各收入组食品支出比例基本随时间呈下降趋势，反映了我国各阶层居民生活水平的提高，而且收入阶层越高，食品支出比例越低，符合恩格尔定律。衣着支出比例在时间上大体呈U形趋势，1992—2012年占比最多下降几个百分点，反映衣着的使用价值随收入水平的提高有了更加丰富的内涵，从最初蔽体防寒之用，到生活水平提高之后的追求舒适健康和更加时尚，经历了由必需品到中高档消费品的转变；尤其2002年之后各收入户的衣着支出比例基本稳定，其中中等收入各组比例最高，高收入户和低收入户次之，最高收入户和最低收入户又次之。

如果不考虑2002年左右相关统计指标改变造成的各收入组支出比例的突变，总体来看，居住支出、医疗保健支出大体呈微弱的倒"U"形趋势，但是比例相对1992年均有上升，最高可达6个百分点，而且这两项支出的占比随收入阶层的提高而下降；教育娱乐文化服务支出比例1995—2008年呈明显的倒"U"形趋势，2008年之后开始平稳上升，最高上升幅度约6个百分点；家庭设备用品及服务比例相对1992年来说水平

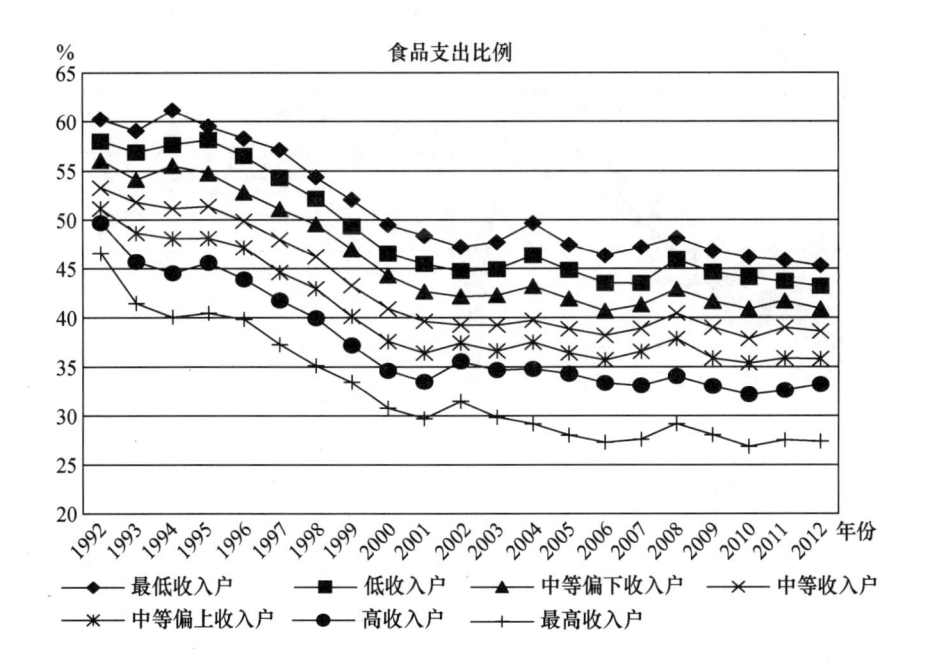

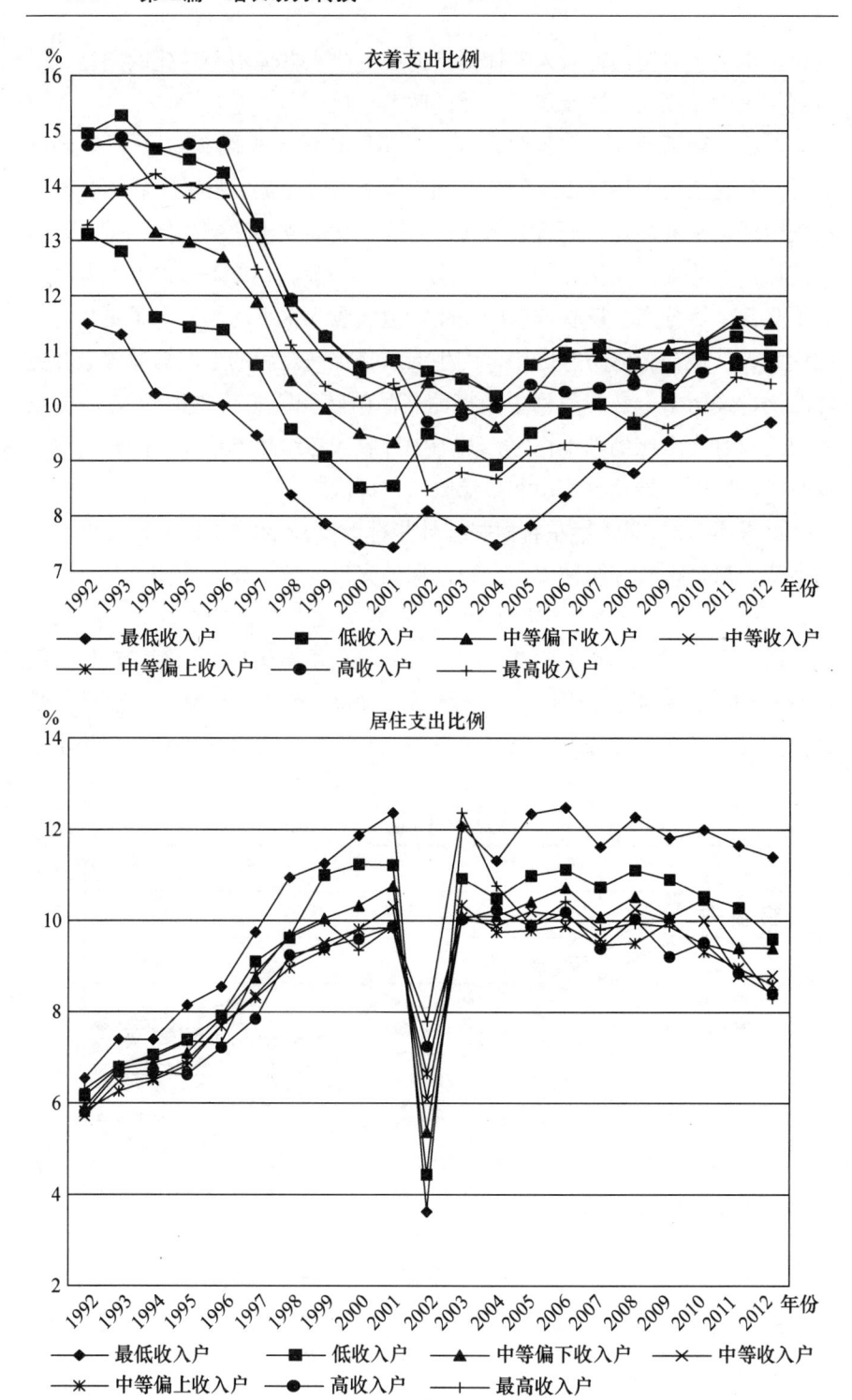

衣着支出比例

居住支出比例

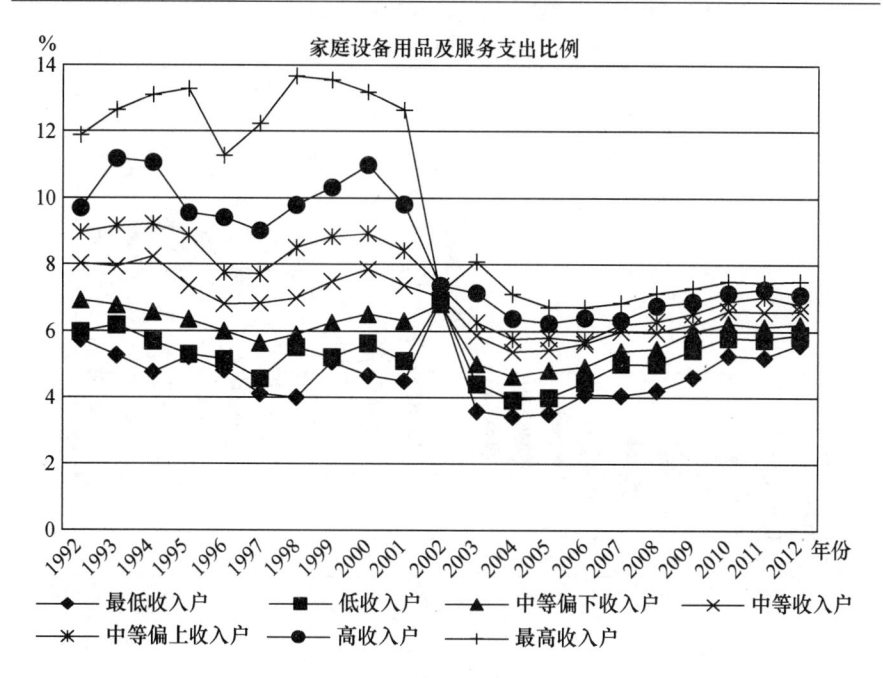

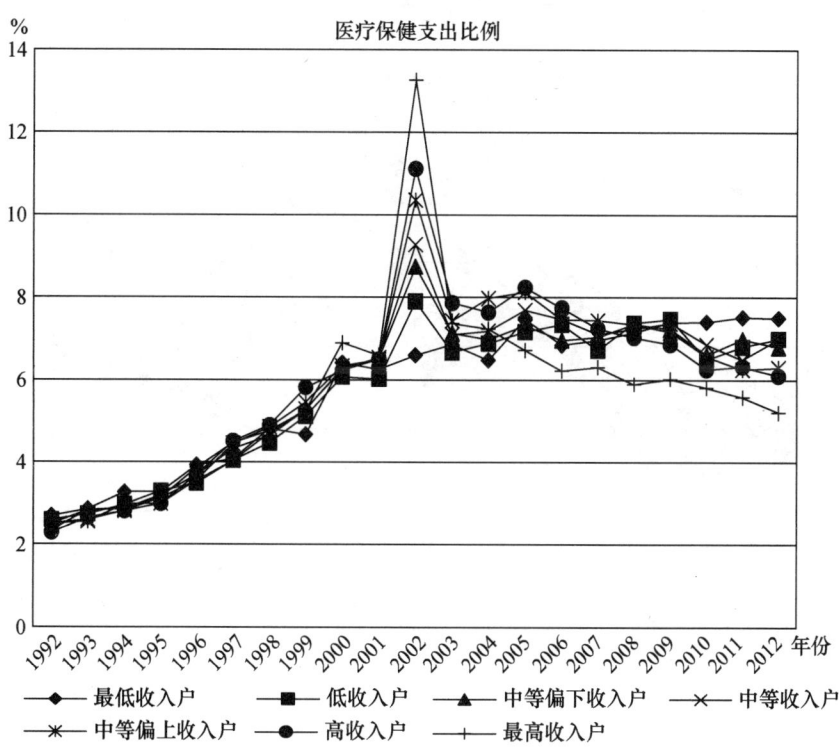

扩大中等收入阶层及居民消费对策研究 · 151 ·

家庭设备用品及服务支出比例

医疗保健支出比例

· 152 ·　第二篇　增长动力转换

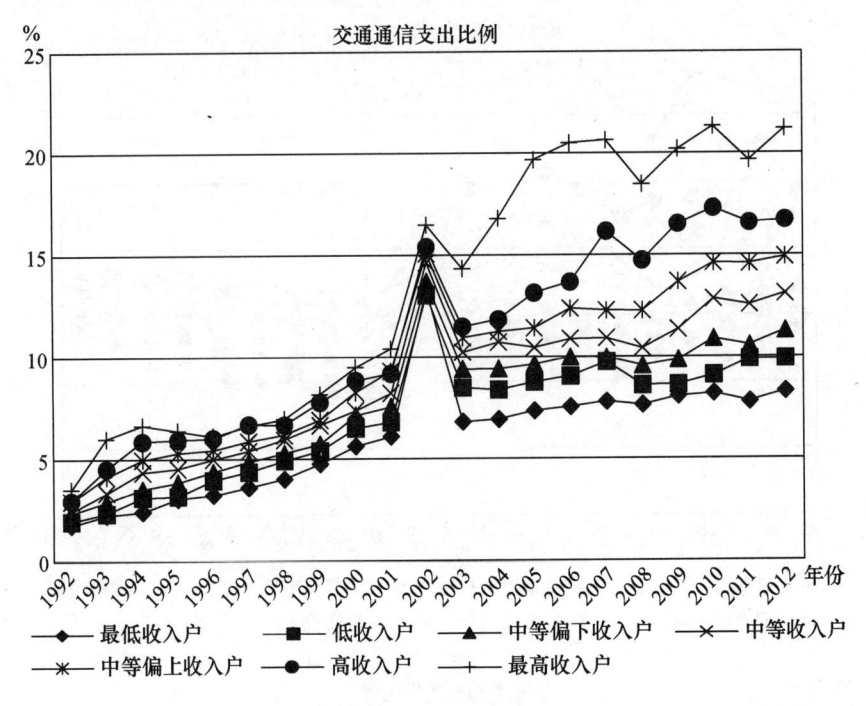

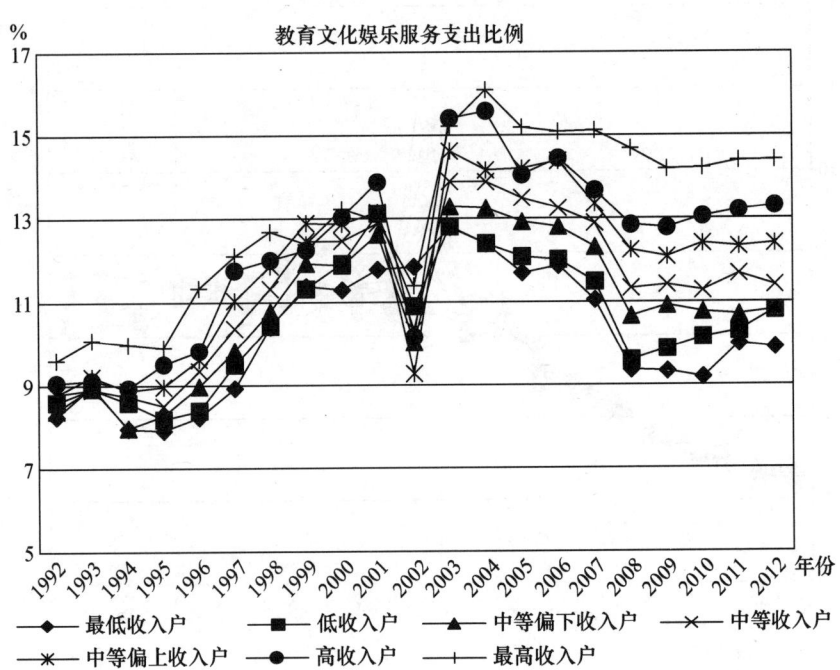

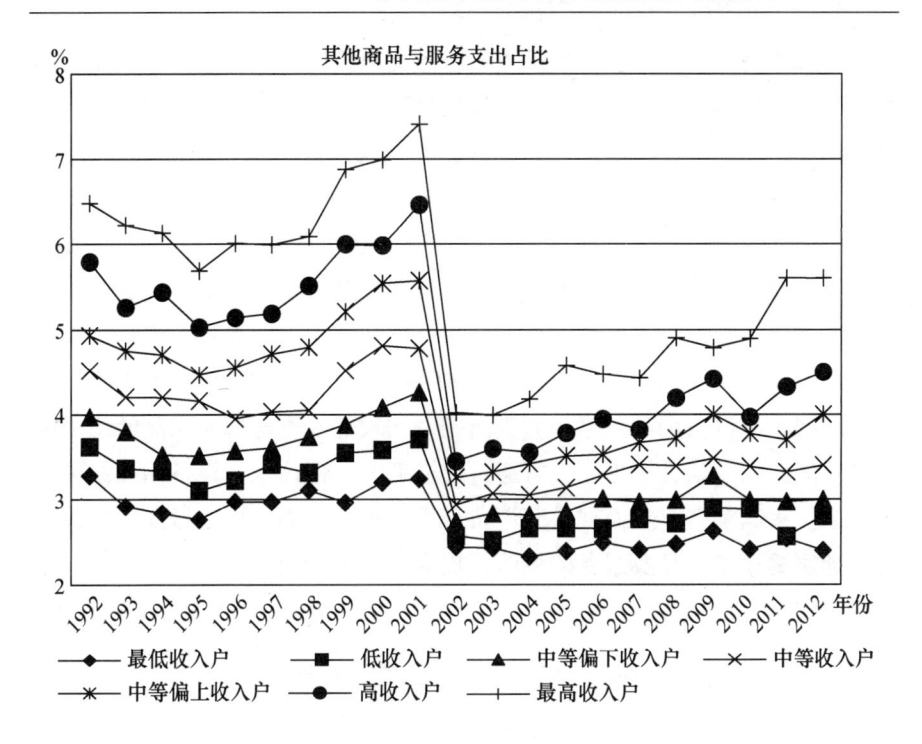

图2 各收入组的不同消费支出比例

有所下降，但是，2004年之后整体呈微弱的上升趋势；交通通信支出比例一直处于良好的上升态势；其他商品与服务支出比例经过2002年的急剧下降后开始缓慢上升。从收入水平上讲，交通通信、教育娱乐文化支出、家庭设备用品及服务以及其他商品与服务支出比例随收入阶层的升高而提高，具备消费升级的特点，其中又以交通通信支出比例上升最快。

从上面的分析可以看出，交通通信支出比例上升成为消费升级的显著标志，值得注意的是，随着智能手机及相应的手机应用的流行，交通通信支出可能也包含部分教育文化娱乐功能；相应的政策建议是，降低交通通信的使用成本，则可以使低收入群体的交通通信支出增加，也满足了部分教育文化娱乐功能。教育文化娱乐服务一直是除食品和近几年兴起的交通通信支出之外在各个阶层支出中均占有较大比例的支出项目，一方面体现出中国不同收入水平的家庭对于教育的重视，另一方面也体现出文化娱乐消费需求的上升。对此，相应的政策建议是完善教育文化娱乐方面的基础设施，包括大型场馆建设，降低影院、剧院、游乐场所等文化娱乐服务设施的门票等费用，保持教育娱乐文化服务支出比例的上升趋势，提高居民的人力资本积累，为收入的进一步提高打下基础。衣着兼具必需品和奢侈品的功能，被中等收入群体所重视，因此也可以成为消费升级的依托点。通过大力发展服装业，可以使衣着发挥更多时尚功能，并成为低收入阶层消费升级的便捷途径。居住和医疗保健支出比例随收入阶层的升高而下降，在低收入群体家庭中占较大比例，从其波动特征也可看出，这两项消费极易受政策影响，因而建议增加住房补贴和完善医疗保障，保障低收入群体的居住和医疗保健支出的基本需求，以释放更多的其他消费支出。各个阶层的家庭设备用品及服务的支出比例均较低，不考虑耐用品的使用年限较长的影响的话，一方面，可通过促进低收入群体家庭设备用品的更新换代来扩大其消费，进而促进其消费升级；另一方面，可通过发展相关产业增加家庭设备用品及服务的供给，提高整体上升趋势。

六 结论与政策建议

基于中等收入阶层扩大有利于促进我国经济增长方式向消费主导型转变的现实背景，本文在对中等收入阶层与中产阶层进行辨析的基础上，从中产阶层的职业范围、受教育水平、住房等社会学特征，以及各收入阶层的收入来源和消费结构对比等角度给出扩大中等收入阶层和居民消费的政策建议：

第一，稳定雇员化就业，促进就业自雇化，对进城务工人员恢复建立八级职员技术分层制度。与国外传统中产阶层随着经济的发展数量逐渐减少不同，中国传统中产阶层和边缘中产阶层正呈扩大趋势，同时经营净收入也成为中低收入群体中比例较大、增长较快的收入来源。因此，就业方面，除继续扩大雇员化就业以外，自雇化或者创业或许可以成为扩大中国中等收入阶层的一条独特出路。应该充分看到，农民工有技术而无地位阻碍了其收入和消费的进一步提高。

第二，普及高中和中专教育，提高平均受教育年限到12年，同时大力扶持高等教育。教育水平一方面决定了中产阶层的就业去向，另一方面也影响到其消费选择，进而从收入和消费两方面对总消费的扩大产生积极影响。一个国家产生庞大的中产阶层的条件之一是平均受教育年限超过

12 年。中产阶层的职业分布也需要相当比例的人群接受过高等教育。

第三，对低收入群体进行更多的住房补贴，而非修建新的保障房；不同档次的住房"大混居、小聚居"。在中国要想成为住房中产阶层，至少应该拥有一套 70—120 平方米的房子。由于住房在不同阶层之间流转，住房补贴比修建新的住房更加有效率。居住隔离减弱了不同阶层居民之间的消费影响，目前最好的防止阶层之间过度隔离的做法是地方政府让渡一部分土地出让收益，进而形成不同档次的住房"大混居、小聚居"的格局。

第四，提高低收入群体工资水平，降低对中等收入户和高收入户的转移支付，提高对低收入群体的转移支付。通过对比各收入组的收入来源发现，工薪收入是中等收入群体的主要收入来源；而且目前中等收入各组和高收入组获得的转移性收入占比相对来说较高。因此，为促使更多低收入者升级进入中等收入阶层，政府应该减少对中高收入群体的转移支付，增加对低收入阶层的转移支付，从而提高低收入群体的收入水平。

第五，降低交通通信消费的使用成本，完善教育文化娱乐消费方面的基础设施建设并降低相关使用费用，大力发展服装业，降低低收入群体的居住费用和医疗保健支出负担。低收入群体最需要满足食、衣、住的需要，而中高收入群体的交通通信消费、教育文化娱乐服务消费等已经成为消费升级的标志。衣着兼具必需品和奢侈品的功能，随着生活水平的提高，衣着消费占中等收入各组的支出比例较高收入各组和低收入各组都要高。消费层次较高的中高收入群体的医疗保健支出比例很低，因此应该完善对低收入群体的医疗保障以释放更多的消费空间。

参考文献

[1] 王开玉：《中国中等收入者研究》，社会科学文献出版社 2006 年版。
[2] 王凯：《住房：中国中产阶级的身份建构与符号区隔》，博士学位论文，中南大学，2010 年。
[3] 李培林、张翼：《中国中产阶级的规模、认同和社会态度》，《社会》2008 年第 2 期。
[4] 米尔斯：《白领：美国的中产阶级》，周晓虹译，南京大学出版社 2006 年版。
[5] 朱妍：《新韦伯主义的阶层分类框架适用于中国吗？——戈德索普的阶层理论述评》，《社会学》2011 年第 2 期。
[6] 陆学艺：《当代中国社会结构》，社会科学文献出版社 2010 年版。
[7] 李春玲：《中国中产阶级的增长及其现状》，《江苏社会科学》2008 年第 5 期。

[8] 周晓虹:《扩大中等收入者的比重是保证社会和谐发展的不二法则》,《学习与探索》2005年第6期。

[9] 李强:《中国中等收入阶层的构成》,《湖南师范大学社会科学学报》2003年第4期。

[10] 刘欣:《中国城市的阶层结构与中产阶层的定位》,《社会学研究》2007年第6期。

[11] 李强:《为什么农民工"有技术无地位"——技术工人转向中间阶层社会结构的战略探索》,《江苏社会科学》2010年第6期。

[12] 马海龙、黄永杰、孔丽艳:《我国中产阶层的形成与发展》,《行政与法》2004年第7期。

[13] 孙炜红、张冲:《中国人口10年来受教育状况的变动情况》,《人口与社会》2014年第1期。

[14] 浩春杏:《阶层视野中的城市居民住房梯度消费——以南京为个案的社会学研究》,《南京社会科学》2007年第3期。

[15] 李春玲:《比较视野下的中产阶级形成过程、影响以及社会经济后果》,社会科学文献出版社2009年版。

[16] 王道勇、郱彦辉:《西方居住隔离理论:发展历程与现实启示》,《城市观察》2014年第1期。

中国经济的八大增长潜力

程承坪 张 蒂

内容提要：近年来中国经济增长的速度在放缓，对比国内外存在不同的解读。事实上，中国经济基本面是好的，存在巨大的增长潜力，至少表现在八个方面：城镇化的巨大经济拉动效应、与民生改善相关的公共消费型基础建设投资具有广阔空间、环保产业发展潜力巨大、生产性服务业对经济增长有较大的促进作用、中国并存巨大的"后发优势"与"先发优势"、消费市场潜力巨大、对外投资空间巨大、农村土地制度改革将释放巨大的农业生产潜力。另外，中国的金融体制改革、投融资体制改革、收入分配制度改革、科教体制改革、财税体制改革、社会保障体制改革、区域经济体制改革，以及政府简政放权和法治化运作等，都将释放出巨大的经济增长潜力。

关键词：增长潜力 城镇化 对内对外投资 环保产业 消费市场

中国经过长达 30 多年高速经济增长后呈现增长放缓态势。对待这种态势，有各种不同的解读：第一种是带有乐观情绪的观点，该观点认为，这仅是暂时现象，与国际经济环境疲软有关[1]，一旦国际经济形势得到改善，中国经济将继续保持以前的高速增长态势[2]；第二种是带有悲观情绪的观点，该观点认为，增长放缓仅仅是开始，中国经济可能出现"断崖

[作者简介] 程承坪，武汉大学经济与管理学院教授、博士生导师；张蒂，武汉大学经济与管理学院硕士研究生。

[1] 2007 年，中国经济增长率为 14.2%，2014 年则降为 7.4%。国际经济环境至今仍然没有得到较大改善：美国经济稍有起色，但还谈不上复苏或摆脱危机走向繁荣，欧洲经济仍然在困境中徘徊，日本经济低迷无起色。因此，此种观点认为，目前中国经济增长放缓主要源于国际经济环境不佳。

[2] 参见王建《未来中国经济形势三个认识误区的辨析》，《战略与管理》2015 年第 1 期。

式"下滑的可怕结局①;第三种持较为中庸的观点,该观点认为,中国经济增长速度放缓将是常态,今后不可能再重现过去那种高速增长,也不会出现"断崖式"下滑。目前,学术界和实务界持第三种观点者居多。

对中国经济增长率的关心除担心经济增长率过低会影响我国经济社会可持续发展以外,还有一个重要原因,即"十三五"期间,预计中国每年将新增就业人口1000万,经济增长率过低将无法吸纳这些新增就业人口的就业,从而可能引发社会危机。本文根据2012—2014年中国经济增长的就业弹性情况推算②,在不考虑经济结构升级因素影响的条件下③,"十三五"期间的就业弹性大约为180万人。那么要解决每年新增1000万人的就业问题,就必须保持每年不低于5.56%的经济增长率。

为了回答中国经济增长的潜力究竟有多大的问题,郭豫媚和陈彦斌根据统计数据测算了中国1979—2020年的潜在经济增长率。④ 他们的研究表明,乐观预测是7.87%,悲观预测是5.47%,基准预测是6.31%。林毅夫通过国际经济史的比较研究认为,由于中国还具有较大的后发优势,因此如果能够充分利用这种优势,从2008年起中国还有20年年均增长8%的潜力。⑤ 梁建章和黄文政(2015)认为,林毅夫忽略了中国劳动适龄人口减少和人口老龄化的因素,考虑这一负面影响,他们认为,未来几年中国经济实际增长率应该是5.5%—6.9%。⑥ 上述研究结果具有重要参考价值,但是,这些研究都不是建立在对中国经济增长微观基础分析之上的,因而有美中不足之感。

本文不打算对未来中国经济增长率进行估算。我们认为,郭豫媚和陈彦斌(2015)、林毅夫(2014)以及梁建章和黄文政(2014)的估算具有

---

① 郎咸平(2012)在《中国经济到了最危险的边缘》中所持观点便是这一观点的国内代表;美国中国问题专家乔治·华盛顿大学教授沈大伟(David Shambaugh)在2015年3月6日的《华尔街日报》撰文《中国即将崩溃》(The Coming Chinese Crackup)中所持观点便是这一观点的国外代表。

② 我国2011—2014年的就业弹性分别为131.29万人、164.42万人、170.13万人和178.65万人。随着我国第三产业的不断发展,就业弹性会越来越大。

③ 如果中国经济结构升级加快,那么中国经济增长的就业弹性会变大。

④ 郭豫媚、陈彦斌:《中国潜在经济增长率的估算及其政策含义:1979—2020》,《经济学动态》2015年第2期。

⑤ 林毅夫:《中国的增长奇迹是否可持续》,《参考消息》2014年12月12日第12版。

⑥ 梁建章、黄文政:《降低人口规模是否有利于充分就业》,http://opinion.caixin.com/2015-02-17/100784774.html。

较高的参考价值,本文旨在为上述中国经济增长率的估算补充分析中国经济增长的微观基础。

过去20多年间,我国经济增长点主要在两个方面:一是房地产业;二是出口。房地产业在过去20多年,特别是近10多年间可以说是拉动中国经济增长的第一大动力,它具有很强的关联效应,上下游涉及许多相关产业,长期以来房地产开发投资占我国固定资产投资总额的20%,占GDP的10%左右。但目前城市居民的住房需求已经基本满足,97%以上的家庭都拥有自己的住房。[1] 从刚需角度而言,对住房需求强烈的主要表现在低收入居民、新成家的年轻居民和农村转移到城市的居民,这部分居民需求虽然也很大,但相比以前要小得多。另外,由于金融制度改革,人们有了更多的低风险、流动性较强的投资渠道,而且投资回报率大于投资房地产业,因此改变了部分人把房地产作为投资手段的偏好,使房地产行业的需求减缓,其拉动经济增长的作用在不断下降。

与此同时,商品出口对经济增长的拉动作用也在减缓。一方面在于国际经济环境不佳,另一方面中国经济规模已从2010年的5万亿美元上升为2014年年底的10万亿美元,世界市场难以提供与中国经济增长同步的进口需求,更何况还存在中国劳动力成本上升、利率上涨等要素价格上涨带来的商品出口阻力。

在这样的条件下,我们必须寻找新的经济增长点。我们认为,中国经济还存在很多增长点[2],只要努力挖掘,这些经济增长点足以推动中国经济在未来若干年保持年均5.56%—7.5%的经济增长率。现摘其要,列出以下主要潜在经济增长点。

一 城镇化对中国经济增长有巨大的拉动潜力

据《2014年国民经济和社会发展统计公报》数据,截至2014年年底,按城镇常住人口衡量的城镇化率为54.77%,而发达国家的城镇化率超过了80%,如果中国每年城镇化率提高1个百分点,那么从2015年起

---

[1] 李稻葵:《中国经济新增长点》,http://www.bwchinese.com/article/1060918.html。
[2] 程承坪:《中国经济可持续发展的优势与挑战》,《学习与探索》2013年第9期;黄剑辉:《中国经济潜藏九大增长空间》,http://www.bwchinese.com/article/1060372.html。

还需要20—25年才能达到发达国家的水平。据朱孔来、李静静和乐菲菲的研究,我国城镇化率每提高1个百分点,可以维持7.1个百分点的经济增长率。① 是因为:

一是城镇化可以带动基础设施投资,从而促进经济增长。据郑新立的研究,每增加一个城市人口,需要增加城市工程性基础设施投资达10万元以上,每年增加1000万城市人口,拉动城市工程性基础设施投资可达1万亿元以上。② 目前,中国城镇化不但工程性基础设施数量不足,质量也不高,同时各项社会事业发展滞后,公共社会服务水平亟待提高。因此,我国在推进城镇化的进程中,既要加大投资,弥补工程性基础设施数量不足的问题,又要提高公共服务水平,增加社会性基础设施投资,有序推进农业转移人口市民化,走集约、智能、绿色、和谐的新型城镇化道路,同时还要推进城乡发展在建设规划、基础设施、公共服务等方面的一体化。根据世界银行的最新研究,在可预期的将来,抛开城市社会性基础设施的投资,单就中国工程性基础设施投资每年将超过GDP的13%。③因此,城市化是推动中国未来经济增长的非常重要的动力。

二是城镇化可以带动消费增长。据黄剑辉的研究④,城镇化率每提高1个百分点,将带动1000万以上的农村人口进入城镇工作、生活、就学,这不仅有利于解决城乡差距问题,还能增加农民收入,刺激消费增长,增强经济的发展后劲。

二 与民生改善相关的公共消费型基础建设投资具有广阔增长空间

所谓与民生改善相关的公共消费型基础建设投资,是指直接进入未来百姓消费、具有一定公共产品性质的基础建设投资,包括交通基础设施、

---

① 朱孔来、李静静、乐菲菲:《中国城镇化进程与经济增长关系的实证研究》,《统计研究》2011年第9期。
② 郑新立:《经济增长的七大潜力亟待改革释放》,《经济纵横》2015年第1期。
③ 黄剑辉:《中国经济潜藏九大增长空间》,http://www.bwchinese.com/article/1060372.html。
④ 同上。

城市基础建设、防灾抗灾能力、农村的垃圾和水处理、空气质量的改善、公共保障性住房的建设等。① 这类公共消费型投资不同于一般的固定资产投资，它们并不形成新的生产能力，因此不必担心此类投资会形成新的产能过剩。

中国交通基础设施规模较大，但人均水平仍较低，与发达国家的差距较大。2012年，中国公路网密度为44公里/百平方公里，高于中等收入国家水平，但仅为法国的1/4。铁路网密度为0.71公里/百平方公里，远低于世界主要发达国家的水平，是欧盟的1/7、美国的1/3。中国交通基础设施不但人均水平较低，而且质量不高。世界经济论坛《2012—2013年全球竞争力报告》显示，中国基础设施质量全球排在第69位。因此，中国的交通基础设施既存在加大投资力度的空间，也存在升级改造的空间。

我国通信基础设施仍有较大的发展空间。2014年，中国互联网普及率为47.9%，与发达国家80%左右的水平相比差距较大。

目前，我国国民，尤其是城市居民与发达国家国民生活质量的差距，主要不在于一般性私人物品的拥有量和品质，比如空调、冰箱等家用电器，甚至私人小汽车等较高档私人物品，而在于空气质量、饮水安全、交通的便利和舒适度，以及应对灾害能力等。这类物品本质上属于公共消费水平的范畴。这类物品的投资周期长、投资回报率低，但投资数额较大，对经济增长有较大的拉动作用。目前，我国固定资产投资中约有25%用于此类投资，这一比重未来还有很大的提升空间。此类投资不仅不会加重产能过剩的问题，反而有助于化解这一难题。此外，它还有利于直接提升我国国民的幸福指数，因而最具有投资潜力和价值。

三 环保产业发展潜力巨大

虽然近年来我国财政用于环保的支出逐年增加，但环保投入占GDP的比重仍然偏低，参照发达国家的情况，中国环保投入占GDP的比重至少应达到2%—3%，但截至2012年年底，这一比例只有1.6%，还存在

---

① 李稻葵：《中国经济的新增长点》，http：//www.bwchinese.com/article/1060918.html。

较大差距。目前中国制造业的生产能力和生产规模已居世界前列，但不少行业存在高污染、高能耗的现象，将这些行业升级为绿色环保的现代化制造业需要大量的投资，其对经济增长的拉动作用十分强劲，而且还能提高国民的生存幸福感。根据李稻葵的测算[①]，仅五大耗能行业——有色金属、钢铁、电力、化工、建材，更新一遍高污染、高能耗的产能，需要10年时间，其每年将拉动 GDP 增长 1%。

朱建华、徐顺青和逯元堂等对环保投资与经济增长的关系进行了计量研究[②]，其研究表明，环保投资与经济增长之间存在长期的协整关系，环保投资增加 1 个百分点，能拉动经济增长 0.13 个百分点。

中国政府充分认识到环保产业对经济增长的积极作用，2013 年 8 月，国务院下发了《关于加快发展节能环保产业的意见》（国发〔2013〕30 号文件），提出到 2015 年年底实现环保产业总值 4.5 万亿元，年均增速 15% 以上的目标。《国务院关于加快培育和发展战略性新兴产业的决定》将节能环保产业确定为七大战略性新兴产业之一。因此，如果国家政策和目标能够得到切实贯彻，那么环保产业将有巨大的发展空间，其对中国经济增长的贡献率将是巨大的。[③]

环保产业不但对经济增长具有巨大拉动作用，而且对扩大就业也具有十分积极的作用。据张平淡的研究[④]，环保投资总额增加 1 倍，就业规模将提高 2 个百分点。

四 生产性服务业对经济增长有较大促进作用

生产性服务业可以通过劳动力市场、服务贸易对经济增长产生直接的影响，也可以通过制造业产生间接影响。[⑤] 当不断有生产性服务业从制造

---

① 李稻葵：《中国经济的新增长点》，《大众理财》2014 年第 10 期。
② 朱建华、徐顺青、逯元堂等：《中国环保投资与经济增长实证研究：基于误差修正模型和格兰杰因果检验》，《中国人口·资源与环境》2014 年第 11 期。
③ 宁洁萍：《节能环保产业或成新的经济增长点》，《工程机械》2013 年第 9 期。
④ 张平淡：《中国环保投资的就业效应：挤出还是带动？》，《中南财经政法大学学报》2013 年第 1 期。
⑤ 刘纯彬、李筱乐：《生产性服务业发展与经济增长的非线性关系》，《上海经济研究》2013 年第 9 期。

业中分离出来、形成独立的部门时，就可以为工业部门提供更加专业化的服务，这种生产性服务业具有高附加值、高知识、高人力资本和高集聚度等特点①，使生产的价值链朝两端移动，对经济增长产生推动作用。

经济发达国家，其生产性服务业对经济增长的贡献率大都超过40%，而我国生产性服务业对经济增长的贡献率远低于40%，具有很大的发展空间。根据侯淑霞等的测算②，截至2011年年底，我国经济较发达的省份，比如北京、上海、山东、天津、江苏等，其生产性服务业对经济增长的贡献率虽然较高，但也只有24%左右，而经济欠发达的新疆、甘肃、四川等省份，其生产性服务业的贡献率不足11%。总体而言，如果我国生产性服务业对经济增长的贡献率每年增长1个百分点，将有20多年的发展空间。

据刘纯彬和李筱乐的研究③，生产性服务业对经济增长的影响具有非线性关系，目前我国生产性服务业对经济增长的贡献率处于边际递增的区间，贡献率大约为0.26，即生产性服务业增长1%，其对人均GDP增长贡献率为0.26%左右，随着我国加大对生产性服务业的发展，贡献率还将不断提升。因此，大力发展生产性服务业将成为我国经济增长的又一重要引擎。

五 后发优势与先发优势并举促进中国经济快速发展

所谓"后发优势"，是指较不发达经济体可以通过向发达经济体学习先进技术和商业经营模式，以及向发达经济体出口具有比较优势的商品，从而提升本经济体国民的收入水平。根据诺贝尔经济学奖获得者麦克·斯宾塞领导的增长委员会研究，第二次世界大战以后，有13个经济体充分

---

① 夏杰长、张晓兵：《生产性服务业推动制造业升级战略意义、实现路径与政策措施》，《中国社会科学院研究生院学报》2013年第2期。
② 侯淑霞、王雪瑞：《生产性服务业集聚与内生经济增长：基于空间联立模型的经验研究》，《财经论丛》2014年第5期。
③ 刘纯彬、李筱乐：《生产性服务业发展与经济增长的非线性关系》，《上海经济研究》2013年第9期。

利用了这个后发优势,每年 GDP 的增长速度都超过了 7%,维持了 25 年或更长时间。发达国家人均 GDP 年均增长 2%,加上人口增长,平均每年的 GDP 增长一般为 2.5%—3%,而这 13 个经济体的增长速度比发达国家的经济增长速度高 2 倍还多。

如何判断后发优势潜力,林毅夫认为,可以根据一国人均 GDP 与发达经济体的人均 GDP 的差距。① 根据麦迪逊的最新数据,按照 1990 年的不变价国际元计算,2008 年中国的人均 GDP 为 6725 元,为美国当年的 21%。这一水平相当于日本在 1951 年,新加坡在 1967 年,中国台湾在 1975 年,韩国在 1977 年与美国的人均 GDP 的差距水平。在这一差距水平上,日本、新加坡、中国台湾和韩国分别维持了 20 年年均 9.2%、8.6%、8.3%和 7.6%的经济增长率。这四个经济体也是上述利用后发优势取得年均 7%或更高、维持 25 年或更长时间的 13 个经济体中的几个。当然,并不是每一个经济体与发达经济体存在差距就一定具有后发优势。但我国改革开放 30 多年经济发展历程表明,中国经济是一个赶超型、学习型的经济,能不断从发达国家学习新的商业模式和技术,具有显著的后发优势。因此,林毅夫认为,根据中国人均 GDP 与美国等发达国家的差距,以及国际经验,中国利用后发优势从 2008 年开始还能够保持 20 年年均 8%的经济增长潜力。②

通常认为,后发优势只发生在国与国,或一个独立的经济体与另一个独立的经济体之间,事实上,一个大国内部也存在类似的"后发优势",比如在中国这样的大国,各地区之间发展不平衡,可以通过地区间梯度转移和升级而获得快速经济增长。③ 根据国家开发银行研究院黄剑辉的研究,依据 2012 年全国 31 个省、市、自治区人均 GDP 的统计数据,全国各地发展水平可分为四个梯队:第一梯队人均 GDP 超过 10000 美元,共有 6 个地区,即天津、北京、上海、江苏、内蒙古和浙江;第二梯队人均 GDP 在 6000—10000 美元(高于 6091 美元的全国平均水平),共有 8 个地区,即辽宁、广东、福建、山东、吉林、重庆、湖北和陕西;第三梯队人均 GDP 在 4000—6000 美元,共有 13 个地区;第四梯队人均 GDP 在 4000

---

① 郭豫媚、陈彦斌:《中国潜在经济增长率的估算及其政策含义:1979—2020》,《经济学动态》2015 年第 2 期。
② 同上。
③ 程承坪:《中国经济可持续发展的优势与挑战》,《学习与探索》2013 年第 9 期。

美元以下，有 4 个地区。按照世界银行公布的 2012 年不同经济体人均国民总收入分组标准，中国第一梯队的地区已达到或接近高收入国家的水平，第二、第三梯队的地区大体处于上中等收入国家的水平，第四梯队的地区大体处于下中等收入国家的水平。因此，中国各地区可以依据这种差距，做好后发优势这篇大文章，就能够发挥追赶效应而获得快速发展。

中国既具有"后发优势"，也不乏"先发优势"。所谓"先发优势"，是指依靠科技创新和高素质的人力资源，生产领先其他经济体的高附加值的产品，从而提升本经济体国民的收入水平。虽然中国从总体而言与美国等发达国家相比还有很大的差距，但并不意味着中国没有"先发优势"。中国在不少领域处于世界领先水平，比如航空航天、超级计算机、超级杂交水稻、造船、高速铁路等。据美国《科学与工程指标 2008》的数据，美国具有大学学位的科学工程劳动力总量为 1700 万人，而中国 2008 年科技人力资源总量达到 4600 万人，其中具有大学学位的有 2000 万人。中国研发人员总数达 109 万人，研发人员数量居世界第 2 位[1]；截至 2014 年年底，中国大学生、研究生在校总人数达 2647 万人，居世界第 1 位，正源源不断地为国家建设输送各种人才。另外，中国研发人员的工资水平较低，在国际研发领域具有比较成本优势。

近年来，中国政府十分注重研发投资，2012 年，中国的研发投资超过 1 万亿元，接近 GDP 的 2%，比 2000 年的研发投资增长了 11 倍以上。在研发年均增长率和总投资方面，中国居世界第 2 位。世界金融危机爆发以来，美国、欧洲和日本等发达经济体在世界研发中所占比重下降了 0.6—1.7 个百分点，而中国则上升了 2.2 个百分点。正因为如此，中国在专利和商标权申请领域于 2011 年跃居世界第 1 位，至今仍保持这一地位。党的十八大明确提出："科技创新是提高社会生产力和综合国力的战略支撑，必须摆在国家发展全局的核心位置。"强调要坚持走中国特色自主创新道路，实施创新驱动发展战略。目前，创新驱动的效果正在逐步显现，2014 年前三季度，高新技术产业和装备制造业增速分别为 12.3% 和 11.1%，明显高于工业平均增速，单位国内生产总值能耗下降 4.6%。[2] 2013 年，中国全要素生产率（TFP）水平是 1978 年的近 3 倍；1978—

---

[1] 徐冠华：《关于建立创新型国家的几个重要问题》，《中国软科学》2006 年第 10 期。
[2] 张占斌、周跃辉：《关于中国经济新常态若干问题的解析与思考》，《经济体制改革》2015 年第 1 期。

2007年间，TFP对人均GDP增长的贡献达到77.89%[①]，这表明中国创新驱动战略正在显现其强大的生命力。

六　中国消费市场增长潜力巨大

根据世界银行的统计报告，2012年，发达国家消费对经济增长的贡献率普遍达到70%以上，而中国只有49.2%，除中国外的"金砖国家"也普遍高于60%。中国消费对经济增长的贡献率较低的原因主要有两个：一是需求结构问题，在投资、出口和消费"三驾马车"对经济增长的贡献率中，长期以来投资和出口都占主导；二是中国人均收入水平不高，尽管中国经济总规模已居世界第2位，但中国人均GDP水平与发达国家相比仍存在较大差距，属于人均GDP水平较低的国家。2012年，中国人均GDP为6091美元[②]，排在世界80名之外，约为世界平均水平（10171美元）的60%。而世界前三位的卢森堡、挪威、瑞士人均GDP均超过70000美元，是中国的10多倍。在"金砖国家"中，仅印度的人均GDP低于中国。

2013年12月召开的中央经济工作会议提出，要努力释放有效需求，充分发挥消费的基础作用、投资的关键作用和出口的支撑作用，把拉动经济增长的消费、投资和外需这"三驾马车"掌控好，基本原则是扩消费、稳投资、促出口，要努力扭转消费在"三驾马车"中的弱势地位，让消费成为拉动经济增长的主导力量。据国家统计局数据，截至2013年年底，消费、投资和出口对经济增长的贡献率分别为50%、54.4%和-4.4%，消费对经济增长的贡献率正在稳步提升，但增长的空间仍然很大。

党的十八大报告首次提出"到2020年实现国内生产总值和城乡居民人均收入比2010年翻一番"的宏伟目标。如果这一目标得以实现，将形成5亿—6亿的中等收入人群，这将为中国经济可持续增长奠定坚实的消费基础。

[①] Xiaodong Zhu, Understanding China's Growth: Past, Present, and Future [J]. *Journal of Economic Perspectives*, 2012 (4), pp. 103－124；林毅夫：《解读中国经济》，《南京农业大学学报》（社会科学版）2013年第2期。

[②] 截至2014年年底，中国人均GDP为7572美元。

七　对外投资潜力巨大

截至2012年年底，中国对外直接投资累计（存量）为5319.4亿美元，居世界第13位，仅相当于美国对外投资存量的10.2%、英国的29.4%、德国的34.4%、法国的35.5%、日本的50.4%。中国对外投资金额占中国外汇储备的比例较低，中国2012年年底外汇储备余额为3.31万亿美元，是全球第一外储大国，但对外投资累计净额占外汇储备余额的比例仅为16%。外汇储备余额大、对外投资额度小，因此，中国对外投资空间巨大。

2014年，中国对外直接投资首次突破千亿美元，达1029亿美元，同比增长14.1%，继续保持世界第3位，将很快成为净对外投资国。值得注意的是，2014年，中国对发达国家投资同比增长较快，对美国投资增长了23.9%，对欧盟投资增长了1.7倍，远远高于总体增速。同期，中国服务业对外投资也明显上升，同比增长了27.1%，占对外投资比重接近2/3。

我国正在实施"一带一路"战略，这一战略不但能够加大国内投资力度，而且也能够加大对"一带一路"沿线国家的投资力度。国家正在落实有关政策，鼓励优势产业和富余产能向沿线国家转移，开工建设一批互联互通项目，扩大对沿线国家制造业、服务业等产业的投资。

据统计，目前全国各地"一带一路"拟建、在建基础设施规模已经达到1.04万亿元，跨国投资规模约524亿美元。与此同时，由中国主导的亚洲基础设施投资银行（"亚投行"）从现在到未来十年，亚洲基础设施一年投资资金量约8000亿美元，而亚洲这些国家大体上最多能够解决4000亿美元，资金缺口巨大[1]，中国充裕的外汇储备资金将能发挥巨大投资效应，实现中国与亚洲邻国的"双赢"。

---

[1] 《金融支持力度加大"一带一路"基建提速》，http：//finance.ce.cn/rolling/201503/30/t20150330_4966620.shtml。

八 农村土地制度改革将释放巨大的农业生产潜力

党的十八届三中全会在《中共中央关于全面深化改革若干重大问题的决定》(以下简称《决定》)中对农村土地制度改革做出了三个重大突破,这是继家庭联产承包制后农村生产关系的又一次重大调整和改革。正如郑新立指出的,如果能够切实落实《决定》精神,可使农村生产力获得再一次大解放,为2030年前我国经济的持续增长提供强有力支撑。[①]

中央精神是明确的,即对农村集体土地明确所有权、稳定承包权、放活经营权。在这一精神指导下,截至2014年6月底,全国已有近26%的农户全部或部分转让了承包耕地的经营权,流转的土地经营权面积占全国农户承包耕地总面积的28.8%。土地承包经营权的依法、自愿、有偿流转,使多种形式的土地适度规模经营在各地蓬勃发展。目前,种粮大户、合作社、农业公司已发挥出规模效益。据实地调查,田埂取消可增加耕地面积5%,采取统一良种、统一深耕、灌溉、施肥、灭虫,单产可提高30%以上,投资回报率可达30%。比如北方单季农业地区一个农业劳动力种100—120亩地,中南部双季农业地区一个农业劳动力种50—60亩地,其劳动生产率就能达到甚至超过第二、第三产业水平,农民即可成为体面的职业。[②]

同时,农业科技进步配合农村土地制度改革成效不断显现。2014年,我国农业科技进步对农业增长的贡献率达55.6%,其中使用良种对农作物单产提高的贡献率为43%以上,主要农作物耕、种、收的综合机械化率已达61%。[③] 随着农业土地改革制度的深入推进,农业科技进步的作用将更加凸显。

城乡发展一体化体制机制建设与农村土地制度改革同步推进也将释放出巨大的农业现代化发展的潜力。截至2014年年底,全国农村转移到非

[①] 郑新立:《经济增长的七大潜力亟待改革释放》,《经济纵横》2015年第1期。
[②] 同上。
[③] 《三论中国经济为什么行》,http://finance.sina.com.cn/china/20150322/051621776663.shtml。

农产业和城镇就业的劳动力总数已达 2.74 亿人,超过了务农劳动力的总量。① 这不仅为我国非农产业和城镇发展做出了巨大贡献,也为扩大农业经营规模创造了条件。另外,我国农村社会保障制度建设不断加速,为农村土地制度改革保驾护航。截至 2014 年年底,全国农村已普遍建立了最低生活保障制度、新型农村合作医疗制度、与城镇居民接轨的新型农村社会养老保险制度,初步织就了农村居民基本生活保障的安全网,这也为农业规模化经营创造了社会保障基础。

随着我国金融体制改革的不断深入,农业资本化运作的空间将进一步加大,农业生产率将得到进一步提高,现代化、资本化、集约化、社会化的大农业将指日可待。

除上述八个方面对中国未来经济增长起到巨大的拉动作用以外,我国的金融体制改革、投融资体制改革、收入分配制度改革、科教体制改革、财税体制改革、社会保障制度改革、区域经济制度改革,以及政府简政放权和法治化运作等,也将会释放出巨大的经济增长潜力。

本文没有分析对中国经济增长构成负面影响的因素,比如,劳动力成本上升较快对制造业的影响、产业结构升级较为困难和缓慢、人口老龄化加速带来的负面影响、科技原始创新能力不足、资源环境约束加剧、收入分配不合理对经济社会可持续发展可能带来的冲击,以及国际经济环境不确定性带来的影响等,这些影响因素有待进一步深入分析。但我们认为,困难总是存在的,并且上述困难都得到了党和政府,以及社会各界的密切关注,正在采取有效措施加以应对,因此,虽然这些因素会对中国经济增长有一定的负面影响,但是并不会对中国经济增长构成根本性的威胁和挑战。所以,我们认为,中国经济增长的潜力是巨大的,"十三五"时期保持年均 5.56%—7.5% 的经济增长率是完全可能的。

参考文献

[1] 王建:《未来中国经济形势三个认识误区的辨析》,《战略与管理》2015 年第 1 期。

[2] 郭豫媚、陈彦斌:《中国潜在经济增长率的估算及其政策含义:1979—2020》,《经济学动态》2015 年第 2 期。

---

① 同上。

[3] 林毅夫：《中国的增长奇迹是否可持续》，《参考消息》2014 年 12 月 12 日第 12 版。

[4] 梁建章、黄文政：《降低人口规模是否有利于充分就业》，http：//opinion.caixin.com/2015-02-17/100784774.html。

[5] 李稻葵：《中国经济新增长点》，http：//www.bwchinese.com/article/1060918.html。

[6] 程承坪：《中国经济可持续发展的优势与挑战》，《学习与探索》2013 年第 9 期。

[7] 黄剑辉：《中国经济潜藏九大增长空间》，http：//www.bwchinese.com/article/1060372.html。

[8] 朱孔来、李静静、乐菲菲：《中国城镇化进程与经济增长关系的实证研究》，《统计研究》2011 年第 9 期。

[9] 郑新立：《经济增长的七大潜力亟待改革释放》，《经济纵横》2015 年第 1 期。

[10] 李稻葵：《中国经济的新增长点》，《大众理财》2014 年第 10 期。

[11] 朱建华、徐顺青、逯元堂等：《中国环保投资与经济增长实证研究：基于误差修正模型和格兰杰因果检验》，《中国人口·资源与环境》2014 年第 11 期。

[12] 宁洁萍：《节能环保产业或成新的经济增长点》，《工程机械》2013 年第 9 期。

[13] 张平淡：《中国环保投资的就业效应：挤出还是带动？》，《中南财经政法大学学报》2013 年第 1 期。

[14] 刘纯彬、李筱乐：《生产性服务业发展与经济增长的非线性关系》，《上海经济研究》2013 年第 9 期。

[15] 夏杰长、张晓兵：《生产性服务业推动制造业升级战略意义、实现路径与政策措施》，《中国社会科学院研究生院学报》2013 年第 2 期。

[16] 侯淑霞、王雪瑞：《生产性服务业集聚与内生经济增长：基于空间联立模型的经验研究》，《财经论丛》2014 年第 5 期。

[17] 徐冠华：《关于建立创新型国家的几个重要问题》，《中国软科学》2006 年第 10 期。

[18] 张占斌、周跃辉：《关于中国经济新常态若干问题的解析与思考》，《经济体制改革》2015 年第 1 期。

[19] Xiaodong Zhu, Understanding China's Growth：Past, Present, and Future [J]. *Journal of Economic Perspectives*, 2012 (4), pp. 103-124.

[20] 林毅夫：《解读中国经济》，《南京农业大学学报》（社会科学版）2013 年第 2 期。

[21] 《金融支持力度加大"一带一路"基建提速》，http：//finance.ce.cn/rolling/201503/30/t20150330_4966620.shtml。

[22] 《三论中国经济为什么行》，http：//finance.sina.com.cn/china/20150322/051621776663.shtml。

产业集群对循环经济的影响研究

韩 鹏

内容提要：以马克思主义经济学、产业经济学、循环经济学等经济学理论为基础，以我国产业集群处在集群规模化阶段的现状为切入点，以内蒙古自治区最具代表性的几个产业集群为实例，本文探究了产业集群规模逐渐扩大对循环经济产生的影响。

关键词：产业集群　循环经济集群　规模集群　创新

改革开放以来，最先在我国发展起来的是劳动密集型产业。在同一产业链环节中企业数量不断增多，逐渐使低端产品市场由于产品同质化程度较高，导致企业获得的利润趋同。这种情况下，企业总利润主要取决于产品数量，因此集群企业所追求的规模越来越大，我国产业集群主要还是处在集群规模化的阶段。但是，随着经济全球化发展，在我国劳动密集型产业发展迅速、自然资源丰富而企业还不能完全适应高级产品的技术要求的环境下，全球产业链的低端环节在全球化分离后逐渐在我国聚集，这种情况在一定程度上阻碍着集群升级。我国中小企业占主导地位，企业数量庞大但大多规模较小，运转资金和技术人才明显不足，由于多数集群企业缺乏技术积累所需的核心技术而企业规模逐渐增大，使我国经济发展对资源消耗增长过快，我国每创造一单位 GDP 所消耗的能源是一些发达国家的 4—10 倍。而且较之发达国家，我国能源的过度开采，能源重复利用率较低，生产过程中产生的废料处理不当正在导致自然环境的严重报复。全国大面积出现沙尘和雾霾天气，河水重度污染，土地沙化速度加快等问题严重影响着人们的正常生活。另外，世界重要工业原料价格急剧上升，马克

[作者简介] 韩鹏，内蒙古财经大学经济学院教授、副院长，研究方向：资本理论与经济运行/人口老龄化问题研究。

思早有预见并在《资本论》中指出：原料的日益昂贵，自然成为废物利用的刺激。而且对生产排泄物和消费排泄物的利用，随着生产方式的发展而扩大。集群企业如何在尽量不影响自然环境的前提下，适合国际经济环境的条件下向技术密集型产业过渡，并且良性地扩大企业规模绿色健康发展，研究其所面临的问题有着重要的实际意义。

一 产业集群规模对资源消耗的影响

产业集群发展，一方面可以通过聚集以分享集群的各种优势即所谓的聚集经济，例如生产成本优势、区域营销优势、市场竞争优势、产业组织优势等。另一方面企业的集中也使污染源头集中，可以集中治理污染设备，更有利于循环经济的发展。而聚集经济产生的基础是产业集群规模扩张，只有集群具备一定规模才有利于发展便利的基础设施、合理的专业化分工、大量的供应商群体、专业的劳动力群体等。既保存自身实力，降低了企业自身的风险，又加强企业间的合作，有效地利用公共社会资源，避免了不必要的重复建设和过度竞争所产生的资源浪费。通过研究发现，集群规模的以下特点，对循环经济的发展可以起到十分有利的影响。

（一）产业集群规模影响资源集聚

产业集群最根本的特征就是相关产业在空间上的集聚，当集群规模达到一定程度时才会出现聚集经济，因此聚集经济也是一种规模经济。从单一企业的角度看，随着产业链的发展和集群规模的扩大，企业自身的要素边际产出率增高。因此，企业为了提高运营效率总有聚集的动力。马歇尔曾提出："当某一工业定位于一区域时，就极有可能长期定位于此。同类厂商彼此相邻并从事类似的经济活动能够产生巨大的利益，厂商也倾向于选择在具有某种特定技能的劳动力集中的区域设厂，这种就业上的优势同工业在特定区位的集中组合形成制造业的聚集效应，它是该工业成长和区域发展的重要原因。"[①]

当企业大量聚集而集群规模逐渐扩大，必然使人力、信息、资金、技术、基础设施等资源要素和产品市场也不断集中，相比单一企业更加符合

---

① 马歇尔：《经济学原理》，廉运杰译，华夏出版社2005年版。

循环经济的"3R原则"。

首先,产生规模经济使生产、交易和管理成本相对减少,例如,原材料集中供应会减少库存费用和运输成本;基础设施集约化建造和使用可以避免不必要的重复建设,带来了成本和资源的节约等。同时符合减量化(Reduce)的原则,在完成既定生产目标的前提下,尽可能地减少所消耗的资源,有效改善环境污染状况。

其次,随着集群规模扩大,在产品生产、包装和运输等环节会出现更多可重复使用的资源被集中处理,渐渐衍生出如第三方物流等行业,增加社会整体福利的同时,对循环经济的发展做出贡献。这也符合再使用(Reuse)原则,生产者在产品设计和生产等环节中,应尽可能使产品及其附属品反复使用。其实,减量化原则与再使用原则在马克思的《资本论》中被明确地区分开,并且成为其生产排泄物与消费排泄物再利用的重要理论基础。"应该把通过生产排泄物的再利用而造成的节约和由于废料的减少而造成的节约区别开来,后一种节约是把生产排泄物减少到最低限度和把一切进入生产中去的原料和辅助材料的直接利用提到最高限度。"

最后,虽然单一企业产生的废弃物也有循环利用的价值,但是,若要使其进行再循环(Recycle)也需要一定的成本。为了少量的利用价值而付出较多的成本显然得不偿失,所以这种排泄物必须是大量的,而这只有在大规模的劳动的条件下才有可能。显然,为了使用区域资源共享集群优势的企业会出现所需原材料、排放污染物和生产过程中产生的废料在种类与性质上具有相同或相似的情况。原材料集中预处理会减少本应由企业原材料加工产生的废料,有利于资源的循环利用和环境保护。而废弃物的集聚会提高其回收利用的价值,同时也降低了环境治理的成本。更符合再循环原则,使得更多完成使用功能后的产品与生产加工中产生的废弃物重新变成能够利用的资源。

根据内蒙古自治区自身情况制定的《内蒙古自治区"十二五"循环经济发展规划》,通过五年的努力实践,现已基本实现。期间建设了减量化工程、大宗固废综合利用工程、基础设施及生态保护工程、再生资源回收体系工程、餐厨废弃物资源化工程等十大重点工程,大大提高了资源产出效率,不仅在循环经济发展的重点领域有所突破,而且在餐饮、旅游、社区建设等许多层次与领域都得以体现。具体来说,减量化方面实现了节能"三百"工程，企业集群以工业园区为单位，全面实施集中供热及热能梯级利用技术，支持水泥企业的中低温余热利用工程，推广应用电机变频调速节能技术。虽然总投资额高达520亿元，但是，年预计新增销售收入480亿元，实现利税210亿元。约减少消耗250万吨标准煤，减排二氧化硫5.3万吨，氮氧化物1.2万吨，二氧化碳615.7万吨，减少烟尘排放0.8万吨。利用水泥窑余热发电量13亿千瓦时，综合节能技术改造节能3亿千瓦时，淘汰落后水泥产能节约标准煤50万吨以上。

（二）产业集群规模影响专业化分工

随着产业集群规模发展壮大，其集聚效应会吸引更多的企业加入集群，使大量专业化企业在一定区域内集中，对更加细致的分工和更强的专业化产品与服务的需求量也相应增加。渐渐使单一企业只需专注于自身最具优势的生产环节，为集群内其他企业提供外部规模经济，必然将资源要素价值潜力发挥至极。与此同时，产业集群作为一个不断发展的整体，会由于众多专业化分工的企业个体对资源利用率的提高而对外部环境有着更强的适应性，从而可以产生更好的集群效应，步入可持续发展的良性循环。

此外，产业集群不断发展，更加细致的专业化分工使企业间物质、信息等资源的交换与循环利用成为可能。上游企业生产加工中产生的废弃物可能成为下游企业生产所需的原材料，增加了自然资源的利用环节，企业间会形成互利共生的产业链。随着产业集群规模扩大，这种企业资源共生链也不断增多，最终形成企业资源共生网。这样，不仅节省了自然资源，减少了环境污染，还降低了企业对废弃物处理的成本，降低了集群中企业的负外部性，也就使产业集群不是简单地扩大规模，其内部结构也将变得更加合理，为产业集群的升级提供了更加平滑的过渡期，从而达到发展循环经济、走可持续发展道路的目的。

（三）产业集群是促进资源集约利用的有效载体

通过研究发现，从单一企业角度分析，技术创新需要投入大量的资金、专业型技术人才、先进的研发设备和不定期的时间，而最终还不一定得到令人满意的结果。大量的资源要素投入会显得利润回报比例较低，尤其是为了节约资源发展循环经济的技术创新，获得资金方面的回报在短期大多并不理想。另外，我们不妨假设企业间的技术研发都是严格保密的，企业间并没有信息交流。企业很有可能看到同样的市场机遇而进行相似的技术研发，这样势必会产生大量的重复性浪费。也就是说，单一企业进行技术创新是有一定风险的,这就使绝大多数企业失去了创新研发动力,而是把资源投入简单的规模扩大上,以追求短期高额利润。

从行业角度分析,如果企业能够产生一定程度的稳定的信任关系,逐渐形成避免过度竞争的有大量信息交流的合作关系,就能使一个经济个体的"废弃物"更有效地成为其他经济个体的生产原材料,让资源循环利用的链条得以延长。然而,在每一环节间的技术创新,就必须由相关企业共同进行。此外,在众多企业共同进行技术创新时,由于每个企业所处环境不同,对产品创新多个环节要求迥异,这样,就会使创新成果适应更复杂的环境和更苛刻的条件。根据已有研究,产业的产出水平与技术水平呈正相关,在循环经济模式下,技术发展水平要比传统经济模式高得多;在产业内部循环中,通过技术上所获得的技术进步要比传统经济模式大得多;在循环经济模式下,产业间的技术互补关系,使互补产业双方的技术进步程度要比单独发展快得多。

通过以上研究我们可以发现:首先,企业集群具有资源集聚优势,可以集聚技术创新过程中所需的资金、专业技术人才、先进的研发设备等,使资源不足的企业通过技术创新得到符合自身环境的技术成为可能。其次,集群内部有着明确细致的专业化分工,集群式创新可以避免因过度竞争或重复建设所产生的资源浪费。最后,由于企业间有着一定的信任与合作关系,可以通过彼此的信息交流、技术交流、管理经验交流等最大限度地减少技术创新成本。

综上所述,产业集群非常符合技术创新所需要的条件,使产业集群成为促进资源集约利用的有效载体。

二 集群式创新对资源集约利用的影响

长期以来,资源要素投入总量在很大程度上影响着我国的经济发展速度,直接导致了污染物排放量的急剧增加,对环境造成的污染已经严重影响了我国及周边国家人民的正常生活。虽然世界各地随处可见"中国制造",我国一直起到世界加工厂的作用,但是,国际上对自然环境越来越重视,国际贸易中越来越多的绿色经济贸易壁垒使我国经济发展所面临的环境压力逐年增大。若要减少自然资源的过度消耗,提高资源利用率,最直接的方法就是加大技术创新所需人力、资金的投入。

经济学研究早已发现，技术创新可以大大提高资源利用率。早在1960年，诺贝尔经济学奖得主罗伯特·索洛（Robert Solow）根据1909—1949年美国的情况研究分析，发现使用传统观念下的资本、土地、劳动力等资源要素不能完全解释经济增长的原因，索洛将剩下的部分归因于技术创新，即所谓的"索洛余值"。直到1995年，以研讨全球问题的全球智囊组织"罗马俱乐部"提出了著名的"四倍数"目标，要借助技术进步在将资源使用量减少一半的同时将社会福利增加一倍，也就是要将资源利用率提高到目前的四倍。持有技术创新可以提高资源利用率观点的经济学家不在少数，例子也不胜枚举，这里就不再赘述。我们只研究技术创新主要以怎样的模式来提高资源利用率。

（一）资源内敛式循环与外扩式循环的组合性

一般来说，不会存在一种物质被无限期地当作废弃物堆积在环境中，机器的改良，使那些在原有形式上本来不能利用的物质，获得一种在新的生产中可以利用的形式；科学的进步，特别是化学的进步，发现了那些废弃物的有用性质。目前，我们将资源的循环特征大体分为两种，即内敛式循环和外扩式循环。内敛式循环是指资源在失去原有物理或化学特性后，通过适当的技术手段可以恢复其基本特性，从而实现循环利用。外扩式循环是指资源在开发利用时，形式发生根本性转变，原有的物理或化学特性已不可逆，但通过适当的技术手段可以进行梯级利用，从而实现资源的循环利用。根据不同的循环方式，对资源循环利用的方式也各不相同。一方面实现资源的"内敛式循环"，主要强调的是资源的再利用程度，需要以合理的技术手段最大限度地还原资源的物理或化学特性，从而提高资源回收率。另一方面实现资源的"外扩式循环"，主要强调的是资源收回利用率，尽可能减少生产中的废弃物，从而提高资源利用率。资源"外扩式循环"的过程需要不同技术工艺相交叉，资源循环产业链相对较长，同时也更需要企业间高新技术交流，要求彼此有很高的信任合作关系。以此看来，无论怎样的资源循环方式，企业集群在技术方面的要素投入会更加符合要求，对发展循环经济有着更大的优势。

内蒙古自治区近年来大力发展企业集群式创新，在固废综合利用方面，投入大量经费与人力并且收效显著。根据《内蒙古自治区"十二五"循环经济发展规划》，以准格尔旗大唐内蒙古鄂尔多斯硅铝科技有限公司、神华准能公司、中铝集团、京泰公司、内蒙古开元铝业公司、内蒙古蒙西鄂尔多斯铝业公司等企业所形成的产业集群，其重点建设的粉煤灰提取氧化铝项目，年高值化利用粉煤灰960万吨，可生产氧化铝360万吨。充分利用低热值煤、劣质煤等资源建设综合利用电厂。新开工1020万千瓦资源综合利用项目，计划投产900万千瓦。重点发展鄂尔多斯、乌海低热值煤综合利用电厂，年综合利用煤矸石等低热值煤3500万吨。规划建设利用电石渣、粉煤灰等综合利用水泥项目20个，新增规模6500万吨。年综合利用工业废弃物2000万吨以上，其中粉煤灰、矿渣、燃煤锅炉炉渣1600万吨，脱硫石膏240万吨，硫酸渣、铁尾矿150万吨，电石渣100万吨；其他新型建材项目包括烧结煤矸石砖90亿块/年，蒸压粉煤灰砖50亿块/年，预计每年可消耗煤矸石2400万吨、粉煤灰1200万吨、脱硫石膏200万吨。

（二）产品创新与工艺创新的叠加性

根据创新对象划分，技术创新可以分为产品创新和工艺创新两类。从产品创新角度看，开发环保型产品代替非环保型产品；开发节能型产品代替高耗能产品；开发资源节约型产品代替资源消耗型产品。从工艺创新角度看，工艺技术水平直接影响着企业生产加工过程中的资源利用率和变换效率，这两方面的技术创新都可以在很大程度上实现对资源的集约利用，达到发展循环经济的目的。

单一企业在进行技术创新的过程中，产品创新与工艺创新是具有选择性的，即我们熟知的产品创新与工艺创新的A—U模式（见图1）。

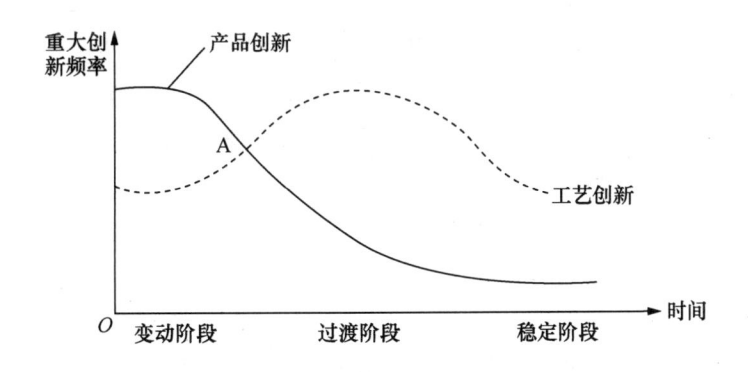

图1　产品创新与工艺创新的A—U模式

在变动阶段，大部分企业以市场潜在需求为目标，主要将资源要素投入到产品创新中，而组织结构和管理方面都缺乏针对性和系统性。在过渡阶段，市场上的产品设计已基本定型，产品的功能和基本结构已趋于成熟，产品创新投入的回报率逐渐下降。为了提高经济效益，企业技术创新的重点也从产品创新转到工艺创新上。在稳定阶段，产品和技术均已成熟，创新频率很低，市场需求非常稳定，企业技术创新明确地以降低成本与提高质量为目标。

在企业集群中，企业之间有着更加明确细致的专业化分工，在一个时间点会出现不同的创新选择，从而形成在企业集群内部的产品创新与工艺创新叠加性。上游企业主要侧重于工艺创新，创新导向增加可采用资源与降低生产成本，而下游企业充分发挥集群发展优势，可以同时兼顾产品创新与工艺创新。但是，创新导向不同于上游企业，工艺创新侧重于提高产品质量、生产成本、开发绿色产品与提高产品销售率，产品创新则更侧重于合理的生产原理和新颖的市场用途。企业在集群中融合为统一的整体，通过产品创新与工艺创新的叠加，使整个行业的创新效率大幅提高。

三　着眼企业集群的循环经济发展的路径

由分析研究得出的结论可知，企业集群对循环经济的发展起到极大的促进作用。但是，根据目前已有的研究，企业集群化发展自身有以下几点不稳定因素，在具体实践中要尽量规避。

首先，区域内丰富的资源不断地吸引着企业前来开发利用，随着企业数量的不断增加，彼此为了获得合作利益与避免不必要的竞争形成自主式企业集群，这样的集群可以是不稳定的。例如，波斯地毯是举世闻名的手工艺品，其华美的图案与无瑕的质地渐渐被全世界认可。但是，由于工艺繁杂而且制作周期较长，并没有大规模的工厂可以生产，所以单一作坊也绝不可能完成大订单的任务。这时许多作坊会成为一个临时性的生产集群，合作完成订单后又会因为每个单一的个体工艺水平的不同，所可以获得的利润不同而解散。若要发展循环经济，我们需要有更加稳定的企业集群。

其次，当集群发展至成熟期，由于集群内部企业彼此合作关系日趋紧密，会使集群内部失去相当一部分竞争力，同时也失去了集群高速健康发展的动力。若要保持经济持续高速地发展，就要时刻保持集群内部企业之间的适度竞争关系。

最后，众所周知，实际上我们只可以提高资源利用率，而往往并不能减少对资源的使用量。随着集群规模不断壮大，对资源的使用量必定会增加。所以，我们最不能忘记的是对集群结构的优化与升级。

综上所述，建议在实践中应该扬长避短，建立一种"超市型"企业集群。所谓"超市型"企业集群只是一个形象的比喻，是一种非常符合中国经济环境的集群模式。我们为了方便理解，通过以下几点对超市特点分析得出对策建议。

（一）建立企业进入集群的壁垒

超市在商品选定环节会有相对严格的质量要求，这样做，非但毫不影响商品的多样化，反而避免了商品过于繁杂而引出的质量问题。企业集群也应有进入壁垒，企业规模大小不代表企业质量优劣，不应该把经营不善以及不符合国家要求的企业带进集群，拖累整体。所以，建议让集群选择企业，而不是企业汇集成集群。具体来说，应该由国家提供企业集群平台，在平台内有较多的政策与资源要素投入的利益吸引企业加入集群，而加入集群需要通过国家对企业进行考核评估。将不符合国家要求的企业剔除在外，以在提高集群整体竞争力的同时，也使资源分配更加合理。

（二）将集群作为宏观调控最小单位

超市会根据自身需要进行商品的促销活动，灵活地调整商品销售量，使商品销售结构更加有利于超市自身的发展。中小型企业规模小、灵活，虽然可以适应市场的变化，但是国家却没有很好的方法去提供帮助。例如国家根据宏观环境需要扶持甲行业，如果向甲行业的中小企业提供大量协助后，企业却发生了转型甚至停业，在结果上就没有达到扶持甲行业的目的。然而国家提供企业集群平台，只要投入资源要素对甲行业的集群平台进行建设或政策扶持，集群内所有的企业都会因为集群优势而受益。就像超市商品促销活动一样，国家可以优先选择发展宏观上最迫切发展的行业，扶持宏观上最需要扶持的行业，适当减缓如房地产等不应过度发展的行业，不仅使扶持政策更有针对性，而且更有利于市场整体结构的优化。

（三）对集群内部进行结构调整

一方面，超市不会因为一种商品销售业绩好而在货架上只摆放这种商品。另一方面，超市广泛使用现代化设备，便于管理人员迅速了解销售情况，及时保存、整理和包装商品，因而提高了工作效率，扩大了销售数量。同样，为了市场效率，也不应该任由大型企业垄断市场，国家提供集群平台可以更好地调节市场结构。更重要的是，应该对集群平台建立信息网，集群内企业必须将国家所需数据定期上传，这样，国家可以在第一时间掌握集群内部各企业的信息数据，使政策的制定更加符合企业与市场需要，缩短政策回馈时间，使国家第一时间明确政策效果而进行调整。

（四）发展突出专业化分工的企业集群

超市有着相对独立的物流，为了不影响进货效率，更会选择在凌晨统一进货。而结账付款时有统一的交款台，这样，分工明确，更加方便管理。企业集群也应该如此。随着企业集群规模的扩大，集群内部专业化分工也会逐渐细致。产品生产、包装、物流、销售与废弃物处理等环节，也会因为集群规模扩大而与单一企业所处环境截然不同。更加细致的专业化分工预示着企业会有更多的市场机遇，应当充分发挥我国中小企业在市场环境中的灵活性，迅速调整最合理的集群结构，在发展循环经济的每一环节合理地配置有限的资源。

以此建立"超市型"企业集群，国家提供集群平台，是具有中国特色社会主义道路的集群发展模式。全面发展循环经济，就要从企业对产品生产创新的小循环，再到集群专业化分工的中循环，最后到整个社会经济结构升级调整的大循环。充分发挥企业集群在发展循环经济中的特点，规避企业集群自身的不足，根据中国经济发展所处环境，选择最合理的可持续发展道路，使我国企业在扩大规模、改良结构与发展循环经济中找到平衡点。切记整个社会的福利以及所有百姓的幸福才是企业应当追求的最大利益。

参考文献

[1] 程宏伟：《西部地区资源产业链优化研究》，西南财经大学出版社 2009 年版。

[2] 卡尔·马克思：《资本论》，曾令先、卞彬、金永译，江苏人民出版社 2011 年版。

[3] 马歇尔：《经济学原理》，廉运杰译，华夏出版社 2005 年版。

[4] 郑健壮：《产业集群、循环经济与可持续发展》，上海三联书店 2009 年版。

[5] 赵海东：《资源型产业集群实现循环经济发展模式的路径选择——以内蒙古自治区为例》，《广播电视大学学报》（哲学社会科学版）2007年第2期。

[6] 徐凤君、赵涛、柯婷：《内蒙古自治区循环经济发展模式及评价体系研究》，《科学管理研究》2007年第3期。

[7] 张雷、黄园淅、李艳梅、程晓凌：《中国碳排放区域格局变化与减排途径分析》，《资源科学》2010年第2期。

[8] 王金波：《资源环境约束下日本产业升级的低碳路径选择——以日本（生态）工业园的发展历程为例》，《亚太经济》2014年第1期。

[9] 卢阳春：《战略性新兴产业集群发展的资金资源整合机制研究——以四川省高端装备制造业为例》，《西南民族大学学报》（人文社会科学版）2015年第3期。

第三篇

结 构 调 整

大区域协调：新时期我国区域经济政策趋向分析

——兼论区域经济政策"碎片化"现象

丁任重　陈姝兴

内容提要： 21世纪我国区域规划制定进入了新的历史阶段，规划区域数量剧增，种类繁多，规划目标功能强化和更加多样化，区域经济政策也更加注重地区特色优势。同时，区域规划制定和实施中存在着区域规划政策碎片化、普惠化、非动力化等问题。未来的规划要联系国家总体规划，不仅要有区域的个性化，更要注重大区域协调发展，把握好战略性、大局性基本取向；注重区域协调机制化，强化各规划间的有效衔接；未来规划还需要区域经济政策与经济体制改革相配套，依靠区域自身发展修炼，提升区域竞争力和发展的质量。

关键词： 区域政策　区域规划　碎片化　大区域协调

一　我国区域经济政策变迁

区域经济政策是政府为了解决区域经济发展中的矛盾所制定的相关对策，是整体经济发展的必然产物。因为各地区的经济发展模式各具特殊性，并且区域经济政策目标可能只是解决某一地区的某一特定问题，所以

[作者简介] 丁任重，西南师范大学校长、教授、博士生导师；陈姝兴，西南财经大学经济学院，经济学博士。

① 郝寿义、安虎森：《区域经济学》，经济科学出版社1999年版。

区域经济政策只是部分地区的行为指导[①]（郝寿义、安虎森，1999）。区域经济政策的主要原理是区域援助、区域优先发展和区域均衡发展。适合区域的经济政策可以帮助区域形成自身强大的内生经济增长力。

国家可以通过各种手段对区域经济政策施加影响，这些方式归纳起来有三种：(1) 行政手段。区域规划、城市总体规划、土地利用规划、生态功能保护区规划等都属于行政手段，这些政策工具，无论是国家区域经济政策还是地方经济政策，都属于国家宏观经济政策在区域空间尺度上的拓展和延续。(2) 以法律手段为依据，处理各方利益关系。(3) 区域政策中应用最为广泛的经济手段，包括区域内财政、金融、科技、产业等诸多方面。

在国民经济成长的各个历史阶段，因为有内外部多种因素作用，区域经济分布结构呈现出差别化的格局与特质。

第一个阶段为1949年到"三五"计划完成的1965年，为了协调东西部发展，国家通过行政手段把许多工业生产活动安置在内陆区域，实行大区协作的区域均衡发展战略。在中西部地区相继建成了一批重点能源项目，包括西安热电站、乌鲁木齐热电站等。以兰州石油机械厂等企业为代表的机械制造业改善了我国工业极端薄弱的情况。均衡的区域发展政策使我国能源、机械等重工业因为"156项"规划的近千个重点建设项目初具雏形。因此，第一个五年计划对西部地区进行的大规模投资深刻地改变了其面貌，西部摆脱了完全意义上的落后，但是，区域经济政策的后期执行由于受到"大跃进"思想的影响，从中央到地方都片面追求区域均衡发展，基础较好的地区生产潜力没有得到充分发挥，嵌入式的区域经济政策又不适合落后地区生产力发展水平。

第二个阶段为文化大革命时期（1966—1976年），是国民经济施行再平衡发展战略时期，国家通过行政手段将产业和经济建设人才由东部向中西部转移。出于战备的需要，中央把我国疆土划分成了"三线"建设区域，相对安全和落后的西部及中部成为"三线"建设重点，沿海地带的工业、投资、人才[①]持续转向战略大后方的西部地区和处于过渡地带的中部地区，迅速促使了"三线"工业企业和城市的崛起。国家这一时期的

---

① "三线"建设以占全国基建总投资40%以上的2052.68亿元投入，国家在"三线"地区共审批1100多个中大型建设项目，400万工人、干部、解放军官兵进入"三线"建设，建成全民所有制企业2.9万个，其中大、中型企业和科研单位近2000个。

区域规划虽然改善了边远地区落后的状况，开发了自然资源的同时建成了大量的基础工业，但是，规划导向具有显著的国防偏向和政治色彩，经济运转由于忽视市场的作用规律而效率低下，国民经济结构由于倚重重工业，低估轻工业的发展而不尽合理。

第三个阶段为以区域非均衡发展为主要特征的时期（1978—2000）。传统计划经济被打破，但是，生产要素市场依旧扭曲[1]，亟须寻找一个社会发展的突破口，东部地区率先发展就是这一突破的改革现实。在区域不均衡发展政策推动下，三大地带政策梯度差距明显：改革开放初期的这五个经济特区——"深圳、珠海、汕头、厦门、海南"都选址于东部沿海地带。它们率先利用对外开放的优惠政策，引进先进的技术和管理，以经济建设为中心，更加注重社会效率，经济和社会面貌都发生了深刻而广泛的改善，对内陆地区也有强大的示范和带动作用。经济特区作为改革开放的"排头兵"，被认为是中国解放和发展生产力、释放经济活力最重大的制度创新。

第四个阶段为2000年开始直至现在，这一时期我国的区域经济政策规划又重新将重心转移到区域的协调发展。这是由于国家和地区经济的持续增长，市场机制的基础作用也逐步确立，但双重体制的摩擦还是存在国民经济的许多行业。三大地带的划分因为"反梯度"情况和跳跃发展与国民经济的实际之间产生了分离的趋势，因而不均衡发展策略已越来越远离完善社会主义现代化建设的要求。[2] 市场经济和随之而来的周期波动、人口失业、贫富分化以及国际区域经济冲突成为经济生活的主要矛盾。西部大开发战略的实施是我国区域均衡发展政策的主要标志。我国宏观经济规划逐渐从东、中部和西部三区划分过渡到东部、中部、西部和东北四大区域规划，并在此大区域格局基础上，以经济联系性和地域同质性或者历史承接性为基本框架的主体功能区规划大体形成，主要经济增长极和次级经济增长极联动并存的多极化的区域规划应运而生。

由新中国诞生伊始的大区协作，到后来改革开放将国土规划分割成东部、中部和西部三大经济带，再到深化改革阶段划分出国民经济版图的东部、中部、西部和东北四大区域，时间推移到改革攻坚的现阶段，我国区

---

[1] 张宇：《过渡政治经济学导论》，经济科学出版社2001年版。
[2] 丁任重：《论中国区域经济布局新特征——兼评梯度推移理论》，《经济学动态》2006年第12期。

域经济就是由多个增长极带动的多极化发展。我国区域经济政策制定演化路径是一个从区域"低水平的均衡发展—非均衡发展—高质量的均衡发展"过程。

二 新时期我国区域经济政策特征

我国各地区需要继续利用自身比较优势，打造生产要素自由流动的社会环境，建立各具特色的地方功能区，不断努力缩小地域之间的差距，从而助推国土空间形成多极化的总体区域格局。伴随生产力的发展、社会化程度的提高，政府应致力于扩大利益可能性边界，通过制度创新对规划执行的协同进行合理的政策诱导。① 我国政府亦顺应这个趋势，坚持制度创新，根据新时代四大主体功能区的改革思想，以全方位改革试点的方式审批建立了一系列规划区域，这将成为我国新时期区域经济政策的工作重心。我国新时期的区域经济政策和区域规划的内容如表1所示。

表1　　　　　新时期我国出台的区域经济政策与区域规划

新区	上海浦东新区（1992）、天津滨海新区（1994）、重庆两江新区（2010）、浙江舟山群岛新区（2011）、甘肃兰州新区（2012）、广州南沙新区（2012）、陕西西咸新区（2014）、贵州贵安新区（2014）、青岛西海岸新区（2014）、大连金普新区（2014）、成都天府新区（2014）
改革试验区 / 综合配套改革试验区	上海浦东新区社会主义市场经济综合配套改革区（2005）、天津滨海新区（2006）、重庆市和成都市全国统筹城乡综合配套改革试验区（2007）、武汉城市圈和长株潭城市群全国资源节约型和环境友好型社会建设综合配套改革试验区（2007）、深圳市综合配套改革试点（2009）、沈阳经济区国家新型工业化综合配套改革试验区（2010）、山西省国家资源型经济转型综合配套改革试验区（2010）、义乌市国际贸易综合改革试验区（2011）、厦门市深化两岸交流合作综合配套改革试验区（2011）、黑龙江省"两大平原"现代农业综合配套改革试验区（2013）

---

① 陈秀山、张可云：《区域经济理论》，商务印书馆2010年版。

续表

改革试验区	金融改革试验区	温州市金融综合改革试验区（2012）、珠三角金融改革创新综合试验区（2012）、泉州金融服务实体经济综合改革试验区（2012）、云南省广西壮族自治区建设沿边金融综合改革试验区（2013）、青岛财富管理金融综合改革试验区（2014）
	其他试验区	宁夏内陆开放型经济试验区（2012）、中国上海自由贸易试验区（2013）、内蒙古二连浩特重点开发开放试验区（2014）、汕头经济特区华侨经济文化合作试验区（2014）
	产业转移示范区	安徽皖江城市带承接产业转移示范区（2010）、广西桂东承接产业转移示范区（2010）、重庆沿江承接产业转移示范区（2011）、湖南湘南承接产业转移示范区（2011）、湖北荆州承接产业转移示范区（2011）、晋陕豫黄河金三角承接产业转移示范区（2012）
区域规划	西部地区	《绵阳科技城2005—2010年发展规划》（2005）、《西部大开发"十一五"规划》（2007）、《重庆市城乡总体规划（2007—2020年）》（2007）、《广西北部湾经济区发展规划》（2008）、《汶川地震灾后恢复重建总体规划》（2008）、《西安市城市总体规划（2008—2020年）》（2008）、《关中—天水经济区发展规划》（2009）、《甘肃省循环经济总体规划》（2009）、《拉萨市城市总体规划（2009—2020年）》（2009）、《青海省柴达木循环经济试验区总体规划》（2010）、《舟曲灾后恢复重建总体规划》（2010）、《玉树地震灾后恢复重建总体规划》（2010）、《成渝经济区区域规划》（2011）、《南宁市城市总体规划（2011—2020年）》（2011）、《云南省加快建设面向西南开放重要桥头堡总体规划（2012—2020年）》（2012）、《陕甘宁革命老区振兴规划》（2012）、《天山北坡经济带发展规划》（2012）、《西部大开发"十二五"规划》（2012）、《芦山地震灾后恢复重建总体规划》（2013）、《贵阳市城市总体规划（2011—2020年）》（2013）、《支持岷县漳县地震灾后恢复重建政策措施的意见》（2013）、《乌鲁木齐市城市总体规划（2014—2020年）》（2014）、《鲁甸地震灾后恢复重建总体规划》（2014）、《全国对口支援三峡库区合作规划（2014—2020年）》（2014）、《左右江革命老区振兴规划（2015—2025年）》（2015）

续表

区域规划	东北地区	《牡丹江市城市总体规划（2006—2020年）》（2006）、《鹤岗市城市总体规划（2006—2020年）》（2006）、《东北振兴规划》（2007）、《辽宁沿海经济带发展规划》（2009）、《中国图们江区域合作开发规划纲要》（2009）、《长春市城市总体规划（2011—2020年）》（2011）、《哈尔滨市城市总体规划（2011—2020年）》（2011）、《东北振兴"十二五"规划》（2012）
	中部地区	《大同市城市总体规划（2006—2020年）》（2006）、《促进中部地区崛起规划》（2009）、《鄱阳湖生态经济区规划》（2009）、《武汉市城市总体规划（2010—2020年）》（2010）、《湘潭市城市总体规划（2010—2020年）》（2010）、《荆州市城市总体规划（2011—2020年）》（2011）、《中原经济区规划》（2012）、《武汉城市圈区域发展规划》（2013）、《保定市城市总体规划（2011—2020年）》（2012）、《新乡市城市总体规划（2011—2020年）》（2013）、《石家庄市城市总体规划（2011—2020年）》（2013）、《洞庭湖生态经济区规划》（2014）、《长沙市城市总体规划（2003—2020年）》（2014年修订）、《晋陕豫黄河金三角区域合作规划》（2014）
	东部地区	《北京城市总体规划（2004—2020年）》（2005）、《广州市城市总体规划（2001—2010年）》（2005）、《天津市城市总体规划（2005—2020年）》（2006）、《宁波市城市总体规划（2006—2020年）》（2006）、《淮北市城市总体规划（2006—2020年）》（2006）、《福建、浙江、江苏、河北省海洋功能区划》（2006）、《徐州市城市总体规划（2007—2020年）》（2007）、《杭州市城市总体规划（2001—2020年）》（2007）、《珠江三角洲地区改革发展规划纲要（2008—2020年）》（2008）、《江苏沿海地区发展规划》（2009）、《横琴总体发展规划》（2009）、《黄河三角洲高效生态经济区发展规划》（2009）、《无锡市城市总体规划（2001—2020年）》（2009）、《长江三角洲地区区域规划》（2010）、《海南国际旅游岛建设发展规划纲要（2010—2020年）》（2010）、《山东半岛蓝色经济区发展规划》（2010）、《前海深港现代服务业合作区总体发展规划》（2010）、《深圳市城市总体规划（2010—2020年）》（2010）、《海峡西岸经济区发展规划》（2011）、《河北沿海地区发展规划》（2011）、《浙江海洋经济发展示范区规划》（2011）、《广东海洋经济综合试验区发展规划》（2011）、《平潭综合实验区总体发展规划》（2011）、《海口市城市总体规划（2011—2020年）》（2011）、《江门市城市总体规划（2011—2020年）》（2011）、《唐山市城市总体规划（2011—2020年）》（2011）、《泰安市城市总体规划（2011—2020年）》（2011）、《全国海洋功能区划（2011—2020年）》（2012）、《福建海峡蓝色经济试验区发展规划》（2012）、《广西、

续表

区域规划	东部地区	山东、福建、浙江、江苏、辽宁、河北、天津、海南、上海、广东省海洋功能区划（2011—2020年）》（2012）、《绍兴市城市总体规划(2011—2020年)》（2012）、《惠州市城市总体规划（2006—2020年）》(2012)、《常州市城市总体规划（2011—2020年）》（2013）、《赣闽粤原中央苏区振兴发展规划》（2014）、《珠江—西江经济带发展规划》(2014)、《福建省深入实施生态省战略加快生态文明先行示范区建设的若干意见》（2014）、《中国—新加坡天津生态城建设国家绿色发展示范区实施方案》（2014）、《珠海市城市总体规划（2001—2020年）》（2015年修订）
	其他经济规划	《滇池、海河、辽河、淮河流域水污染防治"十五"计划》（2003）、《渭河流域重点治理规划》（2005）、《松花江流域水污染防治规划(2006—2010年)》（2006）、《全国山洪灾害防治规划》（2006）、《珠江、大清河流域防洪规划》（2007）、《长江、黄河、太湖、海河、松花江、辽河流域防洪规划》（2008）、《淮河流域防洪规划》（2009）、《辽河流域水污染防治"九五"计划及2010年规划》（2010）、《辽河、松花江流域综合规划》（2010）、《海河流域水污染防治规划》（2010）、《全国资源型城市可持续发展规划（2013—2020年）》（2013）、《全国高标准农田建设总体规划》（2013）、《长江经济带综合立体交通走廊规划(2014—2020年)》（2014）、陆上丝绸之路和海上丝绸之路经济带、京津冀都市圈（构想）

资料来源：国务院官方网站和国家发展改革委员会官方网站。

试验区规划主要是指国家综合配套改革试验区，也包括金融改革试验区和一些省区区域经济试验区。首先，试验区推出的背景是在改革进入"深水区"阶段，失业问题、贫富差距扩大、粗放型能源推动发展等困扰着我国体制现代化和经济市场化，试验区是一个区域政治、经济、社会文化等再造过程，是体制改革深入重塑的一个趋势和契机。其次，试验区重点是综合配套，起初设立在一些大都市区，目的是以有一定基础的城市为依托，激励地方政府在制度上创新，触及社会经济生活改革的更深层次，主要目标是改革整个社会结构文明。综合配套改革试验区的一个亮点在于不再依靠国家具体的政策，而是更注重区内自身的制度创新。再次，随着国家政策的推进，试验区也开始在一些中小城市设置，因此，试验区在目标选择时，特别侧重区域一体化的协调发展，均衡发展的思维贯穿始终，不再通过循环累计因果的方式来扩大地区的差距。最后，根据改革需求，发展重点也在不断地具象化和个性化，但是，试验区始终是一个试验的举措，是否可以真正地促进经济社会进步也难以确定。

副省级新区由国务院直接进行总体区域定位和初始规划、政策审批，权限级别上升至副部级，其中，"先行先试"的权限赋予地方经济管理更大的权力。国家级新区设立的出发点是促进区域的均衡发展，在一定区域范围内以放宽权限、完善程序的方式打破地方利益壁垒，树立综合的大区域发展目标。特别是在新区实施特殊优惠政策，进行更加开放和创新的制度试验，以营造区域吸引能力和经济密集度，带动整个区域的改革纵向深发展，创造更具包容性和共享性的发展模式，为更深入更广泛的改革试错和积累成功经验，国家级新区规划是国家重要发展战略的开路者和承载者。

国务院批准设立的改革开放相关试验区（合作区）有经济特区和沿海经济带等成功经验作为实践的基础，与副省级新区相较而言，有先例可循。综合配套改革试验区的区域面积更宽，改革的关键目标就是根据各个地区的需要，全面、系统地破解转型中的机制体制阻碍。行政划分上有跨省的试验区合作，这对区域协调来说提出了新的挑战，特别是现阶段由于协调政策的实施力度弱和制度不健全，导致合作区发展动力和政策周期也比较难以确定，综合配套改革试验区存在改革试错的成本。

改革攻坚深水区时期，区域空间版图逐渐露出更加细分化的端倪，新旧区域经济增长极基本形成，多极化驱动发展的思路下，我国的区域规划政策呈现出以下几个主要特点。

（一）区域规划种类繁多

我国目前区域规划的类型繁多，细分了我国区域经济版图，由于区域系统具有整体性，不是各个子区域的简单加总，各个规划区之间结构和功能相互作用，彼此转化，是从一个低层级向高层级、从鲜有序到制度秩序的演化。我国目前各种特区、经开区、沿海开放区等纵横交错，既能各自作为区域增长极带动邻近区域发展，又能协同发展促进更大范围的经济发展。

"八五"时期（1991—1995年），国务院明确划分了东部、中部、西部三大经济区，这个划分可以满足当时的社会改革需求，但是，进入改革深化时期，区域规划需要更细致具体、目标更全面的进步。就综合配套改革试验区，国务院有区别地规划了侧重现代制造研发和北方国际航运物流中心的天津滨海新区；从经济特区向社会发展转型的深圳市试验特区；以城乡一体化为重点的成渝统筹城乡综合配套改革试验区；探寻新型工业化和新型城镇化的武汉城市圈和长株潭城市群，以及通过优化升级产业结构以达到土地开发和环境保护等多个领域改革的山西省资源型经济转型综合配套改革试验。

从规划范围来说，出现了跨省区域经济政策规划与不跨省区域经济政策规划交错存在的情形。一省之内的区域经济政策规划改革开放初期呈点状，沿海沿江地带成为主要的区域经济增长极，新的政策区域如成渝经济区、赣闽粤原中央苏区在点的基础上，突破了行政区域划分限制，解决单一行政主体无法处理的发展和规划问题，培育国家层面意义的增长极，在更大的范围内呈带状或者片状进行改革和发展。

（二）区域规划政策改革实施对象数量增多

改革开放初期，我国只设立了几个开放试点，随着我国经济的高速增长，社会的不断进步，区域经济政策需要趋向进一步完善，同时，由于我国区域经济发展的不均衡状况严重，区域城镇化进程的差异也较大，因此，区域规划政策是从长三角、珠三角等最先改革开放的地区开始施行，再逐渐向西部和北部地区发展。天津滨海新区、青岛西海岸新区、成都天府新区等重点规划的国家级新区，是继浦东新区后如雨后春笋般成长起来的新经济特区。

一些学者用"大跃进"式的区域规划、"区域规划百花齐放"等词组来评价区域经济政策规划的密集出台，也曾预言，之后也会有区域规划不断浮出水面。截至目前，全国国家级经济技术开发区总数为215个，国家高新区总数为114个，11个国家级新区，12个国家综合配套改革的试验区和5个"金融试验区"。

（三）政策目标多样化

我国的区域经济政策以政治区域、经济区域和自然地理区域为依据，分别针对各个区域的区位优势进行规划，在改革攻坚阶段，对这些优势进行更加深入的研究和分类，确立正确的经济增长极，促进各个地区全面发展。我们新的区域规划，不仅考虑了振兴和发展有问题区域，如振兴东北老工业基地；还考虑了经济规划中产业空间布局的合理性以及技术、经济的外溢效应，像中原经济区、武汉城市圈、长株潭城市群，都是中部地区与东西部地区连接的核心节点,完整了国家区域规划布局的总体骨架。而西部地区通过与东中部地区实现良好的区域互动,承接东中部的外向型产业链的同时,根据各地的主体功能区划分,规划了一批有全局意识的保护环境和生态的新改革区域。

中央提出主要的空间整治目标、原则和任务,覆盖全国的基础性设施的总体要求,再采取中央直接管辖或者地方自主探索创新的方式进行具体地方区域规划的方案,涵盖财政、立法、民主建设等领域。现在,中央也逐渐放权于地方,鼓励和支持地方结合自身特点,采用自下而上的方式进行改革创新。

(四)注重发挥区域优势

区域经济政策制定更加注重考虑区域经济的特色。区域经济政策作为一种需要符合国家宏观政策的干预手段,在保证中央全局性战略性问题的同时,必须兼顾区域利益。只有兼顾区域利益诉求,处理好中央与地方的利益分配问题,才能使政策真正地上行下效。

我们看到,新的区域规划也从政府主导型的规划转向市场主导型的发展规划,侧重点从经济发展转向人民生活和社会发展质量,从关注规划内容转向规划与实施成果齐头并进,针对不同时期国土资源开发和区域空间布局存在的重大问题,提出区域经济政策规划所能达到的目标。如内蒙古二连浩特重点开发开放试验区,就是利用处于中国北方门户的地理优势,占据陆上丝绸之路经济带的北线,将与俄罗斯和蒙古展开更加紧密的国际合作,确立自己沿边地区物流中心的重要地位。

三 我国区域经济政策实施中的问题

我国目前高频率出台的区域规划,是改革开放以来前所未有的密集举措。按照这个发展脉络,区域间的差距有可能会随着区域多极化的发展趋向不断地收敛,区域经济发展由多个增长极带动,东部、中部、西部地区都将释放自身的活力,区域内部、区域之间的合作交流加强,城市圈内部一体化进程进入高级阶段,多极化、扩散辐射力强的协调发展局面有望形成。以前的大区规划逐渐转变发展为更加细分和具体的区域经济政策,我们要探索这些政策制度可能存在的困境,寻求理论预期和实践结果非同一性的解释，从而找到这些区域新规划在我国区域经济政策改革呈现出崭新的特点，为新一轮的改革发展寻求诠释。

（一）区域规划碎片化

新时期从制度创新与设计角度出发，为探索区域开发的有效路径，政府划分了多个区域，如经济试验区就分为改革试验区和发展试验区，当中又细分为许多产业承接转移区、生态环境保护区、海洋经济区、革命老区等。经济发展的一体化是大势所趋，未来经济区规划的地域限制将可能越来越少，跨区域甚至跨国的经济大区都可能实现。[1] 省级新区在大区域上又有许多镶嵌重叠，如重庆市、成都市——全国统筹城乡综合配套改革试验区、重庆的两江新区以及重庆沿江——承接产业专业示范区和成渝经济区规划有交叠，这些地区是国家发展的重点区域，因此各种政策在一个地区有部分政策交加和区域交叠也屡见不鲜。但是，由于区域经济政策过于烦琐，具体政策碎片化规划，一套班子要同时进行多套任务规划，往往新政策的红利空间被挤占后，区域规划要达到的社会效用改进的结果也不为当局所追求。碎片化的区域规划，也产生了各自为政、低效率的产业规模扩张。各级政府没有激励致力于提升核心产业竞争力，而是沉浸在对产业技术的效仿，区域之间的分工合作被恶性竞争所打乱，地区产业趋同、行政性垄断等非市场化制度导致了为了争夺产业转移的机遇的区域恶性竞争。可以动员的资源稀缺性，规划的效用会随着数量的增多、规模的扩大出现边际递减的结果，区域规划政策的含金量减小。

当区域经济政策的空间范围过于分散，就难以致力于完善科学完整的规划体系。一方面，我国区域规划政策集中于经济发展速度，GDP数量的论证和预测，没有真正地做到仔细规划，考虑周详。另一方面，传统的经济地理学没有成熟的空间结构理论体系，没有解释市场和政府在区域经济发展过程中的相互规律，国家规划的目标不够明确。

（二）区域经济政策普惠化

我国目前规划的各个区域越来越多，甚至几个靠得特别近的区域相同的税收政策、趋同优惠的政策没有具体的发展功能导向，区域新规划的激励作用被弱化。政策产生有效作用的前提在于其相对的针对性和稀缺性，

---

[1] 陈秀山、董继红、张帆：《我国近年来密集推出的区域规划：特征、问题与取向》，《经济与管理评论》2012年第2期。

且相应的政策红利应该平均分摊。① 区域经济政策供给的扩大伴随的是政策目标效果的减弱。同一政治区域内的规划数量较多，而跨越区域的规划相对偏少，区域间粗放的、闭门造车的改革思路难以协调。数量众多的区域规划引发过于重视争取优惠政策而忽略了区域自身的发展优势定位。

我国西部地区发展的现实是对区域经济政策普惠化的实证解释。我国西部地区诸如资源优势、农业优势、市场资源、劳动力资源、区位优势等潜在优势却渐渐转化为劣势，陷入"资源诅咒"的怪圈。资源不仅由国家经营管理，而且开采加工方式十分粗放，生态赤字是西部可持续发展中难以忽略的问题。② 另外，虽然国家利用优惠政策对西部地区转移支付，但是，在资本自由流动的当下，资金和西部的人才、资源等无形资本都在市场规律的作用下回流到经济发达地区。③ 西部经济发展没有过硬的实体经济支撑，培育形成的增长极显得比较弱势，各个区域均存在显著的条件收敛趋势，中国的经济非均衡发展趋势仍将长期存在。④

（三）区域规划政策非动力化

我国的各个地区为了争取国家资金政策的倾斜，各地动用各种人力资源，都争取向中央递材料，希望可以得到新规划区域的批复，地方政府没有发展地方经济自力更生、艰苦奋斗的觉悟，缺乏内部创新和发展的原动力。在现行的 GDP 政绩考核观伴随着区域恶性竞争的情况下，长此以往，各级政府和官员在思想和作为方面都或多或少地受到了晋升体系的拘束，从而影响了区域规划的正确有效执行，随之而来的恶性竞争导致了资源错配，最终阻碍我国经济整体的持久、高效、协调发展。

我们看到，资本对 GDP 的贡献率远高于劳动力⑤，经济增长受资本要素驱动是我国经济的主要特征，这种粗放型增长方式不具有可持续性，要提高经济效率，转变依靠政策红利的发展现实，就要提高区域全要素生产

---

① 姚慧琴：《试论西部大开发中的政府促动与企业发展》，《管理世界》2004 年第 8 期。

② 徐康宁、韩剑：《中国区域经济的"资源诅咒"效应：地区差距的另一种解释》，《经济学家》2005 年第 6 期。

③ 刘生龙、王亚华、胡鞍钢：《西部大开发成效与中国区域经济收敛》，《经济研究》2009 年第 9 期。

④ 楚尔鸣、马永军：《中国全要素生产率增长的区域差异及其收敛性》，《区域经济评论》2013 年第 3 期。

⑤ 宋长青、李子伦、马方：《中国经济增长效率的地区差异及收敛分析》，《城市问题》2013 年第 6 期。

率，找到长期、持久、内生性的发展动力。

区域经济政策规划的制定偏向于国家与政府的经济发展意图，而对企业诉求的关注相对较少，地方政府在区域经济政策制定和执行中参与性不足，政策效应的发挥也过多地依赖政府优惠政策而忽视市场机制作用。我国政府主导的局面还需要时间去改变，发挥出市场的基础作用，企业的主体地位，才能改变政策非动力化的局面，才能以市场主体的发展带动经济健康进步，而不是扭曲了市场主体的政府主导的，以竞标赛晋升机制为标准的规划发展。

四 完善我国区域经济政策的对策措施

为了进一步完善我国区域经济政策的制定机制和实施方式，形成科学化、制度化的完整配套体系，充分发挥我国区域经济政策在构建区域经济增长极、减小区域发展差距、促进区域协调可持续发展等方面中的重要作用，我们认为，应该从以下几个方面对我国的区域经济政策进行改进。

（一）区域经济政策不仅要有个性化，更要注重大区域协调发展

区域规划不应该成为国家总体规划的单纯叠加或者行业规划的重复要求，而应该站在自身的优势特点立场上，在新的阶段区域政策不但更加精细化，而且更加强调区域经济战略定位和发展方向。在2014年中央经济工作会议中对于京津冀协同发展的整体构想，不但要发挥京津"双核"城市圈集群效应，其重要意义更在于城市群经济实力对区域、全国及国际竞争的辐射功能。同时，随着京津冀政府在区域政策制定和执行过程中自主性的增强，经济发展需要体现更强的地方特色。

"一带一路"、京津冀协同发展和长江经济带作为中央的区域经济政策全面落地的施展平台、调整结构的重要方式、经济空间格局优化的主要议题，相较其他区域经济政策而言，涉及的区域和政策范围更广，是国民经济新常态下在大区域、大地带的整体化协调。

（二）改变区域单元各自为政的局面

区域政策的中心思想是协调发展，即以较先进地区的经济辐射带动和引领欠发达地区的进步，进一步缩小不同地区发展的差距。规划执行主体是政府，因此，地方政府首先需要解放思想，建构起分工协同思维，才能

有效提高规划的社会执行效果。

京津冀要想实现协同发展，在中国北方培育可以媲美珠三角的经济增长极，应充分发挥比较优势，积极鼓励执行单元从竞争对手成为联盟合作伙伴，形成网络交流与合作的良性互动，促进区域内各项自然资源和社会资源的有机整合。然后，要在打破由行政区划造成的市场限制和区域间贸易壁垒，优化配置生产要素并实现其在区域间的自由流动，促进产业合理的重构和升级。探求创建标准化的区域协作机制，展开层次丰富、模式多样、领域广泛的区域合作，激励和支援各区域构建区域经济、科技、人才合作的互动关联，以促使东西联动良性发展的格局形成。创建区域间的补偿机制，特别是生态补偿机制。因地、因时制宜地选择生态补偿模式，以区域协调发展为统筹全局的主体思想，以体制管理政策创新和技术进步为核心动力，逐渐规划出公平公正、积极有用的生态补偿机制。

（三）健全体制机制，实现大区域协调发展

在组织机构完善方面，建议建立由中央和地方政府代表组成的独立的协同发展组织，负责该地区发展规划的编制、执行、评价和完善。我国也曾经为西部大开发和振兴东北老工业基地成立了西部办和东北等老工业基地振兴司，但遗憾的是，组织机构的权责关系还有待完善。

利益差别化是大区域协调需要控制的关键，在合作协同机构的统筹下，综合考虑网络市场实际实施、预期收益和成员的贡献、发展战略、风险评估和其他因素，设计一个共享成果、共担危险、协同进步的利益长期配比公式。由中央出面，设立区域开发署，协调关系，制定政策。

宏观层面，基于政府在区域规划实施中扮演的重要角色，政府应在原有的奖励和约束机制基础上广泛听取规划区域方面的意见和建议。区域层面，需要提高各级政府的信誉，公务员、组织部门应根据职业道德与法制，坚守党的纪律，在规划的基本标准和执行等工作中依法办事，树立一个强大的政府公信力。微观层面，应建立健全信用制度，促进区域间的网络协作，完善社会诚信系统及其运行机制，使诚信数据可查可判，使诚信主体在规划执行中获得应有的发展机会。[1]

（四）大区域规划要与国民经济发展规划相协调

行政层级要趋向扁平化，在社会全面协调可持续发展过程中实现

---

[1] 杜德昌、卢中华：《跨区域规划的执行机理与系统优化——以长江三角洲地区为例》，《同济大学学报》（社会科学版）2011年第4期。

GDP 增长。GDP 增长不能充分地解释社会发展。GDP 增长要走上与社会和谐的发展之路，必须以促进人的全面发展为根本目标，推动行政层级制度变革，才能使 GDP 持续高效健康地增长，同时成为社会发展的推动力。

首先要完善考核体系和经济发展指标系统。区域政策制定实施中要注意研究与主体功能区相配套的财政、投资、税收、产业、金融和科技政策及其评价标准。在区域发展评价和官员的绩效考核方面，应针对不同规划定位的主体功能区，执行与之配套的区域发展评价指标体系和政绩考核办法。优化开发区域要注重优化产业结构、减少资源消耗、加强自主创新等转变经济发展方式的评价，弱化对经济增长速度和总量的评价；重点开发区域要注重对 GDP 增速、总体效益、工业化和城镇化程度以及重点产业的自主创新等实行综合评价；限制开发区域要特别注重对生态环境保护、资源节约利用等环境友好型发展方式的评价，弱化对经济增长、工业化和城镇化程度的评价；有关政绩指标主要是生态建设和环境保护就是禁止开发区域评价的标准。

参考文献

[1] 陈秀山、董继红、张帆：《我国近年来密集推出的区域规划：特征、问题与取向》，《经济与管理评论》2012 年第 2 期。

[2] 陈秀山、张可云：《区域经济理论》，商务印书馆 2010 年版。

[3] 楚尔鸣、马永军：《中国全要素生产率增长的区域差异及其收敛性》，《区域经济评论》2013 年第 3 期。

[4] 丁任重：《西部经济发展与资源承载力研究》，人民出版社 2005 年版。

[5] 丁任重：《论中国区域经济布局新特征——兼评梯度推移理论》，《经济学动态》2006 年第 12 期。

[6] 杜德昌、卢中华：《跨区域规划的执行机理与系统优化——以长江三角洲地区为例》，《同济大学学报》（社会科学版）2011 年第 4 期。

[7] 郝寿义、安虎森：《区域经济学》，经济科学出版社 1999 年版。

[8] 黄新飞、舒元：《中国省区贸易开放与经济增长的内生性研究》，《管理世界》2010 年第 6 期。

[9] 刘生龙、王亚华、胡鞍钢：《西部大开发成效与中国区域经济收敛》，《经济研究》2009 年第 9 期。

[10] 宋长青、李子伦、马方：《中国经济增长效率的地区差异及收敛分析》，《城市问题》2013 年第 6 期。

［11］徐康宁、韩剑：《中国区域经济的"资源诅咒"效应：地区差距的另一种解释》，《经济学家》2005 年第 6 期。

［12］姚慧琴：《试论西部大开发中的政府促动与企业发展》，《管理世界》2004 年第 8 期。

［13］张宇：《过渡政治经济学导论》，经济科学出版社 2001 年版。

论新型城镇化的产业基础和制度匹配

——基于新型城镇化与新工业革命联动视角

王树春　王　俊

内容提要：改革开放以来，我国不断加速的城镇化进程在深刻改变人民生活方式的同时，也遭遇了规模瓶颈、结构瓶颈、民生瓶颈和生态瓶颈等发展可持续性问题。本文通过总结东亚、东南亚以及拉美国家城镇化的经验教训，结合中国城镇化所处的发展阶段，认为未来中国的城镇化必须在保持一定工业化水平基础上加快产业结构转型，以产业基础重构带动城镇化模式的再造。从新型城镇化与新工业革命联动视角出发，提出新型城镇化必须以基于产业错位填充的城镇功能差异化和基于产业协同发展的城镇功能互补化为特征，并形成相应的制度匹配。

关键词：新型城镇化　新工业革命　产业锁定　城镇化模式

一　问题的提出

改革开放以来，特别是进入21世纪以来，中国城镇化进程取得了前所未有的成就。1999年年末，中国城镇化率仅为30.9%，到2013年年末，已经突破53.73%，14年间城镇化率提高了22.83%。但是，中国城镇化进程中也出现了土地利用率低、房价过快上涨[①]、环

［作者简介］王树春，天津商业大学经济研究所教授；王俊，南开大学经济学院博士研究生。
① 中国金融40人论坛课题组：《加快推进新型城镇化：对若干重大体制改革问题的认识与政策建议》，《中国社会科学》2013年第7期。

境污染加剧①、"城市病"与"乡村病"并存②等生态、经济和社会问题。为应对城镇化进程中出现的种种问题,"新型城镇化"概念应运而生。"新型城镇化"尚无明确统一的定义,一般认为,新型城镇化是在传统城镇化基础上,坚持"以人为本"的价值取向③,围绕"人的城镇化"这一核心,追求平等、幸福、转型、绿色、健康、集约的可持续城镇化发展目标。④

为新型城镇化下一个公认的定义并非当务之急,重要的是先阐明一个问题:新型城镇化如果可行,那么这种城镇化模式必须满足哪些条件。尽管新型城镇化尚无明确定义,但可以明确的是,围绕着新型城镇化的各项工作必须有利于实现经济、生态和社会的全面协调可持续发展。一切城镇化模式(包括新型城镇化)的初衷都是一致的,即必须将提升居民福利水平和实现人的可持续发展作为最终目的。⑤要找到实现新型城镇化的可行路径,就必须先弄清楚为什么传统模式下的城镇化进程会因经济、生态和社会问题的集中爆发而陷入不可持续的境地。笔者认为,当下中国城镇化过程中出现的种种问题,归根结底是因为当下中国城镇化模式建立在一种不可持续的产业基础之上。要实现新型城镇化,必须先为这种城镇化模式找到可持续的产业基础。

二 城镇化的内在动力和模式选择

(一) 作为城镇化内在动力的工业化过程

城镇化通常被认为是一个人口由农村向城镇转移、劳动力由农业部门向非农产业部门转移的过程。这个过程之所以发生,恰恰是因为人们的各种需求在城镇化中可以更好地得到满足。恩格斯曾说,追求幸福的欲望只有极微

---

① 李程骅:《新型城镇化战略下的城市转型路径探讨》,《南京社会科学》2013年第2期。
② 倪鹏飞:《新型城镇化的基本模式、具体路径与推进对策》,《江海学刊》2013年第1期。
③ 沈清基:《论基于生态文明的新型城镇化》,《城市规划学刊》2013年第1期。
④ 单卓然、黄亚平:《"新型城镇化"概念内涵、目标内容、规划策略及认知误区解析》,《城市规划学刊》2013年第2期。
⑤ 王树春、王俊:《福利追求与中国城市化道路——基于可持续发展视角的分析》,《徐州师范大学学报》(哲学社会科学版)2011年第7期。

小的一部分可以靠观念上的权利来满足,绝大部分却要靠物质的手段来实现。城镇化过程之所以可以使人的需要更好地得到满足,不是靠赋予人口迁徙的权利来实现,而是使劳动者所从事的质变了的生产实践活动扩大物质资料的生产能力来实现。城镇化之所以能够启动,一方面是因为农业劳动生产率的提高使更多的劳动力可以从事农业以外的其他生产活动并更好地生活;另一方面是因为农业以外产业部门劳动生产率的提高使这些部门可以为农业提供更高效的生产资料并促进农业劳动生产率的提高。因此,城镇化要持续下去,就不可避免地需要进行一次革命性的产业变迁,不仅使产业结构趋于工业化,更使以家庭为单位的传统生产组织形式被以企业为单位的现代生产组织形式取代。

工业化是城镇化的内在动力,城镇化的启动必须以工业化水平的持续提升为前提。工业化与城镇化之间的这种因果关系可以从世界经济史的相关材料中得到印证。可以从与中国邻近的韩国、泰国和马来西亚的工业化和城镇化进程中看出(见图1、图2和图3),这些已经或正在实现城镇化的国家,无一例外的都是在第二产业增加值占GDP的比重持续出现较快

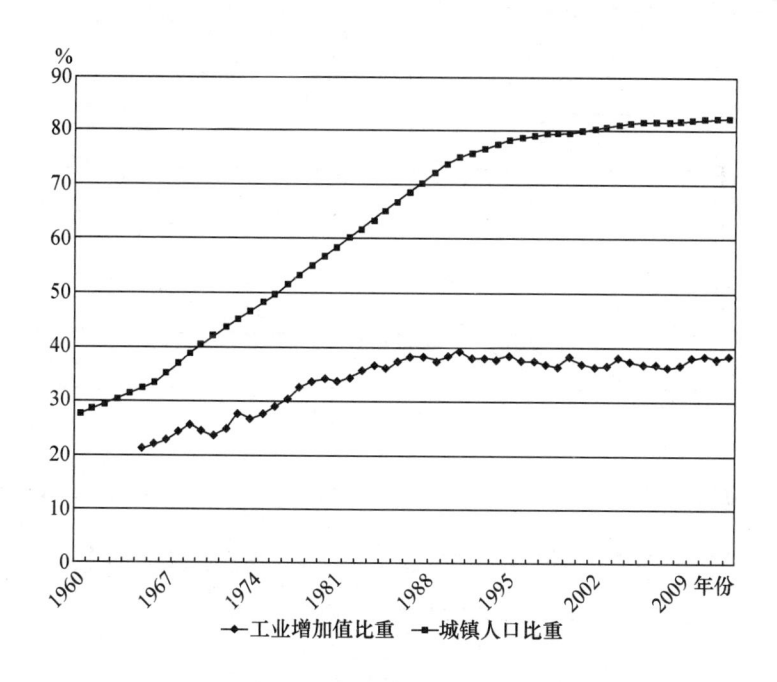

图1 韩国的工业化与城镇化

资料来源:世界银行数据库。

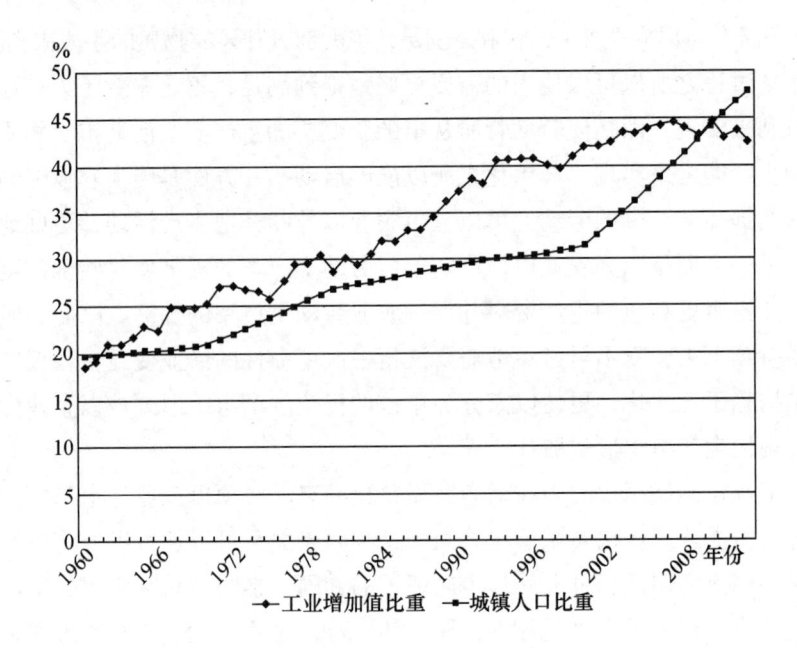

图2 泰国的工业化与城镇化

资料来源：世界银行数据库。

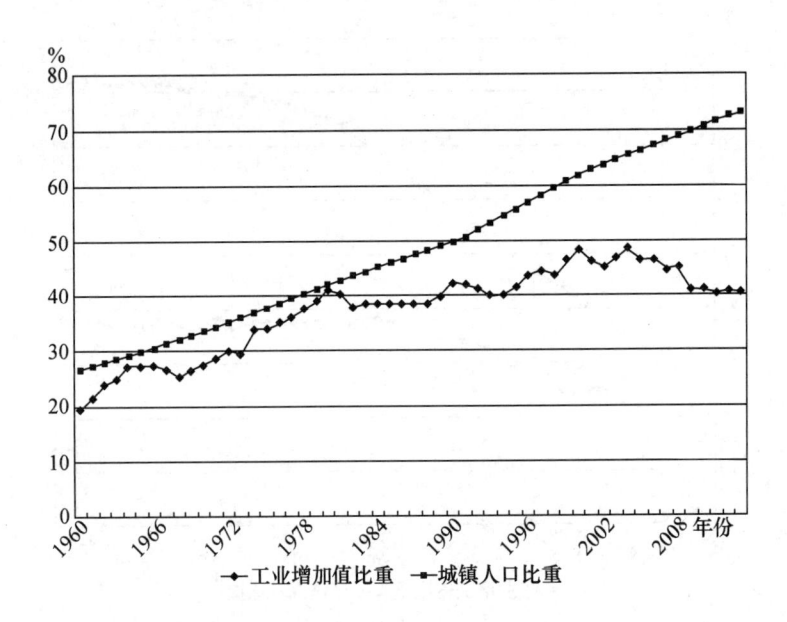

图3 马来西亚的工业化与城镇化

资料来源：世界银行数据库。

上升之后，城镇人口比重的增加才突然加速。从泰国的情况来看，第二产业比重从1960年的18.5%持续提升到1994年的40.6%，此后一直到2013年该国第二产业比重都高于40%；泰国的城镇人口比重在20世纪60年代一直在20%左右的水平，在2000年时则达到了31.4%，进入21世纪后城镇化速度则进一步加快。马来西亚的情况也类似，如果不是第二产业增加值比重从1960年的不足20%上升到1980年的41%并在随后的数十年里一直保持40%左右的水平，那么我们也很难想象该国的城镇人口比重可以由1960年的26.6%持续地上升到2013年的73.28%。韩国作为一个已实现工业化的国家，其第二产业增加值比重从20世纪80年代中后期开始不再有明显的上升趋势，与此对应的是韩国的城镇化速度从90年代初期也开始逐渐趋缓。

能否在较长的一段时期内维持一定的工业实力直接关系到城镇化质量的高低。一直以来拉美国家被认为是"过度城市化"[①]的典型，在工业化没有取得明显突破的情况下就贸然提高城镇人口比重，导致贫民窟、交通拥堵、环境破坏等"城市病"的出现。历史数据分析却发现，拉美国家之所以能够快速实现城镇化还是因为其工业实力曾一度保持在极高的水平；拉美国家城镇化的质量之所以明显低于东亚国家，正是因为拉美国家工业化水平的持续下降（见图4）。以巴西和阿根廷为例，20世纪90年代以前，这两个国家工业增加值的比重能够保持在超过40%的水平，这一时期也是巴西和阿根廷城镇人口比重快速上升的时期；但进入20世纪90年代以后，巴西和阿根廷均出现了工业化水平快速下降问题，工业增加值比重一直在30%左右徘徊。尽管城镇化的速度已经趋缓，但工业化水平的下降使巴西和阿根廷没有能力解决业已出现的"城市病"，其城镇化质量一直难以提高。可见，没有工业化支持，城镇化虽也可以启动，但是，这样的城镇化必定是低质量的城镇化。

（二）城镇化模式选择中的产业锁定

所谓城镇化模式，是指城镇化过程中逐渐形成的以规模大小、等级分布、空间布局等因素为特征的城镇与城镇间的较为稳定的结构关系。根据城镇人口集中度来考察，城镇化模式大致可以分为三类：一是以大城市为

[①] 程洪、陈朝娟：《论20世纪拉美城市化进程及其对中国的启示》，《拉丁美洲研究》2006年第2期。

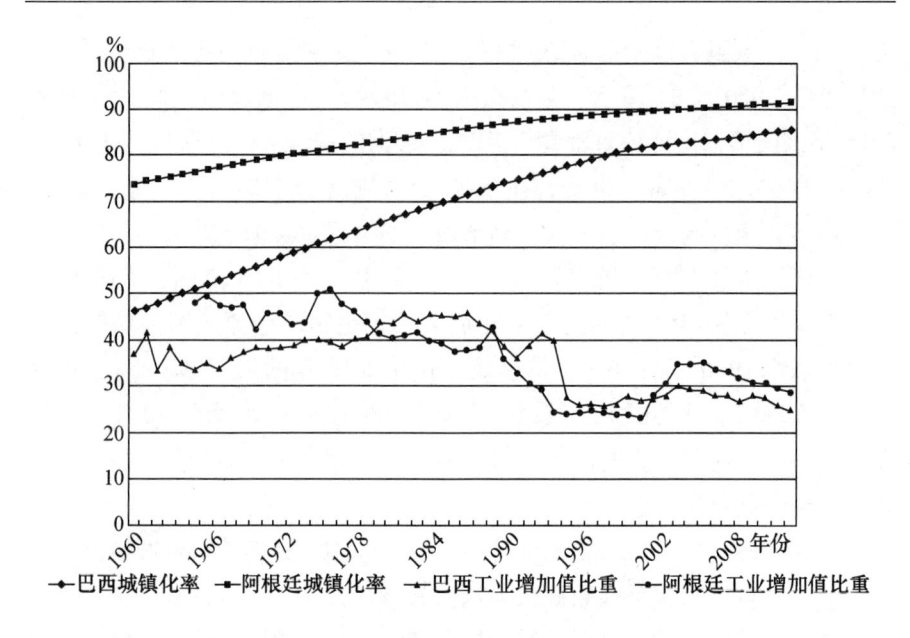

图 4 巴西、阿根廷的工业化与城镇化

资料来源：世界银行数据库。

主导的城镇化模式，这种模式下，城镇人口向少数几个大城市集中，中小城镇无论从数量还是从人口比重看都明显偏少，大城市的城市首位度极高，美国、日本、巴西等国均属于这一类型。二是以中小城镇为主导的城镇化模式，这种模式下，中小城镇数量多、人口比重大，大城市的城市首位度不高，瑞士等中欧国家是这一类型的典型。三是大城市与中小城镇并举的城镇化模式，这种模式下，虽然大城市的城市首位度不低，但中小城镇的发育程度也达到相当高的水平，英国、德国是这一类型的代表。

虽然不同国家的城镇化模式与本国的自然环境、文化传统等因素有密切关系，但归根结底是由本国工业化为城镇化提供的产业基础决定的。一国在进行城镇化模式选择时存在产业锁定现象，即一国的产业技术水平和产业结构特征限制了城镇化模式的选择范围，城镇化模式选择则是一国产业经济发展水平的反映。

首先，以大城市为主导的城镇化模式是由以重化工业为龙头的工业化决定的。综观美国、日本等国家，由于重化工业在这些国家的工业中占有极高的比重，为了更好地实现重化工业的规模经济，就不得不使产业向少数大城市集聚，由此导致人口向大城市集中。

其次，以小城镇为主导的城镇化模式是由轻工业和手工制造业为主的工业化决定的。在瑞士的工业化过程中，之所以出现工业分散于城乡且未形成大工业中心的现象，是因为瑞士主要发展棉纺、丝织、钟表等轻工业和手工制造业[①]；过度的产业集聚和人口集中往往会导致轻工业和手工制造业出现规模不经济，使工业和人口分散于城乡是以轻工业和手工制造业为产业基础的城镇化最为经济的选择。

最后，大城市与中小城镇并举的城镇化模式适应于既有一定规模重化工业，又保留有较多小规模精密制造业的产业基础。以德国为例，德国既有宝马、大众、空客等重化工业领域的工业巨头，也有在全国产品中占有70%—90%市场份额的众多具有强大国际竞争力的中小企业[②]；这就决定了德国既有像柏林、慕尼黑这样在欧洲首屈一指的大城市，也有众多星罗棋布的中小城镇。[③]

三 当前中国城镇化进程出现问题的原因分析

（一）当前中国城镇化模式及产业基础

改革开放特别是进入21世纪以来，中国城镇化突飞猛进，但如果考察新中国成立以来中国城镇化的历程就会发现，工业化作为城镇化内在动力的一般规律在中国同样适用。从图5可以看出，中国城镇人口比重由新中国成立初期1952年的12.46%上升到1960年的19.75%，达到改革开放前的最高水平，这一时期较快的城镇化速度可以由同时期工业增加值占GDP比重的快速增长得到解释；1961—1978年城镇人口比重的长期低水平徘徊虽然也与这一时期"上山下乡"等人口迁徙政策有关，但也不可忽视工业发展出现的巨大波动所带来的影响；1976年后中国工业增加值比重一直保持在40%以上的水平，中国出现了将近40年的较为平稳的工业化过程，与此相对应的是，随着1978年后人口政策的逐步调整，中国城镇化进程也逐步加速，并在20世纪90年代后期步入城镇化快速发展阶

---

① 端木美：《瑞士城市化思考》，《世界历史》1996年第6期。
② 周长城、陈云：《德国中小企业的作用及其扶持政策》，《国外社会科学》2004年第1期。
③ 周彦珍、李杨：《英国、法国、德国城镇化发展模式》，《世界农业》2013年第12期。

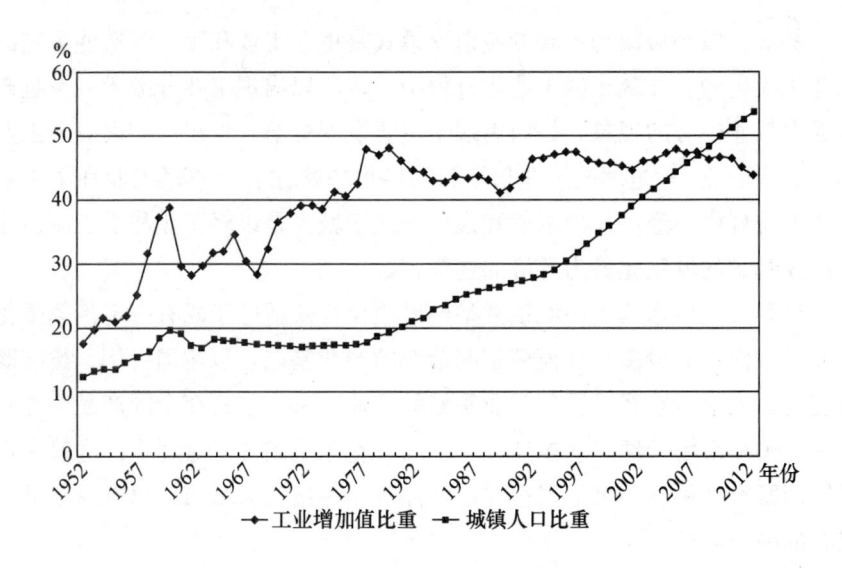

图 5 中国的工业化和城镇化

资料来源：国家统计局网站、《新中国60年统计资料汇编》。

段。根据中国城镇化的阶段性，结合东亚、东南亚和拉美国家的经验教训，可以得出结论：如果以城镇人口比重达到75%作为城镇化基本完成的目标，按2000年以来的城镇化速度计算，则至少未来20年内必须保证工业增加值占GDP的比重维持在40%左右的水平。可见，中国要实现高质量的城镇化，就必须以工业（特别是制造业）作为城镇化的产业基础。

在城镇化水平总体上快速提高的同时，过去十多年中国选择了大城市优先的城镇化模式。从图6可以看出，虽然2000—2013年中国地级以上城市个数增加了28个，但市辖区人口超100万的地级以上城市个数增加了43个，人口100万以下的地级以上城市个数在减少。当前中国之所以选择大城市优先的城镇化模式，不是人为规划的结果，而是产业锁定的必然。从图7和图8可以看出，过去十多年中国工业发展存在两个明显的特征：一是重化工业化趋势明显，重化工业在工业中的地位显著上升，从单位数、实收资本、利润总额和销售产值比重来看，重工业企业所占比重都有上升趋势；二是工业企业规模化趋势持续，大中型企业在工业发展中发挥重要作用，尽管大中型企业单位数一直都只占工业企业总数不到20%的比重，却在实收资本、利润总额和销售产值方面占有很高的比重。最近十多年里，大城市（特别是特大城市）的膨胀，归根结底是由工业发展过

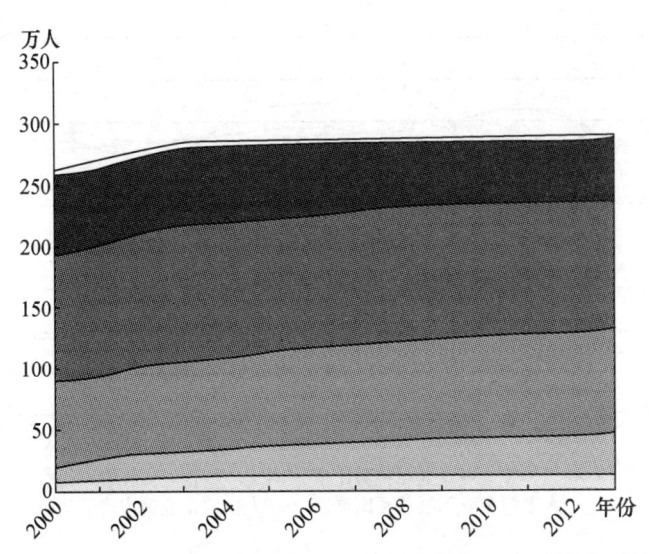

论新型城镇化的产业基础和制度匹配 ·209·

□20万以下 ■20万—50万 ▨50万—100万 ▨100万—200万 ▨200万—400万 □400万以上

图6 中国地级及以上城市人口规模变化
（按城市市辖区人口分）

资料来源：国家统计局网站。

→重工业企业单位数比重　→重工业企业实收资本比重
→重工业企业利润总额比重　→重工业企业销售产值比重

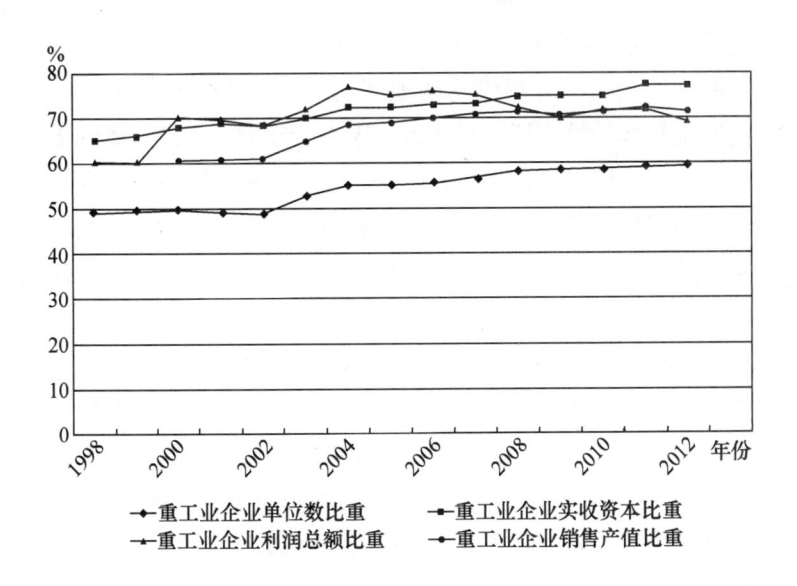

图7 中国工业企业的轻重比重

资料来源：国家统计局网站。

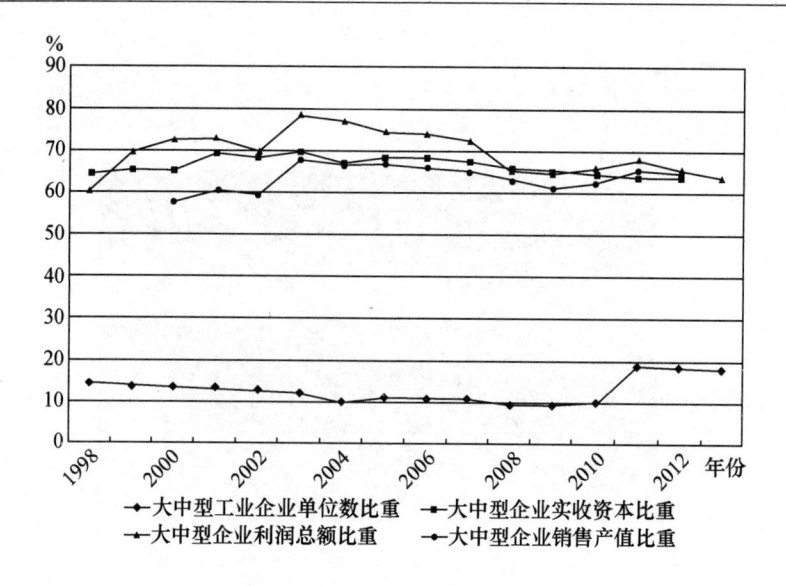

图 8 中国工业企业的规模分布

资料来源：国家统计局网站。

程中的这两个特征所决定的。以北京为例，1999年年末，常住人口为1257.2万，2013年年末增加到2114.8万；虽然2013年北京第三产业增加值比重已经高达76.9%，但不可忽略的是，作为北京经济腹地的京津冀地区恰是中国重化工业最发达的地区之一。反观"珠三角"等以轻工业为产业基础兴起的城市群，近年来，因为劳动力、土地成本的上升而面临越来越明显的发展颓势，"腾笼换鸟"的产业升级策略使传统加工制造业加速向中西部地区甚至海外转移，产业空心化风险骤增。如果继续以注重规模经济的重化工业为产业基础，那么中国将很难摆脱大城市优先的城镇化模式。

（二）产业锁定下当前中国城镇化模式的不可持续性

重化工业化和工业企业规模化趋势共同决定了中国必须选择大城市优先的城镇化模式。这一模式的选择，一方面是促成最近十几年中国城镇化飞速发展的重要原因，另一方面也是导致中国城市（特别是大城市）出现发展不可持续问题的根源所在。当前中国城镇化模式的不可持续性主要体现在以下几个方面：

一是规模"瓶颈"。大城市优先的城镇化模式虽然可以通过集中人口、资本、技术、信息等要素实现规模经济，加速重化工业和大型企业的发展，但也不可避免地会导致大城市的过度膨胀。经济活动不合理地向大城市集中，会导致土地租金、通勤成本等生产费用的提高，抵消因规模经济带来的效益提升，甚至导致规模不经济现象的出现。据测算，仅2010年因交通拥堵造成的经济损失就高达1055.93亿元，占北京GDP的7.5%。① 近年来，交通拥堵等"城市病"现象已经不仅限于北京、上海、广州等少数超大城市，这些问题已经开始向众多大中城市蔓延。

二是结构"瓶颈"。在当前城镇化模式下，不仅人才、资本、技术、信息等生产要素向大城市集中，就连医疗、教育、养老等保证人的基本生存的公共资源也向大城市集中。这就必然导致一种"马太效应"：一方面越是拥有众多经济资源的大城市能够集聚更多的资源促进其扩张，另一方面越是缺乏经济资源的中小城市就越是因各种资源流失而趋于萎缩。以涉及河北省32个县、3798个贫困村的"环京津贫困带"为例②，由于优先保证京津两市发展需要的政治任务和生态—经济合作机制③的缺失，贫困带地区承受着地区经济发展的大部分生态成本，却一直没有得到合理的经济补偿，贫困带地区与京津两市的发展差距在短时期内看不到缩小的迹象。

三是民生"瓶颈"。城镇化过程不仅是农村人口转变为城镇人口的过程，更是公共服务的生产与提供从主要依靠家庭向主要依靠社会转变的过程。在这个过程中，随着人口逐渐脱离传统的人口众多的农村大家庭，个人生产和提供公共服务的能力被弱化，政府和社区须承担绝大多数公共服务的生产和提供职能。但在当前快速推进的大城市优先城镇化模式下，无论是大城市还是中小城镇都缺乏提供足够公共服务的能力：大城市由于人口增长迅速且流动频繁，难以高效提供满足不同层次需求的多样性公共服务；中小城镇由于经济资源持续流失，缺乏足够财力来提供足额的基本公共服务。这就导致"住房难"、"看病难"、"入学难"和"出行难"等问题成为大中小城市普遍存在的民生问题。

---

① 吴栋栋、邵毅、景谦平、霍振彬：《北京交通拥堵引起的生态经济价值损失评估》，《生态经济》2013年第4期。
② 安秀明、王海兰、刘素杰：《河北省环京津地区贫富差距的政治分析》，《特区经济》2009年第1期。
③ 钟茂初、潘丽青：《京津冀生态—经济合作机制与环京津贫困带问题研究》，《林业经济》2007年第10期。

四是生态"瓶颈"。重化工业为主导的工业化和大城市优先的城镇化相辅相成，使中国制造业具备强大的国际竞争力，在500种主要工业品中，中国有220多种产品的产量位居世界第一。①仅2013年，中国就生产了36.8亿吨原煤、2亿吨原油、24.16亿吨水泥、7.79亿吨粗钢、4437.2万吨氧化铝，这些工业产品的生产和消费不仅消耗大量的能源和资源，还产生较多工业"三废"。当前中国以重化工业为产业基础的城镇化模式已经遭遇严峻的生态瓶颈。环保部按照《环境空气质量标准》对162个城市空气质量进行评估显示，2014年上半年仅有9个城市达标，其中京津冀区域13个城市重度及以上污染天数比例高达20.1%。此外，2014年上半年，全国32个大型淡水湖泊中有16个被不同程度地污染。②

四 新型城镇化与新工业革命联动下的城镇化模式再造

（一）新型城镇化目标约束与新工业革命产业特征的内在契合

当前中国城镇化模式面临的诸多发展"瓶颈"表明，虽然以重化工业为产业基础的城镇化模式在过去30多年创造了举世瞩目的经济奇迹，但也越来越不适应中国经济、社会和生态可持续发展的需要，必须以新型城镇化战略为目标约束，加快产业结构优化升级，形成新的城镇化模式。

笔者认为，新型城镇化的目标约束包括以下内容：（1）建立民生优先的城镇体系。民生优先约束意味着城镇体系要为城乡居民提供一个实现其多元化发展需求的广阔平台，不仅居民的生理、安全、社交等低层次需求可以得到满足，更高层次的自我实现需求也可以得到满足。这就要求新型城镇化构建在一种能够满足小规模定制化生产要求的产业基础之上。（2）建立特色鲜明的城镇体系。特色鲜明约束意味着城镇化过程中不应出现城市风貌千篇一律的景象，各个城镇应当继承并发扬城镇自身的历史文化传统，使每个城镇都具有独特的"性格"和"风情"。这就要求新型城镇化构建在一种能够快速实现个性创意设计产业化的产业基础之上。

---

① 王政、苗圩：《坚定不移走中国特色新型工业化道路》，《中国中小企业》2012年第10期。

② 郄建荣：《超九成城市空气质量仍不达标》，《法制日报》2014年8月5日。

(3) 建立环境友好的城镇体系。环境友好约束意味着城镇体系的发展壮大不能以生态环境的破坏为代价，不仅要控制城镇经济活动的资源消耗和废弃物产出，还要积极探索生产废弃物的循环再利用。这就要求新型城镇化必须构建在一种以清洁可再生资源高效利用为核心的产业基础之上。

如果对方兴未艾的新工业革命所表现出来的产业技术特征进行分析[①]，就会发现新工业革命与新型城镇化之间存在内在契合关系。新工业革命所具有的产业技术特征有：(1) 生产智能化。随着工业机器人、3D 打印机等技术的成熟和应用，越来越智能化的生产技术和生产工具不仅使劳动者仅需付出极小的体力劳动就能获得极大的产出，还使小规模、定制化、低成本的产品生产线成为可能，大规模标准化的流水线作业将在众多领域失去竞争力。(2) 生产创意化。随着定制化产品生产线单位生产成本的快速降低，具有更丰富创意设计内涵的产品将可以通过为消费者提供个性更加鲜明的使用价值而获得竞争优势，这就使包含更多文化创意因素的生产过程不仅在技术上可行而且在市场上有用。(3) 生产清洁化。一方面，光伏材料、智能电网等新材料和新技术的运用使收集和使用太阳能、风能、生物能等可再生能源的成本大幅降低；另一方面，循环生产技术的推广既提高了资源利用效率，也降低了生产废弃物的排放。

可见，只有将新工业革命中快速成长起来的新型制造业产业体系作为新型城镇化的产业基础，才能保证中国在未来 20 年内基本实现高质量、高水平的城镇化。同样，也只有当新型城镇化与新工业革命成功联动之后，当前这种已经面临诸多发展"瓶颈"的大城市优先的城镇化模式才能改弦更张。

(二) 新型城镇化与新工业革命联动下的城镇化产业基础重构

规模经济对重化工业发展的重要作用决定了以重化工业为基础的城镇化模式必定是人才、资本、技术和信息等要素向大城市集中的城镇化模式。不同于规模经济，网络经济允许并鼓励在生产活动趋于分散化和定制化基础上利用各种有机结合的智能化网络实现人流、财流和物流的科学调配，达到优化资源配置效果。与依赖网络经济的新工业革命联动的新型城镇化必定要构建一种不同于当前大城市优先模式的新型城镇化模式。新型城镇化模式应有以下两大特征：

---

① 王俊：《基于演化经济学视角的新型工业化战略选择》，《财经科学》2014 年第 11 期。

(1) 基于产业错位填充的城镇功能差异化。实现人的城镇化是新型城镇化的核心目标，人的城镇化并不是把人口从农村转移到城镇居住就算完成，还必须解决新增城镇人口的就业问题。在大城市优先的城镇化模式下，因规模经济规律的作用使非农产业部门都向大城市集聚，导致就业人口不得不向大城市集中的同时小城镇却发展缓慢。在新型城镇化与新工业革命的联动过程中，趋于分散化和定制化的生产加工流程使对规模经济的利用不再有经济上的吸引力，各层级的城镇将有可能根据自身比较优势选择最适合的产业部门进行错位填充。城镇间的产业错位填充必然导致城镇功能定位朝着差异化方向发展，不同层级的城镇将具备不同的城镇功能。比如，大城市可以依据交通便捷、人口稠密等优势成为信息、资本、技术等要素流通的中心节点，重点发展生产性服务业；小城镇可以依据贴近自然、土地廉价等优势成为产品加工、生活居住的子节点，重点发展现代制造业和生活性服务业。这样，既可以避免人口和产业向大城市过度集中导致的"城市病"，又可以建成众多充满活力的中小城镇，提高居民生活品质。

(2) 基于产业协同发展的城镇功能互补化。城乡融合和区域统筹是新型城镇化的题中应有之义，这两项任务的完成要求大城市、中小城镇和农村之间人口双向流动常态化。大城市优先的城镇化模式下，非农产业部门向大城市过度集中必然使人口从农村到中小城镇再到大城市的单向流动趋势不断固化，导致城乡差距和区域差距不断拉大。在新型城镇化与新工业革命的联动过程中，一方面，各层级城镇间的产业错位填充使各城镇发展的产业只有依靠协同发展才能生存下去，城镇只有与其他城镇形成功能互补才能完整地发挥其城镇功能；另一方面，因网络经济的效益好坏取决于人流、财流和物流等网络覆盖面大小，趋于分散化和定制化的产业只有协同发展才能充分利用网络经济的作用，城镇只有自觉与其他城镇形成功能互补才能更好体现城镇的功能定位。大城市只有以中小城镇和农村为开放和服务的对象才能实现大城市的服务功能定位，中小城镇只有向大城市和农村开放才能实现中小城镇生产和居住的功能定位，农村也必须融入城镇体系才能更好地实现农业生产的功能定位。在这样的城镇体系内，大城市、中小城镇和农村既相互提供产品和服务，又相互提供腹地和市场，全社会内需就能充分地拉动起来。

(三) 新型城镇化与新工业革命联动下再造城镇化模式的制度匹配

新型城镇化与新工业革命联动背景下，必须摆脱重化工业化对城镇化过程的产业锁定,以新工业革命催生的新兴产业部门为基础进行城镇化模式再造。为此,必须从三个方面形成再造城镇化模式的制度匹配:

第一,既要发挥市场在资源配置中的决定性作用,又要发挥政府对产业结构调整的战略引领作用。只有形成一批具有竞争力的市场微观主体,并以这些微观主体作为产业经济活动承载者,新兴产业的发育程度才会有质的飞跃。但是,市场只能通过微观主体的不断"试错",才能使新兴产业的选择、发育过程符合产业结构调整的需要,这个过程通常是漫长且要耗费大量社会资源。在新型城镇化与新工业革命的联动过程中,如果政府可以发挥对产业结构调整的战略引领作用,从新型城镇化建设的需要出发,既扶持一批符合新工业革命发展方向的新兴产业,又淘汰一批不适应新工业革命发展要求的落后产业,加快产业结构调整的步伐,减少产业结构调整过程中的社会阵痛和资源浪费,那么城镇化模式的再造将更容易实现。

第二,逐步消除地方政府对"土地财政"的依赖,形成地方政府财政收入与实体产业部门发展挂钩的财税制度。当前财税制度下普遍存在的地方政府财权与事权不匹配的问题使地方政府过度依赖土地出让金等预算外收入,客观上导致地方政府过度关注能够获得土地出让金的房地产产业而忽略对实体产业部门的呵护。"土地财政"的存在阻碍了符合新工业革命发展方向但目前尚非常弱小的众多新兴产业的发展,不利于新型城镇化与新工业革命联动关系的形成,也不利于新型城镇化模式产业基础的形成和巩固。为此,应当改革财税制度,加大地方政府在企业所得税等中央—地方共享税中的分成比例,鼓励地方政府通过培育房地产业以外的实体产业部门来实现地方预算内财政收入的可持续增长。

第三,改变以经济增速、财政收入等指标为主的地方政府政绩评价体系,将提供公共服务的数量与质量作为政绩评价的核心。自改革开放以来,我国逐渐形成了以经济增速、财政收入等指标为主的地方政府政绩评价体系。这种评价体系与官员任期制度化的结合客观上使得地方政府官员倾向于将有限的财政资源用于支持那些看得见、摸得着的政绩工程和短、平、快的投资项目,地方政府对本应由其提供的公共服务关心不足,导致涉及民生的公共服务无论在数量上还是在质量上都难以满足快速发展的城镇化要求。如果不能在城镇化过程中不断改善民生,促进人的全面自由发展,新型城镇化建设也将偏离目标。考虑到我国财政收入连年增长,各级政府也有足够的财力去提供数量更充足、质量更优良的公共服务。为此，必须建立以提供公共服务的数量和质量为核心的政绩评价体系，激励地方政府通过公共服务的提供来体现各级城镇的功能定位。

参考文献

[1] 中国金融40人论坛课题组：《加快推进新型城镇化：对若干重大体制改革问题的认识与政策建议》，《中国社会科学》2013年第7期。

[2] 李程骅：《新型城镇化战略下的城市转型路径探讨》，《南京社会科学》2013年第2期。

[3] 倪鹏飞：《新型城镇化的基本模式、具体路径与推进对策》，《江海学刊》2013年第1期。

[4] 沈清基：《论基于生态文明的新型城镇化》，《城市规划学刊》2013年第1期。

[5] 单卓然、黄亚平：《"新型城镇化"概念内涵、目标内容、规划策略及认知误区解析》，《城市规划学刊》2013年第2期。

[6] 王树春、王俊：《福利追求与中国城市化道路——基于可持续发展视角的分析》，《徐州师范大学学报》（哲学社会科学版）2011年第7期。

[7] 程洪、陈朝娟：《论20世纪拉美城市化进程及其对中国的启示》，《拉丁美洲研究》2006年第2期。

[8] 端木美：《瑞士城市化思考》，《世界历史》1996年第6期。

[9] 周长城、陈云：《德国中小企业的作用及其扶持政策》，《国外社会科学》2004年第1期。

[10] 周彦珍、李杨：《英国、法国、德国城镇化发展模式》，《世界农业》2013年第12期。

[11] 吴栋栋、邵毅、景谦平、霍振彬：《北京交通拥堵引起的生态经济价值损失评估》，《生态经济》2013年第4期。

[12] 安秀明、王海兰、刘素杰：《河北省环京津地区贫富差距的政治分析》，《特区经济》2009年第1期。

[13] 钟茂初、潘丽青：《京津冀生态—经济合作机制与环京津贫困带问题研究》，《林业经济》2007年第10期。

[14] 王政、苗圩：《坚定不移走中国特色新型工业化道路》，《中国中小企业》2012年第10期。

[15] 郄建荣：《超九成城市空气质量仍不达标》，《法制日报》2014年8月5日。

[16] 王俊：《基于演化经济学视角的新型工业化战略选择》，《财经科学》2014年第11期。

中国产业的结构调整与劳动力配置

——基于比较利益相等的理论解释

江永基

内容提要：本文利用消费—生产者两阶段决策方法，构建一个基于比较利益相等原则的三部门分工交换模型，并在这个模型基础上对产业间的劳动力配置进行数值模拟。借助数值模拟的结果与改革开放以后中国三次产业就业人员经验数据之间的比较发现，本文的理论模型能够捕捉到中国产业结构调整与劳动力配置的大体趋势。通过与新古典和新兴古典学派劳动力配置结果的对比，本文模型更能凸显对现实解释力的优势，充分表现比较利益相等原则较适用于阐释像中国这样生产部门产能对劳动力具有制度性约束特征的发展中国家。

关键词：消费　生产者两阶段决策　产业结构配置条件

一　引言

配第一克拉克定律告诉我们，随着经济的发展，劳动力率先由第一产业向第二产业转移，再由第二产业向第三产业转移，最终形成劳动力在第一产业减少而在第二、第三产业增加的格局。库兹涅茨[1]依循这个思想，

[作者简介] 江永基，厦门大学经济学院。

[基金项目] 本文获教育部人文社会科学重点研究基地重大项目（14JJD790015）资助。本文初稿曾参与第十四届中国青年经济学者论坛及第十四届中国经济学年会，笔者分别感谢山东大学侯麟科老师及中国青年政治学院李石强老师的评论及建议；感谢匿名评审人的意见。

[1] Kuznets, S., *Economic Growth of Nations: Total Output and Production Structure*. Belknap Press of Harvard University Press, 1971.

利用世界多国的实证数据对产业结构及劳动力配置进行分析和比较，归纳出如下法则：（1）农业部门所创造的国民收入占国民生产总值的份额以及农业部门劳动力占全部劳动力的份额类似，均随着经济的发展而不断下降；（2）工业部门所创造的国民收入占国民生产总值的份额呈不断上升趋势，但工业部门劳动力占全部劳动力的份额大致不变或者略有上升；（3）服务部门所创造的国民收入占国民生产总值的份额大体不变或是略有上升，而其劳动力占全部劳动力的份额却呈显著上升趋势。① 随后，钱纳里②、宫泽健一③等经济学家也试图对产业结构的演变提出理论解释，从而促进了产业结构经济学的研究和发展。

然而，我们发现，中国作为后进的、转轨型的发展中国家，其三次产业在实证数据上与上述"库兹涅茨法则"具有明显的差异：中国从改革开放之后第二产业增加值占国内生产总值份额几乎保持不变，而劳动力数量却明显增加；而第三产业增加值在 GDP 的份额和劳动力在总劳动力的占比都是明显上升的。④ 虽有个别学者试图对中国特殊的情况提出新的经济解释，如程大中⑤、江小涓⑥等，但大体都是基于经验研究的角度，并且也仅指涉单个产业部门，而借助经济理论来全面阐述中国三次产业结构变迁及劳动力配置的文献可谓尚付阙如。

基于此，本文拟利用我们创建的消费—生产者两阶段决策方法，依序考察消费—生产者生产和消费等个体决策行为，并结合生产部门若干整体的行为设定，特别是部门间比较利益相等的制度性约束条件，以建立三部门分工交换模型，从而为产业结构调整及其劳动力配置提供分析框架；在上述模型基础上，我们再利用中国的经验数据对按照较利益相等原则所建立的非线性方程组进行参数设定，继而对劳动力在各产业间的理论配置量进行数值模拟，并且比较改革开放以后劳动力在三次产业间就业分布的实际情况；借助新古典或新兴古典的劳动力配置条件所获得的结果为参照，

---

① 徐传谌、谢地：《产业经济学》，科学出版社 2007 年版。
② 钱纳里：《工业化和经济增长的比较研究》，吴奇等译，上海三联书店 1995 年版。
③ 宫泽健一：《产业经济学》，东洋经济新报社 1989 年版。
④ 参见后文的图 2 和图 3。
⑤ 程大中：《中国服务业增长的特点原因及影响：鲍莫尔—富克斯假说及其经验研究》，《中国社会科学》2004 年第 2 期。
⑥ 江小涓：《服务全球化的发展趋势和理论分析》，《经济研究》2008 年第 2 期；江小涓：《服务业增长：真实含义、多重影响和发展趋势》，《经济研究》2011 年第 4 期。

与依比较利益相等原则所获得的模拟结果进行对比，说明三者间的差异之处，指明接续研究方向及可预期成果。

二 理论模型

（一）模型描述

假设在一个封闭的市场经济系统中，存在总人数为 $\bar{N}$ 的消费—生产者，即每个人既是生产者同时也是消费者，可供他们生产和消费的有 $\{x, y, z\}$ 三种商品（或劳务）；每个消费—生产者都依序考虑两项决策——使个体产值最大的生产决策以及使个体效用最大的消费决策。消费—生产者为了能在消费决策阶段中进行效用最大化，他必须先在生产决策阶段选择最大化产值的生产行为；根据个体的生产及消费决策，可将消费—生产者区分为不同类型，也就是说，同一类型的消费—生产者具有相同的生产和消费行为；令类型 i 的消费—生产者（以下简称消费—生产者 i）的人数为 N_i，对每个消费—生产者 i 而言，j_i、j_i^d 以及 j_i^s，$i \in \{x, y, z\}$，分别表示商品 j 的自给量、在市场上的需求量以及供给量。因此，商品的生产量为 $j_i^p = j_i + j_i^s$，商品的消费量为 $j_i^c = j_i + j_i^d$；令 v_j 为商品 j 的价值，从而消费—生产者 i 的产值为 $Q_i = v_x x_i^p + v_y y_i^p + v_z z_i^p$；个别效用 $u_i = (x_i^c)^\alpha (y_i^c)^\beta (z_i^c)^{1-\alpha-\beta}$，$\alpha, \beta \in (0, 1)$ 为消费—生产者对商品的偏好参数；消费—生产者 i 在商品 j 上的生产函数为 $f_{ij}(l_{ij}) = l_{ij}^{a_j}$，$a_j \geq 1$ 为生产函数幂次，l_{ij} 为在 j 商品生产上所投入的劳动时间；所有人都具有相同的劳动禀赋 $\bar{l}$；个人的预算约束要求所供给商品与所需求商品的总价值必须相等。

（二）消费—生产者的个体行为

1. 消费—生产者 i 的生产决策

对无特定的消费—生产者 i 而言，他将选择 $\{l_{ix}, l_{iy}, l_{iz}\}$，使得：

$\text{Max} Q_i = v_x x_i^p + v_y y_i^p + v_z z_i^p$

s. t. $x_i^p = l_{ix}^{\alpha_x}$

$y_i^p = l_{iy}^{\alpha_y}$

$z_i^p = l_{iz}^{\alpha_z}$

$l_{ix} + l_{iy} + l_{iz} = \bar{l}$

$l_{ix}, l_{iy}, l_{iz} \geq 0$

可以证明 Q_i 的海赛矩阵（Hessian matrix）为正定，是严格凸函数，其最大值在角点；并且当 $\dfrac{v_j}{v_{j'}} > \dfrac{\mathrm{d}f_{ij'}(l_{ij'})/\mathrm{d}l_{ij'}}{\mathrm{d}f_{ij}(l_{ij})/\mathrm{d}l_{ij}}$ 时，其中，$j \in \{x, y, z\}$ 且 $j' \in \{x, y, z\}/\{j\}$，消费—生产者 i 选择投入 $l_{ij} = \bar{l}$，仅生产商品 j 以使其产值最大化。因此，在这种专业化经济条件设定下，消费—生产者随着劳动投入的持续增加，将产生内生比较优势，最终形成内生绝对优势，此时每个消费—生产者只会生产一种商品。① 为方便论述，本文不失一般性地假设消费—生产者 1 专业化生产商品 x，消费—生产者 2 专业化生产商品 y，消费—生产者 3 专业化生产商品 z。

2. 消费—生产者 i 的消费决策

对无特定消费—生产者 i 而言，他将选择 $\{x_i, y_i, z_i, x_i^s, y_i^s, z_i^s, x_i^d, z_i^d\}$ 使得：

$\mathrm{Max}\, u_i = (x_i^c)^\alpha (y_i^c)^\beta (z_i^c)^{1-\alpha-\beta}$

s.t. $x_i^c = x_i + x_i^d$

$y_i^c = y_i + y_i^d$

$z_i^c = z_i + z_i^d$

$x_i^p = x_i + x_i^s$

$y_i^p = y_i + y_i^s$

$z_i^p = z_i + z_i^s$

$v_x x_i^s + v_y y_i^s + v_z z_i^s = v_x x_i^d + v_y y_i^d + v_z z_i^d$

$x_i, y_i, z_i, x_i^s, y_i^s, z_i^s, x_i^d, y_i^d, z_i^d \geq 0$

具体而言，消费—生产者 1 在生产决策阶段专业化分工生产商品 x，产量为 $x_1^p = \bar{l}_x^\alpha$，除自给消费 x_1 外，剩余的 x_1^s 在市场上供给以购买所需求的 y_1^d 和 z_1^d；同样，消费—生产者 2 专业化生产商品 y，产量为 $y_2^p = \bar{l}^{\alpha_y}$，除自给消费 y_2 外，并在市场上供给自给消费所剩余的 y_2^s 以购买所需求的 x_2^d 和 z_2^d；消费—生产者 3 专业化生产商品 z，产量为 $z_3^p = \bar{l}^{\alpha_z}$，其中自给消费 z_3，在市场上供给 z_3^s，购买需求品 x_3^d 和 y_3^d；此外，个人消费决策中的其他选择变量皆为零。据此，分列各种类型消费—生产者的消费决策并得解如表 1 所示。

---

① 蔡继明、江永基：《竞争性均衡的存在性、唯一性和稳定性——基于比较利益相等原则的数理分析》，工作论文，2014 年。

表 1　　　　　　　　消费—生产者消费决策及其最适选择变量

	消费—生产者 1	消费—生产者 2	消费—生产者 3
效用函数	$u_1 = x_1^\alpha (y_1^d)^\beta (z_1^d)^{1-\alpha-\beta}$	$u_2 = (x_2^d)^\alpha y_2^\beta (z_2^d)^{1-\alpha-\beta}$	$u_3 = (x_3^d)^\alpha (y_3^d)^\beta z_3^{1-\alpha-\beta}$
生产函数	$x_1 + x_1^s = \overline{l}^{\alpha_x}$	$y_2 + y_2^s = \overline{l}^{\alpha_y}$	$z_3 + z_3^s = \overline{l}^{\alpha_z}$
预算约束	$v_x x_1^s = v_y y_1^d + v_z z_1^d$	$v_y y_2^s = v_x x_2^d + v_z z_2^d$	$v_z z_3^s = v_x x_3^d + v_y y_3^d$
最适选择变量	$x_1 = \alpha \overline{l}^{\alpha_x}$ $x_1^s = (1-\alpha) \overline{l}^{\alpha_x}$ $y_1^d = \dfrac{\beta v_x \overline{l}^{\alpha_x}}{v_y}$ $z_1^d = \dfrac{(1-\alpha-\beta) v_x \overline{l}^{\alpha_x}}{v_z}$	$x_2^d = \dfrac{\alpha v_y \overline{l}^{\alpha_y}}{v_x}$ $y_2 = \beta \overline{l}^{\alpha_y}$ $y_2^s = (1-\beta) \overline{l}^{\alpha_y}$ $z_2^d = \dfrac{(1-\alpha-\beta) v_y \overline{l}^{\alpha_y}}{v_z}$	$x_3^d = \dfrac{\alpha v_z \overline{l}^{\alpha_z}}{v_x}$ $y_3^d = \dfrac{\beta v_z \overline{l}^{\alpha_z}}{v_y}$ $z_3 = (1-\alpha-\beta) \overline{l}^{\alpha_z}$ $z_3^s = (\alpha+\beta) \overline{l}^{\alpha_z}$

（三）消费—生产者的整体行为

一方面，由同一类型的消费—生产者相同的专业化生产行为组成了某一商品的生产部门；另一方面，消费—生产者对多样化消费的偏好又驱使生产单一商品个体在市场进行交换、互通有无，最终则构成了一个封闭的经济系统。图 1 展现了上述涵盖三个专业化分工的生产部门之间相互交换的市场经济系统。

依循蔡继明、江永基模型设定，要求一个封闭的经济系统均衡需满足以下四个条件：（1）市场出清，即某商品生产部门的市场总供给必须等于其他部门对该商品的市场总需求；（2）人口约束，即所有部门劳动力总量等于经济系统中的总人数；（3）社会总价值，即一国全部商品的价值总量等于社会总劳动时间；（4）比较利益相等原则，即系统均衡时所有生产部门的比较利益量都是相等的。

1. 市场出清

市场出清要求所有商品的市场总供给（商品生产人数乘以个人供给量）等于市场总需求（商品购买人数乘以个人购买量），即：

$$\begin{cases} N_1 x_1^s = N_2 x_2^d + N_3 x_3^d \\ N_2 y_2^s = N_1 y_1^d + N_3 y_3^d \\ N_3 z_3^s = N_1 z_1^d + N_2 z_2^d \end{cases}$$

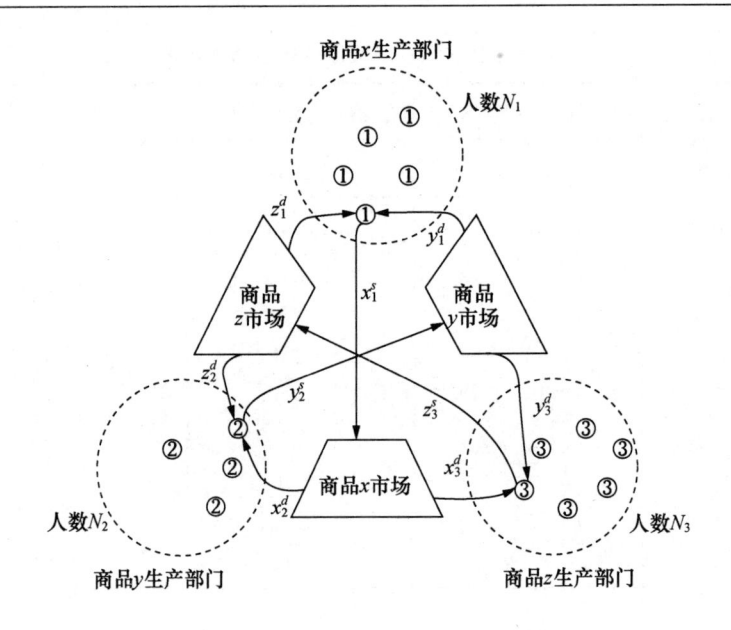

图1　生产部门、市场交换与经济系统

由于以上三个方程式并非是线性独立的，只有两个线性独立方程①，因此代入表1所列各种类型消费—生产者的最适选择变量，可解得相对价值。

2. 人口约束

$$\begin{cases} \dfrac{v_x}{v_y} = \dfrac{\alpha N_2 \bar{l}^{\alpha_y}}{\beta N_1 \bar{l}^{\alpha_x}} \\[2mm] \dfrac{v_x}{v_z} = \dfrac{\alpha N_3 \bar{l}^{\alpha_z}}{(1-\alpha-\beta) N_1 \bar{l}^{\alpha_x}} \\[2mm] \dfrac{v_y}{v_z} = \dfrac{\beta N_3 \bar{l}^{\alpha_z}}{(1-\alpha-\beta) N_2 \bar{l}^{\alpha_y}} \end{cases} \tag{1}$$

人口约束条件要求，三个生产部门劳动力总量等于经济系统中的总人数：

$$N_1 + N_2 + N_3 = \bar{N} \tag{2}$$

这个假设隐含着本文模型不考虑人口增长以及失业问题，不过，在后

---

① 这就是所谓瓦尔拉斯法则。

面分析中将发现,这个假设实际上并不如它表面上看起来那般僵化、强硬,事实上,我们考量的仅是劳动力在生产部门间的相对配置,也就是它们的相对数量而非绝对数量。

3. 社会总价值

将一国全部商品的价值总量定义为社会总劳动时间,一国全部商品的价值总量为三个部门所生产商品的价值总和,而社会总劳动时间为全部人数的劳动总禀赋量,所以:

$$N_1 v_x \bar{l}^{\alpha_x} + N_2 v_y \bar{l}^{\alpha_y} + N_3 v_z \bar{l}^{\alpha_z} = \overline{Nl} \tag{3}$$

将式(1)代入式(3),可解得绝对价值:

$$\begin{cases} v_x = \dfrac{\alpha \overline{Nl}}{N_1 \bar{l}^{\alpha_x}} \\ v_y = \dfrac{\beta \overline{Nl}}{N_2 \bar{l}^{\alpha_y}} \\ v_z = \dfrac{(1-\alpha-\beta)\overline{Nl}}{N_3 \bar{l}^{\alpha_z}} \end{cases} \tag{4}$$

4. 比较利益相等

蔡继明、江永基所设定的第四个条件是劳动力配置的动态调整方程,不过,借助这个设定可以很容易地得出"当系统均衡时所有生产部门的比较利益量都相等"的命题。本文在这个基础上,直接考虑系统均衡的结果而忽略模型的动态调整过程。换句话说,本文所考量的劳动力配置是劳动力的均衡配置,是部门之间已达均衡的配置结果。

依定义,比较利益是由某生产部门所供给商品的总收益与所需商品的名义自产机会成本之间的差额;名义自产机会成本乃针对某类型消费—生产者而言,其自身生产某需求品的劳动的机会成本是为购买该商品所销售的供给品所使用的劳动量,而这些劳动量基于本身生产技术所能生产的需求品数量乘以该需求品价值即为名义自产机会成本。[①] 将每种类型消费—生产者对其所需商品的真实自产机会成本列出,如表2所示。

---

① 更详细、具体的定义请参见蔡继明、江永基《竞争性均衡的存在性、唯一性和稳定性——基于比较利益相等原则的数理分析》,2014年,工作论文的定义1和定义2。

表2　　　　　　消费—生产者对各商品的真实自产机会成本

	消费—生产者1	消费—生产者2	消费—生产者3
x 商品的真实自产机会成本	—	$\frac{\alpha_x}{\alpha_y}\bar{l}^{\alpha_x}$	$\frac{\alpha_x}{\alpha_z}\bar{l}^{\alpha_x}$
y 商品的真实自产机会成本	$\beta\frac{\alpha_y}{\alpha_x}\bar{l}^{\alpha_y}$	—	$\beta\frac{\alpha_y}{\alpha_z}\bar{l}^{\alpha_y}$
z 商品的真实自产机会成本	$(1-\alpha-\beta)\frac{\alpha_z}{\alpha_x}\bar{l}^{\alpha_z}$	$(1-\alpha-\beta)\frac{\alpha_z}{\alpha_y}\bar{l}^{\alpha_z}$	—

令 R_1、R_2、R_3 分别表示由全体消费—生产者1、2、3组成的生产部门的比较利益；$v_j j_i^{oc}$ 表示消费—生产者 i 关于需求品 j 的名义自产机会成本。经各类型消费—生产者的个体决策所得变量代入式（4），可得：

$$\begin{cases} R_1 \equiv N_1(v_x x_1^s - v_y y_1^{oc} - v_z z_1^{oc}) = \overline{Nl}\left[\alpha(1-\alpha) - \beta^{\frac{\alpha_x+\alpha_y}{\alpha_x}}\frac{N_1}{N_2} - (1-\alpha-\beta)^{\frac{\alpha_x+\alpha_z}{\alpha_x}}\frac{N_1}{N_3}\right] \\ R_2 \equiv N_2(v_y y_2^s - v_x x_2^{oc} - v_z z_2^{oc}) = \overline{Nl}\left[\beta(1-\beta) - \alpha^{\frac{\alpha_x+\alpha_y}{\alpha_y}}\frac{N_2}{N_1} - (1-\alpha-\beta)^{\frac{\alpha_y+\alpha_z}{\alpha_y}}\frac{N_2}{N_3}\right] \\ R_3 \equiv N_3(v_z z_3^s - v_x x_3^{oc} - v_y y_2^{oc}) = \overline{Nl}\left[(\alpha+\beta)(1-\alpha-\beta) - \alpha^{\frac{\alpha_x+\alpha_z}{\alpha_z}}\frac{N_3}{N_1} - \beta^{\frac{\alpha_y+\alpha_z}{\alpha_z}}\frac{N_3}{N_2}\right] \end{cases}$$
(5)

通过式（5）中两两相等，其解 $\left\{\left(\frac{N_2}{N_1}\right)^*, \left(\frac{N_3}{N_1}\right)^*\right\}$ 表示在比较利益相等原则下部门2和部门3相对部门1的劳动力配置。此解再与式（2）联立，可得三个部门各自的劳动力配置量：$\{N_1^*, N_2^*, N_3^*\}$。

需要进一步说明的是，上述经过 R_1、R_2、R_3 两两相等所构成的方程组是非线性的。一般而言，非线性方程组不一定有实数解，即便有实数解也不见得是非负的，纵使有非负的实数解也不见得是单一的。因此，经济学者在进行理论研究时一般不愿涉及非线性方程组问题，因为不好掌握其解的诸多性质。幸运的是，我们由比较利益相等原则所建立的非线性方程组，其联立解具有非常良好的性质，蔡继明、江永基证明了这样一组非线性方程存在唯一一组正实数解，不仅如此，这组解还具有稳定性，随着时间的变化将收敛到某个特定点，而不会发散出去。

三 数值模拟

除以上所言，非线性方程组还有一个难点，即不易得出模型的解析解，所以，通常的解决方法就是在模型中代入若干特定参数以进行数值模拟，从而获得其数值解。本节也利用数值分析方法，对以上基于理论模型模拟出的均衡解值和根据经验现实统计出的实际值进行比较。或者更具体地说，我们运用这个理论模型来阐释劳动力在三次产业间的均衡配置。

（一）参数设定

将模型中商品 x 的生产部门视为第一产业，商品 y 的生产部门视为第二产业，商品 z 的生产部门视为第三产业。[①] 利用实际的经验数据，分别计算国内生产总值（GDP）中第一、第二、第三产业增加值的占比作为模型中消费—生产者效用偏好参数的代理变量，其理由从式（3）、式（4）两式的关系中就可以看出。需要特别强调的是，只有达成均衡时各产业增加值的占比才会刚好等于效用的偏好参数，而此处权且作为偏好参数的代理变量。

另外，关于模型的生产技术参数即生产函数幂次，由于没有找到合适测量或估计产业规模报酬大小或专业化程度的经验证据，依经济直观，假定第一产业的专业化经济程度低于第二产业，而第二产业的专业化经济程度又低于第三产业[②]，从而将 x、y、z 的生产函数幂次依序给定为 1、2、3。

（二）经验数据

根据国家统计局官网（http://data.stats.gov.cn/workspace/index?m=hgnd）公布的 1978—2012 年有关三次产业增加值的最新数据，我们计算了自 1980 年以来每五年各产业增加值在国内生产总值占比的平均值

[①] 根据国家统计局的解释，"我国的三次产业划分是：第一产业是指农、林、牧、渔业。第二产业是指采矿业，制造业，电力、煤气及水的生产和供应业，建筑业。第三产业是指除第一、第二产业以外的其他行业。"参见国家统计局《国民经济核算》，http://www.stats.gov.cn/tjsj/zbjs/201310/t20131029_449553.html。

[②] 关于专业化经济程度，参见杨小凯（2003）。

（2010—2012年则取3年平均）①，绘图如图2所示。由图2可以发现，国内生产总值中第一产业增加值的份额逐年递减，第三产业则逐年递增，这两者反映了新经济时代的潮流与趋势，而第二产业几乎没有改变，依然保持在45%左右的高水平。

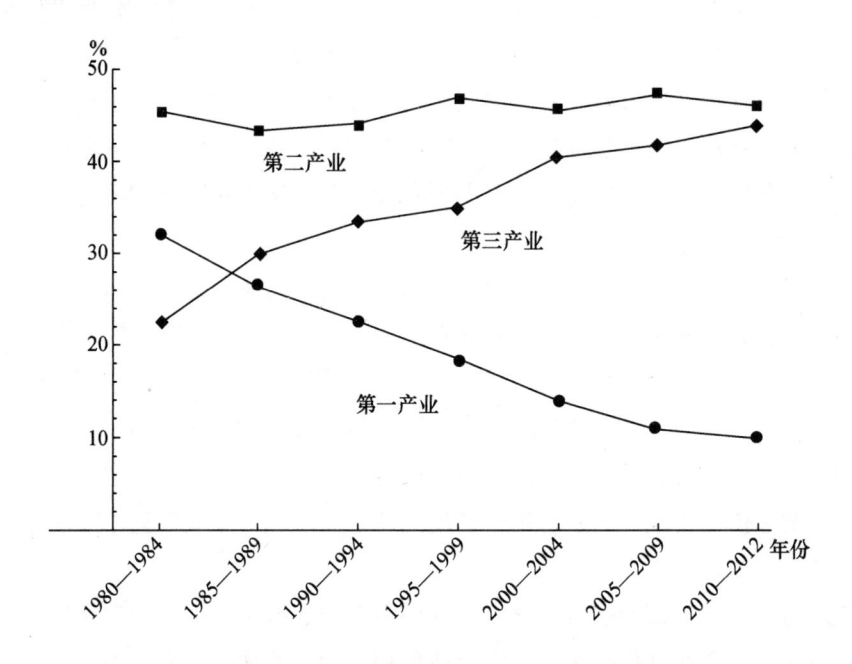

图2　三次产业增加值占国内生产总值份额的实际值

同样，根据国家统计局公布的按三次产业分就业人员数，选取与图2相同的时间段，并采用相同的处理方式，分别计算第一、第二、第三产业的就业人员占全国总就业人员的份额，如图3所示。可知第一、第三产业的就业人员占比与产值增加值份额的趋势一致，第一产业都呈现递减的趋势，而第三产业都呈现递增的趋势。然而，在第二产业中两者趋势并不一致：与图2中第二产业增加值占GDP的份额几乎不变的情形不同，图3中第二产业就业人员的占比呈现上涨的趋势，虽然涨幅不如第三产业来得大，但也是十分明显的，由18.7%缓升到29.5%。

---

① 由于均衡是一种长期趋势概念，本文取平均以消除短期间的波动。

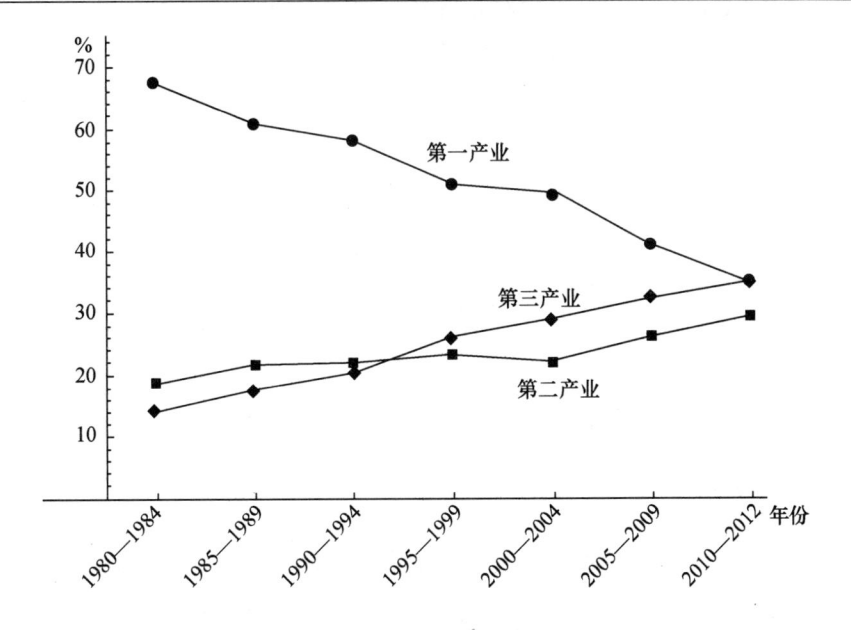

图 3 三次产业就业数占总就业数份额的实际值

(三) 数值模拟

诚如先前所言,我们将三次产业增加值占 GDP 份额的经验数据作为模型中消费—生产者效用的偏好参数,并且依产业规模报酬特征的经济直观,给定用以表示各产业专业化经济程度的生产技术参数,再将每个时间段对应的偏好参数的平均值代入式(5),得出三次产业各自的比较利益方程。比较利益相等原则要求这三个方程必须相等,进而构成一组二元三次非线性方程组。利用这组非线性方程进行数值求解,并将总就业人数标准化,最终就可以得出对应每个时间段各产业就业人数在理论上的均衡解值。将各个时间段所对应的理论均衡值绘出,可得图 4。

从图 4 中可以发现,随着时间变化,第一产业呈递减的趋势,而第二、第三产业呈递增的趋势,这与图 3 各产业的实际值趋势都是一致的;更有甚者,若将各产业劳动力配置的理论均衡值和实际值放在一起考察,我们可以发现,理论值从起始的 1980—1984 年到 2010—2012 年这 30 多年的增降幅度几乎与实际值雷同(见表 3 和图 5);再进一步检定发现,两者之间都呈现非常显著的高度相关(其相关系数由第一产业、第二产业、第三产业依序为 0.97542、0.82216、0.98594,显著性 p 值分别为 0.00018、0.02322、0.00004)。

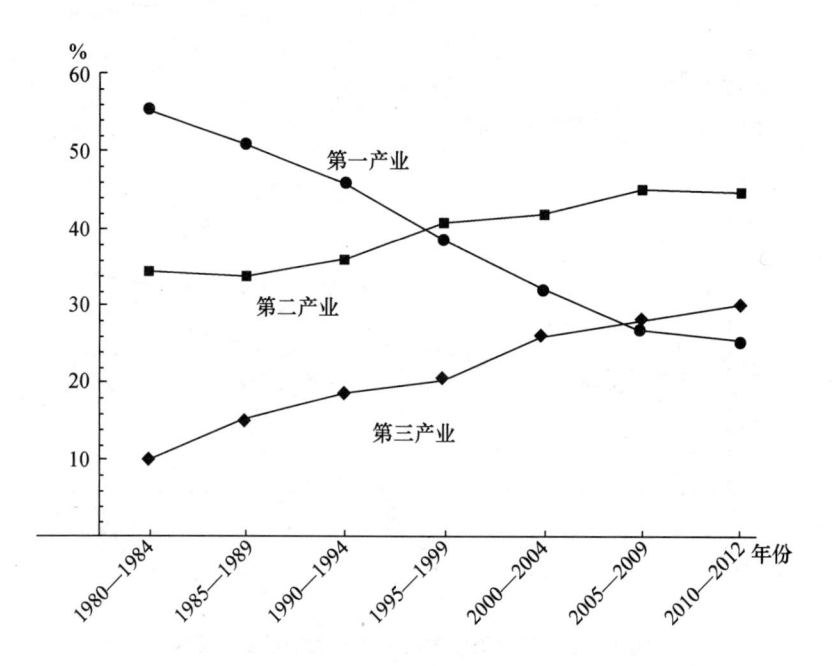

图 4　三次产业就业数占总就业数份额的理论值

表 3　三次产业劳动力配置的实际值与理论值的增降幅

年份	实际值			理论值		
	第一产业	第二产业	第三产业	第一产业	第二产业	第三产业
1980—1984	0.672212	0.187021	0.140768	0.554134	0.34338	0.102486
1985—1989	0.605508	0.217836	0.176659	0.508984	0.337739	0.153276
1990—1994	0.578	0.219198	0.202802	0.456315	0.358895	0.18479
1995—1999	0.504999	0.2334	0.261598	0.384766	0.407272	0.207962
2000—2004	0.492	0.2206	0.2874	0.320843	0.417943	0.261213
2005—2009	0.4118	0.2616	0.3266	0.265596	0.451723	0.282681
2010—2012	0.350334	0.294999	0.354666	0.2524	0.446525	0.301075
增降幅	-0.321878	0.107978	0.213898	-0.301734	0.103145	0.198589

注：全国总就业人数标准化为1。

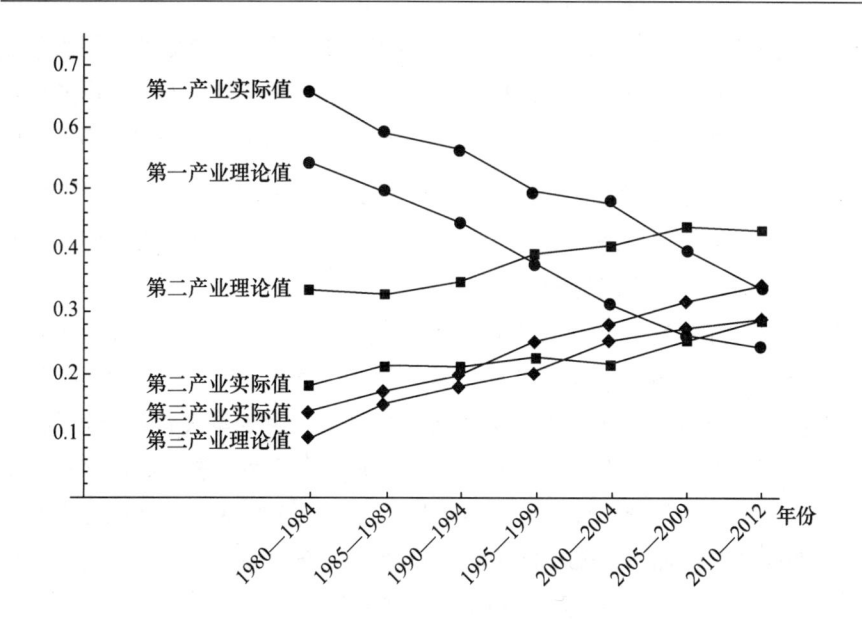

图5 三次产业劳动力配置的实际值与理论值的趋势比较

四 讨论

平心而论，能以一个非常简单的三部门单一劳动要素的分工交换模型，而且在缺乏生产技术参数的经验估计、单凭直观给定参数值的不利条件下，仅依靠比较利益相等原则，就几乎能够完全解释中国三次产业间劳动力配置的实际趋势，这凸显出比较利益相等原则对现实经济具有非常良好的解释力。我们认为，其原因不外乎是，比较利益相等原则考虑到劳动力市场的供过于求，考虑到生产部门的产能有限，考虑到生产部门对劳动者（或者说群体对个体）的制度性约束，而这些往往都是主流经济学忽略的。

新兴古典经济学认为，效用最大化的理性行为人自由进出市场的结果就是在均衡时所有部门所有个体的效用都相等，此谓效用均等化条件。然若依此条件，数值模拟得出的三次产业劳动力配置数，与上述实际的就业情况相较，则具有明显的差异：

将式（1）相对价值代入由消费决策所得各商品的最适消费量，可借以计算各种类型消费—生产者的效用，通过效用均等化条件，我们发现，新兴古典经济学所阐释的各部门劳动力配置与其所生产商品的偏好参数成正比,而在上文中早已言明,模型隐含各商品的偏好参数等于各产业增加值在 GDP 中的份额。所以,图 2 中第二产业增加值的份额 (β) 不变,图 3 中第二产业就业人数"照理"也应该不变(因为 $N_2 = \beta \bar{N}$)。由此可见,基于效用均等化条件来配置劳动力的新兴古典经济学显然是无法解释中国三次产业间的劳动力配置问题。

与新兴古典效用均等化条件类似,新古典经济学认为,理性行为人自由进出劳动力市场将使各部门工资等于个体劳动的边际产值,即所谓的边际产值—工资相等条件。针对这个条件的验证,由于本文模型高度简化,未能在模型中直接体现工资从而无法直接证实或证伪,然若我们将模型中消费—生产者的值即个体劳动的所得视为工资收入的话,那么,对生产能力都相同的个体而言,部门间依边际产值—工资相等来配置劳动力的结果将与新兴古典效用均等化条件的结论一模一样。

五 结束语

如上分析,主流经济学对产业部门的劳动力配置条件的设定,无论是新古典经济学的边际产值—工资相等条件,还是新兴古典经济学的效用均等化条件,均无法利用基本的微观分析框架阐释中国产业间的劳动力配置问题,其根本原因是主流经济学的基本假设往往强调个体的理性行为、市场的竞争性和完全性,而忽略了劳动力市场的供过于求,忽视了群体对个体的制度性约束,也低估了生产部门的有限产能对劳动者所造成的影响;相对而言,比较利益相等原则由于考虑了生产部门的产能受限,考虑到整体对个体的能动性,考虑到组织的制度性约束,因而更能解释现实经济,特别是如中国这样人口压力庞大、制度性约束明显的发展中国家,相信基于此原则所得的政策分析也应更具有指导意义。

参考文献

[1] Kuznets, S., *Economic Growth of Nations: Total Output and Production Structure* [D]. Belknap Press of Harvard University Press, 1971.

[2] 蔡继明、江永基:《专业化分工与广义价值论——基于消费—生产者两阶段决策

方法的新框架》,《经济研究》2013 年第 7 期。

[3] 蔡继明、江永基:《竞争性均衡的存在性、唯一性和稳定性——基于比较利益相等原则的数理分析》,工作论文,2014 年。

[4] 程大中:《中国服务业增长的特点原因及影响:鲍莫尔—富克斯假说及其经验研究》,《中国社会科学》2004 年第 2 期。

[5] 宫泽健一:《产业经济学》,东洋经济新报社 1989 年版。

[6] 江小涓:《服务全球化的发展趋势和理论分析》,《经济研究》2008 年第 2 期。

[7] 江小涓:《服务业增长:真实含义、多重影响和发展趋势》,《经济研究》2011 年第 4 期。

[8] 钱纳里:《工业化和经济增长的比较研究》,吴奇等译,上海三联书店 1995 年版。

[9] 徐传谌、谢地:《产业经济学》,科学出版社 2007 年版。

[10] 杨小凯:《经济学:新兴古典与新古典框架》,张定胜等译,社会科学文献出版社 2003 年版。

[11] 杨小凯、黄有光:《专业化与经济组织———种新兴古典微观经济学框架》,张玉纲译,经济科学出版社 1999 年版。

推进农业转移人口市民化的财政体制异化效应研究

乔俊峰

内容提要： 农业转移人口市民化的本质是促进基本公共服务和社会福利均等化，而财政体制异化效应是无法实现公共资源和服务在流动人口和城市人口之间均等配置的体制原因。"公共服务责任分工—地方政府能力—转移支付效果"这样一个三位一体的制度框架，构成了阻碍农业转移人口市民化的深层原因。因此，要破解农民工市民化困境的突破口，应该完善现行财政体制，使之适应人口流动要求。

关键词： 农业转移人口市民化　财政体制异化效应

一　引言

改革开放以来，伴随工业化和城镇化的快速推进，大量农村人口转移到城市。据有关方面预计，到 2020 年，我国农村转移到城市的人口规模将达 3.2 亿左右。由于户籍制度改革的严重滞后，进入城镇的大量农业转移人口虽然被统计为城镇人口，但与城镇居民相比，无法同等享受公共服务和社会福利待遇，市民化程度低。党的十八大报告提出，"加快改革户籍制度，有序推进农业转移人口市民化，努力实现城镇基本公共服务常住人口全覆盖"；党的十八届三中全会《决定》进一步明确提出，"推进农业转移人口市民化，逐步把符合条件农业转移人口转为城镇居民，把进城落户农民完全纳入城镇住房和社会保障体系，在农村参加的养老保险和医

[作者简介] 乔俊峰，河南师范大学商学院副院长、教授。

疗保险规范接入城镇社保体系,建立财政转移支付同农业转移人口市民化挂钩机制"。在新形势下,如何有序推进农业转移人口市民化,既关系我国城镇化发展的质量和水平,也关系我国社会主义现代化进程,是我国当前社会发展中需要重点解决的问题之一。

二 农业转移人口快速流动条件下的非市民化

所谓农业人口市民化就是农业转移人口转变为市民的过程。具体而言,是指从农村转移到城镇的人口,在经历城乡迁移和职业转变的同时,获得城镇永久居住身份、平等享受城镇居民各项社会福利和政治权利,成为城镇居民的过程。[1] 从国际经验看,农业转移人口向市民转变都是一次性完成的,在实现身份转变的同时也相应地获得与城镇居民的同等权利。与其他国家不同,我国农业人口转移却正经历着"农民—农民工—市民"的转变过程。20世纪80年代,随着乡镇企业的快速发展,农民流动主要以"离土不离乡"形式为主,外出农民工从1983年的约200万人增长到1989年的3000万人,年均增长约为500万人。20世纪90年代以后,以"离土离乡"为特征的跨区域流动快速增长。国家统计局抽样调查数据显示,2009年、2010年、2011年、2012年、2013年外出农民工分别为14533万人、15335万人、15863万人、16336万人、16610万人,其中,举家外出的农民工分别为2966万、3071万人、3279万人、3375万人、3525万人,外出农民工占农民工总量的比例分别为63.2%、63.3%、62.8%、63.3%和61.8%。截至2013年年底,我国城镇化率已达53.7%,其中,城镇人口73111万,其中常住人口的城镇化率为53.73%,户籍人口的城镇化率只有36%。

这种快速转移本质是农村剩余劳动力在产业和空间上转移,并没有在"身份认同"、"社会权利"、"生活方式"等方面实现真正意义的"市民化"。魏后凯等[2]从政治权利、公共服务、经济生活条件和综合文化素质四个方面,构建了农业转移人口市民化程度综合指数,计算出2011年农

---

[1] 潘家华、魏后凯:《中国城市发展报告》,社会科学文献出版社2013年版。
[2] 魏后凯、苏红健:《中国农业转移人口市民化进程研究》,《中国人口科学》2013年第5期。

业转移人口市民化程度仅有40%左右,与城镇居民差距较大。根据国务院发展研究中心的数据①,有20%的农民工随迁子女中有近1/5不能够就读于全日制公办中小学校,农民工住房保障也没有被大部分地区纳入公共服务支出范围。农民工社会保障存在参保率低、保险覆盖面窄、缴费难和地区间转移难等问题。2008—2011年,农民工工伤保险参保率分别为21.9%、24.3%、26.0%和27.0%。农民工失业保险适用范围有限,不适用于大多数仅仅签订短期劳动合同的农民工。②

长期以来,消除城乡二元结构的主流观点多以户籍改革为手段一次性解决农民工的差别待遇。但是,一次性户籍改革涉及方方面面,而且改革的成本也过于高昂,2004年郑州市放开户籍政策很快终止便是很好的例证。实际上,这也成了户籍制度改革难以深入推进并饱受社会诟病的原因。③ 另外,现有的各地户籍改革试点,多倾向于针对本省范围内农业剩余人口,而对外省流入的农民工及其家庭成员则排斥在外。户籍制度改革之所以步履缓慢,主要是户籍与各种公共服务和社会福利挂钩,如果给予农业转移人口和城市居民无差别的社会福利待遇,必将给地方政府带来巨大的财政压力。农业转移人口市民化进程受阻主要不是户籍制度本身,而是附加在户籍制度上的公共服务供给不足和社会福利不均等。推进农业转移人口市民化也并不仅仅是打破户籍制度本身,更重要的是促进基本公共服务和社会福利均等化,实质上是一个财政问题。④ 由于户籍制度的存在以及附加在户籍制度上的城乡社会福利的差别,大部分城乡流动人口仅仅实现了职业上的转换,却没有真正实现公共服务上的均等。

总之,如果农业转移人口市民化程度缓慢在很大程度上是现有财政体制导致的公共服务非均等化带来的,而不是户籍制度造成的,那么就应该创造条件放松这些约束条件,而不仅仅是统一城乡户口。

---

① 国务院发展研究中心课题组:《农民工市民化进程的总体趋势与战略取向》,《改革》2011年第5期。

② 2012年,外出受雇农民工与雇主或单位签订劳动合同的比例仅为43.9%。

③ 韩俊:《农民工市民化与公共服务制度创新》,《行政管理改革》2012年第11期。

④ 课题组:《农业转移人口市民化研究——财政约束与体制约束视角》,《财经问题研究》2014年第5期。

三 推进农业转移人口市民化的财政体制异化效应

推进农业转移人口市民化的本质是促进基本公共服务和社会福利均等化，而财政体制偏离均等化的异化效应是无法实现公共资源和服务在流动人口及城市人口之间均等配置的体制原因。具体来讲，"公共服务责任分工—地方政府能力—转移支付效果"这样一个三位一体的制度框架，是阻碍农业转移人口市民化的深层原因。

（一）公共服务责任分工的高度地方化强化了农业转移人口市民化的难度

第一代财政分权理论认为，由于信息优势和监督问题，地方政府更接近普通选民，政府间事权按照公共产品性质进行划分，中央政府应把更多公共服务责任下放给地方政府。中央政府应该承担外溢性、全国性的公共服务提供，地方政府应该承担本辖区内的公共服务。但我国政府间事权的划分不是按照公共产品的覆盖范围，而是按照行政隶属关系或属地化原则管理的。周黎安[1]称之为属地化发包制，即将一切经济和社会事务尽可能发包给一个个相对分割的属地，以减轻中央的统辖负担，而不论这些事务的性质是属于局部公共产品还是跨地域的全国性的公共产品。新中国成立以后，政府间财政支出责任划分一直缺乏明确的法律界定，地方各级政府在职能上与中央政府十分相似，除国防、外交等必须由中央政府提供外，地方政府几乎承担了包括行政管理、公安、司法、公共卫生、教育、医疗卫生等所有的公共事务。改革开放后的多次财政体制改革，虽然对中央和地方的财政关系进行了多次调整，但更多的是围绕中央和地方收入的调整进行的，很少涉及地方支出责任的变动。因此，支出责任的高度地方化在中国表现十分突出。从"七五"计划开始，地方政府支出比重就超过50%，到"十五"时期更是达到了71.39%。分税制改革以来，在教育、医疗卫生、文化和科学等方面，地方政府支出占总支出的90%以上。目

---

[1] 周黎安：《转型中的地方政府：官员激励与治理》，格致出版社、上海人民出版社2007年版。

前的分税制没有以事权划分为基础，明确界定中央政府与地方政府支出范围，同时依法划分中央政府与地方政府之间的支出责任。这种缺陷的直接后果就是造成很多本该由中央政府负责的事权却转移给地方政府。中央政府转移了事权，却没有下放相应的财权。于是，中央"请客"，地方"买单"现象层出不穷，地方政府财政支出责任的"错位"不可避免。某种程度上进一步固化支出方面既定的分配结构，收入方面的"分成"属性也日趋明显。

公共服务责任的高度地方化强化了跨省流动农业转移人口市民化难度。在传统财政体制框架下，各地政府按户籍人口来提供公共服务，地方政府对本地人力资本投入（教育等公共服务）承担全部事权，人口流动导致地方政府提供的公共服务产生利益外溢效应，使流入地和流出地政府的支出责任与收益不对称。特别是人口流入较大的地区，流入人口的公共服务面临"两不管"的尴尬境地，即流入地和流出地都不负责其公共服务的供给。[①] 在这里，选择劳动力流入最多的广东、浙江、江苏的4个城市，与劳动力输出最多的四川、河南、安徽的4个城市2010年数据进行比较分析（见表1）。

表1 2010年劳动力流入地与劳动力输出地8个城市地方财政收支比较

城市	户籍人口（万）	常住人口（万）	财政收入（亿元）	财政支出（亿元）	按户籍人均支出（元）	按常住人均支出（元）	按常住人均收入（元）
广州	794.62	1270.08	872.65	978.22	12310.54	7702.03	6870.83
深圳	251.03	1035.79	1344.33	1498.84	59707.60	14470.50	12978.79
苏州	633.29	1046.60	900.55	825.67	13037.79	7889.07	8604.53
宁波	574.10	760.57	530.90	600.70	10463.33	7898.02	6980.29
南充	753.51	627.86	32.25	183.99	2441.77	2930.43	513.65
信阳	860.99	610.87	34.10	173.76	2018.14	2844.47	558.22
周口	1206.76	895.32	38.31	193.70	1605.12	2163.47	427.89
阜阳	1014.29	759.99	41.20	161.10	1588.30	2119.76	542.11

资料来源：户籍人口数据来自《中国城市统计年鉴》（2010），常住人口数据来自全国第六次人口普查数据，财政收支数据来自8个城市的2011年统计年鉴。

[①] 刘尚希：《我国城镇化对财政体制的"五大挑战"及对策思路》，《地方财政研究》2012年第4期。

表1表明，广州、深圳、苏州和宁波4个城市加总其常住人口比户籍人口高出82.6%；相反，南充、信阳、周口和阜阳加总常住人口比户籍人口少于24.5%；如果将劳动力流入4个城市与输出4个城市按照地方财政收入指标进行对比，劳动力流入4个城市的人均财政收入8859元，劳动输出4个城市的人均财政收入只有510元，前者是后者的17.35倍；如果按照反映公共服务水平的地方财政支出对比，劳动力流入4个城市按户籍人均23879元，是按常住人均9489元的2.52倍；劳动力输出4个城市按户籍人均只有1913元，按常住人均则为2515元。按户籍人均计算劳动力流入4个城市是劳动力输出4个城市的12.48倍，而按照常住人均计算前者只有后者的3.77倍。很显然，劳动力流入地财政收入与支出的人均水平远远高于输出地，而且流入地人均财政支出按户籍人均也远远高于按常住人口平均水平。如果劳动力流入4个城市将常住人口一律接纳为户籍人口，其户籍人口享有的人均财政支出水平就会下降60%，流入人口越多的城市人均财政支出水平下降幅度越大。以深圳市为例，如果将常住人口接纳为户籍人口，那么本地户籍人口享有的人均财政支出水平就要下降76%。因此，对于劳动流入地政府来讲，"劳动承接，户籍拒绝"也就成为其必然选择。

（二）地方财政能力不足导致户籍制度成为推脱农业转移人口市民化责任的"挡箭牌"

随着城镇化加速，大量农民要转移到城镇就业和居住，并享受与城市居民同等的医疗、社会保障、子女教育和住房等福利待遇，这需要庞大的公共服务和社会福利投入。按照户籍城镇化率36%计算，我国现有大约2.34亿农业转移人口在城市居住却未能与城市居民实现同等待遇。同时根据《中国城市发展报告（2013）》预测，2020年前，中国还将新增1.1亿多农业转移人口。如果把存量和增量加总，2020年前，全国大约3.44亿农业转移人口需要实现市民化。据中国社会科学院测算，完成一个农民实现市民化的公共成本为13.1万元。因此政府至少需要支付40万亿元用于农业转移人口市民化。然而，在现行分级财政体制下，地方财政收入根本无法负担起市民化所需的财政成本（见表2）。如果按照2013年地方财政收入约7万亿元的水平计算，农村转移人口市民化的财政成本直接相当于6年的财政收入。而分税制改革之后，中央政府把税源稳定、税基广的税种全部划归中央财政，把税源零散、征管难度高的小税种划归地方财政，即使是共享税也是中央财政占大部分。与支出责任高度地方化对应收入来源严重不足，全国大多数地区一般预算收入仅能维持地方政府运行，庞大的市民化成本使地方政府压力巨大。

表2　　　　　　　　2004—2013年各级政府财政收入　　　　单位：亿元

年份	2004	2005	2006	2007	2008	2009	2010	2011	2012	2013
全国	26396.47	31649.29	38760.2	51321.78	61330.35	68518.3	83101.51	103874.43	117253.52	129209.64
中央	14503.1	16548.53	20456.62	27749.16	32680.56	35915.71	42488.47	51327.32	56175.23	60198.48
地方	11893.37	15100.76	18303.58	23572.62	28649.79	32602.59	40613.07	52547.11	61078.29	69011.16

资料来源：有关年份《中国统计年鉴》。

随着大规模农业转移人口从欠发达地区流入发达地区，地区间人口结构也发生巨大变化，这也会进一步导致地区间财政能力差异进一步扩大（见表3）。中西部地区劳动力流向东部地区导致发达地区的人口负担比降低，而欠发达地区人口负担比上升。2010年，东部地区的劳动人口占常住人口比例达到72.21%，而中西部地区则分别只有69.27%和67.65%，东部地区0—14岁人口占常住人口比重只有14.46%，远低于中西部地区的17.42%和18.89%的水平，东部地区人口抚养比36.9%也远低于中西部地区的42.85%和46.6%。农业转移人口的单向流动加重了流出地的人口负担（老人和儿童），却减轻了流入地的人口负担。由于流出地多为中西部等经济欠发达地区，大量劳动力外流减弱了地方GDP创造能力，从而降低地方税基；流入地多为东部沿海经济发达地区，人口流动提供了大量廉价的劳动力，经济实力增强的同时财政能力也会不断增强。伴随着人口大规模流动所引起的地区间财政能力差距拉大，地区间公共服务供给的非均等化程度也就不断拉大。

表3　　　　　　　　　　全国人口结构比较

	常住人口（万）	户籍人口（万）	劳动年龄人口（万）	劳动人口占常住人口比重（%）	0—14岁人口（万）	0—14岁人口占常住人口比重（%）	人口抚养比（%）
全国	133281	133738	93389	70.07	22132	16.61	42.72
东部	54994	49776	39710	72.21	7955	14.46	36.9
中部	42252	45269	29267	69.27	7360	17.42	42.85
西部	36096	38693	24418	67.65	6818	18.89	46.6

资料来源：中国2010年人口普查资料。

地方政府提供公共服务意愿也明显不足。在地方财政收入中，营业税、企业所得税及个人所得税是地方独享的主体税种，占据极其重要地位。这三大税种对应的税基分别是商品、资本和劳动，均是流动性税基。财政分权理论认为，地方税最好是受益性税种，即辖区居民的利益与地方政府提供的公共服务密切挂钩，这样会促使地方政府提供好的公共服务来满足辖区居民的偏好。国外很多国家采取对消费环节征税，人口增加可以扩大地方政府的财源，因此地方政府就有动力提供优质公共服务吸引外来人口。然而，我国采取对生产环节征税，人口增加对地方政府而言，通常意味着公共服务供给和财政压力的增大，地方政府对于流动人口具有一种"本能"排斥力，现行的地方税体系带来的问题是地方政府更热衷于推动工业投资，而无能力也不愿意进行公共服务提供。仍以广州等8个城市为例，分析地方财政收入来源（见表4）。在各市的财政收入结构中，税收收入是主体，增值税、营业税和企业所得税占比最大，政府性基金收入是以土地出让金为主体。以深圳市为例，三项税收之和占整个财政收入的59.2%。土地出让金收入占政府性基金收入的85.9%。即使是南充、信阳、周口和阜阳等经济欠发达城市，三项税收之和占财政收入比重最低的周口市也达到了36%，最高的阜阳市达到了47.7%。南充市的土地出让金收入占政府性基金收入比重更是高达88.4%。因此，在现行财政体制的约束下，地方政府更致力于扩大税基和提高地价增加财政收入。营业税、

表4　　2012年劳动力流入城市和流出城市地方财政收入结构　单位：亿元

城市	一般预算收入	增值税	营业税	企业所得税	个人所得税	政府性基金收入	土地出让收入
广州	1102.24	175.83	174.76	107.5	43.96	477.28	220
深圳	1482.08	187.55	421.02	269.73	139.12	310.91	267.1
苏州	1204.33	208.92	256.1	190.02	56.64	120.61	—
宁波	725.5	122.67	195.22	115.74	36.11	440.81	—
南充	52.87	2.24	14.61	5.18	0.95	53.83	47.58
信阳	55.46	3.77	18.47	4.07	1.23	—	—
周口	60.13	3.76	14.23	3.68	0.77	71.8	37.3
阜阳	69.31	10.2	18.69	4.14	0.81	—	—

资料来源：根据广州、深圳、苏州、宁波、南充、信阳、周口和阜阳8个城市2012年统计年鉴整理。

土地增值税、契税和房地产企业所得税等地方税种与房地产市场紧密相关，地方政府大力发展房地产市场既可以大幅增加相关税收收入，又能够带动房价和地价上涨，获得大量的土地出让金收入。同时现有农民工居住的多为城中村和企业提供的职工宿舍。随着城中村改造的加速，农民工居住成本大幅提升，这也进一步阻碍了市民化进程。因此，地方政府在财政资金（包括土地财政收入）用途方面也以旧有户籍制度作为推脱农业转移城镇化责任的最好"挡箭牌"。

（三）现行财政转移支付在均等化功能方面的不足

政府间转移支付均等化水平是保证地区财力均衡、基本公共服务均等化的重要保证。目前，地方政府财力的45%左右来自转移支付和税收返还。[①] 1994年分税制改革后，中央政府对地方政府的转移支付主要包括税收返还、财力转移支付和专项转移支付三种形式。国内大多数学者都认为，现行转移支付未能有效发挥均等化作用。其中，税收返还和体制性补助是1994年分税制改革时为了保护地方既得利益格局所做的体制安排。经济越发达地区所获的税收返还数量越大，不具备均等化功能；财力性转移支付是平衡地区间财力差距的主要形式，但目前财力性转移支付所占比重还不高，限制了其均等化作用的发挥。现行的财力性转移支付中，只有一般性转移支付才是真正意义上的均等化转移支付，但一般性转移支付的比重较小，制约了其均等化效果；调整工资转移支付和农村税费改革转移支付等其他形式的财力性转移支付有均等化性质，但有专项用途，均等化作用极为有限。专项转移支付量大面广、种类庞杂、拨款依据和标准不规范，缺乏有效监督，相当部分的专项资金没有用到规定的用途上，无法发挥均等化作用。

现行转移支付分配方案按照财政供养人口而不是按常住人口实行再分配，过度强调财政供养人口因素，忽视人口流动因素，缺乏针对农村转移人口公共服务的专项转移支付安排。例如，一般性转移支付不包括农民工子女义务教育所需的学费、增加的校舍和教师投入等；不包括农民工社会保障支出和农民工医疗保支出等。缺乏系统的农民工教育培训的专项转移支付和对跨省农民工子女的专项转移支付。截至2013年，中国流动人口规模已达到2.45亿，相当于全国有1/6的流动人口。人口流动因素如此

---

① 吕冰洋：《现代政府间财政关系的构建》，《中国人民大学学报》2014年第5期。

重要，但却难以在现行转移支付制度中得以体现，这在很大程度上限制了转移支付制度均等化功能的有效性。我们将各省人均财政收入视为转移支付之前的人均财力，将各省人均财政支出视为接受转移支付后的人均财力，用二者变异系数的变化来反映转移支付的均等化效果，并区分常住人口与户籍人口的计算基础。从图1可知，人均财政收入变异系数与以常住人口衡量的人均财政支出变异系数差额明显大于人均财政收入变异系数与以户籍人口衡量的人均财政支出变异系数差额，这表明现有的转移支付制度尚未充分考虑人口流动因素。如果考虑人口流动因素，转移支付制度的均等化效果将明显减弱。特别是从2010年以后转移支付的效果明显弱化。

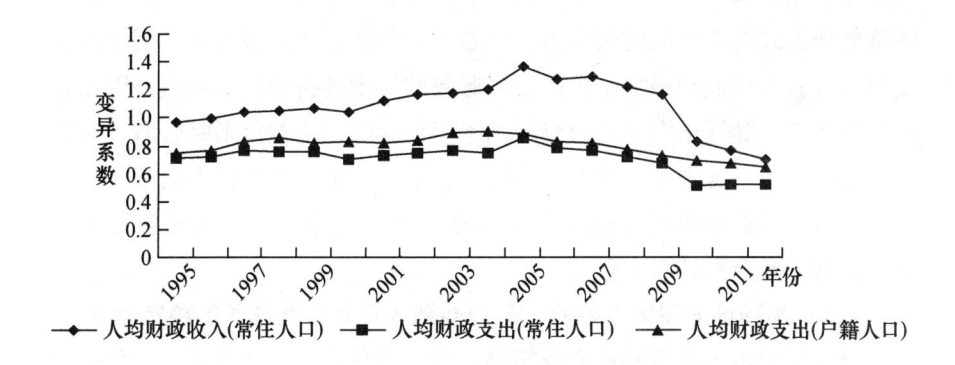

图1 1995—2012年转移支付均等化效果

四 破解农业转移人口市民化困境的财政体制改革路径

推进农业转移人口市民化的关键在于地区间公共服务均等化供给，而在其背后是以有效财税体制为支撑。三位一体的财政体制框架构成了农村转移人口市民化缓慢的深层原因。因此，要破解农民工市民化困境，突破口应该以完善现行财政体制，使之适应人口流动的要求为出发点，结合户籍体制进行联动改革。2014年12月4日，国务院公布《居住证管理办法（征求意见稿）》试图通过居住证形式将各种公共服务与户籍相剥离。然而，要避免居住证制度演变为原有户籍制度的新外衣，只有通过深化财税体制改革，逐步推动城乡间、城市间基本公共服务均等化，使这些公共服务具有普惠性，才能真正剥离户籍的福利属性和户籍身份差异。

（一）以流动人口变动为基础，明晰中央与地方支出责任

现有中央与地方支出责任划分，没有充分考虑流动人口变动，无法解决动态的人口流动与静态的财税体制之间的突出矛盾，因此，要优化财权与事权分配，合理划分中央与地方的责任归属。一是依照公共服务分配属性划分支出责任，尽量减少因户籍区别带来的再分配不公平。中央政府要承担具有再分配的公共服务。以社会保障支出为例，中央应承担主要支出责任，设定全国统一的最低标准补助，同时各个地方政府应根据地区经济发展水平相应调整，减少户籍不同造成的公共服务和社会福利差异，也能够降低地方政府面临的财政压力。二是按照公共服务受益范围，划分政府支出事权。人口流动增加会导致公共服务的过度拥挤和供给不足，因而必须明确事权。随迁子女义务教育、基本医疗保障等受益范围跨区域公共服务，无法由某一地方独立提供，应为中央事权，由中央承担支出责任；就业保障、住房保障等受益范围仅在本辖区的公共服务，应明确为地方事权，由地方政府财政自主负担。

（二）加强地方税体系建设，形成能随人口增加而增长的稳定税源

财权决定地方政府推进农业转移人口市民化的能力和水平，分税制改革以来，地方税收体系单一，过度依赖营业税，缺乏随人口增加而增长的稳定税源，无法激励地方政府提高公共服务能力和水平。因此逐步建立以所得税和财产税为主体税种的地方税体系。税制设计上，由"生产偏好型"税制向"消费偏好型"转变，激励地方政府通过满足常住人口的公共服务需求来优化本地消费市场，从而增加税基，而不是过分依赖投资的竞争而对低禀赋流动人口的公共服务置之不理。应考虑开征新的由地方政府征收的税种，如房产税等，赋予地方政府稳定的财政收入来源。房产税是地方税体系的必备内容之一。运行良好的房产税应该有足够的能力资助地方政府向全体居民提供优质的公共服务，以公共服务资本化的形式提升房地产价值，形成良性循环。同时，加强各级地方政府对主要共享税种的分享比例，增加地方政府的正规收入，进一步提高地方政府提供公共服务的财政能力，使地方政府有能力承担对农业转移人口的公共支出责任。

（三）优化转移支付制度，促成财力与事权相匹配

调整转移支付制度，促成地方政府在农业转移人口市民化问题上的财

力与事权相匹配。地方之间财力水平和公共服务负担能力不同，不能仅仅根据农业转移人口的自然分布进行相应的财政资金分配，中央财政必须优化转移支付制度，促进地方政府间的财力与事权相匹配。一是加大一般性转移支付的规模和比例，拓宽一般性转移支付中标准财政支出的范围，以居住登记人口而不是户籍人口数量为基础预算支出，增加地方政府的财政自主权。建立辖区财政责任机制，实现城镇基本公共服务常住人口全覆盖。① 二是优化专项转移支付的资金管理办法，根据人口流入量对流入地需要承担的财政支出，建立与完善针对农业转移人口的专项转移支付制度，每年定向提供相应财政补贴。如在随迁子女的义务教育保障上，对需要接受教育的转移人口发放教育券，学生凭教育券到流入地接受教育，而流入地凭教育券向上一级财政支取教育经费。省级政府设立农业转移人口市民化专项基金，加强对本省农业转移人口流入较多的城市进行专项补助。三是优化转移支付模式，构建横向转移支付制度，加强地区间的横向财政协调，逐步增强各级政府特别是县级政府提供公共服务责任意识。通过优化财政转移支付制度，使财力的二次分配重点考虑人口流动下公共服务均等化问题，逐步实现财力配置随人走。②

参考文献

[1] 潘家华、魏后凯：《中国城市发展报告》，社会科学文献出版社 2013 年版。

[2] 魏后凯、苏红健：《中国农业转移人口市民化进程研究》，《中国人口科学》2013 年第 5 期。

[3] 国务院发展研究中心课题组：《农民工市民化进程的总体趋势与战略取向》，《改革》2011 年第 5 期。

[4] 韩俊：《农民工市民化与公共服务制度创新》，《行政管理改革》2012 年第 11 期。

[5] 课题组：《农业转移人口市民化研究——财政约束与体制约束视角》，《财经问题研究》2014 年第 5 期。

[6] 周黎安：《转型中的地方政府：官员激励与治理》，格致出版社、上海人民出版社 2007 年版。

[7] 刘尚希：《我国城镇化对财政体制的"五大挑战"及对策思路》，《地方财政研

---

① 夏锋：《规模效应、人口素质与新型城镇化的战略考量》，《改革》2013 年第 3 期。
② 刘大帅、宋羽：《户籍制度约束下人口流动对财政体制改革的影响》，《河北学刊》2014 年第 5 期。

究》2012年第4期。
[8] 吕冰洋：《现代政府间财政关系的构建》，《中国人民大学学报》2014年第5期。
[9] 夏锋：《规模效应、人口素质与新型城镇化的战略考量》，《改革》2013年第3期。
[10] 刘大帅、宋羽：《户籍制度约束下人口流动对财政体制改革的影响》，《河北学刊》2014年第5期。

城镇化进程中的"农村病"
——一个值得重视的研究课题

段学慧

内容提要：改革开放以来，城镇化进程中的"农村病"问题没有得到重视，现有研究凤毛麟角。本文通过对目前关于"农村病"研究的概念、表现、原因和对策以及"农村病"与"城市病"关系的综述，提出研究首先要回答"农村病"是否具有必然性，其次要加强对"农村病"的概念和类型、表现和原因的研究，并站在系统视角和动态视角进行研究，从而发现"农村病"发生、发展的规律。

关键词：城镇化 "农村病" "城市病"

一　引言

迄今为止，完成城镇化的国家，大体都经历了城市剥夺农村、"城市病"与"农村病"并存、城乡综合治理和城乡一体化四个阶段。[①]西方发达国家已经度过了"城市病"与"农村病"并存时期，并经过城乡综合治理基本实现了城乡一体化。改革开放以来，随着我国城镇化步伐的加快，不仅产生了严重的"城市病"，而且产生了严重的"农村病"，目前正经历着"城市病"与"农村病"的双重"折磨"。相比之下，"农村

［作者简介］段学慧，淮北师范大学经济学院副院长、教授。
① 李圣军：《城镇化模式的国际比较及其对应发展阶段》，《改革》2013年第3期。

病"比"城市病"还要严重①,甚至更可怕,更难治。②就范围来说,"农村病"的分布非常广,"农村病"不是"个案",而是一个带有普遍意义的重大问题。③然而,学者们关注的重点是"城市病"而非"农村病"。早在1989年,著名学者顾益康、黄祖辉等就发出感慨,"许多人对所谓的'城市病'大惊失色,而对日益严重的'农村病'却视而不见"。④时至今日,我们依然认为,"长期以来,在我国关于城市化的理论研究与政策实践中,对于'城市病'谈虎色变,防范有加。但对于'农村病'则有所忽视"。⑤CNKI搜索结果显示,以"城市病"为题的专题研究文献多达670篇,而以"农村病"为题的专题研究文献仅有7篇,其他关于"农村病"的论述散见于关于城镇化或农村工业化、农业现代化问题的研究文献。⑥国外对"城市病"的研究在19世纪末就已经开始,但是对"农村病"的研究也比较缺乏。通过外文文献搜索"Rural Problems"⑦,结果显示,没有对"农村病"的专题进行研究。由此可见,从"农村病"一词的出处而言,"农村病"一词作为专业术语出自国内学者的研究文献。

城镇化发端于工业革命,技术革新带来的生产力的提高使城市产生了集聚效应。就其过程来看,它不仅仅是农村变为城镇、农村人口变为城市居民的简单的直线式运动,而是一部农村与城市在变迁中相互作用、共同发展的历史,其最终的目标是实现城乡一体化。进入21世纪,城乡一体化已经成为我国解决"三农"问题、破解城乡二元经济结构和新型城镇化的基本目标。"农村病"不仅严重阻碍农村经济发展和社会进步,也不

---

① 孙立平:《"城市病"与"农村病"》,《书摘》2003年第8期。
② 廖丹清:《论我国城市化道路的选择》,《经济学动态》2001年第9期。
③ 刘学敏:《中国"农村病"及其治理》,《南方建筑》2014年第2期。
④ 顾益康、黄祖辉、徐加:《对乡镇企业小城镇道路的历史评判——兼论中国农村城市化道路问题》,《农业经济问题》1989年第3期。
⑤ 夏永祥:《城镇化中要警惕和治理"农村病"》,《江苏师范大学学报》(自然科学版)2015年第1期。
⑥ 搜索结果截至2015年3月。
⑦ 关于"农村病"的英文翻译,国内学者有的将其译为"Rural Disease",有的译为"Rural Problems"。通过英文文献搜索,"Rural Disease"所表达的是生理上的疾病,比如农村传染病、流行病;英文文献搜索没有发现完整的"Rural Problems"一词,而是两个单词中夹杂着定语比如环境污染、贫困、失业等问题的词汇。故城镇化进程中的"农村病"的英文应为"Rural Problems"。

利于"城市病"的解决（王建国，2011）①，还会使原有城乡二元结构矛盾进一步深化（1989）。② "防治'农村病'有利于增强城镇化加速发展的内生动力，实现城镇化质和量的协同提高，促进城镇化健康可持续发展"（王建国，2011）。③ "根治'农村病'，防治'城市病'是发展中国家由二元经济结构向现代化经济过度必须解决的重大课题"④，切不可有所偏废。

二 "农村病"研究综述

国内最早关注"农村病"的是黄祖辉。20世纪80年代，正当人们为"乡镇企业—小城镇"、"离土不离乡"模式大唱赞歌并称之为中国特色农村城镇化道路的最佳模式时，黄祖辉等在《农村工业化、城市化和农民市民化》⑤一文中，研究了由于农村城市化、农业现代化滞后于农村工业化而导致的"农村病"。此后，伴随农村改革和城镇化进程的推进，学者们主要研究了"农村病"的概念、表现、原因和对策，以及"农村病"与"城市病"的关系。

（一）"农村病"概念

学者们普遍认为，"农村病"是一个与"城市病"相对应的概念，它是城镇化过程中农村地区出现的社会病态的集中概括。不同的是，学者们界定"农村病"的视野和角度不同。

大多数学者基于当时我国农村出现的问题给"农村病"下定义。黄祖辉、顾益康认为，"'农村病'是乡镇工业—小城镇有了一定程度发展，而农村城市化、农业现代化滞后于农村工业化，农村人口及其他生产要素的流动受到人为政策阻碍，过多的人口和从农业中转移出来的非农劳动者

---

① 王建国：《"农村病"》，《河南日报》2011年1月27日。
② 黄祖辉、顾益康、徐加：《农村工业化、城市化和农民市民化》，《经济研究》1989年第3期。
③ 王建国：《"农村病"》，《河南日报》2011年1月27日。
④ 于祖尧：《我国体制转型时期"农村病"及其治理》，《经济研究》1995年第4期。
⑤ 黄祖辉、顾益康、徐加：《农村工业化、城市化和农民市民化》，《经济研究》1989年第3期。

仍滞留于农村所引发的社会经济病症"①；刘传江基本沿用了这一定义②；于祖尧将其简要地概括为"大量的剩余劳动力长期滞留农村引发的'农村病'"③；秦尊文认为，这种城市化滞后所产生的"农村病"是一种"停滞病"。④ 这些对"农村病"的界定都是在对乡镇企业—小城镇模式进行反思的基础上得出的，是一种"因果"定义法。随着时间的推移，"农村病"的症状不再是几个简单的方面，其原因也不再表现得单纯，而是错综复杂、相互交织。农村似乎病得不轻，从而呈现出整体机能的衰退。于是，学者们更趋向于从总体上进行概括。王建国把"农村病"概括为"现阶段我国经济社会快速持续健康发展的同时，广大农村呈现出来的一种不协调的'病态'现象"。⑤ 简新华把"农村病"概括为城镇化过程中出现的优质农村劳动力过度流失、农村人口老化和弱质化、土地抛荒、农村凋敝的现象。⑥ 刘学敏认为，"农村病"是在快速城镇化过程中，传承千年的乡村聚落逐渐走向没落，以往在农业社会中农村的勃勃生机没有了，广大农村呈现出凋敝的病态现象、"垂死的"状态。⑦

与以上学者不同，张桂文从普遍性角度研究"农村病"，认为"农村病"是经济发展初期，由于人口的不断增长，人均农业资源占有量趋于减少，农业劳动生产率十分低下，农村落后、农民贫困的现象。⑧ 并且认为，正是由于"农村病"的普遍存在，才引起农村人口向城市的迁移，从而启动了城镇化进程。⑨ 显然，她不仅把"农村病"看作是"落后病"、"贫困病"，而且与大多数学者认为"农村病"出现在城镇化过程中不同，她把"农村病"看作是城镇化的动力，这与刘易斯"二元经济论"观点相似。

---

① 黄祖辉、顾益康、徐加：《农村工业化、城市化和农民市民化》，《经济研究》1989年第3期。
② 刘传江：《"农村病"：基本"症状"与治理思路》，《经济评论》1996年第6期。
③ 于祖尧：《我国体制转型时期"农村病"及其治理》，《经济研究》1995年第4期。
④ 秦尊文：《小城镇道路：中国城市化的妄想症》，《中国农村经济》2001年第12期。
⑤ 王建国：《"农村病"》，《河南日报》2011年1月27日。
⑥ 简新华：《如何实现健康的城市化》，《光明日报》2012年6月7日。
⑦ 刘学敏：《中国"农村病"及其治理》，《南方建筑》2014年第2期。
⑧ 张桂文：《中国城镇化进程中"农村病"和"城市病"及其治理》，《辽宁大学学报》（哲学社会科学版）2014年第5期。
⑨ 同上。

(二)"农村病"的表现与原因

党的十一届三中全会以后,随着家庭联产承包责任制的实行,国家出台了一系列发展乡镇企业的政策。[①] 家庭联产承包责任制的实行,解放了农村生产力,为乡镇企业的发展提供了剩余劳动力。而乡镇企业的发展,又为农村城镇化提供了动力和支撑。20世纪80年代中期,国家制定了"控制发展大城市,合理发展中小城市,大力发展小城镇"的城镇化政策。至此,乡镇企业—小城镇的互动模式得以形成。与此同时,国家为了控制大城市人口的增长,实行"进厂不进城"、"离土不离乡"的政策[②],并通过户籍制度严格控制农村剩余劳动力向城市的转移。于是,"农村病"从经济学视角看,主要表现为农村工业乡土化、农业副业化、生态环境恶化、小城镇无序化以及离农人口的"两栖"化五个方面。[③] 中国农业银行"农村乡镇发展研究"课题组从社会学视角将"农村病"的表现概括为:居住分散、人口密度低、农业在国民经济中占较高份额且具有很浓厚的自然经济色彩,社会结构简单松弛、人际交往少、传统的农民文化占主导地位。[④] 这些看似乡镇企业—小城镇模式所导致的"农村病",其"产生的根源并不在于乡镇企业和小城镇发展本身,而在于农村工业化和城镇化进程中的制度创新不足,未能彻底地突破城乡二元社会体制和二元经济体制"。[⑤] 从国家层面看,主要原因是国家宏观调控乏力、城乡工农利益悬殊、农村土地的过于细分化[⑥]、国家包揽城镇建设、城乡就业、口粮、医疗、教育等制度障碍以及重视防治"城市病"而缺乏对"农村病"

[①] 1979年7月,国务院颁发了《关于发展社队企业若干问题的规定(试行草案)》、1979年9月党的十一届四中全会通过的《关于加快农业发展若干问题的决定》、1981年国务院《关于社队企业贯彻国民经济调整方针的若干规定》、1983—1986年的中央1号文件、1987年5号文件等,对社队企业在经营范围、经营方式、计划、供销、贷款、税收优惠等方面做了一系列重要决策,促进了乡镇企业的快速发展。

[②] 1981年12月26日,万里在第二次全国农村房屋建设工作会议上讲话说:怎样控制大城市人口的继续增长了就是要在农村就地消化农业人口,不能再使他们进城。1982年11月5日,万里在农业书记会议上讲话说:退出承包地的农民仍留在农村从事各种企业生产。他们离开土地而不进城,叫作"离土不离乡"。

[③] 方承(1990)、郑重(1993)、刘传江(1996)对"农村病"的表现也作了近似的概括。

[④] 中国农业银行"农村乡镇发展研究"课题组:《我国乡镇发展研究》,《管理世界》1990年第4期。

[⑤] 刘传江:《"农村病":基本"症状"与治理思路》,《经济评论》1996年第6期。

[⑥] 黄祖辉、顾益康、徐加:《农村工业化、城市化和农民市民化》,《经济研究》1989年第3期。

的预见性等。① 从微观层面看，由于农民行为的普遍短期化②和乡镇企业对外部经济的追求。③ 从认识上看，主要是由于不理解工业化与城市化的辩证关系，只看到了乡镇企业起步阶段农民"进厂不进城"、"离土不离乡"的积极意义，却忽视了工业化的普遍规律和对农村带来的危害。从管理上看，由于手续烦琐、条条框框多，影响了乡镇企业向城镇集中的积极性。④

由于乡镇企业粗放经营和技术上的总体落后，从1989年起，国家对乡镇企业采取"调整、整顿、改造、提高"方针，在税收、信贷方面的支持和优惠措施减少了。党的十四大确立建立社会主义市场经济体制以后，乡镇企业面临的市场竞争日益加剧。加之经济体制改革的重点向城市转移，我国城镇化重点也逐步地转向发展大中城市。同时，随着户籍制度逐步宽松，农村劳动力转移不再以就地转移为主，而是以异地转移为主，大批农民工进入大中城市，出现了大量的"空心村"；大部分农民工候鸟式的转移，农村土地粗放式经营和撂荒现象严重，大多数农村只剩下"三八五九六一"部队，农村生产生活失去活力。因此，进入21世纪以后，学者们从更深层次研究"农村病"的表现和原因。比如，王建国把"农村病"的表现概括为农村经济发展相对缓慢、农村基础设施和公共服务设施供给短缺、广大农村缺乏活力、农村土地存在撂荒现象、环境污染严重和集体文化生活缺乏六个方面。⑤ 刘学敏认为，"农村病"的典型症状是"空心村"、老弱化、公共设施短缺、贫困化等。⑥ 张桂文认为，我国城镇化进程中的"农村病"的主要表现是农业小规模经营，劳动生产率低下；农民相对贫困和部分群体绝对贫困；"空心村"的普遍存在。⑦ "农村病"的这些表现不仅仅是"撒胡椒面似的小城镇化道路"所导致

---

① 郑重：《农村的现代化、工业化、城市化》，《改革》1993年第6期。
② 黄祖辉、顾益康、徐加：《农村工业化、城市化和农民市民化》，《经济研究》1989年第3期。
③ 方承：《论乡镇企业微观布局的优化》，《农村金融研究》1990年第6期。
④ 郑重：《农村的现代化、工业化、城市化》，《改革》1993年第6期。
⑤ 王建国：《"农村病"》，《河南日报》2011年1月27日。
⑥ 刘学敏：《中国"农村病"及其治理》，《南方建筑》2014年第2期。
⑦ 张桂文：《中国城镇化进程中"农村病"和"城市病"及其治理》，《辽宁大学学报》（哲学社会科学版）2014年第5期。

的①，而是城镇发展伤了乡村的"元气"②，归根结底是城镇化的必然结果，是人类进步的产物。即城市的快速扩张和经济迅速发展，反观广大农村则会出现衰落和凋敝。③ 张桂文站在城乡二元结构转型的角度探讨了"农村病"和"城市病"形成的共同原因：农业转移人口非农化与市民化相脱离；城乡、地区资源配置失衡；城市建设上过度注重经济效益，忽视生态效益与社会效益，城镇规划缺乏科学性。④

（三）"农村病"的治理

黄祖辉等从农村工业化、城市化和农民市民化协调发展的角度提出了解决思路：以县（地）级城市为重点，加快农村中小城市的发展；摒弃国家包揽，充分发挥地方政府、企业和农民在城市建设中的自主作用；把调整农村工业布局和鼓励农村转移劳力进城作为农村城市规划与发展的重点；建立国家影响的市场调节机制，依靠科学技术进步推动农业现代化。⑤ 顾益康等提出，要抛弃城乡割裂发展的二元经济战略，确立以推进离农人口市民化为中心的农村城市化新战略；让农民获得与市民同等的公民权利；深化土地制度改革，加大农业投入，加快传统农业向现代农业转化；深化乡镇企业经营体制改革，促使乡镇企业逐步向城镇集中。⑥ 方承提出，通过建立农村工业小区来优化乡镇企业布局。⑦ 郑重提出，要重视小城镇建设和大中城市合理的网络化布局，积极引导农民参加小城镇建设。⑧ 刘传江提出，从宏观、微观两个层次来治理"农村病"：宏观上实现农业规模经营与农村非农化、农村非农化与农村城镇化、农村城镇化与城镇体制建设三个适度同步发展；微观上解决农业耕地和农村企业不合理的空间配置问题，以获得规模效益和外部经济。⑨ 朱铁臻认为，治理"农

---

① 秦尊文：《小城镇道路：中国城市化的妄想症》，《中国农村经济》2001 年第 12 期。
② 赖明：《提升质量优城镇》，《人民日报》2011 年 6 月 29 日。
③ 刘学敏：《中国"农村病"及其治理》，《南方建筑》2014 年第 2 期。
④ 张桂文：《中国城镇化进程中"农村病"和"城市病"及其治理》，《辽宁大学学报》（哲学社会科学版）2014 年第 5 期。
⑤ 黄祖辉、顾益康、徐加：《农村工业化、城市化和农民市民化》，《经济研究》1989 年第 3 期。
⑥ 顾益康、黄祖辉、徐加：《对乡镇企业小城镇道路的历史评判——兼论中国农村城市化道路问题》，《农业经济问题》1989 年第 3 期。
⑦ 方承：《论乡镇企业微观布局的优化》，《农村金融研究》1990 年第 6 期。
⑧ 郑重：《农村的现代化、工业化、城市化》，《改革》1993 年第 6 期。
⑨ 刘传江：《"农村病"：基本"症状"与治理思路》，《经济评论》1996 年第 6 期。

村病"的核心在于治理目前过度分散的工业化所带来的诸多问题,使分散的乡镇企业向小城市、小城镇集中。① 与其他学者观点相反,郭庆松认为,"离土不离乡"的乡镇企业就业方式在一定程度上治理了大量农村剩余劳动力不能转移的"农村病",但却不能完全根治沉淀已久的"农村病","离土又离乡"的"民工潮"是治理"农村病"的另一剂药方。② 显然,他只是从农村劳动力转移的角度治理"农村病",却没有看到"民工潮"背后所带来的农村土地的粗放式经营等一系列社会问题。

在以上观点基础上,包亚钧提出,要改革土地使用管理制度、控制城镇发展规模、构建城乡循环经济体系。③ 赖明认为,要把推进城镇化的优先点转移到小城镇上来,并且大、中、小城市和小城镇协调发展。④ 王建国认为,要加快小城市和小城镇的基础设施及公共服务设施建设,培育特色产业和现代产业体系,使小城市和小城镇成为未来转移农村人口的主要载体和平台;加快推进村庄整治,建设农村新型社区;财政支出重点要向农村转移;提高农民素质,增加农民收入。⑤ 简新华⑥认为,防止和治理"城市病"和"农村病",仅靠市场作用不能保证健康城镇化的实现,必须发挥政府作用。张桂文⑦提出了统筹解决"农村病"与"城市病"的思路与对策:有序推进农业转移人口市民化,努力化解城乡间与城市内部的双重二元矛盾;合理配置社会资源,促进城乡一体化发展;转变政府治理理念和方式,促进城镇化健康发展。刘志仁⑧认为,合作社将是未来支持农业发展的有力平台,是破解"农村病"的有效途径。

(四)"城市病"与"农村病"的关系

"农村病"与"城市病"是城镇化过程中分别发生在农村和城市的两种有碍经济社会发展的现象。从"发病"的时间来看,"农村病"要先于

---

① 朱铁臻:《寻找医治"城市病"和"农村病"的良方》,《城市规划通讯》1999 年第 12 期。
② 郭庆松:《"民工潮"的社会经济后果分析》,《江淮论坛》1996 年第 2 期。
③ 包亚钧:《中国农村城市化的道路选择》,《中州学刊》2001 年第 2 期。
④ 赖明:《提升质量优城镇》,《人民日报》2011 年 6 月 29 日。
⑤ 王建国:《"农村病"》,《河南日报》2011 年 1 月 27 日。
⑥ 简新华:《如何实现健康的城市化》,《光明日报》2012 年 6 月 7 日。
⑦ 张桂文:《中国城镇化进程中"农村病"和"城市病"及其治理》,《辽宁大学学报》(哲学社会科学版)2014 年第 5 期。
⑧ 吴俊生:《廓清定位大有作为(下)——资深三农专家解读"一号文件"背后的农业和农资》,《农资导报》2014 年 4 月 4 日第 C01 版。

"城市病"。[1] 从相互关系来看，二者互影响、相互强化。[2] 从性质上看，"城市病"是"发展病"、"管理病"[3]，"农村病"是一种"停滞病"。[4] 从治理角度来看，"城市病"随着经济发展和城市管理水平的提高，是完全可以治好的病；相反，"农村病"比"城市病"更可怕、更难治。[5] 因而，在加快推进城镇化进程中，要像防治"城市病"一样防治"农村病"。防治"农村病"有利于增强城镇化加速发展的内生动力，实现城镇化质和量的协同提高，促进城镇化健康可持续发展。[6] 解决"城市病"主要在于全面推进城市转型，解决"农村病"的核心是建设现代化的社会主义新农村。[7] 从形成原因来看，"城市病"是对"农村病"的逃离[8]，人口流动中表现出来的"城市病"并不是人口流动所造成的，而是深层次的制度性歧视的结果，是国家和城市对农村和农民欠账太多的惩罚性表现，"农村病"是以牺牲农民权益为代价的。[9] 因此，推进城镇化不能以牺牲农业现代化为代价，城市的繁荣不能建立在农村衰落的基础上。[10]

三 评述与展望

对城镇化进程中的"农村病"问题的研究，不仅是农村经济学的前沿课题，而且是发展经济学、城市经济学的前沿课题。已有研究虽然稀少，但是有关"农村病"的内涵、表现、原因及对策的探索做了先驱性努力，为进一步研究"农村病"提供了有益的借鉴。

---

[1] 张桂文：《中国城镇化进程中"农村病"和"城市病"及其治理》，《辽宁大学学报》（哲学社会科学版）2014年第5期。

[2] 同上。

[3] 廖丹清：《论我国城市化道路的选择》，《经济学动态》2001年第9期。

[4] 秦尊文：《小城镇道路：中国城市化的妄想症》，《中国农村经济》2001年第12期。

[5] 廖丹清：《论我国城市化道路的选择》，《经济学动态》2001年第9期。

[6] 王建国：《"农村病"》，《河南日报》2011年1月27日。

[7] 王田田、唐福勇：《城镇化问题目前主要在六方面不协调、不同步》，《中国经济时报》2014年6月30日第3版。

[8] 孙立平：《"城市病"与"农村病"》，《书摘》2003年第8期。

[9] 李昌庚：《人口流动与社会稳定关系的宪政思考》，《南京晓庄学院学报》2009年第3期。

[10] 王田田、唐福勇：《城镇化问题目前主要在六方面不协调、不同步》，《中国经济时报》2014年6月30日第3版。

"农村病"在不同时期有不同的表现,其原因和对策自然有所不同,但这并不影响我们对"农村病"的本质和一般规律的研究。通过已有的研究,我们发现,学者们的研究紧扣我国农村改革及城镇化进程,研究的相关内容带有一定的时代色彩,如何得出基于时代背景又超越时代痕迹的关于"农村病"的一般的规律性的知识体系,将是理论研究需要进一步努力的方向。

(一) 关于"农村病"是否具有必然性的研究

有学者把"农村病"的出现看作是一种历史必然。[①]"农村病"的出现是否具有必然性？不仅关系到我们对"农村病"问题本身的认知,而且关系到我们对"农村病"在理论和实践上的重视程度及治理措施的科学性。如果认为"农村病"是城镇化进程中的必然现象,那么,在理论和实践上可能就会听之任之、无所作为。就像城市的发展是否必然导致"城市病"命题一样,改革开放以来,有人以西方理论和实践为依据,认为既然西方国家在城镇化过程中都经历过"城市病"阶段,那么"城市病"就是必然,我们也不要大惊小怪,随着城镇化规模达到一定程度后"逆城市化"的到来,"城市病"就会自然消失。结果,严峻的现实给这种"拿来主义"当头一棒。西方国家在城镇化过程中也经历过城市剥夺农村、"城市病"与"农村病"并存阶段,现在已经走上了城乡一体化,难道这一过程是自然而然发生的吗？我国是一个农业大而不强、农民人口多而素质不高的国家,"农村病"的出现不仅有与西方类似的地方,也有不同于西方的地方；不仅有历史原因,也有现实原因；不仅有客观原因,也有人为的主观原因。因而,揭示"农村病"产生的条件和发作的规律,回答它是否具有必然性,成为理论研究必须解决的问题。

(二) 科学界定"农村病"

对"农村病"的界定是在对"农村病"进行系统研究的基础上所做出的高度概括,能够使人们简洁明了地对"农村病"有一个总体把握。要科学地界定"农村病"需要解决以下几个问题：其一,"农村病"发生的时间。大多数学者认为,"农村病"发生在城镇化过程之中,而个别学

---

① 刘学敏认为,"农村病"是城镇化过程中的必然结果,是在整个社会经济发展过程中某个特定阶段出现的现象,应该是人类进步的产物。它的产生是客观的、不以人的意志为转移的。

者认为"农村病"发生在城镇化之前，并且认为正是"农村病"的出现才推动了城镇化进程。①"农村病"究竟发生在城镇化过程中还是发生在城镇化之前？关系到对"农村病"的表现及原因的研究。其二，"农村病"内涵的界定。"农村病"是在城镇化尚未完成过程中因社会经济的发展和城市化进程的加快所导致的对农村经济、社会所产生的负面效应。要解释这种负面效应，必须从质与量两方面来界定，才能给出一个准确的答案。首先，要对"农村病"进行定性研究，即"农村病"是"发展病"还是"停滞病"、"落后病"？抑或是"管理病"？其次，通过构建"农村病"指标体系对"农村病"进行定量研究。目前，在研究"城市病"方面，学者们尝试构建"城市病"的指标体系②，研究"农村病"也可以通过构建指标体系，对农村的健康、亚健康、病态、严重病态作出界定，使农村病的研究更具有说服力。

(三) 重视"农村病"类型与分类研究

"农村病"是复杂的社会现象，预防和治理"农村病"是一项复杂的综合性改革工程。改革开放以来，农村发展过程中面临很多新问题和急需解决的老问题，各种问题交织在一起使农村病复杂化。加之我国地域辽阔，地区差异较大，同一时期不同地区、同一地区不同时期的"农村病"的病因、症状也具有不同的特征。因而，厘清"农村病"类型，对认识和解决"农村病"具有重要的理论意义和现实意义。比如，从历史角度来划分，哪些问题是历史因素造成的，哪些是改革过程中新出现的；从整个社会的不同层面划分，哪些是政治因素造成的，哪些是经济因素造成的，哪些是文化因素造成的，哪些是技术因素造成的；从制度角度来划分，哪些是由体制性原因造成的，哪些是人为因素造成的；从内外因角度划分，哪些是外在因素造成的，哪些是农村内部原因导致的，等等。对"农村病"类型的分类，能够为治理"农村病"提供充足的理论准备，才能真正做到对症下药。

(四) 加强"农村病"的表现和原因的研究

文献研究发现，关于"农村病"表现和原因的研究存在三个问题：

---

① 张桂文：《中国城镇化进程中"农村病"和"城市病"及其治理》，《辽宁大学学报》(哲学社会科学版) 2014 年第 5 期。

② 李天健：《城市病评价指标体系构建及应用研究》，《城市观察》2012 年第 4 期；石忆邵：《中国"城市病"的测度指标体系及其实证分析》，《经济地理》2014 年第 10 期。

一是把不属于"农村病"的表现纳入"农村病"。比如,贫困是不是"农村病"的表现?在笔者看来,任何时期农村贫困都存在,而且贫困分为绝对贫困和相对贫困,不仅农村存在贫困,城市也有贫困现象,究竟贫困是不是"农村病"的表现或哪种贫困属于"农村病"的表现,是值得商榷的。二是将"农村病"的表现与原因混淆。比如,有的学者将农村基础设施和公共服务短缺作为"农村病"的表现,在笔者看来,这应当是"农村病"的原因而非"农村病"本身。三是对"农村病"原因的研究还缺乏深度。比如,20世纪90年代前后的研究往往把"农村病"的原因与"乡镇企业—小城镇"模式联系起来。笔者看来,乡镇企业—小城镇模式本身没有错,乡镇企业成为小城镇的产业支撑,城镇为乡镇企业要素的流动提供场所和空间,二者相得益彰。如果从乡镇企业粗放型发展方式导致了农村污染以及小城镇吸纳农村剩余劳动力的能力有限方面来看,乡镇企业—小城镇似乎是"罪魁祸首"。然而,深究起来,农村及小城镇基础设施和公共服务与大城市的不均等,致使农村剩余劳动力不愿转移到乡镇企业—小城镇才是根本原因。综上所述,对"农村病"表现和原因的深入研究,关系到对"农村病"内涵的把握和相关原因与对策的研究。

(五)加强对"农村病"的系统性研究

研究"农村病"不能局限于农村内部,而应当从系统、开放视角,通过研究农村与外部系统的关系来考察"农村病",将更有利于认识和解决"农村病"。这方面要做的研究还需要进一步深入。首先,通过对农村有机体自身变异趋势的研究,分析农村内部哪些因素以及这些因素之间如何相互作用导致农村偏离健康状态。其次,通过对农村有机体"冲击—响应"研究,分析外部哪些因素以及这些因素之间如何相互作用冲击农村系统导致"农村病"的出现。在此基础上,进一步研究内部因素之间与外部因素之间的传导关系。尤其是在当前"农村病"与"城市病"并存的时期,尤其要站在系统论的视角来研究"农村病"与"城市病"的关系,研究哪些是农村或城市各自独立存在的问题,哪些问题在农村和城市之间都存在的问题,以及这些问题之间的相互影响机制。这样,才能避免城镇化进程中"农村病"与"城市病"的发生,并对已经发生的"农村病"和"城市病"提出标本兼治、统筹兼顾的对策。

（六）加强城镇化进程中"农村病"的动态研究

"农村病"在不同时期有不同表现，已有研究大多是从静态视角研究"农村病"。静态研究把农村病看作是某个时期的某几种表现，并基于这些表现寻找背后的原因并提出对策，这样似乎可以对症下药，其实忽视了"农村病"在不同时期的表现以及同一表现在不同时期的原因的不同。因此，只有从动态角度结合农村发展的过程来研究"农村病"的形成和变化，才能从中找出不同时期"农村病"演变的规律。比如，农村剩余劳动力转移在 20 世纪八九十年代表现为剩余劳动力大量滞留农村而转移不出去；90 年代后期至今则表现为农村人口的"空心化"和农民工的"两栖化"，即农村剩余劳动力形式上离开了农村，但却还是农民身份，不得不像候鸟一样地迁徙，继而引发了一系列的农村经济、社会问题。通过在动态研究中发现"农村病"的演变轨迹及其条件，才能真正做到对症下药。

参考文献

[1] 李圣军：《城镇化模式的国际比较及其对应发展阶段》，《改革》2013 年第 3 期。
[2] 孙立平：《"城市病"与"农村病"》，《书摘》2003 年第 8 期。
[3] 廖丹清：《论我国城市化道路的选择》，《经济学动态》2001 年第 9 期。
[4] 刘学敏：《中国"农村病"及其治理》，《南方建筑》2014 年第 2 期。
[5] 顾益康、黄祖辉、徐加：《对乡镇企业小城镇道路的历史评判——兼论中国农村城市化道路问题》，《农业经济问题》1989 年第 3 期。
[6] 夏永祥：《城镇化中要警惕和治理"农村病"》，《江苏师范大学学报》（自然科学版）2015 年第 1 期。
[7] 王建国：《"农村病"》，《河南日报》2011 年 1 月 27 日。
[8] 黄祖辉、顾益康、徐加：《农村工业化、城市化和农民市民化》，《经济研究》1989 年第 3 期。
[9] 于祖尧：《我国体制转型时期"农村病"及其治理》，《经济研究》1995 年第 4 期。
[10] 秦尊文：《小城镇道路：中国城市化的妄想症》，《中国农村经济》2001 年第 12 期。
[11] 简新华：《如何实现健康的城市化》，《光明日报》2012 年 6 月 7 日。
[12] 张桂文：《中国城镇化进程中"农村病"和"城市病"及其治理》，《辽宁大学学报》（哲学社会科学版）2014 年第 5 期。

[13] 中国农业银行"农村乡镇发展研究"课题组：《我国乡镇发展研究》，《管理世界》1990 年第 4 期。
[14] 刘传江：《"农村病"：基本"症状"与治理思路》，《经济评论》1996 年第 6 期。
[15] 郑重：《农村的现代化、工业化、城市化》，《改革》1993 年第 6 期。
[16] 方承：《论乡镇企业微观布局的优化》，《农村金融研究》1990 年第 6 期。
[17] 赖明：《提升质量优城镇》，《人民日报》2011 年 6 月 29 日。
[18] 朱铁臻：《寻找医治"城市病"和"农村病"的良方》，《城市规划通讯》1999 年第 12 期。
[19] 郭庆松：《"民工潮"的社会经济后果分析》，《江淮论坛》1996 年第 2 期。
[20] 包亚钧：《中国农村城市化的道路选择》，《中州学刊》2001 年第 2 期。
[21] 吴俊生：《廓清定位大有作为（下）——资深三农专家解读"一号文件"背后的农业和农资》，《农资导报》2014 年 4 月 4 日第 C01 版。
[22] 王田田、唐福勇：《城镇化问题目前主要在六方面不协调、不同步》，《中国经济时报》2014 年 6 月 30 日第 3 版。
[23] 李昌庚：《人口流动与社会稳定关系的宪政思考》，《南京晓庄学院学报》2009 年第 3 期。

运用产业政策促进经济发展研究

张明龙　张琼妮

内容提要：运用产业政策促进经济发展，是经济新常态下宏观管理的常见方法。产业政策包括产业结构政策、产业组织政策和产业布局政策等内容。我国在运用产业政策促进经济发展方面，已积累了不少成功的经验。为了进一步运用产业政策促进经济发展，应努力提高产业政策体系的整体合力，使其形成的导向机制，有利于优先发展主导产业，有利于运用信息化改造传统产业，有利于重点培育和发展高新技术产业，有利于加强发展基础产业，有利于产业集群突破生命周期拐点。

关键词：产业政策主导产业　传统产业　高新技术产业　基础产业　产业集群

当前，我国和世界经济都已进入一种前所未有的新常态，这将是一个动态、曲折且长期的结构调整与发展方式转型过程。[1]为了适应经济新常态出现的新形势，我国发达地区将会通过技术创新，不断产生和吸引新兴产业，保持旺盛的增长势头，使自己能够维持长久的繁荣局面。而落后地区也将设法实现赶超目标，为此，一项重要措施，就是培育当地产业成长和承接外地产业转移，形成区域产业集聚，设法增强自身的能量积累功能。所以，面对经济新常态，我国各地都将十分重视运用产业政策促进经济发展。产业政策，通常是指政府依据经济和社会发展需要，对产业配置进行干预而形成的各种政策。我国各地推出的产业政策，主要表现为规划和法律形式；也有一定数量的产业政策是以"产品目录"、

[作者简介] 张明龙，台州学院经贸管理学院；张琼妮，浙江财经大学东方学院讲师、博士。
[1] 陈凤英：《国际背景下的中国经济新常态》，瞭望观察网，http://www.lwgcw.com。

"产业目录"、"决定"、"通知"、"复函"等文件形式出现的。在一定时期内，各地制定的各种产业政策，形成一个有机整体，并以合力形式推动当地经济发展，就形成了一个促进区域繁荣的产业政策支持体系。由规划、法规等内容组成的产业政策体系，可以覆盖当地政府管辖范围内的各个方面，有很强的导向作用，还有规范化、易操作性、稳定性和适应性强等特点，既可促使当地经济实力不断增强，又能保证政府对区域发展的调节与控制。本文拟对运用产业政策促进经济发展，谈点浅见，供有关方面参考。

一 产业政策的基本内容

（一）产业结构政策

一定时期内，各种产业的比例具有一定规律性。按照经济发展的客观要求，形成不同产业的合理比例，使它们相互协调发展，可以推动经济快速增长；反之亦然。放任自流的盲目市场竞争，可能会导致各种产业比例不合理。为了弥补市场调节的不足，政府对产业发展进行适当调整是必要的。从发达国家的经验看，产业结构政策主要用于选择主导产业、支柱产业以及重点发展产业，形成鼓励或限制发展的导向性产业政策效果，达到调整和优化产业结构的目的。

我国从20世纪90年代开始，在推进社会主义市场经济体制建设过程中，加快优化产业结构的步伐，出台了一系列调整产业结构的政策文件，其中主要有：1997年公布了《当前国家重点鼓励发展的产业、产品和技术目录》、《外商投资产业指导目录》。1999年公布了《淘汰落后生产能力、工艺和产品的目录》（第一批）、《淘汰落后生产能力、工艺和产品的目录》（第二批）、《工商投资领域制止重复建设目录》（第一批）。2000年公布了《中西部地区外商投资优势产业目录》、《当前国家重点鼓励发展的产业、产品和技术目录》（2000年修订）。2002年公布了《淘汰落后生产能力、工艺和产品的目录》（第三批）、《摩托车生产准入管理办法》。2004年公布了《汽车产业发展政策》。2005年公布了《钢铁产业发展政策》。接着，公布了《产业结构调整指导目录》（2005年本），这是我国"十一五"时期产业结构调整的纲领性文件。到2011年3月27日，我国公布了《产业结构调整指导目录》(2011年本),为调整"十二五"期间产业结构指明了方向。

(二)产业组织政策

这项政策旨在促使产业选择合理的组织形式,实现一定区域内产业组织合理化,从而以高效率的产业组织形式,提高区域资源利用率和经济效益,增强市场竞争力。当前,产业组织政策的一个调节重点,是加强产业集群的创新和发展。

产业集群具有特色鲜明的空间产业组织特征。它通过系统进化的结构演变,促使资本、财富和劳动力的运行密度不断提高,形成产业集中分布的区域格局,达到集约经营的目的。通过推进生产要素或资源的有机结合,增强产业之间的内聚力和关联性,产生同向合力的乘数功能,降低整体生产费用。还通过经济要素处于相对密集的状态,以及经济活动数量上的空间扩张,促使区域内企业数目增多和企业规模扩大,减少单位产品需要分摊的固定成本。这些都包含着产业集群组织产生的积极溢出作用。

产业集群表现为一种经济向心运动,能够产生节约费用的集群经济,是运用市场经济规律形成经济圈和经济带的重要手段。它可以通过自身强大的活力和能量,推动经济迅速发展。当然,也会由于陷入困境甚至败落,对经济造成严重影响。对于已有产业集群的区域来说,面对全球性金融危机和严峻复杂的国际经济形势,只有确保产业集群可持续发展,才能顺利实施当地发展战略,有效增强区域综合实力。为此,产业组织政策必须着眼于延长产业集群的生命周期,促使集群内主导产业不断提升竞争力,促使集群内龙头企业不断壮大,促使集群内企业大力开发未来可成为主产品的新产品。

(三)产业布局政策

产业布局是一个由来已久的话题。在世界经济思想宝库中,关于如何合理布局种植业、畜牧业、手工业和商业,我国先秦时期的文献就有大量记述。西方古希腊也有不少思想家做过研究。但研究近代产业布局的论著,距今还只有200多年。

产业布局政策的核心内容,是优化产业的空间配置格局,尽可能根据区位有利条件安排合适的企业,使其符合产业布局"指向"的要求,不断提高企业的空间效率。产业布局"指向"表现为区域内某种因素对某种产业具有特殊的吸引力,该产业相应地被吸引到某个区位上。不同的产业，在天然资源、知识资源、资本资源、劳动力资源、运输费用、销售市场、配套产业、同业协作、优惠政策、基础设施和生态环境等方面存在明显差别，使它们在选择布局地点时，表现出一定的指向性。产业布局的指向有很多形式，其中主要有天然资源指向、劳动力资源指向、资本资源指向、知识资源指向、运输费用指向、配套产业指向、同业集聚指向、市场指向、优惠政策指向、基础设施指向、生态环境指向等。

产业布局政策，促使企业依据自身的"指向"要求，选择优越的地理位置，在特别适宜的地点上建厂办企业，有利于提高产业运行效率，有利于发挥区位优势提高经济运行密度。

二 努力提高产业政策体系的整体合力

促进经济发展的产业政策体系，内含的每项政策都有特定的调节对象。它们存在着许多差别：在功能上，有的属于鼓励性的，有的则是限制性的；在效果上，有的以扩张形式表现出来，有的则通过收缩来完成任务；在时间上，出台顺序有先有后，制定所需的时间有长有短；在范围上，有的对整个区域发挥作用，有的作用范围仅仅局限于某个企业甚至某个产品；在依存条件上，有的存在于经济稳定持续发展状态中的，有的却存在于经济剧烈波动出现下滑状态中的。

产业政策体系内含的各项政策，在调节自己的特定对象时，不是以孤立的形式，而是以整个产业政策体系构成部分的形式发生作用。它在产生自身强制力的同时，又与其他政策的强制力融合起来，既体现自身政策机制的调节功能，又反映别的政策机制的调节要求。所以，各项政策总是以合力形式发挥调节作用。在政策合力形成过程中，只有方向一致的作用力，才能通过矢量相加产生更大的合力。如果它们的作用力方向相反，其矢量相加的结果，只能产生较小的力量，甚至由于完全抵消而没有任何效果。例如，对于企业某项创新活动，倘若有的产业政策是鼓励的，有的产业政策是限制的，那么它们的作用力就会相互抵消，既无法产生预定的鼓励效果，也难以受到应有的限制作用。

建设和完善促进区域发展的产业政策体系，不是一项简单的工作，而是一个系统工程。首先，必须依据促进经济发展的具体要求，制定、充实和完善各个单项产业政策。其次，在单项产业政策的基础上，分别理顺产业结构政策体系、产业组织政策体系和产业布局政策体系。再次，三大不同系列的产业政策体系，通过体系内部各种产业政策要素融合，形成体系内统一的产业政策机制。最后，通过各个体系产业政策机制之间的相互融合，形成一个浑然一体的产业政策整体融合机制，并由这种产业政策整体融合机制，对区域企业的发展与创新行为，产生综合的调节作用。①

为此，应该根据实际需要，制定促进经济发展的统领性产业政策，使其能够对整个区域企业的发展与创新活动，发挥总控制、总协调的作用。制定促进经济发展的系统性产业政策，努力扩大产业政策的作用范围，使其能够覆盖区域不同系统企业经营管理的方方面面。制定促进经济发展的多样性产业政策，不断提高产业政策调节机制的针对性，使不同类型的区域企业都能加强发展与创新活动。制定促进经济发展的互补性产业政策，充实和完善不同系统、不同范围和不同时差产业政策的功能，使它们能够发挥更好的调节效果。制定促进经济发展的交替性产业政策，抓紧推出体现新目标的新产业政策，及时取代已经过时的旧产业政策，使产业政策具有强烈的时代性特点，能够按照时代要求促进区域企业的发展与创新活动。

三　运用产业政策进一步促进经济发展的思索

（一）形成有利于优先发展主导产业的政策合力

罗斯托根据经济成长过程中不同产业的增长速度，把它们划分为主导产业、补充产业和相关产业三类。主导产业，一般是指具有地区比较优势的先进产业或新兴产业，它既是在全国生产地域分工体系中占有相当重要地位的重点产业，又是在整个经济发展中起核心作用的关键产业或推进型产业。主导产业一般面向全国乃至世界市场、产品需求弹性较大、与其相关的部门和企业多、生产单位内部和相互之间联系性强。主导产业的主要特征，表现为具有高投入产出率、地区比较优势明显、对当地经济成长有较强的带动作用。主导产业以推进型龙头企业为核心，形成区域产业集

---

① 张明龙、张琼妮：《中小企业创新与区域政策》，知识产权出版社2011年版。

群，吸引周边生产要素向其流入或靠拢，并使自己成为经济增长极。龙头企业是在主导产业中占统治地位、起领头作用的经济实体。它既可以是一个具有经济拉动作用的大工厂，也可以是由若干推进型核心企业共同组成的联合体。补充产业，是为适应主导产业成长而形成的附属性产业，它将随着主导产业不断壮大而得到较快发展。相关产业，是指与经济增长，特别是跟主导产业成长，具有连锁正效应的关联性产业。

与其他非主导产业比较，主导产业具有明显的产业优势：（1）拥有能反映当代科技进步的技术设备，现实的或潜在的劳动生产率高，或技术设备虽然在全国还没有名列前茅，但适合当地生产力发展的实际，能够形成劳动、资金密集型产品的较大优势。（2）由一系列能取得规模效益的企业群组成，在一定地区的国内生产总值中占有较大份额，或对全国国内生产总值的增长有一定影响。（3）产品在当地生产的机会成本比其交换对方低，在地区市场、国内市场乃至国际市场具有较高的销售成长率和市场占有率，并具有较高的利润率。（4）生产所需的资源，当地往往在全国占有重要地位，或其富集程度较大幅度地高于全国的平均水平。（5）拥有适当数量的补充产业，并有较多的"前向"和"后向"关联产业，能通过连锁效应推进和拉动地区内一大批产业迅速增长。（6）能够主导一定地区内经济发展和产业结构变动的方向。正是由于主导产业具有上述产业优势，使其能够产生极化效应，引起其他经济活动向它靠拢，形成区域集聚规模经济。

为此，要求区域产业政策体系形成的导向机制，能够促进当地主导产业优先发展。就"十二五"期间来说，区域产业政策体系，要确立交通运输设备、特色机械装备、医药、资源再生、石化等主导产业优先发展的地位，保证它们能在经济中发挥引擎的牵引作用。优先发展主导产业的关键，是做大做强主导产业中的龙头企业。龙头企业不断壮大，会引起相关企业由分散走向集中，造成企业集聚，并促使主导产业迅速增长。通过强大的主导产业拉动前向产业，推进后向产业，影响旁侧产业，提高补充产业，可以吸引更多的经济活动向区域增长极靠拢，进而导致区位集聚和城市化集聚，产生降低交易成本的集聚经济优势，带动整个经济的发展。

（二）形成有利于运用信息化改造传统产业的政策合力

运用信息化改造传统产业，是信息化带动工业化的基本内涵之一。信息化过程形成的信息技术，既是针对特定工序的专业技术，又是适应于各种环境的通用技术，因而具有广泛的适用性和极强的渗透性。产业政策体系形成的导向机制，应该有利于运用信息化改造传统产业，有利于推动传统产业结构优化升级。就区域"十二五"期间来说，要抓紧运用信息化改造家用电器、塑料、休闲工艺礼品、鞋帽服装、家具、食品饮料、眼镜、建筑等具有优势的传统产业，其具体方法主要包括：（1）运用信息化改造传统产品。（2）运用信息化改造传统装备。（3）运用信息化改造传统工艺流程。（4）运用信息化改造传统产业组织。（5）运用信息化改造传统产品市场营销。

（三）形成有利于重点培育和发展高新技术产业的政策合力

发展高新技术产业，是一个地区增强创新能力和综合实力的重要措施。高新技术产业中具有引领未来发展作用的重大技术，通常叫作前沿技术。这类前沿技术，具有前瞻性、先导性和探索性等特点。攻克前沿技术，可为日后高新技术的更新换代奠定基础，有利于新兴的高新技术产业持续快速发展。因此，区域产业政策体系，要形成鼓励当地企业特别是科技型企业，积极投入或参与攻克各种前沿技术的创新活动。根据国家发展需要和当地研发能力的实际，区域产业政策体系在重点培育和发展高新技术产业方面，应该形成如下导向机制：

（1）促进先进能源产业发展。加快新型能源开发，重点研究氢能及燃料电池技术、快中子堆技术、磁约束核聚变技术，以及为终端用户提供灵活、节能综合能源服务的分布式供能技术。促使这一领域向低成本、高效率和清洁化方向发展。

（2）促进新能源汽车产业发展。着力研发氢燃料汽车，不断改进汽车用氢燃料的制备、储存和使用技术，使其能够广泛应用。同时，要开发高性能多燃料汽车，使发动机可利用氢甲烷混合燃料、生物甲烷、天然气、酒精汽油和普通汽油等不同燃料；研制使用电力与纯生物乙醇燃料混合动力的汽车；开发采用新型生物乙醇发动机的汽车；还可研制不需任何燃料，以压缩空气推动的汽车。

（3）促进先进制造技术装备产业发展。加强研制与开发柔性制造单元（FMC）、柔性制造系统（FMS）、变频调速装置、伺服控制系统、直线伺服单元、电流伺服及控制单元、中高档数控系统；电主轴、电转台、直线电驱动工件台及其驱动控制装置；高速、高精度位移传感器及新型数显装置；高性能数控机床、加工中心；精密、快速成型加工技术、设备及产品；微加工设备、高性能材料表面处理及改性设备、新型焊接设备、新型激光加工设备、高速和超高速切削设备、计算机辅助测量和分析设备。特别是要重点研究和优先发展微纳机电系统、微纳制造、超精密制造、巨系统制造和强场制造等极端要求的极端制造技术，以及智能服务机器人、重大产品和重大设施寿命预测技术等。

（4）促进新材料产业发展。加快发展智能材料与结构技术、高温超导技术和高效能源材料技术。突破现代材料在设计、评价、表征、制造装备和工艺流程等方面的关键技术，促使材料结构功能复合化、功能材料智能化、材料与器件集成化、制备和使用过程绿色化。

（5）促进电子信息产业发展。加强研制与开发计算机及相关产品、计算机外部设备、信息处理设备、计算机网络设备及产品、计算机软件、微电子产品和电子元器件、数字化广播电视设备、新型通信设备、人工智能产品等。同时，信息领域形成纳米科技、生物技术与认知科学等多学科交叉融合，力争在智能感知技术、自组织网络技术、虚拟现实技术等方面取得系列化研发成果。

（6）促进光电子技术产业发展。力争在研制大功率激光器、量子点激光器、高性能激光导航传感器、光存储器、新型光电器件、光电探测器、激光测量仪器，以及短脉冲超强激光技术等方面取得新的突破。促使激光技术在超精密制造、微芯片加工、医疗器械改进、生命科学研究、热核反应试验和航天器发射等方面得到更加广泛的应用。

（7）促进生物科技产业发展。在功能基因组、蛋白质组、干细胞与治疗性克隆、生物催化与转化技术等方面取得突破性进展。同时，加强基因组学和蛋白质组学研究，促使基因组序列测定与基因结构分析走向应用开发研究，探索药物及动植物品种的分子定向设计与构建，推进生物芯片、干细胞和组织工程等方面的创新与开发。

（8）促进海洋开发产业发展。加强研究与开发海洋监测仪器、海洋遥测技术及设备、水声通信技术及设备、海底地震观测技术及设备。特别是要抓紧发展多功能、多参数和作业长期化的海洋综合开发技术。重点研究和开发海洋环境立体监测技术、天然气水合物开发技术、大洋海底多参数快速探测技术和深海作业技术。

（9）促进航空航天产业发展。这是我国投入增长速度最快的高新技术产业之一，也是国家重点扶持发展的产业。目前，区域企业直接进入航空航天领域的不多,但有不少企业参与国家著名科研机构的研究活动,承接一些产品开发,并取得了成功。例如,神舟五号、神舟六号载人航天飞船的某些齿轮,就是区域一家企业研制加工的。今后,应鼓励区域有实力、有条件的企业,积极参与研发航空发动机、机载设备、地效飞行器、直升机、飞机等航空器和配套产品,以及航空地面设备。积极参与改进和加强航天探测器制造技术、火箭推进系统、测控通信技术等。

(四) 形成有利于加强发展基础产业的政策合力

诺斯、梯诺尔和豪特等,把国民经济分为基础产业部门和非基础产业部门,认为基础产业部门的扩张会造成城市或区域的增长,将促使未来的区域生产总值是原来的数倍,形成一种乘数效果。可见,基础产业部门对加强企业创新,对推进区域发展,都具有十分重要的作用。为此,区域必须运用产业政策体系的导向作用,加强这一产业的发展。

基础产业部门,表现为直接为生产部门、人民生活提供共同条件及公共服务的单位和机构,是社会基础设施的建设者和提供者。加快基础设施建设,是促进企业开展创新活动,确保城市化、现代化进展顺利的基础和支撑条件。斯蒂格利茨的《经济学》在分析发展中国家的政府应该从事哪些经济活动时,指出:"政府必须提供为经济良好运转所必要的经济基础设施。"为了重点发展基础产业部门,进一步加快基础设施建设,建议区域有关部门努力做到以下几点:(1)必须认识到,基础产业部门与直接生产部门,是现代经济两个不可分割的有机组成部分。(2)实行利益均享、投资共担原则,多渠道筹集资金,采用多种形式加快基础设施的建设。(3)加强各区域之间基础产业部门的分工与协作,提高基础设施的综合管理能力和有效利用率。(4)按照"网状交织发展"模式推进区域基础设施建设,做好长远规划,优化布局,合理配置,加强有机联结,避免出现断头线、断头点,形成网状交织结构,提高建设效率。

(五) 形成有利于产业集群突破生命周期拐点的政策合力

设法延长产业集群的生命周期,是确保经济健康和谐发展的重要措施。从综合竞争力角度考察产业集群生命周期,可分成孕育、成长、成熟和衰退四个阶段,它们各自具有鲜明的运行特征。产业集群生命周期曲线存在三个拐点,其中两个为重要拐点:一是出现于成长阶段与成熟阶段之间的巩固点;二是出现于成熟阶段与衰退阶段之间的控制点。产业集群突破拐点使生命得以延续的关键,是加强技术自主创新。

产业集群只有通过加强技术自主创新，才能突破主产品的技术限制，才能开发出未来可成为主产品的新产品。只有这样，才能促使龙头企业不断壮大，促使集群内主导产业竞争力不断提升，既可向上突破巩固点，又可从控制点起死回生。为此，区域产业政策体系，应该充实针对产业集群发展的内容，使其形成的调节导向机制，能够促使产业集群加强技术自主创新，从而突破生命周期曲线拐点，使自己的生命之树永绿长青。

参考文献

[1] 陈凤英：《国际背景下的中国经济新常态》，瞭望观察网，http：//www.lwgcw.com。

[2] 张明龙、张琼妮：《中小企业创新与区域政策》，知识产权出版社2011年版。

中国城乡社会一体化：评价指标体系构建及应用

吴丰华　白永秀

内容提要： 科学合理测度城乡社会一体化水平是推进城乡社会一体化进程的基础。本文基于对已有文献的梳理，从城乡社会一体化概念和主要内容出发，构建适合评价我国城乡社会一体化水平的指标体系，采用两步主成分分析法对2012年中国省域城乡社会一体化指数进行分析。分析结果表明，我国省域城乡社会一体化"中等水平阵营"已经形成；空间分布上呈现东部与东北水平较高、中西部水平较低的状态。我们应采取有针对性的对策措施，提升我国城乡社会一体化的水平。

关键词： 城乡社会一体化　指标体系　两步主成分分析法

一　引　言

中国绵亘千年的自然经济制度和小农生产模式，近代以来外部因素对中国原有城乡关系的巨大冲击[①]，新中国成立初期，采取的重工业优先发展战略以及伴生的一系列城乡分割制度，改革开放前期采取的诸多城市偏

[作者简介] 吴丰华，西北大学经济管理学院讲师，经济学博士；白永秀，西北大学经济管理学院。

[基金项目] 国家社会科学基金西部项目（14XJL013）和西北大学科研基金项目（人文社科类）（13NW02）。西北大学经济管理学院博士研究生程志华、硕士研究生刘晓娟、张新渊参与了指标体系建立的讨论，基础数据的收集和处理，在此致谢。

① 吴丰华：《中国近代以来城乡关系变迁轨迹与变迁机理（1840—2012）》，博士学位论文，西北大学，2013年。

向性政策造成了我国严重而复杂的经济、社会、政治、文化、生态环境五种城乡二元结构。① 其中，破解城乡社会二元结构，构建城乡社会一体化是现在及未来一个阶段城乡发展一体化的重点和突破点。

全国整体看，城乡社会一体化是城乡发展一体化的重点和核心。推进城乡发展一体化已经进入到具体实施和深入推进阶段。在经济、社会、政治、文化、生态环境"五位一体"的城乡发展一体化体系中，城乡经济一体化是基础，它决定我国城乡发展一体化的物质基础、发展空间、产业载体，是常规性任务；城乡社会一体化则是重点和突破点，它决定着城乡发展一体化以人为本的目的，是建立在城乡经济一体化基础上更高层次的城乡统筹发展过程，是现阶段需要重点抓的核心任务；而城乡政治、文化、生态环境一体化是未来重点，它们建立在城乡经济、社会一体化的基础之上（见图1）。从小康建设看，城乡社会一体化是全面建成小康社会的基石。党和政府提出，到2020年全面建成小康社会是实现中华民族伟大复兴的重要内容，而推进城乡社会一体化正是建成小康社会的基石，其所要求实现城市与乡村在基础教育、医疗卫生、社会保障等方面的均等化和一体化，这些诉求与我国建设小康社会的基本含义和建设要求②是高度契合的。从民生关切看，城乡社会一体化是保障和改善民生的主要内容。保障和改善民生事关国家命运和人民福祉，党的十八届三中全会也提出："紧紧围绕更好保障和改善民生、促进社会公平正义……推进基本公共服务均等化……"而城乡社会一体化的核心内容——城乡公共服务均等化、社会保障同质化、社会管理一体化等，与更好地保障和改善民生的主要内容与本质要求高度一致。

城乡社会一体化建设是城乡发展一体化的关键性工作，而要破解城乡社会二元结构，切实推进城乡社会一体化工作，需要我们对我国城乡社会一体化的现状和水平进行准确研判与具体分析。同时，我国幅员辽阔，各区域、各省份间经济社会发展水平差异较大，决定了应以中国省域城乡社

---

① 白永秀：《城乡二元结构的中国视角：形成、拓展、路径》，《学术月刊》2012年第5期。
② 国家有关部门参照国际常用的衡量现代化指标体系，考虑我国国情，从十个方面形成了全面建成小康社会的基本标准：人均国内生产总值超过3000美元、城镇居民人均可支配收入1.8万元（2000年不变价）、农村居民家庭人均纯收入8000元、恩格尔系数低于40%、城镇人均住房建筑面积30平方米、城镇化率达到50%、居民家庭计算机普及率20%、大学入学率20%、每千人医生数2.8人和城镇居民最低生活保障率95%以上。

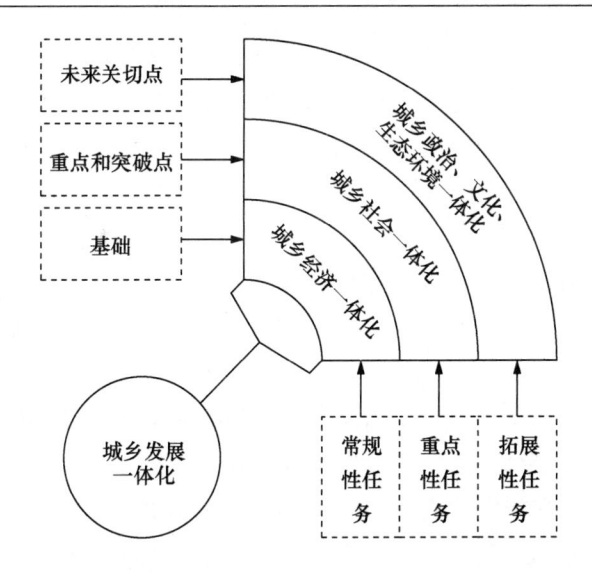

图1　城乡社会一体化在城乡发展一体化中的地位及与其他方面一体化的关系

会一体化水平作为评价对象。本文将首先对城乡社会一体化水平评价相关文献进行回顾；其次在此基础上结合城乡社会一体化的内涵与外延，设计城乡社会一体化水平评价指标体系，阐明指标体系的建立原则、指标选择依据和过程；再次运用这一指标体系评价我国省域城乡社会一体化水平并做深入分析；最后根据评价结果给出针对性的对策建议。

二　相关文献简要回顾

推进城乡社会一体化，实现城乡均衡发展一直是发展经济学的研究热点，近30多年来，学者们的研究主线是城乡社会均衡发展"如何实现"的问题，并形成了一系列著名的模型与理论。如麦克吉（McGee）的"desakota"模型[1]、道格拉斯的区域网络模型[2]、Tacoli 的"城乡连续

---

[1] McGee, T. G. , Urbanisasi or Kotadesasi? Evolving Patterns of Urbanization in Asia [A]. In Costa. F. J., Dutt, A. K., Ma, L. J. C., Noble, A. G. eds., *Urbanization in Asia*: *Spatial Dimensions and Policy Issues* [C]. Honolulu: University of Hawaii Press, 1989, pp. 93–108.

[2] Douglass, M., Rural – Urban Linkages and Poverty Alleviation: Toward a Policy Framework [M]. International Workshop on Rural – Urban Linkages, Curitiba, Brazil, 1998a.

体"①、肯尼思·林奇（Kenneth Lynch）的"城乡动力学"和城乡等值化理论。② 但是，这些理论似乎都无法解释发展中国家，尤其是中国出现的城乡差距逐渐扩大、城乡社会矛盾突出等种种现实问题。Ndegwa也提出，"了解城乡共生关系在国家发展进程中所处的阶段对于政策制定者是非常重要的"。③ 因此，对城乡社会一体化水平这种"现状如何"问题的实证研究，对于清晰地把握我国城乡社会一体化中的优势与劣势、重点与难点具有重大意义。

国外学者对城乡一体化水平与状态的实证研究较少，从20世纪末开始，国内学者进行中国城乡均衡发展状态测度的实证研究，并取得了一定的研究成果。从整体上看，这些研究可以分为两类：第一类单纯从理论上构建测度城乡均衡发展的指标体系④；第二类在构建城乡一体化评价指标体系的基础上，选取评价方法，针对具体区域进行时间序列或横截面数据分析。⑤ 以此为基础也受此启示，随着城乡二元社会结构日益凸显，有学者开始关注城乡社会一体化的评价。这其中一部分学者在城乡一体化评价中更加侧重城乡社会一体化的分析，如焦必方等从城乡经济、生活和医疗教育融合三个角度，选取了10对城乡指标，采取均方差决策法、AHP法和ANP法进行指标赋权，对长三角地区城乡一体化进行了分析。⑥ 白永秀、

---

① Tacoli, C., Rural – Urban Interactions: A Guide to the Literature [J]. *Environment and Urbanization*, 1998, 10 (1), pp. 147 – 166.

② Lynch, K., *Rural – Urban Interaction in the Developing World* [M]. Routledge Perspective on Development, 2005.

③ Ndegwa Elijah, The Concept and practice of the Rural – Urban Linkages Approach and the Emerging Issues [A]. In Collections of Inter – regional Conference on Strategies for Enhancing Rural – Urban Linkages Approach to Development and Promotion of Local Economic Development [C]. http://www.upo – planning.org/detail.asp? article D = 219, 2004.

④ 杨荣南：《城乡一体化及其评价指标体系初探》，《城市研究》1997年第2期；李岳云等：《城乡统筹及其评价方法》，《农业技术经济》2004年第1期。

⑤ 修春亮等：《东北地区城乡一体化进程评估》，《地理科学》2004年第3期；段娟等：《中国城乡互动发展水平的地区差异及其变动趋势研究》，《中国软科学》2006年第9期；赵锋：《广西城乡一体化评价指标体系的设计及实证研究》，《广西社会科学》2010年第1期；张庆文：《城乡一体化综合评价与聚类分析——以北京市为例》，《农村经济》2010年第12期；汪宇明等：《中国城乡一体化水平的省区分异》，《中国人口·资源·环境》2012年第4期；刘红梅等：《中国城乡一体化影响因素分析——基于省级面板数据的引力模型》，《中国农村经济》2012年第8期。

⑥ 焦必方、林娣：《城乡一体化评价体系的全新构建及其应用——长三角地区城乡一体化评价》，《复旦学报》2011年第4期。

王颂吉的研究也显示了对城乡社会一体化的重视。[1] 受到安体富、任强[2]对公共服务均等化水平指标体系前导性研究的启发，还有一部分学者聚焦城乡社会一体化的重要维度——城乡公共服务均等化，构建了城乡公共服务均等化的评价指标体系并对全国省域的城乡公共服务均等化水平进行了实证分析。[3]

从我们掌握的文献看，学术界或是在对城乡一体化水平进行评价时，涉及城乡社会一体化的因素；或是对城乡一体化的个别方面进行了水平评价。可见，尚没有以我国城乡社会一体化水平为评价对象的实证研究文章，而这正是本文的工作。

三 城乡社会一体化评价指标体系的构建

（一）指标体系构建原则

任何指标体系的建立都应依循一定的原则。城乡社会一体化包含方方面面的因素，如果要构建一套科学且能全面兼顾各类因素的评价指标体系，以客观准确地描述、反映城乡社会一体化水平，需要遵循一定的原则来构建指标体系。

第一，全面性原则。城乡社会一体化涵盖前文提到的城乡基础教育、医疗卫生、社会保障、就业住房等多个层次，所以，指标体系应从多个层次和方面选择反映城乡社会一体化的指标，以满足评价的全面性。

第二，科学性原则。评价指标体系必须能够明确反映评价目标（即城乡社会一体化）与指标间的支配关系，应尽量选取城乡比较的指标，同时避免指标层次过多，指标过细。

第三，可比性原则。所选指标的口径（年份、单位、含义等）在省

---

[1] 白永秀、王颂吉：《陕西县域城乡发展一体化水平评价报告（2012）》，中国经济出版社2013年版。

[2] 安体富、任强：《中国公共服务均等化水平指标体系的构建——基于地区差别视角的量化分析》，《财贸经济》2008年第6期。

[3] 刘成奎、王朝才：《城乡基本公共服务均等化指标体系研究》，《财政研究》2011年第8期；彭尚平等：《成都市城乡公共服务均等化的评价指标体系研究》，《四川教育学院学报》2010年第12期；吴晓强：《江苏城乡公共服务一体化评价体系的构建及实证研究》，《特区经济》2011年第11期。

份间、城乡间必须一致。

第四,代表性原则。所有评价都不可能反映被评价对象的全部信息,因此,选取的指标应力争反映评价对象的主要特征和主要方面。

第五,可操作性原则。所选指标含义必须明确、易于理解;选用的指标要有权威可靠的数据来源,确保数据的质量;指标体系符合实际工作的需要,便于实际部门实施及具体操作。

(二) 城乡社会一体化内涵———一级指标的确定

城乡社会一体化水平评价指标体系的设定有赖于对城乡社会一体化的内涵与外延科学合理的界定。学术界从不同角度进行了分析,从城乡权利平等[①]和农民权利贫困[②]角度提出城乡社会一体化重在消除权利的差异化,以实现所有公民都享有平等的公共资源分配、劳动就业以及社会保障权利;从公共服务均等化角度[③],学者们研究了城乡基本公共服务均等化标准的选择[④]、城乡基本公共服务均等化制度建设[⑤]、公共服务均等化中的城乡社会救助[⑥]等问题。

结合以上学者对城乡社会一体化的定义,我们认为,城乡社会一体化应该与我国经济发展水平相适应,按照城乡权利平等、服务均等、标准统一原则提供城市与农村的基础教育、医疗卫生、社会保障等基本保障和服务,形成城市与农村社会保障制度与公共服务互动统筹的格局,最终打破城乡分割的二元社会结构。城乡社会一体化大体包含:城乡基础教育一体化、城乡医疗卫生一体化、城乡社会保障一体化、城乡就业与住房保障一体化、城乡社会管理与文化共享一体化5个方面的内容。这5个维度的一体化水平即我们设定的城乡社会一体化指标体系的5个一级指标(维度指标)。

最终形成了包含5个一级指标(维度指标)、12个二级指标、27个

---

① 任太增、王现林:《权利不平等与城乡差距的累积》,《财经科学》2008年第2期。
② 张等文、陈佳:《城乡二元结构下农民的权利贫困及其救济策略》,《东北师范大学学报》(哲学社会科学版) 2014年第3期;李磊:《以制度建设推进城乡社会一体化》,《光明日报》2013年12月11日第11版。
③ 王谦:《城乡公共服务均等化的理论思考》,《中央财经大学学报》2008年第8期;马海涛等:《论我国城乡基本公共服务均等化》,《财经科学》2008年第12期。
④ 骆永民、樊丽明:《城乡基本公共服务均等化标准的选择问题研究——基于政策敏感度和福利效果的比较分析》,《中国工业经济》2011年第5期。
⑤ 朱巧玲、甘丹丽:《加强城乡基本公共服务均等化制度建设是农民市民化的关键》,《改革与战略》2014年第1期。
⑥ 马静:《公共服务均等化条件的城乡社会救助趋势》,《改革》2012年第12期。

三级指标（基础指标）的评价指标体系。其中三级指标有正向和逆向两种属性，并有具体的计算方法（见表1）。

表1　　　　　　　　　城乡社会一体化水平评价指标体系

综合指数	一级指标(维度指标)	二级指标	三级指标（基础指标）	指标属性	指标含义或算法
城乡社会一体化	城乡基础教育	经费投入	X_1：财政中用于教育支出比重（%）	正向	财政用于教育支出/财政总支出
			X_2：城乡基础教育生均固定资产比	逆向	城市生均固定资产（小学+初中）/农村生均固定资产（小学+初中）
		师资力量	X_3：城乡小学师生比	正向	（城市小学在校学生数/城市小学专任教师数）/农村小学在校学生数/农村小学专任教师数
			X_4：城乡基础教育大专以上学历教师比	逆向	城市大专以上学历教师数（初中+小学）/农村大专以上学历教师数（初中+小学）
	城乡医疗卫生	经费投入	X_5：财政中用于卫生支出比重（%）	正向	财政用于卫生支出/财政总支出
			X_6：人均财政卫生费用（元）	正向	卫生总费用/总人口
			X_7：城乡人均医疗保健消费支出比	逆向	城市人均医疗保健消费支出/农村人均医疗保健消费支出
			X_8：人均基本生育保险基金支出（元/人）	正向	基本生育保险基金支出/总人口
		卫生资源	X_9：城乡千人医院床位数比	逆向	城市千人床位数/农村千人床位数
			X_{10}：城乡千人医护人员数比	逆向	城市千人医护人员数/农村千人医护人员数
		健康水平	X_{11}：五岁以下儿童中重度营养不良比重（%）	逆向	五岁以下儿童中重度营养不良人数/五岁以下儿童总人数
			X_{12}：孕妇死亡率（1/10万）	逆向	—

续表

综合指数	一级指标(维度指标)	二级指标	三级指标（基础指标）	指标属性	指标含义或算法
城乡社会一体化	城乡社会保障	医疗保险	X_{13}：人均基本医疗保险基金支出（元/人）	正向	医疗保险基金支出/总人口
			X_{14}：参加新型农村合作医疗人数（万人）	正向	—
			X_{15}：城乡医疗保险覆盖率比	逆向	城市医疗保险参保人数比重/农村医疗保险参保人数比重
		养老保险	X_{16}：人均基本养老保险基金支出（元/人）	正向	基本养老保险基金支出/总人口
			X_{17}：城乡养老保险参保率比	逆向	城市医疗保险参保率/农村医疗保险参保率
		社会救济	X_{18}：城乡最低生活保障水平比	逆向	城市最低生活保障水平/农村最低生活保障水平
			X_{19}：城乡社会救济人数比重比	逆向	城市社会救济人数比重/农村社会救济人数比重
	城乡就业与住房保障	就业保障	X_{20}：人均基本失业保险基金支出（元/人）	正向	基本失业保险基金支出/总人口
			X_{21}：人均基本工伤保险基金支出（元/人）	正向	基本工伤保险基金支出/总人口
			X_{22}：农村劳动力参加就业技能培训人数比重	正向	农村劳动力参加就业技能培训人数/农村劳动力总人数
		住房保障	X_{23}：农村居民家庭住房价值（元/平方米）	正向	—
	城乡社会管理与文化共享	社会管理	X_{24}：财政支出中公共安全支出比重	正向	公共安全支出/财政总支出
			X_{25}：社区服务中心个数（个）	正向	71
		文化共享	X_{26}：财政中用于文化支出比重（%）	正向	文化支出/财政总支出
			X_{27}：乡镇文化站个数（个）	正向	—

四 评价指标体系的应用

——对 2012 年中国省域的分析

基于对城乡社会一体化相关文献的梳理、概念内涵与外延的解析，得出城乡社会一体化水平评价指标体系。进一步运用这一指标体系，对我国 30 个省份和四大区域[①] 2012 年的城乡社会一体化水平进行评价。

（一）评价方法选择

本文沿用周江燕、白永秀[②]城乡发展一体化指数测算的方法，同时借鉴杨永恒等[③]对人类发展指数替代技术的研究与钞小静、任保平[④]对经济增长质量指数测算中运用的两步主成分分析法。

这种方法有两大优势：一是合成的评价指数相对客观。在数理统计中，权数实质上是对评价指标自身的评价，按性质可分为重要性权和信息量权，前者属于主观赋权，后者属于客观赋权。主成分分析在进多指标综合评价时，权数主要通过数据信息确定，是一种客观赋权。其中，第一步：以相关矩阵各特征向量作权，合成各主成分；第二步：以方差贡献率作权，合成最终综合评价值。二是这种方法的降维处理能较好地解决多指标评价的要求。27 个三级指标构成一个多维空间，被评价的全国以及各省份成为多维空间的样本点。样本点在某项指标上的方差（变差）越大，说明样本在这一指标维度上的距离越大，对样本间城乡社会一体化发展水平差距的影响（权重）也越大。由多项指标进行综合评价时，要以各项指标的总变差来反映样本在多维空间的相对位置。但是，由于基础指标间往往存在一定的相关性，在指标合成时会产生信息重叠，特别是在评价指

[①] 由于香港特别行政区、澳门特别行政区和中国台湾地区的统计口径与大陆相差较大，西藏自治区统计数据缺失较多，所以和很多文献的处理方法一样，本文的城乡社会一体化水平评价不涵盖上述地区（自治区）。

[②] 周江燕、白永秀：《中国城乡发展一体化水平的时序变化与地区差异分析》，《中国工业经济》2014 年第 2 期。

[③] 杨永恒等：《基于主成分分析法的人类发展指数替代技术》，《经济研究》2005 年第 7 期。

[④] 钞小静、任保平：《中国经济增长质量的时序变化与地区差异分析》，《经济研究》2011 年第 4 期。

标较多的情况下，需要在方差信息损失最小的前提下进行降维，即采用较少的变量代替较多的原始变量。主成分方法通过对原始变量进行线性变换，合成彼此独立的分量，可以在确保反映原始变量大部分信息的情况下实现降维。

因此，本文使用两步主成分分析法测度中国省域城乡社会一体化水平。第一步：以各个三级（基础）指标经过处理后的数据作为主成分分析法的输入，来确定基础指标在一级（维度）指标中的权重，以合成5个维度指数；第二步：以5个维度指数作为主成分分析法的输入，得到各维度指数在城乡社会一体化指数中的权重，以合成城乡社会一体化总指数。

（二）数据来源、指标处理和权重确定

本文采用的基础数据来源于《中国统计年鉴》（2013）年《中国卫生和计划生育统计年鉴》（2013）、《中国教育统计年鉴》（2013）、《中国劳动统计年鉴》（2013）、《中国社会保障统计年鉴》（2013）、《中国农村统计年鉴》（2013）和《中国农业统计年鉴》（2013）。对于部分省份的缺失数据，在保证与《中国统计年鉴》统计口径一致的情况下，还查询了各省区（直辖市）统计年鉴。

在城乡社会一体化指数体系中，由于基础指标间的不可公度性[①]，使我们无法对其直接进行计算。因此，需要对基础数据作逆向指标正向化与无量纲处理。和一般研究采取的方法一致，逆向指标正向化运用取倒数的方法，无量纲处理运用取对数的方法。

在对2012年中国30个省份城乡社会一体化基础指标数据进行预处理后，将所得数据以协方差矩阵作为主成分分析的输入，采用两步主成分分析法与权重计算方法，得到城乡社会一体化指数各方面指数的统计特征与权重。在两步主成分分析中，主成分提取能够反映原始数据的绝大部分信息，累计方差贡献率均达到85%以上。经过两步主成分分析，可以计算出5个方面指标的权重，城乡基础教育、城乡医疗卫生、城乡社会保障、城乡就业与住房、城乡社会管理与文化共享分别为0.128798、0.426679、0.123789、0.655345、0.071792（见表2）。

---

① 可公度性也可称为可通度性或可通约性，可公度性是指如果两个量可合并计算，那么它们可以被同一个单位来衡量。不可公度性恰恰相反。

表2　　　　各维度指标的统计特征、系数向量与相应权重

维度	成分	方差贡献率（%）	累计方差贡献率（%）	主成分系数	指标权重
城乡基础教育	1	85.656	85.656	0.570	0.128798
城乡医疗卫生	1	80.213	80.213	1.891	0.426679
	2	14.634	94.847	—	—
城乡社会保障	1	43.752	43.752	0.549	0.123789
	2	24.302	68.054	—	—
	3	18.487	86.541	—	—
城乡就业与住房	1	94.544	94.544	2.905	0.655345
城乡社会管理与文化共享	1	53.961	53.961	0.318	0.071792
	2	28.977	82.938	—	—
城乡社会一体化	1	94.355	94.55	—	—

（三）2012年中国省域城乡社会一体化水平评价

通过两步主成分计算得出的5个方面指标的权重，和第一步主成分分析后得出的5个方面的一体化指数，可最终计算出2012年我国30个省份的城乡社会一体化指数（见表3）。①

表3　　　　2012年中国省域城乡社会一体化指数及排名

排名	省份	指数	排名	省份	指数	排名	省份	指数
1	上海	17.59	11	福建	1.7	21	湖南	1.18
2	北京	9.79	12	重庆	1.63	22	海南	1.18
3	天津	8.13	13	山西	1.53	23	安徽	1.16
4	江苏	5.69	14	陕西	1.39	24	青海	1.14
5	浙江	4.5	15	吉林	1.37	25	河南	1.09
6	辽宁	2.64	16	湖北	1.37	26	云南	1.08
7	新疆	2.52	17	四川	1.34	27	江西	0.84
8	山东	2.17	18	河北	1.31	28	贵州	0.82
9	内蒙古	1.92	19	黑龙江	1.25	29	甘肃	0.76
10	广东	1.79	20	宁夏	1.21	30	广西	0.74

① 需要说明的是，城乡社会一体化指数是一个相对值，反映的是2012年特定省域城乡社会一体化水平在30个省份中的相对位置与水平，而非绝对的量。

可以看出，2012年中国省域城乡社会一体化指数得分范围为0.74—17.59，排名前10位的是上海、北京、天津、江苏、浙江、辽宁、新疆、山东、内蒙古和广东，指数得分范围为1.79—17.59；排名中间10位的是福建、重庆、山西、陕西、吉林、湖北、四川、河北、黑龙江和宁夏，指数得分范围为1.21—1.7；排在后10位的是湖南、海南、安徽、青海、河南、云南、江西、贵州、甘肃和广西，指数得分范围为0.74—1.18。可以看出，排名前10位的省份城乡社会一体化指数差别较大，经历了快速下降，但是，排名后20位的省份城乡社会一体化指数差别不大，省与省之间都很接近。

本文进一步根据城乡社会一体化指数分布的特点，并结合K均值聚类分析的结果，可以将我国30个省份的城乡社会一体化水平大致分为四个阵营。

第一阵营为城乡社会一体化指数大于4的省域，共5个省份，其中，上海的指数远高出全国其他省域，为17.59。北京、天津的城乡社会一体化指数也较高；江苏、浙江也处在第一阵营。从区域分布看，这些省份全部来自东部。

第二阵营为城乡社会一体化指数大于1.5小于4的省域，包括辽宁、新疆、山东、内蒙古、广东、福建、重庆、山西8个省份，指数最高的辽宁和最低的山西之间的差距并不大。从区域分布看，其中3个来自东部，3个来自西部，1个来自东北，1个来自中部。

第三阵营为城乡社会一体化指数大于1小于1.5的省域，包括陕西、吉林、湖北、四川、河北、黑龙江、宁夏、湖南、海南、安徽、青海、河南、云南13个省份。从区域分布看，其中2个来自东部，5个来自西部，2个来自东北，4个来自中部。

第四阵营为城乡社会一体化指数小于1的省域，包括江西、贵州、甘肃、广西4个省份。从区域分布看，其中1个来自中部，3个来自西部。

进一步分析可以得出两方面的结论：按照指数分类，2012年，中国大部分省份城乡社会一体化水平都居于中间水平，位于第二阵营和第三阵营的城乡社会一体化水平的省份共有21个，占全部省份的70%。而城乡社会一体化水平较高的第一阵营省份和较低的第四阵营省份分别只有5个和4个，只占全部省份的30%。可以认为，城乡社会一体化"中等水平集团省份"已经形成（见图2）。按照空间分布，2012年，中国省域城乡社会一体化水平呈现东部领先，东北、中部、西部相对落后的空间状态。

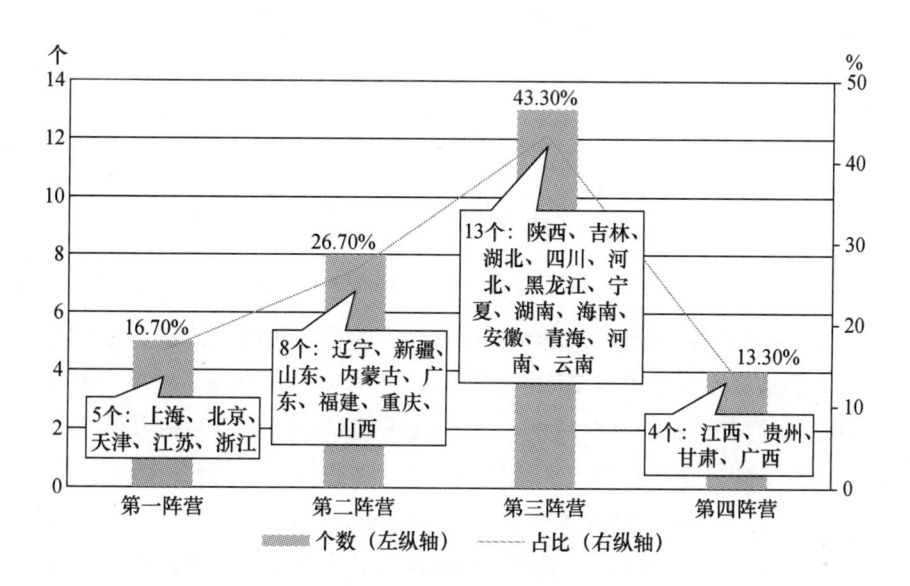

图 2　2012 年中国省域城乡社会一体化水平类型判定

（四）2012 年中国四大区域城乡社会一体化水平评价

在对 2012 年中国省域城乡社会一体化水平进行分析后，我们得出了"东部领先，东北、中部、西部相对落后"的空间状态，但是，东北、中部、西部这三大区域之间的关系如何，相对位置又是怎样，还需要进一步考察四大区域的城乡社会一体化水平。我们对 2012 年每个区域对应省份[①]的城乡社会一体化水平指数进行简单平均，就可以得到 2012 年四大区域城乡社会一体化水平的指数。可以看到，东部的城乡社会一体化水平指数是 5.39，远高于其他三大区域，约为中部的 4 倍多；而东北的城乡社会一体化水平高于中西部，西部又稍高于中部，指数依次是 1.75、1.32、1.20（见表 4）。可以总结为"东部最高，东北次之，而西部略好于中部"的城乡社会一体化区域分布状态。

---

① 本文中的东部、东北、中部、西部四大区域的划分，沿用了多数研究的划分方法，也和国家地理空间规划保持一致。东部即东部 10 个省（直辖市），东北 3 个省，中部 6 个省，西部 11 个省（直辖市、自治区）（不含西藏自治区）。

表4　　2012年中国四大区域城乡社会一体化水平指数与排名

年份	东部 指数	东部 排名	东北 指数	东北 排名	西部 指数	西部 排名	中部 指数	中部 排名
2012	5.39	1	1.75	2	1.32	3	1.20	4

五　结论与政策建议

城乡社会一体化是城乡发展一体化战略的重点和核心，是全面建成小康社会的基石，更是民生工作的主要内容。本文大致梳理了城乡（社会）均衡发展的理论研究和城乡社会一体化水平评价的实证研究两方面的经典及代表性文献。在此基础上，从城乡社会一体化的概念出发，确定了城乡社会一体化水平评价指标体系的一级（维度）指标；从城乡社会一体化的主要内容出发，同时结合数据的可得性和城乡对比的要求，确定了指标体系的二级和三级（基础）指标。进一步地，利用所设计的指标体系，采用两步主成分分析法对中国30个省域和四大区域2012年的城乡社会一体化指数进行了分析。结果表明，我国城乡社会一体化"中等水平阵营省份"已经形成；空间布局呈现"东部最高、东北次之、中西部水平较低"的状态。基于全文分析，特别是2012年中国省域和区域城乡社会一体化水平指数结果，我们可以提出以下对策建议：

第一，抓住人的一体化这个核心。城乡社会一体化的本质是破解城乡社会二元结构，实现城乡社会均衡均等发展，这背后则要求城乡居民享受均衡均等的社会公共服务、获得均等的住房条件与就业机会等，进而实现城乡居民均衡协同发展。所以，城乡社会一体化的关键是实现"人的一体化"，一切统筹城乡社会均衡发展的工作都不可脱离这个核心，在实际工作要着力推进农民理念和行为方式的转变，实现农民与市民文化理念和行为方式一体化；推进各类现代农业发展，实现农民与市民就业一体化；推进新型城镇化，实现农民与市民居住方式一体化；推进农村各类教育、医疗、养老、社保等公共服务发展，实现农民与市民享受公共服务均等化。

第二，制定政策既要统一，也要体现区域、省域差异性。一方面，城乡社会一体化是国家级重大战略，国家制定城乡社会一体化相关政策法规时，出台城乡社会一体化规划时，自然会注意相关政策法规的一致性和各类规划的整体性；另一方面，我国不同区域和省份之间的自然条件、资源禀赋、区位特点、经济发展等诸多先导性和制约性条件差异极大，这必然要求国家在制定城乡社会一体化政策时要兼顾不同区域、不同省域的差异性，允许地方制定适合当地实际的政策和法规，探索符合地方实际的城乡社会一体化的模式和路径。

第三，各省要注意做到全面发力与突出重点相结合。城乡基础教育、医疗卫生、社会保障、社会管理等构成了一个有机系统，如果在实践中过分强调或忽略某一方面，就会导致城乡社会一体化进程受阻。但是，受制于经济发展水平、财政能力的限制，有的省份并不具备全面推进城乡社会一体化的能力；有的省份则是某一项或几项城乡社会一体化事业相对滞后。而且，城乡社会一体化水平虽受制于经济发展水平，但也有部分经济欠发达省份表现抢眼，如西部内蒙古、新疆都进入了全国前十位，说明不同地区和省份对那些最为重要或亟须突破的城乡社会一体化工作集中发力和突破，就有了必要性和可能性。

参考文献

[1] 吴丰华：《中国近代以来城乡关系变迁轨迹与变迁机理（1840—2012）》，博士学位论文，西北大学，2013年。

[2] 白永秀：《城乡二元结构的中国视角：形成、拓展、路径》，《学术月刊》2012年第5期。

[3] McGee, T. G., Urbanisasi or Kotadesasi? Evolving Patterns of Urbanization in Asia [A]. In Costa, F. J., Dutt, A. K., Ma, L. J. C., Noble, A. G. eds., *Urbanization in Asia: Spatial Dimensions and Policy Issues* [C]. Honolulu: University of Hawaii Press, 1989, pp. 93 – 108.

[4] Douglass, M., Rural – urban Linkages and Poverty Alleviation: Toward a Policy Framework [M]. International Workshop on Rural – urban Linkages, Curitiba, Brazil, 1998a.

[5] Douglass, M., A Regional Network Strategy for Reciprocal Rural – Urban Linkages: An Agenda for Policy Research with Reference to Indonesia [J]. *Third World Planning Review*, 1998b, 20 (1).

[6] Tacoli, C., Rural – Urban Interactions: A Guide to the Literature [J]. *Environment and Urbanization*, 1998, 10 (1), pp. 147 – 166.

[7] Lynch, K., *Rural – Urban Interaction in the Developing World* [M]. Routledge Perspective on Development, 2005.

[8] Ndegwa Elijah, The Concept and Practice of the Rural – Urban Linkages Approach and the Emerging Issues [A]. In Collections of Inter – regional Conference on Strategies for Enhancing Rural – Urban Linkages Approach to Development and Promotion of Local Economic Development [C]. http：//www.upo – planning.org/ detail.asp? article D = 19, 2004.

[9] 杨荣南：《城乡一体化及其评价指标体系初探》，《城市研究》1997年第2期。

[10] 李岳云等：《城乡统筹及其评价方法》，《农业技术经济》2004年第1期。

[11] 修春亮等：《东北地区城乡一体化进程评估》，《地理科学》2004年第3期。

[12] 段娟等：《中国城乡互动发展水平的地区差异及其变动趋势研究》，《中国软科学》2006年第9期。

[13] 赵锋：《广西城乡一体化评价指标体系的设计及实证研究》，《广西社会科学》2010年第1期。

[14] 张庆文：《城乡一体化综合评价与聚类分析——以北京市为例》，《农村经济》2010年第12期。

[15] 汪宇明等：《中国城乡一体化水平的省区分异》，《中国人口·资源·环境》2012年第4期。

[16] 刘红梅等：《中国城乡一体化影响因素分析——基于省级面板数据的引力模型》，《中国农村经济》2012年第8期。

[17] 焦必方、林娣：《城乡一体化评价体系的全新构建及其应用——长三角地区城乡一体化评价》，《复旦学报》2011年第4期。

[18] 白永秀、王颂吉：《陕西县域城乡发展一体化水平评价报告（2012）》，中国经济出版社2013年版。

[19] 安体富、任强：《中国公共服务均等化水平指标体系的构建——基于地区差别视角的量化分析》，《财贸经济》2008年第6期。

[20] 刘成奎、王朝才：《城乡基本公共服务均等化指标体系研究》，《财政研究》2011年第8期。

[21] 彭尚平等：《成都市城乡公共服务均等化的评价指标体系研究》，《四川教育学院学报》2010年第12期。

[22] 吴晓强：《江苏城乡公共服务一体化评价体系的构建及实证研究》，《特区经济》2011年第11期。

[23] 任太增、王现林：《权利不平等与城乡差距的累积》，《财经科学》2008年第2期。

[24] 张等文、陈佳：《城乡二元结构下农民的权利贫困及其救济策略》，《东北师大

学报》（哲学社会科学版）2014 年第 3 期。

[25] 李磊：《以制度建设推进城乡社会一体化》，《光明日报》2013 年 12 月 11 日第 11 版。

[26] 王谦：《城乡公共服务均等化的理论思考》，《中央财经大学学报》2008 年第 8 期。

[27] 马海涛等：《论我国城乡基本公共服务均等化》，《财经科学》2008 年第 12 期。

[28] 骆永民、樊丽明：《城乡基本公共服务均等化标准的选择问题研究——基于政策敏感度和福利效果的比较分析》，《中国工业经济》2011 年第 5 期。

[29] 朱巧玲、甘丹丽：《加强城乡基本公共服务均等化制度建设是农民市民化的关键》，《改革与战略》2014 年第 1 期。

[30] 马静：《公共服务均等化条件的城乡社会救助趋势》，《改革》2012 年第 12 期。

[31] 周江燕、白永秀：《中国城乡发展一体化水平的时序变化与地区差异分析》，《中国工业经济》2014 年第 2 期。

[32] 杨永恒等：《基于主成分分析法的人类发展指数替代技术》，《经济研究》2005 年第 7 期。

[33] 钞小静、任保平：《中国经济增长质量的时序变化与地区差异分析》，《经济研究》2011 年第 4 期。

第四篇

提升制度质量

"土改"试点：既要依法，又要深化

蔡继明 高 宏

内容提要：土地制度的依法改革应当是依照法律程序进行。要贯彻落实中共十八届三中全会有关土地制度改革要求，不仅涉及下位法的修改，更涉及宪法相关条款的修改。现阶段土地制度改革试点方案过于保守，并不具备足够的推广价值，应当加大依法改革力度。"征地制度改革"、"农村集体经营性建设用地入市"以及"农村宅基地制度改革"三项内容的改革应当相互联系，不能割裂开来。近年来，华生等学者围绕土地制度改革与城市化发展进行了激烈的争论，本文认为，各学者观点的分歧在于具体的路径和方式的差别，华生在市场是否在土地资源配置起决定性作用、农村集体土地能否直接入市、是否应限制资本下乡等问题上持否定态度，这是值得商榷的，不利于土地制度改革的深化。

关键词：依法改革 违法改革 新土改

一 如何化解"依法改革"与"违法改革"的悖论？

改革就是按照一种更理想、更合理的目标模式对现存体制制度和法律法规进行调整、修改、变革和完善。要改革阻碍生产力发展的生产关系和不适应经济基础的上层建筑，难免会触动现行法律法规并与之发生矛盾。而依法治国本身又要求我们要依法改革。如何破解这个"二律悖反"呢？

[作者简介] 蔡继明，清华大学政治经济学研究中心主任、教授、博士生导师；高宏，清华大学政治经济学研究中心博士生。

显然，所谓依法改革，不可能是依现行不合理的法律法规去改革由这种法律法规所维护的不合理的制度，这等于是与虎谋皮，是根本不可能的。例如，中央有关部委的领导一方面承认"现有土地制度不适应当前形势应加快改革"；另一方面又强调土地制度改革必须"按照现存的法律法规和政策规定来，否则就是违法"。[1] 众所周知，我国现有的土地制度正是由现有的法律法规和政策规定的，完全按照现有的法律法规和政策，而不是去突破它们、修改它们，怎么能推进不合理的土地制度改革？

由此看来，所谓依法改革，并不是依照现行的具体法律法规进行改革，因为这些法律法规本身很可能正是需要通过改革来加以完善、修改甚至废除的。所谓依法改革，只能是指依照法律程序进行改革。最近，全国人大常委会授权国务院在北京市大兴区等33个试点县（市、区）行政区域暂时调整实施有关法律规定，就提供了一个依法改革的范例。

我们知道，中共十八届三中全会《关于全面深化改革的若干重大问题的决定》以及中央全面深化改革领导小组第七次会议审议通过的《关于农村土地征收、集体经营性建设用地入市、宅基地制度改革试点工作的意见》，都对深化我国土地制度改革提出了基本原则和试点意见，其中有关缩小土地征收范围，构建城乡统一的建设用地市场，保障农户宅基地用益物权，改革完善农村宅基地制度，慎重稳妥推进农民住房财产权抵押、担保、转让，等等。这些改革无疑是为了适应我国经济社会发展的新情况，充分发挥市场在土地资源配置中的决定性作用，有效推动工业化、信息化、城市化和农业现代化协调发展，因而是完全必要的，也是非常迫切的。但这些改革明显与现行的《土地管理法》和《城市房地产管理法》相关条款相冲突。如果不突破现行的《土地管理法》和《城市房地产管理法》的相关条款，上述任何改革都无法推进；而在现行的《土地管理法》和《城市房地产管理法》上没有做相应修改前提下直接进行改革试点，又有违依法治国和依法改革的原则。为了既坚持依法改革的原则，又在现行有关法律没有改变的前提下进行相关的改革试点，国务院首先应向全国人大常委会申请授权在若干县市区域进行土地制度改革试点期间暂停执行《土地管理法》和《城市房地产管理法》相关法律条款。这样，当国务院的这一申请授权经全国人大常委会讨论通过，在试点地区和试点期

---

[1] 陈锡文：《土地制度应该加快改革》，凤凰网，2013年7月5日。

间的改革也就成了有法可依和依法改革了。

当然，我国的《土地管理法》和《城市房地产管理法》只是下位法，其中，有关限制农村集体建设用地使用权不得出让的规定、凡是列入城市规划圈的农村集体土地一律征收为国有建设用地以及任何个人和单位搞建设必须申请使用国有建设用地的规定，其实都与《宪法》第十条"城市的土地属于国家所有"的规定有关，全国人大常委会固然可以授权国务院在相关试点区域和试点期间暂停执行《土地管理法》和《城市房地产管理法》的相关法律条款，但如果允许农村集体经营性建设用地进入市场，从而在城市规划圈内出现农村集体所有制土地，是否违反宪法呢？

看来，要贯彻落实中共十八届三中全会有关土地制度改革，特别是构建城乡统一的建设用地市场的决定，不仅涉及《土地管理法》和《城市房地产管理法》的修改，更重要的是涉及宪法相关条款的修改。正因为如此，笔者在十二届二次全国人民代表大会上建议将《宪法》第十条"城市的土地属于国家所有"修改为"城市的土地属于国家和集体所有"，这样，才能保证在不违反宪法的前提下允许农村集体建设用地与国有建设用地同等入市、同权同价。

那么，在宪法相关条款由于各种原因尚不能修改而相关改革试点又必须推进的情况下，是否也应该由全国人大常委会对宪法的相关条款做出解释，并对国务院改革试点给予相应的授权呢？这个问题恐怕还需要进一步研究，希望引起法学界和全国人大常委会的关注。

二 依法改革力度有待加大

土地制度改革试点虽然得到全国人大常委会授权，从而规避了依法改革与违法改革的两难，但细读有关在33个县市区进行土地制度改革试点的方案以及所做的说明不难发现，这个试点方案过于保守，距离中共十八届三中全会《关于全面深化改革的若干重大问题的决定》（以下简称《决定》）的要求以及中央全面深化改革领导小组第七次会议审议通过的《关于农村土地征收、集体经营性建设用地入市、宅基地制度改革试点工作的意见》（以下简称《意见》）相去甚远，即使"试点成功"恐怕也没有多大推广价值。

首先，关于征地制度改革，《决定》和《意见》都强调"要缩小土地征收范围，探索制定土地征收目录，严格界定公共利益用地范围"。而这个土地制度改革试点方案，却回避了公共利益征地原则和征地范围的确定，只是在征地补偿标准上做文章。我们知道，现行的《土地管理法》规定，任何单位和个人搞建设，必须申请使用国有建设用地，而凡是工商业开发和城市建设涉及占用农村集体土地的，都要一律由政府征收为国有土地才能转变为城市建设用地，这种征地制度显然违反宪法公共利益征地原则。如果把征地行为严格限定在公共利益用地范围内，那么，大量非公共利益用地就需要通过城乡统一的建设用地市场加以配置，而相对于这个征地制度改革的根本问题，对少量的公益性征地的补偿就成为次要问题了。而按照现已公布的土地改革试点方案，即使"成功"的话，也无助于征地制度的根本改革。

其次，关于构建城乡统一的建设用地市场，《决定》和《意见》，要在符合规划和用途管制前提下，允许农村集体经营性建设用地与国有建设用地同等，同权同价。针对农村集体经营性建设用地权能不完整，不能同等入市、同权同价和交易规则亟待健全等问题，要完善农村集体经营性建设用地产权制度，赋予农村集体经营性建设用地出让、租赁、入股权能。而这个土地制度改革试点方案对农村集体经营性建设用地做了狭义的、片面的和静态的理解，只允许农村存量的乡镇企业用地使用权出让、租赁、入股，并禁止用于房地产开发，这意味着农村其他建设用地（包括由于村村合并节省出来的公共设施用地、由于新农村建设和旧村改造以及农民进城务工落户节省出来的宅基地，特别是列入城市规划圈并拟用于非公共利益的农地）都不能入市，如此试点即使成功，仅靠只占农村集体建设用地 1/10 的存量经营性建设用地，又如何构建开放竞争、城乡统一的建设用地市场（包括房地产市场），又如何满足工业化和城市建设对非公益性土地的需求？

最后，关于改革和完善农村宅基地制度，《决定》强调要赋予农民更多财产权利，保障农民集体经济组织成员权利，积极发展农民股份合作，赋予农民对集体资产股份占有、收益、有偿退出及抵押、担保、继承权。保障农户宅基地用益物权，改革完善农村宅基地制度，选择若干试点，慎重稳妥推进农民住房财产权抵押、担保、转让，探索农民增加财产性收入渠道。建立农村产权流转交易市场，推动农村产权流转交易公开、公正、规范运行。而这个土地制度改革试点方案只允许"进城落户农民在本集体经济组织内部自愿有偿退出或转让宅基地",这对于绝大多数已经拥有宅基地并只允许一户一宅的集体经济组织来说,宅基地的流转就是一句空话,至于宅基地使用权的抵押、担保、转让就更谈不上了。对占农村集体建设用地七成以上的宅基地如此严格限制的"改革试点",即使"成功"了,对于赋予农民更多财产权利,保障农民集体经济组织成员权利,增加农民财产性收入渠道,又有何益?对于保障农户宅基地用益物权,改革完善农村宅基地制度,有什么推广价值?对于合理有效整治大量存在的小产权房又能提供什么借鉴?

中央全面深化改革领导小组第七次会议审议通过的《关于农村土地征收、集体经营性建设用地入市、宅基地制度改革试点工作的意见》指出,土地制度改革要坚持土地公有制性质不改变、耕地红线不突破、农民利益不受损三条底线,在试点基础上有序推进。显然,允许农村集体土地即使是耕地在符合规划和用途管制的前提下直接进入市场,并没有改变土地公有制性质;允许前述经过动态调整的农村集体经营性建设用地与国有建设用地同等入市,并不会突破耕地红线;允许农村宅基地使用权在集体经济组织之外抵押、出租、转让,也并不会导致农民利益受损。只有这些内容纳入土改试点方案,才能从根本上推进我国土地制度的改革和完善,使之达到《决定》和《意见》预期的目标。

三 "三块地"的改革相互联系,不能割裂

今之论者,常常把新土改内容概括为"三块地"的改革[①],并往往把它们分开讨论。实际上,三块地的改革是相互联系的、不能割裂的。

首先,如前所述,征地制度改革的核心是根据公益性征地原则,缩小征地范围。而一旦征地范围严格限定在公共利益需要的范围内,那就意味着非公共利益需要的农村集体土地必须直接进入城乡统一的建设用地市

---

① 林远:《"三块地"改革顶层设计呼之欲出 坚持不突破三条底线》,《经济参考报》2014年12月3日。

场。所以说，征地范围的缩小与农村集体土地入市范围的扩大是相辅相成、此消彼长的，二者实际上是同一个问题的两个方面。如果我们把农村集体土地入市仅限于建设用地，更进一步限于经营性建设用地，那就意味着对除此之外的农村其他土地，只要城市化和工业化需要占用，无论是否出于公共利益的需要，还必须征收为国有土地，这也就意味着征地制度改革不彻底或根本失败。

其次，如果一方面要构建城乡统一的建设用地市场；另一方面又将占农村集体建设用地高达70%的农村集体宅基地使用权的流转仅限于集体经济成员内部，而在农村集体成员绝大多数都已分得宅基地，国家政策又只允许农村一户一宅的情况下，就等于基本上限制了农村宅基地的流转，从而也就使构建城乡统一的建设用地市场成为一句空话。

最后，即使是农业用地，只要符合规划和用途管制，只要不是公共利益需要，也应该直接作为建设用地进入市场。从这个意义上说，土地制度改革应该是全方位的，不仅包括农村土地制度，也包括城市土地制度；不仅包括农村集体建设用地，也包括农业用地；不仅包括农村集体经营性建设用地，也包括宅基地和公共设施用地。所有这些土地制度的改革，都应该按照市场配置土地资源的统一原则进行顶层设计，配套进行。

四 评华生的城市化与土改主张

近年来，华生与周其仁、文贯中、盛洪、郑振源等学者围绕土地制度改革与城市化展开了激烈的争论。[①]

应该承认，这些学者在深化土地制度改革和积极推进城市化大方向是一致的，分歧产生于具体的路径和方式各有不同。

[①] 华生的观点参见《破解土地财政，改征地为分地》，《新京报》2014年11月18日；《土地制度改革的焦点分歧（上、中）——兼答天则经济研究所课题组的商榷》、《土地制度改革的实质分歧》，华生2010新浪博客；《土地制度改革六大认识误区》，中国企业家网，2013年11月8日；周其仁的观点参见《周其仁批华生："非法"帽子漫天飞》，经济观察网，2014年5月23日；《周其仁再批华生》，中国改革论坛网，2014年9月8日；盛洪的观点参见《土地制度改革误区何在？》，FT中文网，2014年2月11日发布；文贯中的观点参见《吾民无地》，东方出版社2014年版；《文贯中华生贺雪峰：2014年最精彩的土地改革激辩》，凤凰财经，2014年12月29日；郑振源的观点参见《应对土地利用实行负面清单制》，财新网，2014年12月19日。

（一）关于市场是否在土地资源配置中起决定性作用

诸多学者认为，土地与劳动、资本并列为三大基本经济资源，中共十八届三中全会强调让市场在资源配置中起决定性作用，这里说的资源配置是全称判断，当然包括土地资源配置，也就是说，从逻辑上，承认市场在资源配置中起决定性作用，就意味着承认市场在土地资源配置中同样起决定性作用。

华生则认为，土地不是完全市场化的商品，土地产权的界定跟其他物品不同，土地开发权不属于土地所有者或使用者，土地的使用权是受限的，土地开发权是一种公权利，因此，土地资源配置不能由市场决定。华生的这种观点和陈锡文等政府官员观点一致，但并不符合中共十八届三中全会全面深化改革的精神。

其实，不仅土地，任何生产要素及商品的使用都不可能不受任何限制，任何产权都不是绝对自由的，任何资源的市场配置都可能产生外部性，政府的作用是通过规划和用途管制来校正市场配置资源的偏差，弥补市场的缺陷，而不是完全取代市场。

不仅如此，政府制定的规划和实施的管制本身也必须尊重市场规律，并根据市场的变化适时调整。

进一步说，华生与其他学者的分歧，本质上并不在于土地开发权是公权还是私权，而在于是否承认农民集体土地与城市国有土地具有平等的产权或开发权，也就是说，即使在符合城乡统一规划和用途管制情况下，农村集体土地能否直接入市，能否进入房地产开发市场，小产权房是否合法化？华生的回答显然是否定的。

（二）关于农村集体土地能否直接入市

多数学者主张，根据宪法公共利益征地原则，对非公共利益需要的土地，应允许农村集体土地直接入市，一方面可以保证农民在更大程度上能够分享工业化城市化所带来的土地增值；另一方面可以增加城市建设用地的有效供给，遏制地价和房价的飙升，应该说，这种观点和十八届三中全会关于缩小征地范围、构建城乡统一建设用地市场的精神是一致的。

华生是坚决反对农村集体土地直接入市的，一是认为这会导致城市周边或城中村农民"一夜暴富"；二是认为这会导致地方政府土地财政减少，从而影响城市公共服务和基础设施投入，这两种结果对进城务工的农民和偏远地区的农民都是不公平的。

首先，按照马克思地租理论，土地所有权在经济上的实现就是地租，既然承认城市周边的土地是农民集体所有的，由于工业化和城市化所带来的城郊土地增值就应该归这些土地的主人即农民所有，至少要在很大程度上让农民分享。至于城郊农民与偏远地区农民之间的收入差别，需要通过国家的区域发展战略和财政转移支付来缩小，而不能用"杀富济贫"、"抽肥补瘦"的方式来解决。

其次，农民工进城务工，给城市居民生活带来了极大的便利，为城市的发展与繁荣做出了巨大贡献，城市政府理应为他们提供均等的公共服务，允许他们平等使用城市基础实施。由此产生的财政支出，不能主要依赖土地财政来弥补，更不能完全由城郊农民或城中村农民来负担。

最后，农村集体建设用地入市，并非只惠及城郊居民和城中村居民，完全可以通过城乡建设用地增减挂钩，使远离城市的农村居民也能分享到由于城市化所带来的土地增值。

至于华生所主张的用"分地"取代"土地财政"的方法，虽然就其强调政府不应该在农地转用中获取任何利益这一点来说有其积极意义，但明显带有浓厚的乌托邦计划经济色彩。因为，根据"规划"预定要变成城市建设用地农地，到底按照什么比例把它在原居民保留地、公共设施用地、面向农民工的保障房用地以及普通商品房和工商业用地直接重新分割，如何做到财务平衡，在排除了市场配置土地资源的前提下，只能靠政府官员的主观意志和经验，这很难保证土地资源配置的效率和利益分配的公平。30年计划经济的实践已经充分说明了这一点。

（三）关于是否应限制资本下乡

随着农村大量青壮劳动力和有一定资本、知识、技能的人才进城务工创业，原家庭承包的农地通过流转逐渐向规模经营集中，而没有社会资本的进入和国家特殊的支农惠农强农政策，单靠留下务农的"386199部队"，难以实现农业现代化。

华生认为，土地流转在地方政府的推动下，很多都是流转到下乡的工商资本企业手上，这不符合农村改革的方向，应限制资本下乡购地。

不能否认，流转到工商企业手中的农地，有相当一部分没有继续用于粮食生产，甚至变相地改变了农地用途，但政府完全可以采取有效措施限制农地的转用，而不能因噎废食地从根本上禁止资本下乡。至于流转的农地是否用于粮食生产，从根本上取决于国家的粮食政策能否保证种粮的收益等于土地的机会成本,我们不应该也不可能再采取"既要马儿跑得好,又要马儿不吃草"的政策来保证国家的粮食安全了。

另外,只要农民的收入逐步提高,医疗、养老等基本社会保障能被覆盖,适度农地经营规模到底是采取家庭农场的方式还是现代企业的方式实现,农民是自主经营土地还是转让承包地经营权,在获得稳定的"地租"收入的同时还能获得打工"务农"的收入,似乎无关紧要,不必拘泥于一种思维定式。

参考文献

[1] 陈锡文:《土地制度应该加快改革》,凤凰网,2013年7月5日。

[2] 华生:《土地制度改革六大认识误区》,中国企业家网,2013年11月8日。

[3] 华生:《破解土地财政,改征地为分地》,《新京报》2014年11月18日。

[4] 华生:《土地制度改革的焦点分歧(上、中)——兼答天则经济研究所课题组的商榷》,华生2010新浪博客。

[5] 华生:《土地制度改革的实质分歧》,华生2010新浪博客。

[6] 林远:《"三块地"改革顶层设计呼之欲出 坚持不突破三条底线》,《经济参考报》2014年12月3日。

[7] 盛洪:《土地制度改革误区何在?》,FT中文网,2014年2月11日。

[8] 文贯中:《吾民无地》,东方出版社2014年版。

[9] 文贯中、华生、贺雪峰:《文贯中华生贺雪峰:2014年最精彩的土地改革激辩》,凤凰财经,2014年12月29日。

[10] 郑振源:《应对土地利用实行负面清单制》,财新网,2014年12月19日。

[11] 中共中央办公厅、国务院办公厅:《关于农村土地征收、集体经营性建设用地入市、宅基地制度改革试点工作的意见》,新华网,2014年12月2日。

[12]《中共中央关于全面深化改革:若干重大问题的决定》,人民出版社2013年版。

[13] 周其仁:《周其仁批华生:"非法"帽子漫天飞》,经济观察网,2014年5月23日。

[14] 周其仁:《周其仁再批华生》,中国改革论坛网,2014年9月8日。

土地财政"饮鸩止渴"了吗?
——基于中国地级市的时空动态空间面板分析

邹 薇 刘红艺

内容提要：土地财政与地方经济增长存在密不可分的关系，现阶段，土地财政是否已经难以为继？是否"饮鸩止渴"？这些问题值得关注。本文采用2003—2011年全国283个地级市的面板数据，分别建立空间动态与时空动态空间面板模型，考察土地财政对经济增长、城市化进程以及产业结构变化的作用机制，以期回答土地财政"饮鸩止渴"问题。实证结果表明：(1) 在空间动态模型设定下，土地财政对城市化进程、第二产业与第三产业发展存在显著的"门限效应"；(2) 在时空动态模型的估计下，土地财政对经济增长、城市化进程和产业结构指标均存在明显的时空动态效应及"门限效应"；(3) 通过对空间误差修正模型结果的分解，本级城市的"以地生财"效应即使短期内对经济增长和城市化产生推动作用，却抑制了第三产业发展，不利于形成资源有效配置的产业结构。

关键词：土地财政 经济增长 城市化 产业结构 时空动态空间面板模型

一 引言

改革开放以来，我国经济高速发展、工业化和城市化进程加快，与

---

* [作者简介] 邹薇，武汉大学经济与管理学院教授、博士生导师；刘红艺，武汉大学经济与管理学院研究生。

[基金项目] 本项研究得到了国家社会科学基金重大招标项目（011&ZD006）和国家社会科学基金重点项目（010AZD013）的资助，特此致谢。

此同时，伴随着社会要素配置问题逐渐显现。其中土地财政问题一直是学术界热议的一个焦点。据国土资源部有关统计数据，2013年全国国有建设用地供应73万公顷，同比增长5.8%。其中房地产用地20万公顷，同比增长26.8%；基础设施等其他用地32万公顷，同比下降2.9%。国有土地供应的持续过热，对应的结果是房地产市场的居高不下和持续上涨的局面。特别地，2013年全国土地出让收入总额达到了4.125万亿元，超过2011年的3.15万亿元，成为历史新高，全国105个主要监测城市地价总体水平持续上涨。根据财政数据，2014年第一季度国有土地使用权出让收入达到1.08万亿元，同比增长40.3%，而同期地方本级财政收入1.95万亿元，"卖地"收入与地方公共财政收入的比例达1:1.7。① 面对如此巨额的"土地盛宴"，城市发展对土地的依赖有增无减，而土地出让收入流向是否有助于经济增长与发展尚待更准确的分析，"土地财政模式"已是我国现阶段经济转型过程中亟待解决的问题。

结合分税制背景下，财政收支与政治激励双重压力导致地方政府展开了为增长而竞争的引资竞争②，而作为土地所有者的地方政府，对土地财政形成的路径依赖与其具有莫大的关联。一方面，土地要素的释放对于我国经济发展与城市化推进起着至关重要的作用；另一方面，由于我国地方政府对土地一级市场的垄断，容易造成政府运用本级权力把集体所有或其他用途的土地整合后，通过招拍挂等方式出让土地，进而高估土地价格，导致部分地区过度依赖土地出让收入，出现了"第二财政"现象。一味地依赖稀缺的土地要素资源，必然导致宏观经济风险增加，"以地生财"终将难以为继。③ 从实际情况来看，各地"地王"频现，土地融资平台的债务风险逐渐加大，且土地出让收入由本级政府"自收自支"，资金主要流向城市建设与房地产业事业，造成相关建材、五金与一些民用低端制造业产能过剩问题严重，这些因素造成了关于土地财政"饮鸩止渴"之说

---

① 由《中国经济周刊》与中国经济研究院联合发布的23个省（市）"土地财政依赖度"排名显示：23个省（市）最少的有1/5的债务靠卖地偿还，浙江、天津2/3的债务要靠土地出让收入偿还，分别达66.27%和64.56%。在被审计调查的市级政府中，承诺以土地收入来偿债的占比高达81%，县级政府也超过50%（参见《证券日报》2014年4月21日、《第一财经日报》2014年4月18日）。

② 傅勇、张晏：《中国式分权与财政支出结构偏向：为增长而竞争的代价》，《管理世界》2007年第3期。

③ 张平、刘霞辉：《城市化、财政扩张与经济增长》，《经济研究》2011年第11期。

已然愈演愈烈。为此，本文从分税制视角下分别探讨土地财政对经济增长、城市化进程与产业结构作用的影响机制，以此来回答土地财政究竟是否为"鸩"，并对政府财税体制改革与优化社会资源配置具有重要的理论价值与现实意义。

对于我国土地财政成因及与宏观经济之间关系的研究，大多数学者将地方政府"以地生财"的问题归结于现行的分权式财税制度。吴群和李永乐[1]以及张莉等[2]分别强调了地方政府在政绩与财政双重激励的诱惑下将"攫取之手"伸向了土地财政。除此之外，蒋省三等[3]和李郇等[4]还分别从现存土地制度以及房地产价格对土地财政的策略性拉动进行了相关考察。由此可以说明，土地财政的依赖程度在一定程度上取决于本级地方政府的分权度水平。

关于土地财政对宏观经济影响研究主要着重于经济增长与城市化之间关系的探讨。中国经济增长前沿课题组等[5]认为，随着我国近年来进入大力发展城镇化阶段，土地要素被重估，导致了政府的"土地财政"，扩张了公共基础设施的投资，推动了土地城市化和区域经济增长。宫汝凯[6]研究发现，中国当前的城市化进程，典型特征是高房价和与之相联系的较大规模的土地财政规模。刘志彪[7]则强调了土地财政在城市化与产业转型中所发挥的历史作用。

总体而言，目前关于土地财政的实证研究，主要致力于探讨土地财政对经济增长或者房价水平等变量的影响，均没有考虑"土地城市化"与"人的城市化"的差异及其对产业结构转型和城市化路径的影响，均忽略了宏观经济变量在空间中的外溢与辐射作用，没有考虑地方政府之间的"策略性模仿"或"策略性竞争"过程。本文认为，尽管国有土地出让能

---

[1] 吴群、李永乐：《财政分权、地方政府竞争与土地财政》，《财贸经济》2010年第7期。

[2] 张莉、王贤彬、徐现祥：《财政激励、晋升激励与地方官员的土地出让行为》，《中国工业经济》2011年第4期。

[3] 蒋省三、刘守英、李青：《土地制度改革与国民经济成长》，《管理世界》2007年第9期。

[4] 李郇、洪国志、黄亮雄：《中国土地财政增长之谜——分税制改革、土地财政增长的策略性》，《经济学》（季刊）2013年第4期。

[5] 张平、刘霞辉：《城市化、财政扩张与经济增长》，《经济研究》2011年第11期。

[6] 宫汝凯：《分税制改革、土地财政和房价水平》，《世界经济文汇》2012年第4期；宫汝凯：《分税制改革与中国城镇房价水平——基于省级面板的经验证据》，《金融研究》2012年第8期。

[7] 刘志彪：《以城市化推动产业转型升级——兼论"土地财政"在转型时期的历史作用》，《学术月刊》2010年第10期。

够在一定程度促进城市化进程、解决地方公共投融资等问题,但是仅仅片面地考察土地财政对某个宏观经济变量的影响,并不能真正地回答土地财政是否"饮鸩止渴"的问题。而且,考虑到地方政府为了更多地出让土地以牟取更多的出让收入,具有潜在的动机去开发更多的土地资源,遗漏空间外溢的影响、势必造成实证模型的设定上出现偏误,导致估计产生偏差。因此,本文沿用新地理经济学诠释区域间的空间聚集以及空间相关性现象(诸如经济带、城市圈与产业集聚)的思路①,将空间影响因素纳入实证分析模型。

本文将考虑分税制度下地方政府财政自由度对土地出让行为的联动效应,利用2003—2011年中国283个地级市城市的面板数据,建立空间面板计量模型,实证检验土地财政在我国空间上的策略性竞争或策略性外溢对经济增长、城市化与产业结构的影响机制,全面地问"症"土地财政。

二 实证模型

(一)空间动态面板计量模型设定及估计方法

无论是经济增长、城市化进程还是产业结构调整,我国地方政府在追求政绩目标或者晋升目标时,均会考虑其他地区的发展情况,尤其是相邻或相近地区,寻求区域发展的聚集与规模效应。故此,只要不同地区间存在横向的标尺行为,地区 i 的宏观经济指标效果 f_i 将受其他地区宏观经济指标效果 f_{-i} 影响,由此我们构造空间互动的经济指标决策效果函数如下:$f_i = g(f_{-i}, X)$,X 是控制变量,表示经济要素、财政分权指标以及土地财政指标。常见的回归方程刻画的是个体变量自身的影响,在此已不再适用。本文遵循安塞林(Anselin)② 引入空间计量方法的思路,将一般的空间面板模型设定如下:

$$f_{it} = \alpha + \rho \sum_{j=1}^{N} w_{ij} f_{jt} + X_{it}\varphi + \sum_{j=1}^{N} (w_{ij} X_{ijt})\theta + c_i + \mu_t + \upsilon_{it} \qquad (1)$$

---

① P. Krugman, Increasing Returns and Economic Geography [J]. *Journal of Political Economy*, 1991, 99 (3), pp. 483 – 499.

② L. Anselin, *Spatial Econometrics: Methods and Models* [M]. Springer, 1988.

$$v_{it} = \lambda \sum_{j=1}^{N} w_{ij} v_{jt} + \varepsilon_{it}$$

其中，i 是截面维度（空间地区数），有 $i=1, \cdots, N$；t 是时间维度指标（时期），有 $t=1, \cdots, T$；α 为常数项；c_i 是空间个体效应，捕捉空间各地区不可观测的个体异质性；μ_t 反映空间时间效应，以此表示空间全部个体在特定时期所接收的不可观测的相同信息量；$\varepsilon_{it} \sim N(0, \sigma^2)$；$X_{it}$ 是 $1 \times K$ 的解释变量的行向量，其中 K 为解释变量个数；w_{ij} 表示的是空间权重矩阵 W 的第 i 行、第 j 列元素；W 为 $NT \times NT$ 矩阵，而权重矩阵表征的是空间地区间经济指标效果的互动形式。$\sum_{j}^{} w_{ij} f_{jt}$ 表示本地区经济指标效果与其他地区经济指标效果的交互作用，ρ 是该经济指标效果的空间相关系数。另外，φ 与 θ 分别表示控制变量与控制变量空间反映变量的估计系数向量，φ 与 θ 均为 $K \times 1$ 列向量。后一个方程表示扰动项 v_{it} 可能受到来自其他地区不可观测冲击的影响，并包含特质部分 ε_{it}，其中 λ 称为空间自回归系数。

通过对方程（1）反映参数与空间自回归系数的适当约束，将得到四类不同的空间面板模型：

其一，当 $\theta=0$、$\lambda=0$ 时，方程（1）将变为空间自回归模型（SAR）或称为空间滞后模型（SLM）：

$$f_{it} = \alpha + \rho \sum_{j=1}^{N} w_{ij} f_{jt} + X_{it}\varphi + c_i + \mu_t + \varepsilon_{it} \tag{2}$$

其二，当 $\lambda=0$ 时，得到空间杜宾模型（SDM）：

$$f_{it} = \alpha + \rho \sum_{j=1}^{N} w_{ij} f_{jt} + X_{it}\varphi + \sum_{j=1}^{N} (w_{ij} X_{ijt})\theta + c_i + \mu_t + \varepsilon_{it} \tag{3}$$

其三，当 $\rho=0$、$\theta=0$ 时，得到空间误差模型（SEM）：

$$f_{it} = \alpha + X_{it}\varphi + c_i + \mu_t + v_{it}$$

$$v_{it} = \lambda \sum_{j=1}^{N} w_{ij} v_{jt} + \varepsilon_{it} \tag{4}$$

其四，当 $\rho=0$、$\lambda=0$ 时，得到空间自变量滞后模型（SLX）：

$$f_{it} = \alpha + X_{it}\varphi + \sum_{j=1}^{N} (w_{ij} X_{ijt})\theta + c_i + \mu_t + \varepsilon_{it} \tag{5}$$

为了更好地解决带有空间滞后变量与非线性模型所带来的内生性以及有偏问题，现有相关文献主要提供了三种方法进行估计，分别是基于最大似然估计（MLE）的方法[1]、贝叶斯估计[2]以及基于工具变量或者广义矩估计法的方法（IV/GMM）。[3] 然而，考虑到本文研究问题的实际情况，土地财政对各经济指标影响可能存在个体固定效应和时空固定效应，本文将主要基于 Elhorst[4] 的 MLE 方法，对模型进行相关估计及检验。原因是，GMM 方法对空间面板模型的估计，仍没有完全考虑到空间固定效应或随机效应，而这两种效应在面板数据研究中显得越来越重要。另外，LeSage 和 Pace[5] 分别利用贝叶斯方法中的马尔科夫链蒙特卡洛（MCMC）与 MLE 方法进行估计，将得到的结果进行了对比，发现两者具有高度相似性。至于针对以上四类空间面板模型的选取，本文将根据采取三个步骤来选择适合样本类型的空间模型。[6]

（二）空间动态面板模型的外溢效应

空间外溢效应的数学表达式为：$\partial f_{i,t}/\partial X_{j,t} \neq 0$，即其他地区对本地区经济指标的效果情况存在明显的影响，这里 $i \neq j$。对传统的非空间面板模型来说，解释变量对因变量的边际效应则通过变量对应的估计系数来反映。值得注意的是，对空间计量模型，变量对应的估计系数再也不能单纯地涵盖变量间的边际效应。对本文而言，土地财政在空间对经济指标所产

---

[1] L. Anselin, *Spatial Econometrics: Methods and Models* [M]. Springer, 1988.

[2] J. P. LeSage, R. K. Pace, *Introduction to Spatial Econometrics* [M]. Boca Raton, FL: CRC Press Taylor & Francis Group, 2009.

[3] H. H. Kelejian, I. R. Prucha, A Generalized Spatial Two – stage Least Squares Procedure for Estimating a Spatial Autoregressive Model with Autoregressive Disturbances [J]. *The Journal of Real Estate Finance and Economics*, 1998, 17(1), pp. 99 – 121; H. H. Kelejian, I. R. Prucha, A Generalized Moments Estimator for the Autoregressive Parameter in a Spatial Model [J]. *International Economic Review*, 1999, 40(2), pp. 509 – 533; M. Kapoor, H. H. Kelejian, I. R. Prucha, Panel Data Models With Spatially Correlated Error Components [J]. *Journal of Econometrics*, 2007, 140(1): 97 – 130.

[4] J. P. Elhorst, *Spatial Panel Data Models: Handbook of Applied Spatial Analysis* [M]. Springer, 2010.

[5] J. P. LeSage, R. K. Pace, *Introduction to Spatial Econometrics* [M]. Boca Raton, FL: CRC Press Taylor & Francis Group, 2009.

[6] 具体来说，第一个步骤分为两种办法，一是基于非空间模型的残差，利用古典拉格朗日乘子和稳健拉格朗日乘子分别对空间滞后模型与空间误差模型进行交互检验；二是利用空间滞后或空间误差模型的最大似然残差进行检验；第二个步骤是针对空间杜宾模型建立两个约束的假设检验：$H_0: \theta = 0$；$H_0: \theta + \rho\varphi = 0$，前者检验空间杜宾模型能否被简化为空间滞后模型，后者检验空间杜宾模型能否简化为空间误差模型。两个原假设的检验统计量均服从自由度为 K 的卡方分布。最后如若 SDM、SAR 与 SEM 模型均被检验拒绝，将基于稳健性原则，选择 SLX 模型，仅考虑解释变量对经济指标效果的空间效应，并给出相应检验结果。

生的边际效应,需要考虑本地以及其他地区的影响。为此,关于前述四类空间面板模型,我们将着重考察土地财政变量与相关控制变量 X 所产生的边际效应,如表 1 所示。

表 1　　　　　　　　空间面板模型的边际外溢效应

模型	边际效应
SAR	$\partial f / \partial X' = (I_N - \rho W)^{-1} I_{N \times K} \varphi$
SDM	$\partial f / \partial X' = (I_N - \rho W)^{-1} (I_{N \times K} \varphi + W I_{N \times K} \theta)$
SEM	$\partial f / \partial X' = I_{N \times K} \varphi$
SLX	$\partial f / \partial X' = I_{N \times K} \varphi + W I_{N \times K} \theta$

通过观察表 1 可以发现,空间外溢效应可以分为两种:全局外溢[1]和局部外溢。[2] 全局外溢效应主要通过 $(I_N - \rho W)^{-1}$ 进行俘获,可以通过空间里昂惕夫逆矩阵展开得到 $I + \rho W + \rho^2 W^2 + \cdots$,其经济含义为:地区经济指标效果的决定因素,不仅来自本地区经济要素以及决策变量 X 的影响,还受到来自相邻地区的影响 (ρW),还有相近地区的影响 $(\rho^2 W^2)$,以此类推。又因为 $\rho < 1$,所以,这种空间逐次的传递效应将随着地区距离的增大而减少。基于以上分析,LeSage 和 Pace (2009)[3]对边际外溢效应做了相应分解,即分为直接效应、间接效应和总体效应。我们定义数学表达式为:

$$\frac{\partial f_i}{\partial x_{jr}} = S_r(W)_{ij}, \quad \frac{\partial f_i}{\partial x_{ir}} = S_r(W)_{ii}$$

上述两式分别表示其他地区 j 第 r 个经济要素变量对本地 i 经济指标效果的边际影响与本地区 i 第 r 个经济要素变量对本地 i 经济指标效果的边际影响,非对角线元素的平均值与对角线元素的平均值则分别表示间接

---

[1] J. P. LeSage, R. K. Pace, *Introduction to Spatial Econometrics* [M]. Boca Raton, FL: CRC Press Taylor & Francis Group, 2009.

[2] J. P. LeSage, M. M. Fischer, *Estimates of the Impact of Static and Dynamic Knowledge Spillovers on Regional Factor Productivity* [J]. International Regional Science Review, 2012, 35 (1), pp. 103 – 127.

[3] J. P. LeSage, R. K. Pace, *Introduction to Spatial Econometrics* [M]. Boca Raton, FL: CRC Press Taylor & Francis Group, 2009.

效应与直接效应,而总体效应则为二者加总。相比于全局外溢,局部外溢则是强调仅来自相邻或相近地区的影响。

(三) 时空动态面板模型设定及其估计方法

通过上述空间动态模型来俘获经济变量在地理空间中的外溢影响,同时,经济增长过程中所具有的序列相关性,也正得到越来越多的关注。本文基于 Lee 和 Yu[①] 提出的时空动态面板模型,考察时空动态下土地财政对各经济指标的作用,并通过分析对应的时空动态面板模型的误差修正模型以计算得到经济发展的收敛效应。故此,对方程 (1) 进行重建,得时空动态面板模型如下:

$$f_{it} = \alpha + \tau f_{i,t-1} + \rho \sum_{j=1}^{N} w_{ij} f_{jt} + \eta \sum_{j=1}^{N} w_{ij} f_{j,t-1} + X_{it}\varphi + c_i + \mu_t + \varepsilon_{it} \quad (6)$$

这里,τ 为经济变量一阶滞后项的反应参数,被假定在 $(-1, 1)$。而 η 为滞后空间自相关系数,其余参数与方程说明基本相似,在此不再赘述。另外,为了保证所估计样本的平稳性,$(I - \rho W)^{-1}(\tau I + \eta W)$ 的特征值必须置于单位圆内。

关于该模型参数的估计,Yu 等 (2008)[②] 考虑了方程 (6) 的对数似然函数,纳入了反映 $\sum_{j=1}^{N} w_{ij} f_{jt}$ 内生性的雅克比项,推导得到准极大似然估计量 (QMLE);然而他们发现,在空间个体 N 和时间点 T 同时趋于无穷,且满足 $0 < \lim(N/T) < \infty$ 有界时,QMLE 存在偏差。他们随即提出了"偏差修正 QMLE",采用此种修正偏差的估计量的前提是,方程 (6) 必须是稳定的,即 $\tau + \rho + \eta < 1$。当平稳性条件 $\tau + \rho + \eta < 1$ 无法满足时,偏差修正 QMLE 就必须做进一步调整。对此,Lee 和 Yu (2010)[③] 及 Yu 等 (2012)[④] 提出,通过变换空间一阶差分的办法,来解决时空动态面板模型的不稳定问题,数学上等价于方程 (7)。特别地,在 $\tau + \rho + \eta = 1$ 成立

[①] L. - F. Lee, J. Yu, Estimation of Spatial Autoregressive Panel Data Models with Fixed Effects [J]. *Journal of Econometrics*, 2010, 154 (2), pp. 165 - 185.

[②] Yu, R. de Jong, L. - F. Lee, Quasi - maximum Likelihood Estimators for Spatial Dynamic Panel Data with Fixed Effects When Both n and T Are large [J]. *Journal of Econometrics*, 2008, 146 (1), pp. 118 - 134.

[③] L. - f. Lee, J. Yu, Estimation of Spatial Autoregressive Panel Data Models with Fixed Effects [J]. *Journal of Econometrics*, 2010, 154 (2), pp. 165 - 185.

[④] J. Yu, R. de Jong, L. - F. Lee, Estimation for Spatial Dynamic Panel Data with Fixed Effects: The Case of Spatial Cointegration [J]. *Journal of Econometrics*, 2012, 167 (1), pp. 16 - 37.

时，Yu 等①定义此为空间协整模型，本文将用双边 Wald 检验来判断模型的稳定性以及空间协整模型的存在性。

$$(I-W)f_t = \tau(I-W)f_{t-1} + \rho W(I-W)f_t + \eta W(I-W)f_{t-1} + (I-W)X_t\varphi + (I-W)c + (I-W)\varepsilon_t \tag{7}$$

注意到，方程（7）中用到了 $(I-W)W = W(I-W)$ 的性质，另外，时间效应也从模型中被消除掉。而新扰动项的方差为 $\sigma^2 \Sigma$，$\Sigma = (I-W)(I-W)'$。关于方程（7）的估计，由于矩阵 $(I-W)$ 至少存在一个特征值为 0，意味着该矩阵不再满秩，由此引入变换矩阵对 $(I-W)$ 实现降维，在方程（7）两端乘以变换矩阵，以保证能够对时空动态模型进行估计，其中，变换矩阵为 $Tr = \Lambda_{N-p}^{-1/2} E'_{N,N-p}$②，从而有 $f_t^* = Tr(I-W)f_t$。同样，对其他变量变换分别得到 X_t^*、c_t^* 和 ε_t^*。又因为 $W^* \equiv TrW(I-W) = \Lambda^{-1/2} E'_{N,N-p} W E_{N,N-p} \Lambda^{1/2}$。③ 故我们可以得到方程（7）的变换方程：

$$f_t^* = \tau f_{t-1}^* + \rho W^* f_t^* + \eta W^* f_{t-1}^* + X_t^* \varphi + c^* + \varepsilon_t^* \tag{8}$$

总之，本文将根据不同经济发展指标在时空动态下所反映的平稳性与非平稳性来决定采用方程（6）和方程（8）进行估计，稳定性的相关检验会置于回归结果中。

（四）时空动态空间模型的外溢效应与收敛效应

除了考虑经济发展指标在空间中的交互效应，纳入时空效应将使模型中解释变量对因变量解释显得更加复杂。Yu 等（2012）④ 研究得到方程（6）所呈现的时空动态面板模型能够通过误差修正模型（ECM）形式可表示为：

$$\Delta f_t = (I - \rho W)^{-1}[(\tau-1)I + (\rho+\eta)W]f_{t-1} + (I-\rho W)^{-1} X_t \varphi + (I-\rho W)^{-1}(c + \mu_t + \varepsilon_t) \tag{9}$$

这样，我们可以将解释变量对因变量的边际效应解释转换为对其一阶

---

① J. Yu, R. de Jong, L. - F. Lee, Estimation for Spatial Dynamic Panel Data with Fixed Effects: The Case of Spatial Cointegration [J]. *Journal of Econometrics*, 2012, 167 (1), pp. 16 - 37.

② Λ_{N-p} 记为 Σ 的非零特征值的对角线矩阵，$E_{N,N-p}$ 为相应的标准正交的特征向量，p 表示特征值为 0 的个数。

③ L. - F. Lee, J. Yu, Estimation of Spatial Autoregressive Panel Data Models with Fixed Effects [J]. *Journal of Econometrics*, 2010, 154 (2), pp. 165 - 185.

④ J. Yu, R. de Jong, L. - F. Lee, Estimation for Spatial Dynamic Panel Data with Fixed Effects: The Case of Spatial Cointegration [J]. *Journal of Econometrics*, 2012, 167 (1), pp. 16 - 37.

差分 Δf_t 的探讨,即对各经济指标的变动情况进行分析。借鉴 LeSage 和 Pace[①] 提出的直接效应、间接效应与总体效应,我们把解释变量集 X_t 基于误差修正模型对经济指标的变动分解为 $(I-\rho W)^{-1}\varphi_k$,而具体的直接效应、间接效应以及总体效应的计算方法与前述的空间动态的外溢效应表述相同,故在此不再赘述。

相似的,可以通过误差修正模型来计算得到收敛效应:

$$\partial\Delta f_t/\partial f_{t-1}=(I-\rho W)^{-1}[(\tau-1)I+(\rho+\eta)W] \tag{10}$$

矩阵对角线元素的平均值测算了本地区的收敛强度,而非对角线元素的行向量的平均和则表示其他地区的收敛效应。一种特殊情况是当模型为空间协整模型即 $\tau+\rho+\eta=1$ 时,则收敛效应将变为:

$$\partial\Delta f_t/\partial f_{t-1}=(\tau-1)(I-\rho W)^{-1}(I-W) \tag{11}$$

从中可以发现,对于行标准化的权重矩阵,方程(11)的总体效应为零,因为单位矩阵 I 的对角线元素为 1,而 W 的对角线元素为 0,且矩阵 $(I-W)$ 的完美线性组合将直接决定直接效应为 1,间接效应为 -1。这就意味着如果经济变量符合空间协整模型设定,在时空中该经济变量不会发生收敛现象。

三 变量选取、数据说明及空间权重矩阵设定

(一)变量选取与说明

本文选取 2003—2011 年全国 283 个地级市的城市面板数据作为研究样本,除土地数据外,其他数据均为城市市辖区数据,部分城市由于数据缺失严重,故不列入样本范围。对于经济指标效果的选取,为了体现稀缺的土地要素释放,对于经济增长、产业转型与产业集聚、城市化等的影响,分别选用人均实际 GDP 增长 g、人口城市化率 ur(非农人口/人口数)、第二产业比重 $s2g$ 以及第三产比重 $t2g$ 作为计量分析的被解释变量。

[①] J. P. LeSage, R. K. Pace, *Introduction to Spatial Econometrics* [M]. Boca Raton, FL: CRC Press Taylor & Francis Group, 2009.

至于基本控制变量的选取,本文将基于扩展的索洛模型①,考虑前一期人均实际生产总值水平 Lpgdp、人力资本 sh、物质资本 sk 以及人口增长、技术进步和折旧 ($n+\gamma+\delta$) 等因素。其中,人力资本与物质资本分别通过在校高等教育人数比重与全社会固定资产投资占 GDP 比重来进行衡量;技术进步率与资本折旧率设定为 5%。②

对于土地财政问题的代理变量,现有文献对此指标选取并未取得一致意见,本文将以较广泛使用的"土地出让收入"(lp)作为土地财政的代理指标,以此反映"以地生财"效应。另外,为了体现分税制改革对土地财政问题的影响,加入地方财政自由度(fd)③,并在模型中纳入财政分权指标与土地财政变量的交互项。地方财政自由度的计算为:地方财政预算内收入/地方财政预算内支出。文中对于以现价表示的名义变量,均使用相应的价格指数平减为实际值,而部分控制变量在实际模型中均进行了对数变化。以上经济社会数据大部分均取自历年《中国城市统计年鉴》,部分数据来自中经网统计数据库,而土地相关数据均来自历年《中国国土资源年鉴》。表2为上述数据描述性统计。

表2　　　　　　　　　数据描述性统计

变量	观测值	均值	标准差	最小值	最大值
生产总值(亿元)	2541	590.9	1353	12.22	18972
固定资产投资(亿元)	2545	300.9	590.2	2.638	6505
第二产业比重(%)	2540	50.93	12.66	8.050	90.97
第三产业比重(%)	2540	41.13	10.65	8.580	80.89
地方财政预算内收入(万元)	2547	537123	1.868e+06	2220	3.390e+07
地方财政预算内支出(万元)	2547	699451	2.092e+06	14345	3.820e+07
非农业人口数(万人)	2504	98.93	141.1	5.040	1761
年末总人口数(万人)	2547	130.9	163.8	14.08	1771
在校高等教育人数(人)	2453	63486	117780	0	920373
土地出让成交价款(万元)	2518	484949	1.125e+06	0.800	1.560e+07

注:为了数据直观表述,本表对变量选取结果,相应变量均没有经过对数变换,在实证检验中将采用对数形式。

---

① N. G. Mankiw, D. Romer, D. N. Weil, A Contribution to the Empirics of Economic Growth [J]. *The Quarterly Journal of Economics*, 1992, 107 (2), pp. 407 – 437; G. Doppelhofer, R. I. Miller, X. Sala – i – Martin, Determinants of Long – term Growth: A Bayesian Averaging of Classical Estimates (BACE) Approach [R]. *National Bureau of Economic Research*, 2000.

② N. G. Mankiw, D. Romer, D. N. Weil, A Contribution to the Empirics of Economic Growth [J]. *The Quarterly Journal of Economics*, 1992, 107 (2), pp. 407 – 437.

③ 陈硕:《分税制改革、地方财政自主权与公共品供给》,《经济学》(季刊) 2010 年第4期。

(二) 空间权重矩阵选取

空间权重矩阵度量不同地区经济发展在空间中的联系程度。考虑到我国各地级市城市化和不同地域间城市发展的差异，本文主要设置了两种权重矩阵，即地理距离权重矩阵和经济距离权重矩阵，分别通过这两个权重刻画土地财政在空间上对经济发展的作用机制。

关于地理距离权重矩阵，定义为各个地级市及以上城市间的大圆弧距离平方的倒数 W_{ij}^d，通过各城市的经度和纬度计算得到，其中，d_{ij}^{geo} 为两个城市间的空间地理距离。为了简化模型与易于解释，通常对空间权重矩阵进行标准化处理，即每行元素之和为1，记为 W'^d_{ij}:

$$\begin{cases} W_{ij}^d = (1/d_{ij}^{geo})^2; W'^d_{ij} = \dfrac{W_{ij}^d}{\sum_j W_{ij}^d}, \text{if} \quad i \neq j \\ W'^d_{ij} = 0, \text{if} \quad i = j \end{cases} \quad (12)$$

经济距离权重矩阵的引入，主要考虑各种非地理因素对经济发展的影响。一方面，土地财政产生的一个动因就是欠发达地区缺少相应的产业支撑，于是通过土地出让来牟利；另一方面，在沿海经济发达地区，过热的房地产市场同样对政府高估地价有激励作用。为了考察经济发展水平差异在空间的辐射作用，本文定义的空间经济距离权重矩阵 W^e 为：

$$\begin{cases} W^e = W^d \text{diag}(\overline{Y_1}/\overline{Y}, \overline{Y_2}/\overline{Y}, \cdots, \overline{Y_n}/\overline{Y}); W'^e_{ij} = \dfrac{W_{ij}^e}{\sum_j W_{ij}^e}, \text{if} \quad i \neq j \\ W'^e_{ij} = 0, \text{if} \quad i = j \end{cases} \quad (13)$$

其中，W'^e_{ij} 是其对应进行标准化后的结果。而 $\overline{Y_i} = 1/(t_1 - t_0 + 1) \times \sum_{t=t_0}^{t_1} Y_{it}$ 表示观测期内第 i 个地区的 GDP 均值，$\overline{Y} = 1/(t_1 - t_0 + 1) \times \sum_{i=1}^{n}\sum_{t=t_0}^{t_1} Y_{it}$ 表示总观测期内全国 GDP 均值。

四 实证分析结果

(一) 土地财政的静态效应

首先对模型进行静态面板分析，表3中报告了土地出让收入分别对经济增长、城市化和第二、第三产业结构变化作用的结果，分别由列（1）、列（2）、列（3）和列（4）表示。

表3　　　　　　　　土地财政在经济增长、城市化与
产业转型中的静态效应

变量	(1)g_fe(g)	(2)u_fe(ur)	(3)s_fe(s2g)	(4)t_fe(t2g)
lnLpgdp	-41.27***(5.179)	5.361(3.925)	5.611***(1.222)	-2.048*(1.091)
lnsk	-5.561***(1.689)	3.002(2.098)	1.941***(0.684)	-1.452**(0.663)
lnsh	9.752**(3.995)	6.715***(2.243)	0.339(0.474)	0.814(0.675)
$\ln(n+\gamma+\delta)$	0.0217(0.628)	-0.886(1.076)	-0.706*(0.411)	0.796**(0.394)
fd	0.445***(0.136)	1.362***(0.256)	0.519***(0.0912)	-0.429***(0.0835)
lnlp	2.293***(0.790)	5.858***(1.369)	2.437***(0.437)	-2.045***(0.396)
fd×lnlp	-0.0354***(0.0115)	-0.119***(0.0209)	-0.0432***(0.00736)	0.0356***(0.00673)
Constant	413.8***(50.84)	-25.57(42.57)	-26.53**(12.97)	83.63***(11.85)
Hausman_p	0.0000	0.0000	0.0000	0.0000
Timeeffect	Yes	Yes	Yes	Yes
R^2	0.242	0.685	0.159	0.109
F	10.47	62.75	20.88	17.40

注：(1) ***、**、*分别表示在1%、5%和10%的水平上显著；(2) 括号中为标准误；(3) 全部面板模型的Hausman检验均拒绝了原假设随机效应，即接受了固定效应模型，表中均为固定效应结果。

可以看出，土地出让收入及其与地方财政自由度系数在1%显著性水平下均为显著，说明地方政府牟取的土地出让收入并没有对经济发展形成一蹴而就的影响，对四类经济指标的影响均存在显著的"门限效应"，即只有当地方政府的财政自由度低于某个水平时，出让土地所获得的收入对经济发展才具有正向影响；反之则会产生负面影响。以经济增长情况为例，当地方财政自由度水平低于64.77%时，土地财政才能对经济增长具有促进作用，也就是说，地方政府的预算内收入实在无法维持本级的财政支出之时，土地财政才能发挥"解渴"作用，更多地表现为"无奈之举"。针对本文研究的样本而言，在283个城市的数据中，有971个地方财政自由度大于64.77%，说明38.12%的城市样本在本级预算内财政收入相对缓慢的情况下，依然过度依赖土地财政，造成了与促进经济增长背道而驰的局面，政府土地财政表现为"攫取之手"。除此之外，在城市化进程与第二产业结构的经验结果中，表现出了与经济增长类似的"上限门限值"的情况，二者的地方财政自由度临界值水平分别为49.22%和56.41%。换言之，只有在地方财政自由度低于相应的临界值水平时，土

地财政才有利于相关经济指标的发展。不同的情况是，根据列（4）显示的第三产业结果，土地出让收入的系数为负，与财政自由度的交互项的系数为正，门限效应则表现为"下限门限值"，即当财政自主权超过某个临界水平时，才能促进第三产业结构的发展，计算得到的临界值水平为57.44%，高于城市化与第二产业的临界值水平。对比来看，以房地产业、交通运输行业和商业服务业为首的第三产业，更多时候依靠土地资源的大规模释放，将土地转化为在建建筑与运输路段，进而促进服务业行业的发展。另外，土地出让收入激增所导致的政府收入占 GDP 比重过高，将抑制民间资本，不利于提高经济效率；而变地为楼的"造城"，如果没有第二产业的支撑，土地出让收入会沦为地方经济发展短时期内的"止痛药"，并不能促进经济持续发展。

从其他控制变量的回归系数来看，首先，前一期人均 GDP 对经济增长的系数为负，而对第二产业的系数为正。这表明我国城市经济增长存在显著的"追赶效应"，即贫穷地区增长速度高于发达地区；但是，越是发达地区的城市，第二产业的发展越快。其次，物质资本水平对第二产业有显著促进作用，但是，对经济增长存在明显的抑制作用。这表明，尽管第二产业仍然是我国最主要的产业，但是，社会固定资产投资大量投入第二产业中，物质资本的粗放式利用和低效配置，并没有对经济增长产生显著的动力。再次，人力资本投入在经济增长、城市化进程中发挥了显著的积极作用，而且对于第二、第三产业的发展也有正面影响（不过显著性不高）。最后，地方财政自由度对经济增长、城市化和第二产业发展均有显著促进作用，只是对于第三产业影响显著为负。这说明现阶段地方政府财政自主权的提高，主要是通过发展工业和推进城市化来促进经济增长。

（二）土地财政的空间动态效应估计结果

表 4 的结果中，通过空间面板模型来研究土地财政对经济发展的空间效应。表 4 是在两种不同空间权重矩阵设定下土地出让收入对这四个经济指标的作用情况。对于表中的估计结果，我们已根据前文所述的空间面板模型的选取策略，得到了各研究对象的最优模型。[①]

[①] 根据 Lee 和 Yu（2010）研究结果，本文数据所体现"大 N（样本数）小 T（年份数）"的情况下，对空间个体效应进行空间滞后或空间误差的直接估计将得到一个非一致的方差参数估计，故采用偏差校正的办法，对文章中含有个体固定效应的空间滞后、空间误差以及空间杜宾模型均进行了校正处理。

表4 土地出让收入对经济增长、城市化与产业结构进程中的空间效应

	地理距离权重矩阵				经济距离权重矩阵			
模型	(1) SAR	(2) SDM	(3) SDM	(4) SDM	(5) SLX	(6) SDM	(7) SAR	(8) SAR
变量	g	ur	s2g	t2g	g	ur	s2g	t2g
W × dep. var.	0.05159**	0.3446***	0.1697***	0.1227***		0.3119***	0.2010***	0.1560***
	(2.156)	(16.6909)	(7.3633)	(5.2249)		(14.3512)	(8.6375)	(6.5562)
lnLpgdp	-1.298**	0.5528	-0.7343***	-0.9062***	-0.7077*	0.6069	-0.7258***	-0.9024***
	(-2.556)	(0.8473)	(-3.3930)	(-4.6585)	(-1.9483)	(0.9130)	(-3.3551)	(-4.6412)
lnsk	-0.5391	4.3973***	0.1270	-1.7072***	1.1612*	4.5554***	0.4012	-1.9986***
	(-0.4853)	(2.9769)	(0.2591)	(-3.8741)	(1.7320)	(3.0370)	(0.8472)	(-4.6943)
lnsh	1.291***	1.6986***	0.3430**	-0.0311	0.3755*	1.7792***	0.3581**	-0.0459
	(3.503)	(3.5786)	(2.1783)	(-0.2194)	(1.8156)	(3.6596)	(2.2803)	(-0.3253)
ln(n+γ+δ)	-0.9219	-0.5958	-0.7331**	0.8116**	-0.4215	-0.5770	-0.7135**	0.9179***
	(-1.097)	(-0.5442)	(-2.0185)	(2.4855)	(-0.6828)	(-0.5151)	(-1.9919)	(2.8511)
fd	0.1691*	0.7261***	0.2573***	-0.1554***	0.1661***	0.7361***	0.2623***	-0.1608***
	(1.798)	(5.9148)	(6.3190)	(-4.2438)	(2.6238)	(5.8880)	(6.5441)	(-4.4641)
lnlp	0.7093	2.9783***	1.1836***	-0.8118***	0.4250	3.1003***	1.1172***	-0.7107***
	(1.537)	(4.3584)	(5.2213)	(-3.9841)	(1.1398)	(4.5577)	(5.6813)	(-4.0208)
fd × lnlp	-0.01464*	-0.0629***	-0.0203***	0.0130***	-0.0129**	-0.0646***	-0.0209***	0.0134***
	(-1.890)	(-6.1892)	(-6.0197)	(4.2916)	(-2.4809)	(-6.2512)	(-6.3431)	(4.5088)
W × lnLpgdp		1.2386	-0.2575	0.1816	0.6819	2.6519		
		(1.0890)	(-0.6818)	(0.5345)	(1.2550)	(1.1946)		
W × lnsk		1.7704	1.4922**	-1.5439**	0.1409	2.7892		
		(0.7874)	(2.0032)	(-2.2983)	(0.1445)	(1.0891)		
W × lnsh		-0.3069	0.0367	0.1442	-0.0408	0.2116		
		(-0.4623)	(0.1670)	(0.7298)	(-0.1238)	(0.2776)		
W × ln(n+γ+δ)		2.1636	-0.1858	0.7781	-0.9601	2.1496		
		(1.2681)	(-0.3281)	(1.5271)	(-1.0898)	(1.0408)		
W × fd		-0.4303**	0.0056	-0.0276	0.2043**	-0.4860**		
		(-2.1770)	(0.0854)	(-0.4686)	(2.4892)	(-2.1769)		
W × lnlp		-0.8162	-0.0598	0.1127	0.8887*	-1.3027		
		(-0.8233)	(-0.1816)	(0.3815)	(1.7315)	(-1.0153)		

续表

	地理距离权重矩阵				经济距离权重矩阵			
模型	(1) SAR	(2) SDM	(3) SDM	(4) SDM	(5) SLX	(6) SDM	(7) SAR	(8) SAR
变量	g	ur	s2g	t2g	g	ur	s2g	t2g
W×fdlnlp		0.0235 (1.4690)	−0.0025 (−0.4791)	0.0023 (0.4887)	−0.0151** (−2.3973)	0.0264 (1.5150)		
logL	−8590.5717	−9203.3837	−6666.8566	−6420.0969		−9233.1713	−6672.8446	−6425.1877
R^2	0.1561	0.7794	0.8750	0.8595	0.0131	0.7710	0.8747	0.8592
Time effect	Yes	Yes	Yes	Yes	Yes	Yes	Yes	Yes
Spatial fixed effect	Yes	Yes	Yes	Yes	Yes	Yes	Yes	Yes
LM_spatial_lag	3.228*	254.356***	56.1100***	27.2793***	0.9960	209.5294***	47.1926***	27.9195***
Robust_LM_spatial_lag	2.060	7.379***	7.9961***	10.8627***	1.5196	4.8053**	2.7756*	5.2135**
LM_spatial_error_p	2.827*	247.063***	51.3271***	22.7777***	0.8166	204.7855***	44.8402***	25.0167***
Robust_LM_spatial_error	1.660	0.087	3.2132*	6.3611**	1.3401	0.0614	0.4233	2.3106
Wald_spatial_lag	5.838	14.030*	9.4500	12.2604*	3.3907	15.0759**	3.0647	5.9531
LR_spatial_lag	6.633	16.031**	10.7707	14.1393*	3.9336	17.3278**	3.5097	6.8798
Wald_spatial_error	6.198	14.909**	12.3402*	15.8397**	3.5811	18.0799**	4.6940	8.2726
LR_spatial_error	7.063	17.025**	14.0389*	18.1496**	4.1138	17.6375**	4.4855	9.2592

注：(1) ***、**、*分别表示在1%、5%和10%的水平上显著；(2) 括号中为t统计量；(3) 全部模型的空间个体固定与时间固定LR联合检验均拒绝了原假设，即模型均具有时空固定效应。

从表4中可以看出，四类经济指标在两种不同权重矩阵下，除列(5)的SLX模型外，其余模型的因变量的空间自相关系数显著为正，说明现阶段我国各城市经济发展之间存在明显横向正关联性，说明我国地级市的发展具有相互模仿的特征。值得注意的是，在空间计量模型中，各系数的显著性水平相比静态面板而言，均发生了明显的变动；不仅如此，在两种非同质的权重矩阵的估计下，经济增长、第二产业以及第三产业的最优模型选择也不相同。为了分析各解释变量对于经济增长、城市化及第

二、第三产业发展的边际效应，我们借鉴 LeSage 和 Pace（2009）[①] 的做法，在具有全局外溢效应的模型中，分解了各变量的直接效应、间接效应和总体效应（见表5、表6、表7和表8）。

表5　空间动态模型下土地出让收入对经济增长的直接效应、间接效应和总体效应

变量	地理距离权重矩阵 SAR（g）直接效应	间接效应	总体效应
lnLpgdp	-1.2796***（-2.56）	-0.0689（-1.47）	-1.3485***（-2.54）
lnsk	-0.4927（-0.44）	-0.0265（-0.40）	-0.5192（-0.44）
lnsh	1.2912***（3.45）	0.0689*（1.74）	1.36***（3.45）
ln（n+γ+δ）	-0.9178（-1.08）	-0.0492（-0.88）	-0.967（-1.08）
fd	0.1742*（1.85）	0.0094（1.23）	0.1835*（1.84）
lnlp	0.735（1.58）	0.0399（1.17）	0.7749（1.58）
fdlnlp	-0.0150*（-1.94）	-0.0008（-1.33）	-0.0159*（-1.93）

注：(1) ***、**、* 分别表示在1%、5%和10%的水平上显著；(2) 括号中为 t 统计量。

表5分解土地财政影响经济增长的直接效应、间接效应和总体效应。在表4列（5）列示了当考虑其他城市的经济行为之后，本地土地出让收入对四类经济发展指标的影响。由于在经济距离权重矩阵设定下，对经济增长的最优模型选择策略均接受了原假设，即不存在空间杜宾、空间滞后以及空间误差模型，基于稳健性原则，忽略空间自变量的影响，可能对模型造成偏差，所以最后选择了 SLX 模型进行估计。由于经济权重矩阵的结果不能分解出来自本地和其他地区的反馈效应，我们不能直接判断土地变量对经济增长的边际影响。然而单从表4列（5）的回归来看，空间中土地出让收入仍然显著地依赖地方财政自由度，且存在"门限效应"，只是相比于静态结构而言，显著性明显降低。反观地理距离权重矩阵（如

[①] J. P. LeSage, R. K. Pace, *Introduction to Spatial Econometrics* [M]. Boca Raton, FL: CRC Press Taylor & Francis Group, 2009.

表5采用),城市经济增长主要依赖来自本地与外地的人力资本积累,土地出让收入不再存在依赖地方财政自由度的"门限效应",二者交互项fdlnlp的系数为负,说明过高的土地出让收入将会抑制经济增长。综合上述分析可以得出,虽然土地财政能够替本级财政缓解压力,但过度依赖卖地来缓解财政压力,最终只会造成收入层面上"饮鸩止渴"的事实。

表6　空间动态模型下土地出让收入对城市化的直接效应、间接效应和总体效应

变量	地理距离权重矩阵 SDM (ur) 直接效应	间接效应	总体效应	经济距离权重矩阵 SDM (ur) 直接效应	间接效应	总体效应
lnLpgdp	0.7185 (1.04)	2.0257 (1.27)	2.7442 (1.37)	0.8759 (1.19)	3.8459 (1.25)	4.7218 (1.39)
lnsk	4.8544*** (3.27)	4.3518 (1.48)	9.2061*** (2.59)	4.9865*** (3.33)	5.5372* (1.71)	10.5236*** (2.84)
lnsh	1.703*** (3.39)	0.3678 (0.38)	2.0708* (1.64)	1.8748*** (3.44)	1.0642 (1.02)	2.939** (2.20)
$\ln(n+\gamma+\delta)$	-0.3508 (-0.31)	2.7295 (1.16)	2.3787 (0.82)	-0.3963 (-0.36)	2.6504 (0.97)	2.2541 (0.73)
fd	0.7141*** (5.60)	-0.2434 (-0.890)	0.4707 (1.42)	0.7061*** (5.78)	-0.3572 (-1.20)	0.3489 (1.02)
lnlp	3.0467*** (4.44)	0.2846 (0.22)	3.3313** (2.26)	3.0189*** (4.65)	-0.4855 (-0.30)	2.5334 (1.46)
fdlnlp	-0.0634*** (-6.02)	0.0019 (0.085)	-0.0616** (-2.31)	-0.0636*** (-6.28)	0.0092 (0.40)	-0.0544** (-2.05)

注:(1)***、**、*分别表示在1%、5%和10%的水平上显著;(2)括号中为t统计量。

进一步分析土地出让收入对城市化进程的结果,如表6所示。我们注意到,两种权重矩阵下,土地财政对城市化的影响主要来自本地的直接效应,由此反映了当前我国城市化过程中各地区"遍地开花"的现象,虽然形成了人口在城市间的空间分布,但经济要素间却没有横向的反馈作

用，体现分权制下各地政府一味追求经济指标的锦标赛[①]，却忽视了基本经济要素在空间中形成集群效应，从而导致社会资源配置的低效现象，仅仅只能依靠本地的物质资本与人力资本的积累，通过变量 lnsk 与 lnsh 的直接效应显著为正得出。另外，地理距离权重矩阵得到的"门限值"水平为48.05%，高于经济距离矩阵的47.47%，由于不同城市间经济实力不同，要素作用的结果也不尽相同，因此通过经济距离矩阵计算得到的结果是较为合理的，从一个侧面反映了地理距离权重矩阵的结果将会高估土地财政对城市化进程有效作用的范围。

表7　　　空间动态模型下土地出让收入对第二产业的
直接效应、间接效应和总体效应

变量	地理距离权重矩阵 SDM (s2g) 直接效应	间接效应	总体效应	经济距离权重矩阵 SAR (s2g) 直接效应	间接效应	总体效应
lnLpgdp	-0.776*** (-3.47)	-0.4664 (-1.09)	-1.2424** (-2.35)	-0.7279*** (-3.36)	-0.1725*** (-2.98)	-0.9004*** (-3.34)
lnsk	0.1978 (0.40)	1.7563** (2.06)	1.9542** (2.06)	0.3949 (0.83)	0.0927 (0.81)	0.4877 (0.83)
lnsh	0.3523** (2.20)	0.1174 (0.46)	0.4696 (1.40)	0.3552** (2.21)	0.0842** (2.09)	0.4395** (2.21)
$\ln(n+\gamma+\delta)$	-0.7699** (-2.07)	-0.3621 (-0.56)	-1.1319 (-1.51)	-0.7125** (-2.03)	-0.169* (-1.92)	-0.8815* (-2.02)
fd	0.2619*** (6.50)	0.0544 (0.73)	0.3163*** (3.63)	0.2642*** (6.46)	0.0626*** (4.75)	0.3268*** (6.35)
lnlp	1.1963*** (5.37)	0.1558 (0.42)	1.3521*** (3.49)	1.1271*** (5.69)	0.2671*** (4.36)	1.3942*** (5.59)
fdlnlp	-0.0208*** (-6.20)	-0.0067 (-1.11)	-0.0275*** (-3.90)	-0.0211*** (-6.28)	-0.005*** (-4.66)	-0.0261*** (-6.17)

注：(1) ***、**、*分别表示在1%、5%和10%的水平上显著；(2) 括号中为t统计量。

[①] 周黎安：《中国地方官员的晋升锦标赛模式研究》，《经济研究》2007年第7期。

表8 空间动态模型下土地出让收入对第三产业的
直接效应、间接效应和总体效应

变量	地理距离权重矩阵 SDM (t2g) 直接效应	间接效应	总体效应	经济距离权重矩阵 SAR (t2g) 直接效应	间接效应	总体效应
lnLpgdp	-0.9008*** (-4.62)	0.067 (0.18)	-0.8338* (-1.83)	-0.9207*** (-4.61)	-0.1642*** (-3.52)	-1.0848*** (-4.57)
lnsk	-1.7615*** (-3.84)	-1.9184*** (-2.65)	-3.6799*** (-4.55)	-2.033*** (-4.70)	-0.3628*** (-3.55)	-2.3958*** (-4.65)
lnsh	-0.0267 (-0.18)	0.1513 (0.68)	0.1245 (0.42)	-0.0476 (-0.33)	-0.0086 (-0.33)	-0.0562 (-0.33)
$\ln(n+\gamma+\delta)$	0.8585*** (2.58)	0.9849* (1.78)	1.8434*** (2.96)	0.9337*** (2.90)	0.1668** (2.54)	1.1005*** (2.89)
fd	-0.1588*** (-4.23)	-0.0509 (-0.79)	-0.2097*** (-2.83)	-0.1613*** (-4.43)	-0.0288*** (-3.41)	-0.1901*** (-4.39)
lnlp	-0.817*** (-4.01)	0.0118 (0.037)	-0.8052** (-2.45)	-0.7138*** (-4.13)	-0.1273*** (-3.27)	-0.8411*** (-4.090)
fdlnlp	0.0133*** (4.28)	0.0043 (0.83)	0.0176*** (2.92)	0.0134*** (4.49)	0.0024*** (3.46)	0.0158*** (4.46)

注：(1) ***、**、*分别表示在1%、5%和10%的水平上显著；(2) 括号中为t统计量。

接下来，分析土地出让收入对产业结构的影响情况，表7和表8分别是对第二产业和第三产业的结果。对比来看，虽然第二、第三产业在地理权重矩阵设定下的模型均为SDM模型，但是，从实际得到的估计结果来说，除物质资本水平以外，各地区的产业结构发展并未受到来自其他地区经济要素的外溢效应影响，仅仅强调了本地经济要素的直接投入和产业比重在空间中的相关性。反观经济权重矩阵估计的结果，二者的模型均为SAR模型，而各经济要素和相关指标对产业结构影响均十分显著。具体来说，第二产业与第三产业对土地出让收入的依赖受到来自地方财政自由度的约束。从总体效应来看，地方财政自由度水平低于53.42%水平下，土地出让收入才有助于第二产业比重的增加；然而土地财政对第三产业发展的最低门槛则为53.23%。就实际情况来看，本文研究2547个城市样本中，有1439个（占56.50%）城市达到了53.23%门槛值水平之上，即超过一半的样本说明土地财政主要流向了第三产业;仅有3个样本落入区间(53.23%、53.42%)内,也就是说,只有3个样本存在土地财政同时有利于推动产业结构发展的情形;而剩下的1105个样本城市中,当前土地财政实质上抑制了以工业为主的第二产业的发展。由此可见,地方政府的"以地生财",实质上是在损害第二产业比重前提下才使第三产业得以发展,也预示着这种"拆东墙补西墙"的产业结构发展模式,在长期来看终将难以为继。另外,从物质资本和人力资本水平看,第二产业并没有得到物质资本水平的有效推动,而以服务业为主的第三产业同样没有有效利用人力资本,这反映了地方财政过度依赖土地出让,导致第二、第三产业总体发展畸形,且物质资本和人力资本要素资源均没有得到有效利用的局面。

(三)土地出让收入的时空动态空间面板估计结果

近年来,随着时空动态空间计量方法的逐渐完善,在实证研究中考虑时间的空间模型已得到越来越多学者的重视。① 本文在这部分考察了时空动态空间面板模型,以把握我国近年来地区经济发展的时间序列和空间差异因素,进一步"问症"土地财政。

表9为时空动态模型的估计结果以及相关检验结果。从对数似然比看,在相同模型设定下,用经济距离权重矩阵来描述各经济发展变量在时空的交互影响表现得更好(除第二产业结果以外,经济距离权重的似然比绝大多数大于地理距离权重的情形,但似然比十分接近)。值得注意的是,根据对原假设 $\tau + \rho + \eta = 1$ 的双边Wald检验来看,除列(3)外,其余模型均在1%显著性水平下拒绝原假设,说明时空动态模型平稳,即采用方程(6)能够有效进行估计。而列(3)对应的第二产业在地理距离权重估计下的结果则意味着模型为空间协整模型。

首先,从空间相关性看,注意到除经济增长结果以外,其他结果所表现的空间同期相关性十分显著,且小于表4所列的空间动态的结果。原因

---

① J. P. Cohen, C. J. M. Paul, Public Infrastructure Investment, Interstate Spatial Spillovers, and Manufacturing Costs [J]. *Review of Economics and Statistics*, 2004, 86 (2), pp. 551 – 560; O. Parent, J. P. LeSage, A Spatial Dynamic Panel Model with Random Effects Applied to Commuting Times [J]. *Transportation Research Part B: Methodological*, 2010, 44 (5), pp. 633 – 645; R. R. Brady, Measuring the diffusion of housing prices across space and over time [J]. *Journal of Applied Econometrics*, 2011, 26 (2), pp. 213 – 231; P. Elhorst, E. Zandberg, J. De Haan, The Impact of Interaction Effects among Neighbouring Countries on Financial Liberalization and Reform: A Dynamic Spatial Panel Data Approach [J]. *Spatial Economic Analysis*, 2013, 8 (3), pp. 293 – 313.

表9　土地出让收入对经济增长、城市化与产业结构进程中的时空动态空间效应

变量	地理距离权重矩阵				经济距离权重矩阵			
	g(1)	ur(1)	s2g(3)	t2g(4)	g(5)	ur(6)	s2g(7)	t2g(8)
W × dep. var.	0.06662***	0.3177***	0.09124***	0.07973***	0.04313	0.27342***	0.1319***	0.1086***
	(2.6008)	(12.5577)	(3.6015)	(2.9816)	(1.3803)	(10.3825)	(4.6991)	(3.8329)
dep. var (t−1)	−0.07969***	0.6137***	0.9545***	0.5831***	−0.08295***	0.6233***	0.9479***	0.5802***
	(−8.9036)	(17.1775)	(22.8629)	(17.6879)	(−9.0258)	(17.7568)	(22.8065)	(17.6675)
W × dep. var (t−1)	0.08928**	−0.1359*	0.005213	0.03637	0.08794**	−0.1345*	0.03570	0.02679
	(2.4211)	(−1.8837)	(1.1513)	(1.6021)	(2.2222)	(−1.9889)	(1.2503)	(1.1647)
lnLpgdp	−1.3128**	−0.03504	−6.2640***	−3.1377***	−0.9778	0.005865	−6.2397***	−3.1291***
	(−2.3158)	(0.2055)	(−18.1742)	(−13.7903)	(−1.2414)	(0.3133)	(−18.2244)	(−13.8046)
lnsk	−1.4441	2.8926**	−0.9824*	−1.4641***	−0.9115	3.2026***	−1.0234*	−1.4519***
	(−1.5094)	(2.4027)	(−1.7397)	(−3.6151)	(−0.6027)	(2.6209)	(−1.7873)	(−3.58526)
lnsh	1.6327***	0.9634**	−0.2869	0.05865	1.7552***	0.9877**	−0.2654	0.05138
	(4.3226)	(2.4711)	(−0.6974)	(0.1961)	(4.6944)	(2.4938)	(−0.5283)	(0.1359)
ln(n+γ+δ)	−1.5661**	0.5459	−0.1979	0.3178	−1.2371	0.7576	−0.1761	0.3145
	(−2.0027)	(0.1653)	(−1.1859)	(1.5871)	(−1.6367)	(0.3052)	(−1.1099)	(1.5748)
fd	0.2354***	0.3592***	0.06886***	−0.07959***	0.2005**	0.3631***	0.06381***	−0.07838***
	(3.0806)	(4.5031)	(4.5319)	(−3.4962)	(2.5642)	(4.4620)	(4.4601)	(−3.4680)
lnlp	1.0182***	1.6235***	0.2580***	−0.3385***	0.9276**	1.6775***	0.2381***	−0.3294***
	(2.6277)	(4.1537)	(3.7373)	(−3.0557)	(2.4280)	(4.2130)	(3.6847)	(−3.0059)
fdlnlp	−0.01912***	−0.03187***	−0.00399***	0.006254***	−0.01697***	−0.03268***	−0.00359***	0.006155***
	(−3.0100)	(−4.8292)	(−3.9212)	(3.3505)	(−2.6342)	(−4.8487)	(−3.8546)	(3.3207)
logL	−7537.2107	−7125.7644	−4960.4314	−4741.0824	−6580.1834	−7100.4214	−4960.4546	−4744.0325
R²	0.1946	0.8021	0.9105	0.8979	0.2008	0.7943	0.9110	0.8982
Time effect	No	Yes	Yes	Yes	Yes	Yes	Yes	Yes
Spatial fixed effect	Yes	Yes	Yes	Yes	Yes	Yes	Yes	Yes
τ+ρ+η	0.0631	0.7955	1.0509	0.6992	0.0481	0.7622	1.1154	0.7156
Wald test τ+ρ+η=1	284.270***	40.537***	1.8114	58.564***	281.962***	52.929***	7.739***	46.477***

注：(1) ***、**、*分别表示在1%、5%和10%的水平上显著；(2) 括号中为t统计量；(3) 全部模型的空间个体的LR联合检验均拒绝了原假设，即模型均具有个体固定效应；(4) 全部估计量均为偏差修正的准最大似然估计量（BC-QMLE）。

主要来自两个方面：其一，与本文期初的预期相符，四个经济指标在不同权重矩阵下的一阶滞后项均显著存在，说明我国城市经济的发展存在明显的经济惯性，一阶滞后项对当期的经济指标的边际贡献均显著高于空间滞后项的影响。其二，因变量滞后一阶的空间滞后项在经济增长与城市化水平模型分别显著为正和显著为负，表明我国城市经济增长不仅存在空间上的关联性，还存在时空上的空间效应。其中，城市化的时空滞后效应为负，反映了我国目前大部分地区城市化进程发展迅猛，尤其是从人口城市化角度来看，人口涌向城市，出现了城市人口密度过大的问题，城市内部的人口城市化在时空上趋近收敛。综合来看，如果仅仅考虑空间动态模型将会低估我国各城市经济增长在空间中的关联性，而高估城市化与产业结构在空间上集聚的影响。由此表明，考虑时空动态效应的模型，将更好地反映我国城市经济的实际发展。

其次，除经济增长模型以外，其他模型的地方财政自由度、土地出让收入以及二者的交互项系数的显著性与符号，大致与表4的空间动态模型基本一致，而四类经济指标均存在显著的"门限效应"。特别地，从经济距离权重下所估计的结果来看，各类经济指标对应的地方财政自由度的门限值分别为54.66%、51.33%、66.32%和53.52%，说明即使在时空动态的因素下，土地财政依然不是经济发展过程中的"万金油"，其始终受到本级地方财政自由度的约束，并非是经济长期发展的长远之策。此外，虽然经济增长、城市化与第二产业的"上限门限值"均比表4中有所提高，但由于表9的结果涵盖了本地和其他地区的影响，因此非线性模型不能反映各变量的实际边际效应，故不存在可比性。

至于其他变量，物质资本程度主要停留在对人口城市化的推动作用，而对其他经济发展指标均存在不同程度的抑制作用，体现了我国地级市目前没有对物质资本实现有效利用；而人力资本对经济发展的促进作用，仍只停留在经济增长与城市化当中，并没有对产业发展和产业结构转型起到积极作用。

由于表9的估计结果不能体现各解释变量的实际边际效应，在此，本文利用Yu等（2012）[①] 的误差修正模型，并借鉴LeSage和Pace（2009）[②]

[①] J. Yu, R. de Jong, L. -F. Lee, Estimation for Spatial Dynamic Panel Data with Fixed Effects: The Case of Spatial Cointegration [J]. *Journal of Econometrics*, 2012, 167 (1), pp. 16 - 37.

[②] J. P. LeSage, R. K. Pace, *Introduction to Spatial Econometrics* [M]. Boca Raton, FL: CRC Press Taylor & Francis Group, 2009.

表10　时空动态空间模型下土地出让收入对经济增长的直接效应、间接效应和总体效应

变量	地理距离权重矩阵（Δg）直接效应	间接效应	总体效应	经济距离权重矩阵（Δg）直接效应	间接效应	总体效应
convergence effect	-0.926*** (-18.01)	-0.0862*** (-1.94)	-1.0122*** (-12.32)	-0.9126*** (-17.26)	-0.0801* (-1.85)	-0.9927*** (-11.86)
lnLpgdp	-0.9023* (-1.74)	-0.0558 (-0.69)	-0.9581* (-1.71)	-0.9835* (-1.86)	-0.0347 (-0.37)	-1.0182* (-1.84)
lnsk	-1.0135 (-0.80)	-0.0612 (-0.44)	-1.0747 (-0.79)	-0.9064 (-0.72)	-0.0369 (-0.26)	-0.9433 (-0.72)
lnsh	1.6993*** (3.76)	0.1005 (0.82)	1.7997*** (3.63)	1.8191*** (4.11)	0.068 (0.42)	1.8871*** (3.82)
$\ln(n+\gamma+\delta)$	-1.2822 (-1.50)	-0.0763 (-0.66)	-1.3585 (-1.49)	-1.1062 (-1.26)	-0.0368 (-0.31)	-1.143 (-1.25)
fd	0.1967* (1.92)	0.0129 (0.72)	0.2096* (1.87)	0.1998** (1.96)	0.0077 (0.39)	0.2075* (1.92)
lnlp	0.9401* (1.94)	0.0565 (0.71)	0.9966* (1.92)	0.9338* (1.91)	0.0329 (0.37)	0.9666* (1.89)
fdlnlp	-0.0182 (-0.54)	0.0001 (0.02)	-0.0181 (-0.52)	-0.0177 (-0.53)	0.0004 (0.12)	-0.0173 (-0.51)

注：(1) ***、**、*分别表示在1%、5%和10%的水平上显著；(2) 括号中为t统计量。

表11　时空动态空间模型下土地出让收入对城市化的直接效应、间接效应和总体效应

变量	地理距离权重矩阵（Δur）直接效应	间接效应	总体效应	经济距离权重矩阵（Δur）直接效应	间接效应	总体效应
convergence effect	-1.0673*** (-16.61)	0.7743*** (7.91)	-0.293** (-2.04)	-1.0735*** (-17.63)	0.7655*** (8.61)	-0.308** (-2.47)
lnLpgdp	-0.0277 (-0.04)	-0.0073 (-0.02)	-0.0351 (-0.04)	-0.0862 (-0.13)	-0.0297 (-0.12)	-0.1159 (-0.13)
lnsk	3.1071* (1.92)	1.3367 (1.54)	4.4438* (1.85)	3.2229* (1.98)	1.1357 (1.52)	4.3585* (1.93)
lnsh	1.0677* (1.90)	0.4577 (1.58)	1.5254* (1.85)	1.0641* (1.95)	0.3745 (1.48)	1.4386* (1.89)

续表

变量	地理距离权重矩阵（Δur）			经济距离权重矩阵（Δur）		
	直接效应	间接效应	总体效应	直接效应	间接效应	总体效应
ln$(n+\gamma+\delta)$	0.5924 (0.51)	0.2501 (0.48)	0.8425 (0.51)	1.0457 (0.90)	0.3677 (0.80)	1.4133 (0.89)
fd	0.3655*** (2.78)	0.1586** (1.96)	0.5241*** (2.59)	0.3761*** (2.78)	0.1329* (1.82)	0.509*** (2.62)
lnlp	1.6197*** (2.57)	0.696** (1.97)	2.3157** (2.47)	1.689*** (2.69)	0.5936* (1.82)	2.2826** (2.56)
fdlnlp	-0.0311 (-0.87)	-0.0114 (-0.75)	-0.0425 (-0.85)	-0.0334 (-1.01)	-0.01 (-0.86)	-0.0434 (-0.99)

注：(1) ***、**、*分别表示在1%、5%和10%的水平上显著；(2) 括号中为t统计量。

表12　　时空动态空间模型下土地出让收入对第二产业的
直接效应、间接效应和总体效应

变量	地理距离权重矩阵（Δs2g）			经济距离权重矩阵（Δs2g）		
	直接效应	间接效应	总体效应	直接效应	间接效应	总体效应
convergence effect	-0.9876*** (-19.81)	0.9876*** (19.81)	0 (-0.12)	-0.9189*** (-12.93)	1.0619*** (11.65)	0.1429 (1.12)
lnLpgdp	-6.2033*** (-27.00)	-0.4676 (-1.30)	-6.6709*** (-16.39)	-6.2277*** (-25.82)	-0.8767* (-1.73)	-7.1044*** (-12.10)
lnsk	-0.8714* (-1.94)	-0.065 (-0.99)	-0.9364* (-1.93)	-1.0217** (-2.25)	-0.1428 (-1.29)	-1.1646** (-2.21)
lnsh	-0.2779* (-1.66)	-0.0194 (-0.91)	-0.2972* (-1.67)	-0.2583 (-1.57)	-0.0346 (-1.05)	-0.2929 (-1.56)
ln$(n+\gamma+\delta)$	-0.2143 (-0.68)	-0.0144 (-0.45)	-0.2287 (-0.68)	-0.1274 (-0.39)	-0.0166 (-0.31)	-0.1441 (-0.39)
fd	0.077* (1.67)	0.0068 (0.93)	0.0838 (1.62)	0.0613 (1.21)	0.0096 (0.92)	0.0709 (1.20)
lnlp	0.2915* (1.66)	0.0231 (0.92)	0.3146 (1.64)	0.2307 (1.21)	0.0335 (0.91)	0.2641 (1.20)
fdlnlp	-0.0049 (-0.16)	0.0006 (0.20)	-0.0043 (-0.13)	-0.0036 (-0.11)	0.0006 (0.12)	-0.003 (-0.08)

注：(1) ***、**、*分别表示在1%、5%和10%的水平上显著；(2) 括号中为t统计量；(3) 地理距离权重矩阵的结果是采用约束条件$\tau+\rho+\eta=1$成立下的空间协整模型计算得到。

表 13　时空动态空间模型下土地出让收入对第三产业的
直接效应、间接效应和总体效应

变量	地理距离权重矩阵（Δt2g）			经济距离权重矩阵（Δt2g）		
	直接效应	间接效应	总体效应	直接效应	间接效应	总体效应
convergence effect	-0.9545*** (-17.20)	0.6172*** (9.73)	-0.3372*** (-3.26)	-0.9656*** (-16.07)	0.6385*** (9.31)	-0.3271*** (-3.03)
lnLpgdp	-3.1374*** (-16.43)	-0.2408 (-1.05)	-3.3782*** (-11.22)	-3.1681*** (-16.79)	-0.3865 (-1.63)	-3.5545*** (-11.43)
lnsk	-1.6122*** (-3.72)	-0.1202 (-0.99)	-1.7325*** (-3.72)	-1.4869*** (-3.44)	-0.1805 (-1.44)	-1.6674*** (-3.38)
lnsh	0.0205 (0.14)	0.0028 (0.17)	0.0233 (0.14)	0.0371 (0.25)	0.0057 (0.26)	0.0428 (0.26)
ln(n+γ+δ)	0.3002 (1.05)	0.0243 (0.64)	0.3245 (1.05)	0.2542 (0.83)	0.0315 (0.61)	0.2857 (0.82)
fd	-0.0775* (-1.69)	-0.0048 (-0.75)	-0.0823* (-1.72)	-0.0769* (-1.64)	-0.0083 (-1.08)	-0.0852* (-1.66)
lnlp	-0.3163** (-2.01)	-0.0233 (-0.84)	-0.3396** (-2.00)	-0.3155* (-1.88)	-0.0371 (-1.14)	-0.3526* (-1.87)
fdlnlp	0.0057 (0.18)	0.0017 (0.42)	0.0074 (0.21)	0.0058 (0.18)	0.0018 (0.35)	0.0076 (0.21)

注：(1) ***、**、*分别表示在1%、5%和10%的水平上显著；(2) 括号中为t统计量。

对空间计量模型提出的直接效应、间接效应与总体效应，分析各变量对经济发展变动情况的影响。表10至表13分别为土地财政对经济增长、城市化进程、第二产业与第三产业比重变动产生影响的结果。

其一，对城市经济增长而言，总体上说，经济增长存在显著的收敛效应，而收敛效应主要来自本地地区，其他地区所产生的影响比重较小；本地人力资本对经济增长变动的系数显著为正，表明人才对于城市经济的作用正在凸显。此外，在短期内，地方财政自由度与土地财政收入同样有助于提高同期经济增长率，这也反映了地方政府开启"以地生财"模式的动因。

其二，从表11显示的城市化结果看，各城市城市化进程的总体收敛效应被分为本地的收敛与其他地区的发散影响，由此表明，我国现有城市化进程主要是城市周边地区的人口向大城市不断涌入，尤其以"北上广"为甚，却没有实现对正在发展的县市地区的有效城市化。再从土地出让的行为来看，地方政府出让土地所获得收入用以促进城市化发展，受到了来自本地以及其他地区显著的推动作用，相比较而言，物质资本与人力资本仍局限于本地的资本积累，且显著性低于土地财政。

其三，第二产业在时空中的发展，并没有表现出收敛特征，收敛效应在两种权重矩阵下均不显著（见表12）。第二产业在经济发展中的波动程度表现出时空上的协整关系。特别地，经济距离权重矩阵下，土地财政在第二产业比重的动态变化中，所产生的影响并不明显，通过其对应估计系数的不显著可以看出。而物质资本和人力资本的积累对第二产业规模发展的对应系数为负，体现了作为经济发展的基本要素，物质资本和人力资本对以工业为主的第二产业的推动作用也逐渐面临瓶颈。

其四，表13为第三产业比重动态变化的相应分解结果。可以发现，第三产业的收敛效应与城市化相似，都体现为来自本地的收敛效应与其他地区的发散效应。第三产业依托于城市而发展，但是，我国多数城市依然高度依赖工业，第三产业的发展有低端、同质倾向，结果只会造成人口流向城市却没有获得合适的工作，形成"北漂"等现象。进一步地，注意到本地土地财政对第三产业比重变动的影响为抑制作用（系数显著为负），一方面，表明地方政府出让土地的收入仍趋向于投资基础设施建设和工业，而主要不是用于发展服务业；另一方面，土地出让高收入必然对应高的土地出让价格，土地价格的提高导致服务业发展受挫，因而，土地出让收入对以服务业为主的第三产业比重变动影响为负。

五　结　论

本文基于当前我国土地财政"饮鸩止渴"之说的视角，通过2003—2011年中国283个地级市的数据，研究城市间"以地生财"效应对经济增长、城市化与产业结构的影响，并且分别采用"空间动态"与"时空动态"面板模型,以涵盖空间与时空上的各种因素,通过分解宏观经济变量在空间中的外溢与辐射作用,考察地方政府之间的"策略性模仿"或"策略性竞争"过程,揭示地方政府开启的土地财政模式难以为继的根源。

本文实证研究发现:(1)在空间动态模型设定下,土地财政对城市化、第二产业与第三产业存在显著的"门限效应",即土地财政对城市化进程、第二、第三产业比重变化的影响都受限于地方财政自由度,而对经济增长却存在直接的抑制作用。(2)在时空动态模型的估计下,土地财政对经济增长、城市化进程、第二、第三产业比重变化均存在明显的时空动态效应和"门限效应"。(3)通过对空间误差修正模型结果的分解得出,各经济指标主要存在来自本地的收敛效应,本级地区的"以地生财"效应即使短期内能够对经济增长和城市化产生推动作用,但却抑制了第三产业发展,不利于形成资源有效配置的产业结构。

本文认为,我国各地现阶段利用稀缺土地出让为地方财政减压的敛财模式并非可持续发展的长远之策。具体表现为:在经济发展时空动态的变化过程中,土地财政分别对经济增长、城市化与产业结构的作用,不同程度地受制于来自地方财政自由度的约束,且表现出不同的"上、下限门限值"的影响。也就是说,只有当地方政府的预算内收入实在无法维持本级财政支出之时,土地财政才有可能发挥"解渴"作用,而这还是建立在损害其他经济发展指标情况下才能实现,因而更多地表现为"无奈之举"。如果地方政府过度推进土地财政,则形成了"攫取之手"。另外,从经济发展的长期收敛过程来看,土地财政模式即使能提高短期的经济增长速度与城市化进程,却忽视了实现第二、第三产业的均衡发展和资源有效配置,不利于经济长期增长。为此,必须尽快消除"土地财政依赖症",一方面,要深化财税体制改革,形成稳定的地方税收体系的收入流量,确保地方政府的财权和事权统一;另一方面,要求地方政府集约使用土地,提高基础设施建设的水平,提高公共服务水平,在城市化进程中为产业集聚、产业结构调整创造条件,发挥市场机制在资源配置中的决定性作用,通过产业协调发展、就业机会充足、居民收入增进和民间投资活跃来开辟可持续的地方财政收入渠道,实现城市长期发展。

参考文献

[1] L. Anselin, *Spatial Econometrics: Methods and Models* [M]. Springer, 1988.

[2] R. R. Brady, Measuring the Diffusion of Housing Prices Across Space and Over Time [J]. *Journal of Applied Econometrics*, 2011, 26 (2), pp. 213 – 231.

[3] J. P. Cohen, C. J. M. Paul, Public Infrastructure Investment, Interstate Spatial Spillovers, and Manufacturing Costs [J]. *Review of Economics and Statistics*, 2004, 86 (2), pp. 551 – 560.

[4] G. Doppelhofer, R. I. Miller, X. Sala – i – Martin, Determinants of Long – term Growth: A Bayesian Averaging of Classical Estimates (BACE) Approach [R]. *National Bureau of Economic Research*, 2000.

[5] J. P. Elhorst, *Spatial Panel Data Models: Handbook of Applied Spatial Analysis* [M]. Springer, 2010.

[6] P. Elhorst, E. Zandberg, J. De Haan, The Impact of Interaction Effects among Neighbouring Countries on Financial Liberalization and Reform: A Dynamic Spatial Panel Data Approach [J]. *Spatial Economic Analysis*, 2013, 8 (3), pp. 293 – 313.

[7] M. Kapoor, H. H. Kelejian, I. R. Prucha, 2007, Panel Data Models with Spatially Correlated Error Components [J]. *Journal of Econometrics*, 140 (1), pp. 97 – 130.

[8] H. H. Kelejian, I. R. Prucha, A Generalized Spatial Two – stage Least Squares Procedure for Estimating a Spatial Autoregressive Model with Autoregressive Disturbances [J]. *The Journal of Real Estate Finance and Economics*, 1998, 17 (1), pp. 99 – 121.

[9] H. H. Kelejian, I. R. Prucha, A Generalized Moments Estimator for the Autoregressive Parameter in a Spatial Model [J]. *International Economic Review*, 1999, 40 (2), pp. 509 – 533.

[10] P. Krugman, Increasing Returns and Economic Geography [J]. *Journal of Political Economy*, 1991, 99 (3), pp. 483 – 499.

[11] L. – F. Lee, J. Yu, Estimation of Spatial Autoregressive Panel Data Models with Fixed Effects [J]. *Journal of Econometrics*, 2010, 154 (2), pp. 165 – 185.

[12] L. – F. Lee, J. Yu, Some Recent Developments in Spatial Panel Data Models [J]. *Regional Science and Urban Economics*, 2010, 40 (5), pp. 255 – 271.

[13] L. – F. Lee, J. Yu, A Spatial Dynamic Panel Data Model with Both Time and Individual Fixed Effects [J]. *Econometric Theory*, 2010, 26 (02), pp. 564 – 597.

[14] J. P. LeSage, M. M. Fischer, Estimates of the Impact of Static and Dynamic Knowledge Spillovers on Regional Factor Productivity [J]. *International Regional Science Review*, 2012, 35 (1), pp. 103 – 127.

[15] J. P. LeSage, R. K. Pace, *Introduction to Spatial Econometrics* [M]. Boca Raton,

FL: CRC Press Taylor & Francis Group, 2009.

[16] N. G. Mankiw, D. Romer, D. N. Weil, A Contribution to the Empirics of Economic Growth [J]. *The Quarterly Journal of Economics*, 1992, 107 (2), pp. 407 – 437.

[17] O. Parent, J. P. LeSage, A Spatial Dynamic Panel Model with Random Effects Applied to Commuting Times [J]. *Transportation Research Part B: Methodological*, 2010, 44 (5), pp. 633 – 645.

[18] P. M. Romer, Endogenous Technological Change [J]. *Journal of Political Economy*, 1990, S71 – S102.

[19] J. Yu, R. de Jong, L. – F. Lee, Quasi – maximum Likelihood Estimators for Spatial Dynamic Panel Data with Fixed Effects When Both n and T Are Large [J]. *Journal of Econometrics*, 2008, 146 (1), pp. 118 – 134.

[20] J. Yu, R. de Jong, L. – F. Lee, Estimation for Spatial Dynamic Panel Data with Fixed Effects: The Case of Spatial Cointegration [J]. *Journal of Econometrics*, 2012, 167 (1), pp. 16 – 37.

[21] 陈硕：《分税制改革、地方财政自主权与公共品供给》，《经济学》（季刊）2010年第4期。

[22] 傅勇、张晏：《中国式分权与财政支出结构偏向：为增长而竞争的代价》，《管理世界》2007年第3期。

[23] 宫汝凯：《分税制改革、土地财政和房价水平》，《世界经济文汇》2012年第4期。

[24] 宫汝凯：《分税制改革与中国城镇房价水平——基于省级面板的经验证据》，《金融研究》2012年第8期。

[25] 蒋省三、刘守英、李青：《土地制度改革与国民经济成长》，《管理世界》2007年第9期。

[26] 李郇、洪国志、黄亮雄：《中国土地财政增长之谜——分税制改革、土地财政增长的策略性》，《经济学》（季刊）2013年第4期。

[27] 刘志彪：《以城市化推动产业转型升级——兼论"土地财政"在转型时期的历史作用》，《学术月刊》2010年第10期。

[28] 吴群、李永乐：《财政分权、地方政府竞争与土地财政》，《财贸经济》2010年第7期。

[29] 张莉、王贤彬、徐现祥：《财政激励、晋升激励与地方官员的土地出让行为》，《中国工业经济》2011年第4期。

[30] 张平、刘霞辉：《城市化、财政扩张与经济增长》，《经济研究》2011年第11期。

[31] 周黎安：《中国地方官员的晋升锦标赛模式研究》，《经济研究》2007年第7期。

公有制主体地位及其质和量的规定性

张作云

内容提要：目前，我国理论界对公有制经济主体地位的研究，大都集中在量的界定及其指标体系的设计上，并且还出现了一些似是而非的模糊认识，这不仅使我们对公有制经济主体地位的研究难以进一步深入，而且还会产生对公有制经济主体地位的误判，从而对我国改革开放产生不良影响。本文认为，对公有制经济主体地位的研究，不仅要有量的界定，更要有质的分析。首先，要运用马克思主义的立场、观点和方法，依据我国改革开放和经济社会发展的实际，对一些模糊认识加以澄清。其次，要把公有制经济的主体地位放到我国现阶段所有制结构乃至生产关系的结构体系中，从质和量既对立又统一的角度进行研究和分析。同时，还要研究和关注与此相关的一些具有较强针对性和现实性的问题。

关键词：公有制经济主体地位　质和量的规定性　质量互变规律　两种相反发展的可能性

改革开放以来，为了促进生产力的发展，我国对原有所有制结构进行了调整和改革，实行了"以公有制为主体、多种经济形式共同发展"的方针。随着改革开放的进行，公有制主体地位问题愈益突出，并在理论界、政界、实业界乃至人民群众中引起了广泛的关注。公有制经济主体地位的内涵是什么？公有制经济在国民经济中是否还占主体？公有制经济的主体地位应如何界定？其衡量和界定的指标有哪些？众说纷纭，各执一端。上述问题如果得不到科学而正确的解决，不仅会在经济社会发展实践中引发许多问题，进而影响改革开放的顺利进行，而且还会影响社会的安

[作者简介] 张作云，淮北师范大学当代经济研究所教授。

定团结，威胁以致动摇我们党的执政依据、执政地位或执政基础。因此，本文拟运用马克思主义的立场、观点和方法，结合改革开放和社会主义现代化建设中提出的一些问题，对公有制经济的主体地位及其质和量的规定性进行探讨，以求得出科学的结论。

一 公有制经济主体地位不同观点评析

自党的十三大提出"社会主义初级阶段的所有制结构应以公有制为主体"以来，党的历次代表大会及其中央全会，依据改革开放和经济社会发展的实际，都对公有制经济主体地位的内涵作了界定，并使之不断完善和发展。党的十四大报告提出，在所有制结构上，以公有制为主体就是以"公有制包括全民所有制和集体所有制为主体"。党的十四届三中全会进一步指出，"公有制的主体地位主要体现在国家和集体所有的资产在社会总资产中占优势，国有经济控制国民经济命脉及其对经济发展的主导作用等方面"。在此基础上，党的十五大对公有制经济主体地位的内涵又作了进一步补充："公有制经济不仅包括国有经济和集体经济，还包括混合所有制经济中的国有成分和集体成分"；公有制经济的主体地位主要体现在"公有资产在社会总资产中占优势"，"国有经济控制国民经济命脉，对经济发展起主导作用"。公有资产占优势，是指公有资产既"要有量的优势，更要注重质的提高"。国有经济在国民经济中的主导作用，"主要体现在控制力上"，"就全国而言，有的地方、有的产业可以有所差别"。"只要坚持公有制为主体，国家控制国民经济命脉，国有经济的控制力和竞争力得到加强，在这个前提下，国有经济比重减少一些，不会影响我国的社会主义性质"。党的十六大、十七大乃至十八大，我们党的精力主要是通过毫不动摇地巩固和发展公有制经济，毫不动摇地鼓励、支持、引导非公有制经济发展，不断完善公有制经济为主体、多种所有制经济共同发展的基本经济制度，对公有制经济主体地位的内涵及其衡量指标，没有再作进一步阐述和补充。

与此同时，在所有制结构的调整和改革过程中，我国理论界在中央上述精神指导下，依据所有制结构改革和经济社会发展提出的一些问题，对公有制经济主体地位的内涵及其衡量指标也进行了研究和分析。

在公有制经济主体地位的内涵上，有人认为，依据我国改革开放和经济社会发展的实际，作为公有制经济，不应只包括国有经济和集体经济，其范围应进一步拓宽。在我国新形成的所有制结构中，混合所有制经济、股份制经济应是一种新型的公有制经济。[①] 也有人认为，职工持股、社会上普通劳动者持股，都具有公有制经济的性质。[②] 还有人认为，社会上的公共机构持股也具有公有制经济性质，在分析公有制经济主体时，也应把它们列入公有制经济的范围之内。[③] 目前，国务院国资委采用的用于计量公有制经济和国有经济发展的总量指标有资产总额、营业收入、利润总额、上缴税金、总产值报酬率、净资产收益率及其在国民经济总量中的比重等。在结构性指标方面有各类所有制经济的产值、产量、资产及服务在国民经济各部门、各产业、各行业中的比重等。另外，还有《中国经济年鉴》按登记类型划分的工业企业数据、经济普查数据，《中国国有资产监督管理年鉴》使用的由中央和省一级政府国资委系统管辖的国有企业数据，《工商行政管理统计汇编》中按市场主体划分的注册资本数据、国有及国有控股非金融两类企业总资产和净资产数据等。[④]

同时，我国理论界也从理论与实践相结合的角度，对公有制经济主体地位的衡量方法及其界定，提出了不少有益的见解。例如，赵华荃认为，分析和评价公有制经济的主体地位，第一，要以修改后的《中华人民共和国宪法》和党的十五大报告为理论依据。第二，要以直接反映生产资料的资产（即全社会资产，亦即全国经营性资产，不包括资源性资产和行政事业性资产，从业人员和产值属于辅助指标）为主要指标，并广泛收集和科学加工整理国家统计局及国家工商行政管理总局登记注册的企业及个体工商户的"注册资本"为依据。第三，要对"国有经济控制国民经济命脉"的程度进行量化，包括三个方面：一是要按照国务院有关文件规定，确定其统计范围；二是收集和加工整理国家统计局历年的工业年报和经济普查的各个行业"实收资本"及其经济类型的数据；三是在上

---

① 李萍、刘金石：《十六届三中全会后我国所有制问题最新研究综述》，中国人民大学复印报刊资料《社会主义经济理论与实践》2006年第1期。

② 同上。

③ 参见贾康、苏景春《"混合所有制"辨析，改革中影响深远的创新突破》，中国人民大学复印报刊资料《社会主义经济理论与实践》2015年第2期。

④ 参见裴长洪《中国公有制主体地位的量化估算及其发展趋势》，中国人民大学复印报刊资料《社会主义经济理论与实践》2014年第3期。

述基础上,用较为科学的推算方法来剖析混合所有制经济(包括中外股份公司)"注册资本"和"实收资本"中各种所有制经济所占份额。第四,要界定以公有制经济为主体的临界值(决定公有制经济主体地位的数量界限),根据中共十五大报告提出的"公有制为主体"的内涵,分别界定"公有资产占优势"的临界值和"国有经济控制国民经济命脉"的临界值。在社会资产中,公有制经济应占55%—60%,非公有制经济占40%—45%。第五,关于"国有经济控制国民经济命脉"的临界值的设定,应把握好"两个侧面、三个层次"。"两个侧面"是:第一个侧面是国有经济对经济发展起主导作用,第二个侧面是国有经济对经济发展的控制力。三个层次是:第一个层次量化反映国有经济起主导作用,即国家发布的《国民经济行业分类标准》确定的属于国民经济命脉的两大类共16个中类重要行业(包括几百个小类行业)的实收资本总额中,国有资本所占比重达到60%以上;第二个层次量化反映国有经济具有绝对控制力和相对控制力,即在16个重要行业的实收资本总额中,国有经济具有绝对控制力的行业之和应占70%;第三个层次量化反映国有经济具有绝对控制力和相对控制力,即在16个重要行业的实收资本总额中,国有经济具有绝对控制力和相对控制力的各个行业资本之和要占80%以上。他特别强调,第一、第二个临界值是重要的,第三个临界值是次要的,但只有同时达到三个临界值,才可视为国有经济完全控制了国民经济命脉。[1]

谭劲松认为,十五大报告规定的公有资产应包括属于全民所有制和集体所有制经济的经营性资产、资源性资产和公益性资产的总和。公有资产占优势应从三个方面来把握:第一,占优势是一个动态的概念,要依据生产力发展水平和国民经济发展的需要,适时调整公有资产在社会总资产中的量的比例,确保公有资产的优势;第二,占优势是一个结构概念,占优势并不要求公有资产在各种资产中都处于同等优势地位;第三,占优势是一个质和量相统一的概念,既要有量的优势,又要有质的优势,两者相互依存,缺一不可。关于国有经济控制国民经济命脉,对经济发展的主导作用,谭教授提出了两个方面:一是国有经济要全面控制关系国民经济命脉的行业和部门,确保国有资产在这些行业和部门中量的优势;二是国有经济对整个国民经济强有力的控制力、影响力和竞争力,在属于经济命脉的

---

[1] 赵华荃:《关于公有制主体地位的量化分析和评价》,《当代经济研究》2012年第3期。

行业和部门中具有质的优势。对于公有制经济主体地位的衡量标准，谭教授认为，公有资产在资源性资产中应有独占优势，在公益性资产中应占绝对优势，在经营性资产中应保持相对优势。依据上述，谭教授在公有制经济主体地位的评价体系上，提出六项重要指标，即公有制经济吸收的劳动就业要占全社会就业的 60% 以上（包括国有经济、集体经济和所有公有部门和单位的全部就业）；公有制经济创造的 GDP 占全社会 GDP 的 50%；公有制经济上缴财政税收占全社会财政税收收入的 60%；公有制经济拥有的固定资产占全社会固定资产的 60% 以上；公有制经济出口创汇占全国总创汇的 50% 以上；公有制经济在高技术产业中所占比例在 70% 以上。[①]

全国政协第十一届三次会议新闻发言人赵启正，在 2010 年 3 月 2 日举行的新闻发布会上比较私营工业企业与国有及国有控股工业企业的发展状况时，采用了工业总产值、工业增加值、主营业收入、利润等项目的增长率等指标。[②]

在上述部门和学者提出的衡量与界定公有制经济主体地位各项指标的基础上，还有一些学者提出了自己的观点。例如，郭飞提出，应把公有资产分为广义和狭义，广义公有资产包括资源性资产，在社会总资产中占绝对优势；狭义公有资产仅指经营性资产，分析所有制结构时公有资产的核心应指经营性净资产。[③] 刘国光指出，如果把属于国家和集体所有的资源性资产都视为公有资产，那么，公有资产肯定占绝对优势，但是，这种计算方法有问题，公有资产应当指经营性资产，不包括资源性资产。[④] 郑志国认为，在理论上分析公有制经济为主体时撇开资源性资产，仅用产出和经营性资产占比等指标来衡量公有制经济地位的方法，存在严重局限，要把资源性资产和经营性资产结合起来认识。[⑤] 何干强认为，生产资料所有制的本质是人与人之间的生产关系，一个社会只有劳动者多数处在公有制

---

① 项启源：《关于科学地判断公有制经济主体地位的探讨》，中国人民大学复印报刊资料《社会主义经济理论与实践》2012 年第 11 期，第 21—22 页。

② 同上书，第 27 页。郑志国：《走出公有制为主体的认识困境》，中国人民大学复印报刊资料《社会主义经济理论与实践》2012 年第 11 期，第 29 页。

③ 郑志国：《走出公有制为主体的认识困境》，中国人民大学复印报刊资料《社会主义经济理论与实践》2012 年第 11 期，第 29 页。

④ 同上书，第 29 页。

⑤ 同上书，第 30 页。

经济中，才能说公有制生产关系占主体地位。由此他提出，劳动者在公有制经济中的就业人数占全社会劳动就业人数的比重，应是衡量公有制经济主体地位的一个重要指标。但这一指标应与公有资产在全社会总资产中占一半以上的指标结合起来才行。因此，要完善不同所有制经济在全社会，尤其是在第一、第二、第三产业从业人员及其所占比重的统计指标。[①] 关于公有制经济主体地位的衡量指标及其界定，除上面所述的一些观点和方法之外，还有一些学者发表了自己的见解，因本文篇幅所限，就不一一列举了。

总的来说，上述观点和方法，各有千秋，都在一定程度上反映了我国所有制结构改革过程中提出的一些值得重视的问题，对我国公有制经济主体地位的衡量及其界定指标的设计，具有一定的参考和借鉴意义。但事物总是双重的，上述观点和方法在具有一定的参考和借鉴意义的同时，也具有一定局限性。

第一，理论界对公有制经济主体地位进行界定时，只就公有资产、公有制经济所创造的产值或 GDP 等经济指标及其占比进行量的分析，在对国有经济控制国民经济命脉的分析中，除采用上述经济指标外，也大都从部门、行业等所占的范围和控制上进行界定，而未对国民经济各部门、各行业从本质上体现的生产关系及其结构、经济制度及其结构等方面进行质的分析。

第二，在改革开放中，实业界在所有制改革、国有企业战略性改组、国有经济战略性调整中，也只是对公有制经济尤其是国有经济各部门、各行业所占范围和国有资产、产值占比等方面进行操作，忽视了对公有制经济尤其是国有经济发展方面的制度分析，甚至对新自由主义在这些方面的渗透、影响及其所导致的公有制经济及其主体在一些方面尤其是制度方面所发生的质的变异也全然不顾。

第三，在对公有制经济主体地位尤其是对国有经济控制国民经济命脉的分析中，只注意公有制经济各项指标的绝对量、相对量的静态分析，很少对其发散强度、辐射效应及其发展趋势进行动态分析。

第四，对近年来大量农民工进城所提出的农民工的就业部门、劳动制

---

① 项启源：《关于科学判断公有制经济主体地位的探讨》，中国人民大学报刊复印资料《社会主义经济理论与实践》2012 年第 11 期。

度、工资制度以及就业单位的所有制和制度性质、就业人数，也缺乏质和量的分析。

上述观点和方法，无法反映我国目前在所有制结构调整和国有企业改革等方面的真实情况及其存在的一些倾向性问题，无法反映和准确测度目前公有制经济在我国所有制结构中的地位及其发展趋势，从而引发社会各界对改革开放、经济社会发展等一些重大决策的争论和分歧，甚至引发对整个改革开放理论、方略、路径的困惑和质疑。这些情况的出现，不仅会动摇了人们对改革开放的信心，干扰改革开放和社会主义现代化建设的进程，延滞中华民族伟大复兴和社会主义现代化建设的步伐，而且还会对我们党的阶级基础、群众基础乃至执政地位的巩固和发展产生极大影响。要解决上述矛盾和问题，必须运用马克思主义的立场、观点和方法，对我国现阶段的所有制结构乃至生产关系结构，对公有制经济及其主体地位的内涵，从质和量相统一的角度，进行研究和分析。

二 公有制经济的主体地位及其内涵

毛泽东在《矛盾论》中告诉我们："在复杂的事物的发展过程中，有许多的矛盾存在，其中必有一种是主要的矛盾，由于它的存在和发展规定或影响着其他矛盾的存在和发展。"①"研究任何过程，如果是存在着两个以上矛盾的复杂过程的话，就要用全力找出它的主要矛盾。捉住了这个主要矛盾，一切问题就迎刃而解了。"② 毛泽东还告诉我们："在一个复杂的事物的发展过程中，"无论什么矛盾，矛盾的诸方面，其发展也是不平衡的。……必有一个方面是主要的，他方面是次要的。其主要的方面，即所谓矛盾起主导作用的方面。事物的性质，主要地是由取得支配地位的矛盾的主要方面决定的。"③

改革开放以来，我国的生产关系结构发生了重大变化。从宏观上看，具有多种生产关系并存的特点。在这种多元化的生产关系结构中，既存在以公有制为基础的社会主义生产关系，也存在以雇佣劳动关系为特点的私

---

① 《毛泽东选集》第一卷，人民出版社1991年版，第320页。
② 同上书，第322页。
③ 同上。

人资本主义生产关系，同时，还存在以个人劳动为基础的个体所有制的生产关系。其中，以公有制为基础的社会主义生产关系是生产关系结构矛盾体系中的主要矛盾和矛盾的主要方面，在生产关系结构运行中处于领导地位，起着基础的和决定的作用，使我国现阶段的生产关系结构具有社会主义的性质。

我国在对生产关系结构进行调整和改革的同时，也对作为生产关系重要组成部分的所有制结构进行了调整和改革，使我国现阶段的所有制结构具有了多种所有制经济并存的特点。在这种多元化的所有制结构中，既存在社会主义的国家所有制经济即国有经济，也存在社会主义的劳动群众集体所有制经济即集体经济，同时，还存在以雇佣劳动关系为特点的私人资本主义经济和以个人劳动为基础的个体所有制经济。其中，社会主义的国有经济和集体经济即公有制经济是主要矛盾和矛盾的主要方面，在所有制结构的运行中处于领导地位，起着基础的和决定作用，使我国现阶段的所有制结构具有社会主义的性质。我国现阶段的生产关系结构和所有制结构，不仅是整体与部分的关系，而且还相互渗透、相互影响和相互作用，于是便形成了生产关系的层次结构，即生产关系的一级结构、二级结构（所有制结构），以及由一级结构和二级结构派生出来的包括不同社会集团在社会生产中的地位以及他们之间的相互关系、生产经营中的管理关系和生产经营成果的分配关系等在内的三级结构。在这三个层次的多元化的生产关系结构中，所有制结构是主要矛盾和矛盾的主要方面，在生产关系结构运行中处于主导和领导的地位，对生产关系一级和三级结构的社会主义性质起着基础的和决定的作用。

上述对所有制结构尤其是公有制经济在所有制结构和生产关系结构中地位和作用的分析，使我们对现阶段公有制经济在生产关系结构和所有制结构中的主体地位、决定作用及其内涵有了一个清晰的认识。

第一，我们考察公有制经济，应是在我国现阶段生产关系结构尤其是所有制结构中居于主要矛盾地位和矛盾的主要方面的公有制经济。

第二，公有制经济的主体地位，应当首先体现为公有制经济在我国现阶段生产关系结构尤其是所有制结构中居于领导地位、在社会再生产过程中起着基础的和决定的作用。

第三，由于国有经济是公有制经济极为重要的组成部分，对公有制经济的主体地位起着领导、支柱和保证的作用，如果没有国有经济在国民经济运行中的引领、调控和支撑，公有制经济的主体地位乃至整个生产关系结构和国民经济的社会主义性质就难以得到保证，因此，公有制经济的主体地位，还应包括国有经济控制国民经济命脉、对经济社会发展起着主导和决定作用。

第四，由于经济制度是生产关系的法律化形式，因此，公有制经济的主体地位还应体现在公有制的经济制度在我国现阶段的经济制度结构及其运行中处于领导和统治的地位，起着基础的和决定的作用。

第五，衡量和界定公有制经济主体地位的指标，无论是从理论上讲还是从实践上讲，都只能是反映公有制经济在我国现阶段的生产关系结构、所有制结构乃至经济制度结构中是否处于领导地位，是否起基础和决定作用的指标。

依据上述，联系我们研究的论题，则可得出如下结论：研究、分析和界定公有制经济在我国现阶段生产关系结构、所有制结构乃至经济制度结构中的主体地位及其衡量指标，必须首先研究、分析和界定公有制经济尤其公有制经济制度的内涵、范围及其界限。

然而，在目前理论界对公有制经济内涵及其主体地位的研究中，却出现了一些似是而非的模糊认识。对这些认识如不加以澄清，不仅会使我们对公有制经济的内涵及其主体地位的研究难以进一步深入，而且还会产生一些误导，甚至产生对公有制经济主体地位的误判，从而对我国目前正在进行的全面深化改革产生不良影响。

关于混合所有制经济的公有制经济性质问题。笔者认为，混合所有制经济有广义和狭义之分。广义的混合所有制经济是社会上各种不同的所有制经济相互联结的一种经济形式，它体现了不同部门、不同地区、不同产业、不同行业、不同企业之间以及社会上各种不同的所有制经济主体之间互为条件、互相依存、互为需求、互为供给而结成的经济关系。狭义的混合所有制经济是由不同出资者投资共建或由不同所有制经济主体联合组建的一种企业形式，是企业内部各种所有制经济主体之间生产要素共同投入、共同占有、共同使用、剩余价值按生产要素投入份额分享的一种企业组织形式，体现的是企业内部各所有制经济主体之间的经济关系。上述论点，主要涉及狭义的混合所有制经济。狭义的混合所有制经济，从企业的资产组合方式看，有国有经济与集体经济相互联合而成的混合所有制经济，有国有经济与私营经济（含外资经济）相互联合而成的混合所有制经济，有不同地区、不同部门、不同行业的国有经济相互联合而成的混合所有制经济，有不同集体经济相互联合而成的混合所有制经济，有不同个体所有制经济相互联合而成的混合所有制经济，也有国有经济内部以国有资产为主体、职工持股而成的混合所有制经济和集体经济内部以集体所有的资产为主体、职工持股而成的混合所有制经济，还有国有经济或集体经济吸收各社会机构投资入股而成的混合所有制经济，等等。从混合所有制经济企业内部各所有制经济主体的不同地位及其相互关系来看，混合所有制经济又可分为公有制经济控股的混合所有制经济、公有制经济参股的混合所有制经济、私有制经济控股或参股的混合所有制经济。在公有制经济控股的混合所有制经济中，又有国有经济控股和集体经济控股之分。同时，在国有经济、集体经济和私有制经济控股的混合所有制经济中也有绝对控股和相对控股之别。

  面对上述不同形式的混合所有制经济，能否概而论之，把它们说成是一种新型的公有制经济呢？答案是否定的。这是因为，第一，从生产力方面说，混合所有制经济是市场经济条件下与社会化大生产相适应的一种企业组织形式，它通过资本联合和相互兼并或发行股票的方式，从社会角度进行资源配置，从事生产经营活动。它是资源优化、合理配置的一种方式，不是一种所有制形式。第二，从生产关系方面说，它作为各种所有制经济的集合体，具有投资主体多元化、产权主体多样化、经营收益按生产要素投入份额分享的特点，是各种所有制经济主体、产权主体在经济上的实现形式。在混合所有制经济中，各种所有制经济无论在地位和作用上有如何不同，它们的投资都不改变其原有所有制经济的性质，因而，它不是既定所有制结构调整、优化中新出现的一种所谓"新型的"所有制形式，也不能笼而统之地说它是一种"新型的公有制形式"。第三，至于上述不同形式的混合所有制经济是否具公有制经济的性质，更要具体问题具体分析。我们知道，世界上的事物都是矛盾的事物，任何事物内部都包含着矛盾，复杂事物的内部包含着多种矛盾。在事物发展过程中，这些矛盾所处的地位、所起的作用是不平衡的，其中起着领导和决定作用的矛盾是主要矛盾。主要矛盾的存在和发展决定并影响着其他矛盾的存在和发展。同样，在事物发展过程中，无论是主要矛盾还是次要矛盾，矛盾的双方在事物发展过程中的地位和作用也是不平衡的。事物的性质，主要是由取得支配地位的主要矛盾的主要方面决定的。在我国目前已经存在并将获得广泛发展的各种混合所有制经济中，不同所有制经济主体或产权主体的地位和作用也是不平衡的，其中必有一种所有制经济处于领导地位，在经营管理中起着决定的作用。混合所有制经济的所有制性质，就是由处于领导地位、在企业经营管理中起决定作用的这种所有制经济的性质决定的。如果处于领导地位、在经营管理中起决定作用的是公有制经济（含国有经济和集体经济），那么，这种混合所有制经济，就属于公有制经济。反之，如果处于领导地位、在经营管理中起决定作用的是非公有制经济（含私有制经济和外资经济），那么，这种混合所有制经济，就属于非公有制经济。第四，混合所有制经济要具有公有制经济的性质，还有一个非常重要的方面，从当前来说，混合所有制经济内部的各项经营管理制度和收入分配制度，是否与资本主义经济相区别，具有社会主义的本质特点。在这些方面，如果与资本主义经济一样，或者雷同，那就是名义上的公有制经济，实质上的资本主义经济。由此，我们就可以明确，绝不能笼统地把混合所有制经济称作公有制经济。同样，在分析和界定公有制经济主体地位时，也绝不能笼统地把混合所有制经济归入公有制经济的范围。只有公有制经济处于领导地位、在经营管理中起着决定作用的混合所有制经济，实行的是体现社会主义本质特征的经营管理制度和收入分配制度，才属于公有制经济，才能归入公有制经济的范围，才能作为我国现阶段所有制结构中处于主体地位的公有制经济的有机组成部分。

目前，在我国已经广泛存在的股份制经济或股份制企业，是否也正如一些人所说，是一种公有制经济呢？答案也是否定的。股份制经济是在市场经济条件下，通过发行股票的方式，从社会集中各种资源、进行生产经营活动、与社会化大生产相适应的一种企业组织形式。它作为社会上既定的不同所有制经济的集合体，具有投资主体多元化、产权主体多样化的特点，股息是各个股份资本所有权在经济上的实现形式。无论是控股主体还是参股主体，其投资都不改变其原来所有制经济的性质。它不是一种既定的所有制形式，更不是在我国所有制结构调整中出现的一种新型的所有制形式。再者，股份制经济在实质上是一种控股经济，股份制经济的性质，是由掌握控股权、在企业中处于领导地位、在经营管理中起决定作用的所有制经济的性质决定的。各种股份制经济是否具有公有制经济的性质、能否归入我国现阶段作为所有制结构主体的公有制经济的范围，关键要看其是否由公有制经济投资入股并握有控股权，在经营管理中是否处于主导地位，起着决定的作用，实行的是不是具有社会主义本质特征的经营管理制度和收入分配制度。只有控股权掌握在公有制经济手中，公有制经济处于控股地位（不管是国有经济控股还是集体经济控股），实行具有社会主义本质特征的经营管理制度和收入分配制度，这种股份经济才能称作公有制经济，才能归入处于主体地位的公有制经济范围之中。同样的道理，这一理论的阐释和原则界定，对于在我国国有企业和集体企业改制中出现的职工持股和社会公共机构持股企业的所有制经济的性质以及能否归入在我国现阶段所有制结构中处于主体地位的公有制经济的范围，都具有重要的现实指导意义。

如何理解党的十五大报告中关于公有制经济"包括混合所有制经济中的国有成分和集体成分"的论断。首先要明确"报告"把"混合所有制经济中的国有成分和集体成分"归入"公有制经济"范围是有一定前提的，那就是在宏观上，国家必须坚持"公有制为主体"，国有经济必须"控制国民经济命脉，国有经济的控制力和竞争力"必须得到不断加强。但是，在微观上，混合所有制经济中的国有成分和集体成分，能否属于我国现阶段处于主体地位的公有制经济的范围，还是要具体问题具体分析。这就要看国有经济和集体经济在其投资的混合所有制经济中，是否处于领导地位，在经营管理中是否起着决定的作用，或者在以股份制经济形式出现的混合所有制经济中，国有经济和集体经济是否处于控股地位（包括绝对控股和相对控股）并掌握控股权，是否真正实行具有社会主义本质特征的经营管理制度和收入分配制度。如果不加分析，笼而统之，把不同混合所有制经济中的国有成分和集体成分都归入公有制经济的范围，不仅是不科学的，而且是错误的，同时，对我国目前正在进行的全面深化改革和中国特色的社会主义事业也是有害的。

毛泽东曾经说过："研究问题，忌带主观性、片面性和表面性。"① "马克思主义的最本质的东西，马克思主义的活的灵魂就在于具体地分析具体的情况"。② 我们研究和分析公有制经济的内涵、衡量和界定公有制经济在我国现阶段所有制结构和生产关系结构中的主体地位，必须坚持这一科学的方法和原则。

---

① 《毛泽东选集》第一卷，人民出版社1991年版，第312页。
② 同上。

三 公有制经济主体地位的质的规定性

理论界有人认为,公有制经济的主体地位首先是一个量的概念,要求以社会总资产、国民生产总值、国内生产总值、投资总量、就业总量等来衡量。① 笔者认为,这种观点是不正确的。这是因为,世界上的任何事物都是质和量的统一。事物之所以是它自己而不是别的事物,首先是因为它具有自己的特殊的质。质与事物是不可分离的。如果某种事物丧失了它所固有的特殊的质,它就无从与别的事物相区别,它就不再是它自己,就会变成别的事物。质是作为事物的内在规定性而客观地存在着的;而量则是事物的外在规定性,标志着事物质的等级和范围。所谓量,总是指具有一定质的事物的量。事物量的外在规定性,总是以事物内在的质的规定性为前提并受事物内在的质的规定性决定和制约的。认识事物,首先要认识一事物区别于他事物的特殊的质。事物的质,是人们认识事物的前提、起点和基础。在我国现阶段的生产关系结构和所有制结构中,公有制经济之所以处于主体地位,首先在于它具有区别于其他所有制经济的社会主义的特殊的质,或者说,它是我国现阶段多元化的生产关系结构和多元化的所有制结构中的主要矛盾和矛盾的主要方面,它是我国现阶段生产关系结构和所有制结构在总体上具有社会主义性质的主要的、根本的和具有决定意义的客观依据。如果离开了公有制经济所固有的、区别于其他非公有制经济的特殊的社会主义的质,脱离了我国现阶段生产关系结构和所有制结构之所以在总体上具有社会主义性质的这一主要的、根本的和有着决定意义的客观依据,那么,我们谈论或研究公有制经济的主体地位,还有何意义?因此,我们谈论和研究的公有制经济的主体地位,首先应是一个质的概念,其次才是一个量的概念。公有制经济主体地位的质是其量的存在前提、基础和依据;而公有制经济主体地位的量则是公有制经济主体地位在我国现阶段生产关系结构和所有制结构中的质的位次、等级、范围及其外在表现形式。研究我国现阶段公有制经济的主体地位进而衡量和界定所有制结构乃至生产关系结构在总体上是否具有社会主义性质,必须从研究和

---

① 蒋学模:《高级政治经济学》(社会主义总论),复旦大学出版社2001年版,第135页。

认识公有制经济主体地位质的规定性开始。

那么，公有制经济主体地位质的规定性有哪些？或者说，标志公有制经济在我国现阶段生产关系结构和所有制结构中居于主体地位，从而决定我国现阶段生产关系结构和所有制结构在总体上具有社会主义性质的质的因素有哪些方面呢？由于经济制度是生产关系和所有制关系的法律化形式，生产关系和所有制关系的质的规定性可以从其法律化形式即经济制度形式上表现出来，因而，决定和标志公有制经济主体地位的质的因素即制度因素可分为三个层次，具体包括以下几个方面：

第一层次的因素就是代表广大劳动人民根本利益和长远利益的国家和劳动者整体是否真正握有生产资料的所有权、占有权、支配权、使用权和收益权。

第二层次的因素包括：（1）实行与资本主义雇佣劳动制度相区别、体现社会主义特点的劳动制度；（2）劳动者整体是生产资料的所有者，是生产过程的主人；（3）职工在企业中的地位和相互关系是平等的，只有分工的不同，没有高低贵贱之分；（4）劳动者以职工大会或职工代表大会的形式切实参与企业经营管理和重大问题的决策；（5）实行的是与封建的家长式管理、个人独裁式管理或以资本为主导、以专制为本质特征的资本主义管理制度相区别的社会主义民主管理制度；（6）实行的是与按资分配相区别的"各尽所能、按劳分配"的社会主义分配制度。

第三层次的因素包括：（1）生产经营的目的，要与剩余价值最大化的资本主义生产目的相区别，在宏观上，以最大限度地满足整个社会日益增长的物质和文化需要为转移，在微观单位或企业，以节约劳动为前提，实现经济效益或利润最大化，不断提高职工的工资水平和消费水平，满足职工群众日益增长的物质和文化需要；（2）实现生产目的的手段，要与资本主义的血汗制度相区别，采用先进技术，改善经营管理，不断提高劳动生产率，以最小的劳动（包括物化劳动和活劳动）耗费，取得最大的经营成果；（3）再生产过程要遵循社会主义的基本经济规律和其他经济规律，促进经济社会的持续健康发展。

在上述决定或标志公有制经济主体地位的质的因素或制度因素的体系结构中，第一层次的因素是基础的和根本的。它不仅是公有制经济主体地位的质的决定因素，而且在我国现阶段所有制结构乃至生产关系结构中也应处于领导地位，起着决定性的作用。它的存在和发展，不仅决定和规范着第二层次和第三层次因素的存在和发展,而且也从根本上决定着整个所有制结构和生产关系结构是否具有社会主义的性质。第二层次因素是第一层次的派生因素。它不仅受第一层次因素的决定和制约,是第一层次因素本质特征的具体表现和实现形式,而且也作为第一层次因素的背面,对第一层次因素作用的发挥和性质规定具有较强的反作用。如果由于某种原因,第二层次的因素不存在了,或者其性质发生了变异,那么,就说明第一层次因素的性质也已经或者正在发生变异。这样,即使公有制经济的主体地位在名义上没有改变,但已经或者正在变得名不副实。第三层次的因素是第一层次和第二层次因素依次拓展的外延形式,它的存在和发展,虽然由第一层次和第二层次的因素所决定,是第一层次和第二层次因素的外部延伸、补充和实现形式,但是,对第一和第二两个层次因素作用的广度和深度,也具有重大影响和反作用。上述不同层次的制度因素,相互联系、相互渗透、相互作用、相互制约并相辅相成,共同构成决定和标志公有制经济主体地位的质的指标体系,构成决定和标志我国现阶段所有制结构和生产关系结构社会主义性质的质的规定和本质特征。

四 公有制经济主体地位的量的规定性

上文说过,世界上的事物既具有质的规定性,又具有量的规定性,都是质和量的统一。因此,在我们研究和分析公有制经济主体地位质的规定性之后,就来研究和分析公有制经济主体地位的量的规定性。

唯物辩证法认为,事物的量是标志事物的质的等级和范围的范畴,是事物的外在规定性。事物的外在规定性,包括事物的外延量和内涵量。事物的外延量,标志着事物质的存在范围和广度。事物的内涵量,标志着事物质的存在等级和深度。在我国现阶段的生产关系结构和所有制结构中,公有制经济主体地位的量,也有外延和内涵之分。公有制经济主体地位的外延量,标志着公有制经济质的存在范围和广度,具体表现在国民经济的宏观总体中,公有制经济占领、统治和起决定作用的部门、领域、产业、行业、经济单位或企业等,特别是在关系国计民生、对国民经济发展全局和发展方向具有重大影响和决定作用的国民经济命脉的部门、领域、产业、行业、经济单位或企业中,是否占领并处于统治地位,是否起着领导和决定的作用。公有制经济主体地位的内涵量，标志着公有制经济质的存在等级、程度和深度，具体表现为公有制经济在国民经济总体以及在国民经济各部门、各领域、各产业、各行业、各个经济单位或企业中的绝对量和相对量，标志着公有制经济在我国现阶段生产关系结构和所有制结构运行中的等级地位、控制力及其辐射渗透的程度和深度。

依据我国30多年来改革开放以及生产关系结构和所有制结构变化的实际，笔者认为，衡量和界定公有制经济主体地位外延量的指标大体有：(1) 公有制经济单位或企业在所有制结构中的绝对量和相对量；(2) 实行与公有制经济相适应的劳动制度、管理制度和收入分配制度的经济单位或企业在所有制结构中的绝对量和相对量；(3) 劳动人口在公有制经济单位中的就业总量及其在社会就业总量中的绝对量和相对量；(4) 按劳分配收入及其在社会各阶层收入总量中的绝对量和相对量；(5) 劳动者个人收入来源于按劳分配的收入及其在劳动者家庭收入总量中的绝对量和相对量；(6) 公有制经济单位或企业（含国有经济和集体经济）在国民经济各部门、各领域、各产业、各行业中的覆盖面、覆盖率和控制力（含公有制经济中的独资经济、控股经济）；等等。

衡量和界定公有制经济主体地位内涵量的指标大体有：(1) 公有资产在社会总资产中的绝对量和相对量；(2) 公有制经济劳动者创造的国民生产总值、国内生产总值、年增加值及其形成的国民收入在社会相应指标总量中的绝对量和相对量；(3) 公有制经济对国民经济发展的贡献率及其与非公有制经济的比较；(4) 公有制经济年上缴利税及其形成的国家财政收入在国家财政收入总额中的绝对量和相对量；(5) 公有制经济的年进出口贸易额在国家进出口贸易总额中的绝对量和相对量；(6) 公有制经济年出口创汇在国家出口创汇总额中的绝对量和相对量；等等。

当然，衡量和界定公有制经济主体地位量的规定性的各项指标及其所包括的外延量和内涵量，可能还有其他方面，并且，随着科学技术和经济社会的发展、生产社会化和专业化程度的提高，新兴产业和新兴部门的涌现，上述指标体系无论在外延还是在内涵方面，都将有所拓展和深化。但笔者认为，上述指标及其体系结构是主要的和基本的，不仅体现了公有制经济主体地位在外延上的范围和广度，而且也体现了公有制经济主体地位在内涵上的等级、程度和深度，对公有制经济主体地位的衡量和界定，具有一定的实践意义。

五 研究和分析公有制经济主体地位应注意的几个问题

唯物辩证法认为，物质世界是一个普遍联系、无限发展的有机整体，其中的每一事物都不是孤立存在的，都与它周围的其他事物相互联系、相互作用，相比较而存在，相斗争而发展。这就决定了我国改革开放和中国特色社会主义事业的每一项举措、每一项工程，都面临着无比复杂甚至充满风险的国际国内环境，受到国际国内各种因素的作用、影响和制约。因此，我们对公有制经济主体地位乃至所有制结构和生产关系结构的研究及分析，就不能只见树木，不见森林，而必须把它们放到无比复杂的国际国内大环境中，运用普遍联系和变化发展的观点，认真思考和关注一些具有较强针对性及现实性的问题。

第一，在研究、分析公有制经济的主体地位时，要弄清自己考察的对象及其与其他事物的区别。例如，我们所考察的公有制经济是我国现阶段所有制结构中的公有制经济，而不是包括经济基础乃至上层建筑等众多设施中的公有成分；又如，我们考察的是社会主义公有制经济（含国有经济和集体经济），而不是当今世界不同国度、不同社会都存在的如西方资本主义国家也存在的体现剥削阶级整体利益的所谓公有制经济；再如，我们考察的公有制经济所属的资产，是用来从事生产经营活动的资产，而不包括企业、政府机关、公用事业单位所属的非经营性资产；等等。毛泽东在分析矛盾的特殊性时告诉我们："对于事物的每一种运动形式，必须注意它和其他各种运动形式的共同点。但是，尤其重要的，成为我们认识事物的基础的东西，则是必须注意它的特殊点，就是说，注意它和其他运动形式的质的区别。只有注意了这一点，才有可能区别和认识事物。"因此，我们在研究、分析公有制经济的主体地位时，必须从不同角度，(1) 把不同国家、不同社会的公有制经济（含国有经济和集体经济）区别开来；(2) 把所有制关系、所有制形式、所有制实现形式乃至所有制关系的法律化形式即制度形式等不同层级的概念区别开来；(3) 把所有制形式、经济制度形式与其经济主体或制度主体所属的资产区别开来；(4) 把所有制关系、经济制度与其所属的生产要素、经济资源区别开来；

(5) 把公有制经济单位或企业所属的经营性资产与政府机关、公共事业单位所属的非经营性资产区别开来；(6) 把公有制经济单位或企业与其所取得的经营成果区别开来；(7) 把公有制的经济主体及其经济制度主体与其在所有制结构、生产关系结构、经济制度结构中的主体地位区别开来；(8) 把公有制经济尤其是国有经济与以公有制为基础的社会主义经济制度在国民经济各部门、各领域、各行业的覆盖面及其控制力和辐射力区别开来；(9) 把公有制经济在所有制结构、生产关系结构中的主体地位与其作用区别开来；(10) 把公有制经济主体地位质的内涵与其量的规定区别开来；等等。如果对上述概念不加区别，就会模糊不同性质经济之间的界限，不利于评价和判断公有制经济主体地位的状况，不利于我国现阶段公有制经济主体地位的巩固和发展，同时还会殃及我国改革开放的大方向和中国特色社会主义制度的完善与发展。

第二，必须在科学地认识公有制经济主体地位质和量的规定性的基础上，科学确定和准确把握公有制经济主体地位质的数量界限。世界上的事物作为质和量的统一体，不仅表现在事物的质是一定量的质，事物的量是在一定质的基础上的量，而且更为重要的是，还表现在任何事物的质都有自己量的界限。在这个量的界限之内，事物的质并不因其量的变化而变化。但是，当其量的变化超过了这个界限，该事物的质就会发生根本性的变化，转化为另一种事物。这种引起事物根本性质变化的量的界限，在哲学上称作"度"。在我国现阶段所有制结构和生产关系结构的运行中，公有制经济主体地位所具有的特殊的质，也有其量的界限。在这个界限之内，公有制经济依然处于主体地位，不会因其量的变化而发生根本变化。但是，如果公有制经济量的变化达到或超过了这个界限，公有制经济的主体地位就会动摇，甚至失去主体地位，从而导致我国所有制结构和生产关系结构根本性质的变化。科学界定和准确把握公有制经济主体地位质的数量界限或者"度"，对于我国目前正在进行的经济体制改革，具有十分重要的意义。

第三，必须研究和关注我国现阶段公有制经济主体地位质量互变、循环发展的运动过程。世界上的事物都是运动的。事物的运动具有两种状态，即相对静止状态和显著变动状态。在相对静止状态，事物只有量的变化，而无根本性质的变化。在显著变动状态，事物正在发生根本性质的变化，正在由一种事物转化为他事物。但是，事物的量变和质变也不是绝对的，事物量的变化中含有部分的或阶段性的质变，质的变化中也含有量的扩张，直至最后实现事物根本性质的变化，转化为另一种事物。事物的运动过程，就是一个由量变到质变、由质变到量变相互交替、循环发展的过程。毫无疑问，在我国现阶段所有制结构和生产关系结构的调整、改革中，公有制经济主体地位的变化和发展，也要受到质量互变规律的主导、作用和决定。联系 30 多年我国所有制结构和生产关系结构改革发展所走过的路程，在研究、分析公有制经济的主体地位时，首先，要密切关注公有制经济主体地位量变和质变之间的"度"即公有制经济主体地位质的数量界限，始终把公有制经济主体地位的变化控制在量的界限之内，防止其主体地位发生质的变异。其次，要密切关注公有制经济主体地位量变化过程中的部分和阶段性质变。须知，事物根本性的整体质变，是由量变过程中部分或阶段性质变不断积累的结果。如果对公有制经济主体地位量变过程中的部分或阶段性质变丧失警惕，或者熟视无睹，其结果必然会使公有制经济的主体地位发生倾覆，进而导致我国现阶段所有制结构和生产关系结构根本性质的变化。最后，量变和质变既是对立的，又是统一的。量变是质变的前提、基础和必要准备，质变是量变的必然结果和归宿。质量互变规律，既主导着事物发展的过程和途径，又预示着事物发展的趋势和结果。因此，我们在研究、分析公有制经济的主体地位时，要以质量互变规律为指导，从量变质变辩证统一的角度，密切关注公有制经济主体地位变化发展的轨迹和过程，坚决反对任何割裂量变质变辩证关系的论点和做法。

第四，在研究、分析公有制经济的主体地位时，还要密切关注其变化发展过程中存在的两种相反的可能性。事物发展的可能性是由事物内部的矛盾决定的。在事物发展的过程中，矛盾双方的统一、调和、均势、平衡、吸引等都是有条件的、暂时的和相对的，而两个方面相互排斥、相互对立的斗争则是无条件的和绝对的。矛盾双方斗争的结果，不是甲方战胜乙方，就是乙方战胜甲方。由于事物的性质是由取得支配地位的主要矛盾的主要方面决定的，这就决定了事物发展过程存有两种相反的可能性。在我国现阶段的所有制结构和生产关系结构中，在公有制经济与非公有制经济相互并存、共同发展的同时，也存在着双方在地位、作用和利益关系等方面的相互排斥和相互斗争，这就决定了公有制经济主体地位的发展过程现实地存在着两种相反的可能性，或者由于党和政府的政策支持和自身健康发展而得到不断巩固和发展，或者由于改革方略和政策方面的原因以及自身存在的问题而发生动摇，最终由非公有制经济所取代。在这个问题上，任何只看统一、不看斗争的"均衡论"、"调和论"和"共处论"都是片面的、形而上学的和有害的。在我国全面深化改革过程中，必须研究、分析和密切关注公有制经济主体地位发展的两种相反的可能性，采取切实有效的政策措施，坚持改革的社会主义方向，争取实现第一种可能性，着力避免第二种可能性。

参考文献

［1］李萍、刘金石：《十六届三中全会后我国所有制问题最新研究综述》，中国人民大学复印报刊资料《社会主义经济理论与实践》2006年第1期。
［2］贾康、苏景春：《"混合所有制"辨析，改革中影响深远的创新突破》，中国人民大学复印报刊资料《社会主义经济理论与实践》2015年第2期。
［3］裴长洪：《中国公有制主体地位的量化估算及其发展趋势》，中国人民大学复印报刊资料《社会主义经济理论与实践》2014年第3期。
［4］赵华荃：《关于公有制主体地位的量化分析和评价》，《当代经济研究》2012年第3期。
［5］项启源：《关于科学地判断公有制经济主体地位的探讨》，中国人民大学复印报刊资料《社会主义经济理论与实践》2012年第11期。
［6］郑志国：《走出公有制为主体的认识困境》，中国人民大学复印报刊资料《社会主义经济理论与实践》2012年第11期。
［7］蒋学模：《高级政治经济学》（社会主义总论），复旦大学出版社2001年版。

市场结构与中等收入陷阱

陈 健

内容提要：中等收入陷阱是世界范围的现象，如何跨越成为一个重要议题。在经济学中，发展经济学通过结构变动描述了经济增长，但还需要解释技术进步如何附加在其中，特别是当存在模仿发达国家技术的后发优势下，为何能在一个以模仿为主的国家，在收入水平远离发达国家几分之一时就进入陷阱，而不是模仿到贴近程度？就模仿而言，它本身也是一把"双刃剑"，模仿在带来更快速技术进步和增长的同时，也为某些部门带来更丰厚收益，并用来作为寻求既得利益的部门垄断之用。在模仿要依靠专门人才下，这些有限的人才就会因收入差异而固定在这些垄断既有部门中，模仿导致一段快速增长后因人才分布耗尽在既有部门而无新部门发展的可能，哪怕仍有巨大的模仿空间。

关键词：市场结构 中等收入陷阱 后发优势 后发劣势

一 引言

近年来，对于中等收入陷阱的讨论成为一个热门话题。所以热门也是因为它具有极强的现实意义，并具有事关全局的重要性。从2007年世界银行报告提出中等收入陷阱概念以来，一般是指落后国家的经济发展过程中，突破了人均1000美元的贫困陷阱后，会有一个经济起飞阶段，但跨过3000美元的中等收入阶段后，却又容易因为各种原因陷入经济增长停

[作者简介] 陈健，中国社会科学院经济研究所副研究员。

滞期。当然，随着经济增长，中等收入陷阱也不是一个固定的标准，可以利用其他国家的人均收入相对于同期高收入国家代表，即美国的比例，来进行划分。例如，Athukorala 和 Woo 把该比例大于 55% 的国家定义为高收入国家，20%—55% 的国家定义为中等收入国家，小于 20% 的国家定义为低收入国家。① 第二次世界大战后，全球超过 100 万人口的国家和地区中只有日本、韩国、中国台湾和中国香港、新加坡等少数经济体突破了中等收入陷阱（不算资源型富裕国家），跨入高收入行列，而其他地区基本上都落入中等收入陷阱。实际上，这一现象在拉美出现的较早且较典型，以至于拉美陷阱早在中等收入陷阱概念提出之前就已为人所熟知。

从经济增长角度看，中等收入陷阱相对于发达前沿国家的收入水平而言，意味着中等收入陷阱国家的经济增长陷入了相对停滞状态，这些国家的经济增长并不比美国快，甚至还慢于美国。以落入中等收入陷阱的典型拉美为例，拉美的许多国家尽管早在 20 世纪 60 年代就进入了中等收入国家行列，但到 2005 年，拉美国家的平均人均收入相对美国的水平却比 1960 年下降了约 35%。② 关于中等收入陷阱国家，往往还具有一个现象：在落入中等收入陷阱之前，这些国家往往还经历了一段快速增长时期，如当时的拉美和 1997 年之前的一些东南亚国家。因此，中等收入陷阱作为一个引人注目的现象，正在于这两个阶段存在：一段快速增长足以摆脱低收入阶段的时期和进入中等收入后增长长期停滞的时期。

按照新古典增长理论，由于人均资本的边际生产力递减，低收入国家人均资本存量低，边际生产力高，经济增速就会快些。到中等收入阶段，边际生产力递减，经济增速似乎就该慢些。但是，为什么是在中等收入阶段，而不是到高收入阶段，经济增速就减下来，新古典理论只能将此归结于人均资本存量之外的技术和制度因素。事实上，落入中等收入陷阱，出现经济增速显著减速的主要原因可归结为全要素生产率的急剧下降。③ 新古典理论也指出，长期来看，能克服资本边际生产力递减的唯一方法就是技术进步。技术进步来源于一国对技术创新的把握，但这主要是对已处于

---

① 蔡昉：《"中等收入陷阱"的理论、经验与针对性》，《经济学动态》2011 年第 12 期。
② Agénor, Canuto, Jelenic, Avoiding Middle – income Growth Traps [R]. World Bank Other Operational Studies, No. 16954, 2012.
③ Eichengreen, Park, Shin, When Fast Growing Economies Slow Down: International Evidence and Implications for China [R]. NBER Working Paper, No. 16919, 2011.

技术前沿国家，如美国。对于落后国家，技术进步的主要来源并非创新，而是技术模仿。创新本是费时费力的事，对落后国家来说，进行技术模仿可以节约大量开支和时间，进行技术模仿成为它们的自然选择。在考虑落后国家掉入中等收入陷阱，甚至直接在低收入陷阱里的原因，也要考虑到进行技术模仿所带来的影响。在解释中等收入陷阱中，一种角度是从刘易斯的二元结构理论进行论证，即在经济起飞前，在农业存在大量过剩劳动力，通过工业化实现的经济起飞，原本从事农业的低收入劳动力不断地转移到附加值较高的工业，但到了中等收入阶段，过剩农村劳动力转移完毕，出现了刘易斯拐点，导致经济增速的下降。刘易斯的二元结构学说无疑是解释中等收入陷阱的理论基石，但关于技术模仿在其中的作用仍有进一步探讨的空间。我们知道，在新古典理论中，技术进步本质上相当于劳动力效率的提高，这可以抵消劳动力数量增速的下降，那些跨越过中等收入陷阱的国家就是如此。在考虑存在技术模仿的便捷方式与技术前沿国家相距较远的情况下，为什么落入中等收入陷阱的国家进行技术模仿的优势和可能性忽然不再存在了，而之前却可以一直存在。

刘易斯拐点结合产业结构变动和国际贸易比较优势，就是在低收入阶段农村劳动力转移从事的是劳动密集型产业，且因为工资低廉获得贸易优势。但是，到中等收入阶段，产业升级不畅，而劳动密集型产业随着成本上升，贸易优势被削弱，遭到发达国家和低收入国家的两头夹击，步入中等收入陷阱。从产业结构变动角度看，中等收入陷阱的要害在于产业升级受阻。按照钱纳里的发展理论，经济增长可以看成结构转变的过程，影响产品结构转换能力有各种因素，包括工业发展水平、城市化程度、对自然资源依赖程度等。[①] 我们可以把产品和产业结构的转化能力看成是技术进步的结果，那么问题又回到给定技术模仿的便利性，为什么后来这好处又消失了。

流行的观点是[②]，技术模仿只能到一定程度是因为模仿在经济发展的初期，与发达国家前沿技术差距极大的情况下较为有用，但随着向前沿的靠拢，模仿收益递减，也就是可模仿的越来越少，只能依靠自主技术创新。落入中等收入陷阱的国家就是只知道模仿而无法创新导致经济增长最

[①] 李月、邱玉娜、周密：《中等收入陷阱、结构转换能力与政府宏观战略效应》，《世界经济》2013年第1期。

[②] Aghion, Howitt, *The Economics of Growth* [M]. The MIT Press, Cambridge, 2009.

终放慢。的确,从长远来看,创新是增长的主要来源,但考虑到落后国家的模仿空间,当达到技术前沿的90%,甚至70%也行,我们可以认为,只靠模仿是不可行的,必须更加强调创新,但正如前面拉美的例子所表明的,在30多年时间里,拉美与世界技术前沿的差距就没有高过40%,而且甚至这种差距有时在放大,这是与模仿优势相悖的现象。中等收入国家与世界前沿的差距如此大,说明模仿空间仍然较大[1],模仿的优势还在,为什么就不可行了,甚至还可能把差距拉大。[2] 通常认为,发展中国家缺乏发达国家与其技术相匹配的要素禀赋,实际上,无法有效利用最前沿技术,但如果把吸收技术看成选择适宜技术逐渐提高的过程,技术追赶也仍然是可以实现的[3],像韩国就是这样的典型。

  本文在基于刘易斯二元理论上,结合考虑技术模仿的后发优势,尝试解释中等收入陷阱问题。解释问题的关键在于技术模仿的后发优势为何在中等收入阶段就丧失,而不能持续到更高阶段。利用 Shleifer 和 Vishny 论证的人才在经济增长中的重要作用[4],可以认为,鉴于技术的复杂性,在一个经济体中能够了解和吸收技术的是这些人才,而不是一般的人员。人才在人口中的比重较低,因此经济体在吸收和模仿技术上存在阶段性限制,即当进行刘易斯范式工业化中,这些人才从原先行业(农业)转移出来,都已相应地模仿了某种相关技术后,如果不存在进一步更新模仿技术的动力,更新技术的模仿需要的人才就已枯竭,该国的技术模仿就会陷入相应的停滞。由于人才比例较低,这表明技术模仿的范围可能只是到一个中等阶段,即中等收入陷阱阶段。那为什么会出现某个阶段后人才不愿意再更新技术模仿?这里一个重要的原因是存在制度上的问题,在市场结构上,这些人才在其技术模仿行业形成了某种垄断力量和进入壁垒,使他

---

[1] 当与技术前沿差距越大,经济快速增长的动能可以越足,随着与前沿的差距缩小,相应增速可以降下来。但这是自身的纵向对比,相对发达国家增长率只要技术差距的存在总是可以更快一些。

[2] 现实中,创新者当然可以通过专利保护和技术秘密等形成对技术的保护,这会使模仿者的模仿变得成本高昂,甚至变得不可能。但如果以稍宽的视角看待模仿的优势,很明显,对创新者来说,创新的风险是极大的,甚至包含彻底失败的风险。而一旦创新者创造出一条路,至少为模仿者指明了方向并对研发提供了极大的启示,因此模仿优势始终是存在的。

[3] 林毅夫、张鹏飞:《适宜技术、技术选择和发展中国家的经济增长》,《经济学》(季刊)2006年第4期。

[4] Shleifer, Vishny, The Allocation of Talent: Implications for Growth [J]. *Quarterly Journal of Economics*, 1991 (2), pp. 503 – 530.

们没有动机再去更新技术模仿,尽管仍有现成的技术可供更多模仿。Agenor、Canuto 考虑的是设计部门创造的新产品带动增长,设计部门只能利用人才而非普通人员,强调了宽带等高级基础设施对人才进而对增长的作用,但他们没有考虑模仿的问题。[1] Benhabib、Perla、Tonetti 研究了模仿对增长的促进作用,但落后国家选择模仿成了策略行为,既可以选择赶超,也可以选择保持落后以"搭便车"。[2] 市场结构中垄断和进入壁垒对经济增长的单纯负面影响,而非仅仅对中等收入陷阱而言,并非完全新鲜的概念。Parente 和 Prescott[3] 指出,进入壁垒的存在会挡住那些有着更高技术的新进入者,进而影响增长。不过,我们同样感兴趣的是在中等收入陷阱国家经常出现的情况:之前它们往往有过一段快速的赶超增长时期,垄断和进入壁垒给定存在,那又如何同时解释相继出现的高速和低迷的增长?[4] 强调了在经济增长后继阶段创新的重要性,在之前现成技术可供借鉴的阶段,垄断部门(这里指垄断政治权力的精英)出于自身利益实行低税,这有利于投资与增长,但同样为了自身利益实行经济部门垄断,却阻碍了新进入者,因此,在不同增长阶段不同体制的优劣势也表现不同。即使在模仿潜力明显未用尽的情况下,中等收入陷阱国家的相继高低增长也仍然出现,在即使仍存在模仿空间的情况下,如何同时解释这种现象,是本文的主要着眼点。

二 基本模型

利用罗默[5]的产品种类增加经济增长模型,经济增长可以看成是产品

---

[1] Agenor, Canuto, Middle – Income Traps [R]. World Bank Policy Research Working Paper No. 6210, 2012.

[2] Benhabib, Perla, Tonetti, Catch – up and Fall – back through Innovation and Imitation [R]. NBER Working Paper, No. 18091, 2012.

[3] Parente and Prescott, Monopoly Rights: A Barrier to Riches [J]. *The American Economic Review*, 1999 (5), pp. 1216 – 1233.

[4] Acemoglu, Aghion, Zilibotti, Distance to Frontier, Selection, and Economic Growth [J]. *Journal of the European Economic Association*, 2006 (4), pp. 37 – 74.

[5] Romer, Endogenous Technological Change [J]. *Journal of Political Economy*, 1990 (5), pp. 71 – 102.

种类增加的结果。这些产品种类是指中间产品种类，Acemoglu①、潘士远(2008)② 等把对中间产品的控制与政治精英权力联系起来，研究了无效制度为什么出现并长期存在的问题。在经济体中存在单位区间数量的最终产品制造企业，企业是完全竞争的，代表性企业利用普通劳动力和不同种类的中间产品来制造最终产品，每期 t 产出为：

$$y_t = l_t^{1-\alpha} \int_0^{M_t} x_t(i)^\alpha \mathrm{d}i, \ 0 < \alpha < 1$$

其中，l_t 为普通劳动力数量，$x_t(i)$ 为中间产品，中间产品的种类或者行业记为 M_t。③

经济体中劳动力总数是固定的，并存在两种类型：一种是普通劳动力，只能从事最终产品的制造，数量设为 1；另一种是人才，可以从事最终产品制造或从事新产品种类的开发模仿，这体现在中间产品生产上，其相对普通劳动者数量设为 N。人才是一种稀缺资源，比例极小。既然最终产品市场是完全竞争的，代表性企业依据给定的普通劳动力工资 W_t 和所使用的中间产品价格 $p_t(i)$（以 t 为计价品）来寻求 $y_t - p_t(i)x_t(i) - w_t l_t$ 的最大化，为此导出：

$$l_t = \frac{1-\alpha}{w_t} y_t \tag{1}$$

$$x_t(i) = \frac{\alpha y_t}{\int_0^{M_t} p_t(j)^{\frac{\alpha}{\alpha-1}} \mathrm{d}j} p_t(i)^{\frac{1}{\alpha-1}} \tag{2}$$

对于某个中间产品，这里设定为一个垄断企业在运作，一单位中间产品的生产需要消耗一单位的最终产品，中间产品企业通过设定 $p_t(i)$ 来最大化利润 $p_t(i)x_t(i) - x_t(i)$，将式（2）代入，得到标准的中间产品定价 $p_t(i) = 1/\alpha > 1$。这也表明，所有中间产品的不同时期定价都是一样的，从而中间产品数量也是一样的，定为 p_t 和 x_t。由此分别代入生产函数和式（1）、式（2），注意到普通劳动力数量，得到：

$$y_t = x_t^\alpha M_t \tag{3}$$

$$w_t = (1-\alpha) y_t \tag{4}$$

---

① Acemoglu, Modeling Inefficient Institutions [R]. NBER Working Papers, No. 11940, 2006.
② 潘士远：《内生无效制度——对进入壁垒和贸易保护的思考》，《经济研究》2008 年第 9 期。
③ 为了简化，生产函数没有资本，无须考虑居民最优储蓄及资本积累动态问题。

$$x_t = (\alpha^2)^{\frac{1}{1-\alpha}} \tag{5}$$

由式（5），垄断中间厂商的当期利润 $\pi_t = (p_t - 1)x_t = (1-\alpha)\alpha^{\frac{1+\alpha}{1-\alpha}}$，这也表明利润都是一样的。这里，我们假定，$\pi_t$ 转化为垄断厂商当期全体人员的工资总额。如果我们把全体人员看成一个整体为下文讲述的技术模仿发挥作用，这些人员既包括技术人员，也包括管理人员，他们都属于人才，这个假定是合适的。

垄断中间厂商进行新种类产品的研发创新，还是引进模仿，需要做出决策：$M_{t+1} - M_t = \frac{M_t}{\alpha} h_t$。其中，$\frac{M_t}{\alpha}$ 为单位新产品所需要的研发创新或者模仿人才数[①]，h_t 为厂商使用的人才数。[②] α_1、α_2 分别为创新和模仿所需要的，自然有 $\alpha_1 > \alpha_2$，即同样的新产品，如选择创新总需要更多的投入，这反映了模仿的优势。

由式（3），经济增长率 $g_t = \frac{y_{t+1} - y_t}{y_t} = \frac{M_{t+1} - M_t}{M_t} = \frac{1}{\alpha} h_t$，显然，由于 $\alpha_1 > \alpha_2$，如果选择模仿，经济增长可以变得更快，这描述了落后国家通过模仿实现的赶超式高增长现象。

这种通过模仿实现的赶超增长什么时候会面临终结？由于垄断中间厂商有 h_t 的人才，中间产品开发后转入生产，他们的工资水平就是 π_t/h_t。[③] 与普通劳动力工资式（4）比较，当 $\alpha > M_t h_t$ 时（人才极小比例以及 α 不太小保证此式成立），中间部门的工资更高，更高的工资保证了人才愿意进入和从事新产品模仿工作。既然工资高低决定了行业配置，回顾刘易斯二元经济理论，在经济发展的最初期，劳动力从农业部门或隐性失业状态转移出来，初始的工资可以看成近似0，人才很容易转移出来，人才转移出来的选择可以是最终产品部门和中间产品部门，后者的高工资吸引力人才，模仿和经济的快速发展得以实现，但如果这次转移之后人才再转移变

---

① M_t 可以看成既有的知识存量，这反映了产品开发既有基础的正外部性。

② 从 t 到 $t+1$ 期，新中间产品种类可以增加很多种，这可以相对应地由与新增种类数相同的、每家开发一种新产品的垄断厂商来完成。为简单起见，把这些厂商"合并"为一家，视为一家开发了 t 到 $t+1$ 期的新产品。事实上，每家开发一种新产品的厂商的定价、利润都是一样的，使用的人才也应该是一样的，不然会导致工资差异，但人才流动会消除工资差异。因此把这些厂商合并只是简单的倍乘，工资也是一样的。

③ 这里为简单起见，不再区分中间厂商内部人员收入差异。

得不可能，这种转移就是有限的：新品种类或新行业 M_t 最多只能到 $N = \sum_{s=1}^{t} h_s$ 所决定的 t 为止。大于此的新种类或行业由于模仿所需要的人才在 M_t 行业已经全部分配而无力得到发展，而这时 M_t 离发达国家水平可能仍相去甚远。原因在于，从农业部门初次转移出来的，比较的是最终产品部门的工资，但要再转移，则要与之前获得的中间部门工资比，这个工资比最终产品部门的工资要高不少。这样，初次转移的人才很快在可模仿的行业分配完，之后要再转移到更新的模仿部门，要困难得多。因此，在以模仿实现高增长的经济体发展到一定阶段时，哪怕仍有可供模仿的机会，但如果模仿人才固定在原有行业，新的行业难以发展，经济增长就会出现停滞，进入中等收入陷阱。至此初步解释了中等收入陷阱国家往往具有之前一段高增长、之后经济停滞的现象。

三 进一步讨论

当人才都实现配置后，新产品开发要实现必须要把人才从原有行业转移出来。[①] 在以研发创新为主的国家，新产品创新也往往伴随创新该产品的厂商拥有一种市场垄断地位，无论是技术开发领先的时间差，还是专利的保护都可以造成。不过，这种垄断是有期限的，过了一定时期其垄断地位就会逐渐失去，该中间产品的定价就会趋于1。那么该中间厂商 π_t 就会趋于消失，所能支付的工资总额也会变得极小。由于从事中间产品生产的只能是人才，这意味着留下的中间产品生产人员将变得极少，这样，他们才可以让 π_t/h_t 保持不变。其他人才则转移出来进行更新的产品创新研发，在更新的部门获得等同于 π_t/h_t 的工资，从而让新产品种类不断增加，经济实现持续增长。但是，如果一种新产品开发后厂商垄断地位始终得以保持，那么它的垄断利润就不会减少，人才在该部门一样获得较好的收入，人才就没有动力进行再转移，去实现熊彼特式的创新开发。

垄断地位如能始终保持下去，单靠市场难以做到，竞争终会摧毁垄断利润，专利期也是有限的。要维持垄断地位往往需要政府的帮助，由政府

---

① 这里不区分是转移到新的开发新产品的厂商，还是原厂商设立新部门开发新产品。

来限制竞争,这就回到了寻租与政府俘获的问题。为维持垄断,厂商要投入成本进行游说或贿赂①,更具体地说,可以设定向新产品部门的转移,人才为了掌握新的技术,需要一次性付出 c 的成本来学习。对于原先用 h_t 来开发的厂商,总的学习成本就是 ch_t。但是,厂商也可以选择向政府贿赂 bh_t(b 是人均贿赂)来维持垄断地位,贿赂越高,维持垄断的可能性就越大,这时原部门人才不需要付出 c 来更新知识。对人才来说,只要 $\sum_s \pi_s/h_s - c > w_t$(为简单起见不考虑贴现率),更新知识就是值得的。类似的,只要 $\sum_s \pi_s/h_s - b > w_t$,贿赂也是值得的。其中,$s$ 为该部门能维持垄断地位的时期。对于以创新为主的经济,s 为 s',是有限的,$\sum_s \pi_s/h_s$ 也相对较小(如果竞争激烈甚至会让 $\sum_s \pi_s/h_s - c \to w_t$),这样,厂商能支付得起的给政府的 b 也相对较小;反之,模仿为主的经济,当模仿厂商能保持住垄断地位后,s 可以很大直至无限,厂商能支付得起的给政府的 b 就可以更多,而同时仍然还可以有 $\sum_s \pi_s/h_s - b > \sum_{s'} \pi_{s'}/h_{s'} - c$(政府可以跨期收取)。这意味着厂商宁愿贿赂政府来维持目前的垄断格局,也不愿意去选择更新知识再去做新的模仿。而且,厂商的贿赂选择一旦做出,这种选择序列是稳定的。对于那些已经投入进行更新模仿技术的厂商,这减少了 $\sum_{s'} \pi_{s'}/h_{s'} - c$ 可供的剩余去贿赂的数额,相对地,不可能有能力去贿赂政府以寻求维持长期垄断。既然维持不了长期垄断,竞争压力使之继续付出 c 来更新知识就是合理选择。当然,厂商更新技术后拿钱贿赂保持垄断尽管因 c 会受到制约,但并不能排除 $\sum_{s'} \pi_{s'}/h_{s'} - c$ 有足够大于 w_t 的空间去行贿,但行贿目的要是能实现,维持住原有垄断即可,就没必要再花 c 去更新模仿新技术又不可能提高垄断利润。这里的关键在于厂商选择更新知识取决于政府是否容易被俘获,只有不容易被俘获,厂商才会选择更新,因此政府治理体系的完善十分重要。

这些讨论说明如果政府容易被俘获,依靠模仿实现进入的部门会行贿来维持垄断地位,并且会一直做下去。但如果一开始就给不出足够的 bh_t 的愿景,政府也未必一开始会给予垄断地位,那后面的垄断可能也不好建

---

① 或者政府主动控制厂商获取租金,从结果说都是一样的。

立。模仿与创新存在的区别在于 $\alpha_1 > \alpha_2$，模仿厂商如果垄断能获得的利润 $(M_{t+1} - M_t)\pi_t$ 也会更大，这对政府就有了足够的吸引力，一开始就在模仿中建立垄断，给予厂商特权地位，实践中，这在模仿的后发国家中并不罕见，这种垄断也完全不同于依靠创新获得的先行市场垄断地位。总之，在模仿型经济中，垄断部门之所以能维持下去，要害在于模仿在它力所能及的范围内所提供的收益比从事创新要多，这个收益为类似寻租的做法提供了足够的吸引力，就像自然资源诅咒所揭示的那样。[1]

以上讨论假定人口规模不变并忽略了人口变化问题，现实中人口是世代交替且往往是增长的。在更新技术过程中，无论是创新还是模仿，人才一旦进入某一技术部门，可能往往是终生以此为职业，这是因为更新知识的成本可能过高而具有了锁定效应，特别是上面假定的多次更新知识可能不会出现。在更新的技术部门中人才的进入主要是新加入的人才，老人才退休。那么模仿型且政府容易被俘获的经济是否也可以借助这些新的人才来拓展新产品部门？在创新型或模仿但无法寻求长期垄断的经济中，通过新兴学科教育等方式，新人才主要进入新部门，同时在老部门，人才固然也固定在此部门而不转移[2]，但随着其在世代交替中消失，老部门中的人才自然萎缩。但在模仿且易形成垄断的经济中，老部门人才会被进入的新人才接替，出于收入这些新人才更可能补充进这些部门接替那些退休的老人才，这样，新人才可能大多进不了新技术部门，这仍然影响了后续经济增长。即使在人口增长的情况下，世代交替以外新增加的人才进入新的技术部门，相比那些创新型或模仿但无法寻求长期垄断的经济体世代交替中接替人才主要进入新部门的人数，人口增加的比例较小，不会改变上面的讨论。最后，上文假定人口规模标准化，但现实中还存在人口规模相差较大的问题，在创新型或模仿但无法寻求长期垄断的经济中，在付出更新知识成本的情况下，人才或者新增的人才是可以不断流动到新部门的，这个规模可以抵消因人口规模大而具有的人才行业配置范围优势，除非人口规模相差实在大到过于悬殊。

---

[1] Sachs, Warner, Natural Resource Abundance and Economic Growth [A]. *Meier, Rauch, Leading Issues in Economic Development.* New York: Oxford University Press, 1995.

[2] 由于不能再转移（如知识更新成本过高），在垄断期有限下，过了垄断期他们的工资会趋向普通劳动力的工资。

四　结　论

从创新型经济发展经验来看，鼓励创新技术的制度安排，总体上这种制度安排的各方面使得贿赂不可能，政府是摆脱局部利益羁绊和受到监督的政府。相反，模仿因对制度要求较低，贿赂更可能有操作空间，政府更容易被俘获，只有那些能够摆脱原有垄断厂商影响的政府才能够实现模仿技术的持续更新。因此，模仿尽管在一定程度可以让后发国家在赶超增长上具有优势，特别是在急需增长的初期阶段更是如此，但模仿本身又是一把"双刃剑"，而不是只有益处。模仿在带来快速技术进步和增长的同时，也为某些部门迅速带来丰厚收益，而这些收益在这些部门成为既得利益部门之后，却可能用来捍卫既得利益制度的寻租之用，而不是用在进一步的研发甚至模仿上。这些收益相对来得多，以至于这些部门有足够能力用之去影响和俘获政府，这就是模仿可能带来的发展陷阱。要让模仿切实起到技术进步的"助推剂"和实现后发优势的作用，就要注意如何避免因模仿而出现有能力进行寻租的制度陷阱。制度要在模仿开始时就要保持良好的治理，特别是无论何种政治制度，政府都应能避免被俘获。如果开始没有一个良性的制度，模仿更可能是在一定发展阶段后会腐蚀和扭曲制度，影响后续的经济增长，这也是为什么进行模仿的国家众多，但能跨越中等收入陷阱的国家寥寥无几的原因。

为了避免模仿对制度的破坏，政府需要着力避免被这些部门的寻租能力所羁绊，政府需要超越这些部门的利益，即使这些部门曾经因为模仿而取得的快速发展和巨大成功而变得有势力。否则，那些政商关系盛行和裙带资本主义的国家，基本都难逃中等收入的陷阱。这也意味着跨越中等收入陷阱所需要的政府必须是强有力的，能摆脱局部利益束缚，又必须是廉洁有效的政府。一个腐败严重的政府自然容易接受这些既有部门的贿赂而对它们提供保护，一个腐败严重的国家也是一个很大可能陷入中等收入陷阱的国家。强有力的反腐对于跨越中等收入陷阱也是必需的。

最后，在既有部门领域，保持开放的经济和积极融入世界对于化解既得部门的消极影响也是有益的。在国际竞争下，既有部门的垄断更容易被消解，所带来的消极影响也更不容易出现。进一步地，即使既有部门试图寻求保护，它们也会变得缺乏财力。当然，开放必须是先行的，否则既有部门壮大后仍有能力寻求保护。这也重复了出口替代优于进口替代的观点：进口替代仍是保护了国内产业，但当其通过模仿发展起来并成为既有部门，在制度存在缺陷下就会通过游说和行贿得到保护，出口替代则避免了这一点，甚至当国内厂商成为国内的垄断企业，当它的主要市场是在国际市场时，它仍会面临国际的激烈竞争。

参考文献

［1］蔡昉：《"中等收入陷阱"的理论、经验与针对性》，《经济学动态》2011年第12期。

［2］Agénor, Canuto, Jelenic, Avoiding Middle – Income Growth Traps ［R］. World Bank Other Operational Studies, No. 16954, 2012.

［3］Eichengreen, Park, Shin, When Fast Growing Economies Slow Down: International Evidence and Implications for China ［R］. NBER Working Paper, No. 16919, 2011.

［4］李月、邱玉娜、周密：《中等收入陷阱、结构转换能力与政府宏观战略效应》，《世界经济》2013年第1期。

［5］Aghion, Howitt, *The Economics of Growth* ［M］. The MIT Press, Cambridge, 2009.

［6］林毅夫、张鹏飞：《适宜技术、技术选择和发展中国家的经济增长》，《经济学》（季刊）2006年第4期。

［7］Shleifer, Vishny, The Allocation of Talent: Implications for Growth ［J］. *Quarterly Journal of Economics*, 1991 (2), pp. 503 – 530.

［8］Agenor, Canuto, Middle – Income Traps ［R］. World Bank Policy Research Working Paper, No. 6210, 2012.

［9］Benhabib, Perla, Tonetti, Catch – up and Fall – back through Innovation and Imitation ［R］. NBER Working Paper, No. 18091, 2012.

［10］Parente and Prescott, Monopoly Rights: A Barrier to Riches ［J］. *The American Economic Review*, 1999 (5), pp. 1216 – 1233.

［11］Acemoglu, Aghion, Zilibotti, Distance to Frontier, Selection, and Economic Growth ［J］. *Journal of the European Economic Association*, 2006 (4), pp. 37 – 74.

［12］Romer, Endogenous Technological Change ［J］. *Journal of Political Economy*, 1990 (5), pp. 71 – 102.

［13］Acemoglu, Modeling Inefficient Institutions ［R］. NBER Working Papers, No. 11940, 2006.

［14］潘士远：《内生无效制度——对进入壁垒和贸易保护的思考》，《经济研究》

2008年第9期。

[15] Sachs, Warner, Natural Resource Abundance and Economic Growth [A] . Meier, Rauch, *Leading Issues in Economic Development*. New York: Oxford University Press, 1995.

论农村土地确权中土地权利的界定

贾后明　黄程程

内容提要：农村土地确权工作不仅要确定农村土地现有分布和占有经营情况，还要对农村土地今后配置所需要的承包、经营、流转、转让和收益等权利进行界定，消除阻碍农村土地合理配置的制度因素，促进农村土地从模糊产权向清晰产权转变。

关键词：农村　土地　权利　确权

长期以来，农村土地在集体所有制下存在权利归属不清、无法充分行使和收益分配不合理等问题。一方面，农民，或者以集体名义存在的农民只是在名义上享有土地所有权；另一方面，农地对农民只是承包意义上的使用与收益权，农民无法直接参与和决定农地处置、转让的收益分配。农地的调整、农作物生产品种，尤其是流转和出让，农民直接话语权和最终决定权往往被忽视，其根源在于没有明确界定农村土地权利的归属。为了进一步明确土地在农民中的各项权益，当然，首先要准确了解农村土地在农民中的分布情况，当前的农村土地确权发证工作是一项基础性工作。但是，农户、农村基层工作者和社会都对农村土地确权发证产生疑问：确权确的是什么权？农民在土地确权发证中能得到农地的何种权利？如果在确权后不能确定农户在土地上与集体、国家的关系，那么确权所支付的巨大成本和代价就没有什么意义。而如果能够通过确权发证明确农户对土地的产权归属，进一步激发农民在土地投入、经营收益和转让中的积极性，才能充分实现农村土地价值，使社会加大对农村土地的投入，实现农民利益

［作者简介］贾后明，盐城师范学院教授；黄程程，盐城师范学院博士研究生。
［基金项目］本文系作者主持的国家社会科学基金项目（13BJL005）和指导的"国家大学生实践创新计划"（201410324020）阶段性成果，江苏省高校青蓝工程资助。

的最大化。

一 农地所有权的界定

农地确权首先是对农地所有权的明确和界定。长期以来，农村土地的现实状况并不清楚。农地大部分以承包方式掌握在农户手中，但是也有一部分土地是以宅基地、公共设施用地、建设性用地等存在，也有一部分过去未开垦的荒地或边坡地被农户以各种方式耕作，这些都没有得到有效的划分和统计。因此，农地确权工作表面看是对现有农户承包地的丈量和确认，但是，其背后也有对农村现有土地的整体情况的确认，只有全面把握农村土地的整体情况，才能进一步为农地所有权的确立打下基础。

农地确权的另一项任务应该是进一步明确土地的所有权主体问题。农地在法律上明确为集体所有，在政治上明确为公有。但是，农地的实际所有权主体并不清晰。

一方面，"集体"的外延没有法律上的界定，这种产生于"一化三改"时期的抽象的集体所有制与集体所有权，在市场经济下迫切需要明确所有权的主体范围。所谓的"集体"到底包括哪些成员、拥有的土地面积到底有哪些，这些都需要明确界定。虽然在过去的承包中，以村的形式对集体土地面积有所明确。但是，由于政府管理需要，许多村集体也有合并分拆的现象，一些经济条件好的村把相邻村合并过来，但合并村的村民发现，自己与原有条件好的村民不能享有同等的待遇和权利，合并的原因不过是经济条件好的村对土地有需求，在上级政府的安排下进行合并的。没有明确的集体土地所有权主体，就会使土地处置中的权利无法落实集体成员的权利。

另一方面，农地集体所有权的内涵也没有明确界定。集体在所拥有的土地所有权包括哪些方面、如何行使都没有相应的规定。集体可以在农地上行使建设、出租、经营和转让并获得收益等所有权应该拥有的权利吗？虽然农地的用途可以限定在一定范围内，或者按功能进行划分和限定。但是，所有权不能在国家划定用途范围内自由行使、不能进行转让等交易，其所有权是否存在就值得怀疑。可见，现有的农地的集体所有权具有许多模糊性，这些模糊性使农地的价值无法得到实现。模糊性只带来一个好处，就是政府在处置农地时有了更大的空间，可以分配其用途和收益，而不管是集体还是农户都不能维护自己的应有权利。①

实践证明，所有权并不是产权的全部，模糊的所有权只要不影响资产的使用、转让和收益，这种所有权可以作为一种抽象意义的所有权而存在，不会影响现实的资产资源配置。农村联产承包责任制就是在不触动所有权情况下对产权的其他权利进行了再分配，一样可以提升农地资产经营效率。但是，当土地资产不再局限于农业经营时，土地价值也就不再以土地产出作为衡量标准，土地价值越来越依赖社会市场的需要，土地流转乃至转让所带来的价值效益日益凸显，土地所有权对土地交易的作用越来越突出，因此单就传统承包经营权谈论农民的土地资产权利就远远不够。保证农村土地集体所有这一公有制性质并不是不可以，但是，要落实农村土地集体所有权的主体范围和内涵，才能使农地的市场配置有明确的权利主体和利益归属对象，促进农地规范有效地配置。

二 农地承包权的界定

本次确权以第二轮承包时农户承包情况作为确权的基础。这一做法是承认了农户现有的土地承包权，只不过通过更加科学的手段进行精确测量和记录，各地在确权中多聘用专业的测绘公司对农户目前承包地块进行定位测量。这种做法当然矛盾相对较少，因为现存的格局是1993年后在第一轮承包到期后开展的第二轮承包期中形成的。在第二轮承包中，许多地方对土地承包进行了调整，主要是由于集体人口变化，如死亡、上学或婚姻、进城等因素而户口迁移的，使单位人口占有的农地数量变化需要进行重新分配，也有农民在承包中发现土地的耕作条件和产量不同而要求进行调整的。因此，在第二轮承包中，根据农户要求，许多地方对承包面积和

---

① 从所有权来说，所有权代表的是对资产的最终权利，即占有、处置和收益权。虽然所有权在行使中可能将这些权利部分转让，但是所有权毕竟还是有最终的决定权的，否则就没有所有权的意义了。我国农地集体所有中规定的"三级所有，队为基础"，把所有权说成是三级所有，实际上没有三个主体都可以拥有一项资产的所有权，所有权也不能划分主辅。这种集体所有权不过是模糊了的所有权，是为政府对农地的最终所有权留了空间。这是政府有意之为。参见黄砺、谭荣《中国农地产权是有意的制度模糊吗？》，《中国农村观察》2014年第6期。

地块进行了调整。从土地归属于集体并在集体成员中进行承包性质来看，土地在承包期结束后进行调整是正常的。但是，第二轮承包期已经过去了近二十年，离原规定的三十年承包期到期已经比较接近，近年来，人员流动和变化频繁，土地现存的承包情况不能反映已经发生的变化。如果在此次确权中不进行调整，那么今后进行调整就更加困难；如果在新的承包期中要根据现实情况进行较大的调整，目前的确权证在新的承包中就不再具有约束力，只能保证目前承包期内的价值，那么这种确权证与过去的承包证就没有本质的区别。[①]

农户的土地承包经营权在传统上就是一个承包经营的剩余分配权。"交够国家的，留足集体的，剩下的都是自己的"，所以，这种承包权不过是剩余的分配权。后来，由于农业弱势地位不断显现，农民又要承担自己的社会保障，国家与集体的剩余分配权才不断退让，农民基本享有了生产经营所需要的占有、使用和产品收益权，后来又增加了流转收益权。但是，农户现有的承包权根本不能等同于土地所有权，目前在承包权上衍化出的经营权、流转权等都是在没有明确农地权利下农户与政府在土地资产博弈下产生的各种形态，这些权利形态并不是正常经济权利的产物，而是制度设置扭曲的产物。

三　农地流转权的界定

当前所以要进行确权，是因为农地的产权问题面临着新的问题和挑战。一方面，农地的规模化经营正在展开，要使农地相对集中经营，要使原有分散在农户手中的土地通过一定的流转方式进入种田大户手中。而目前流转方式主要是口头协议，即使有书面的协议，但没有有效的担保和抵押凭证，其权利和收益保证内容也不完整，在某些方面不具有法律效力。流转对流入户有约束，因为农户可以通过个人或集体的行为对流转的土地收回，而对农户则没有约束，因为农户在协议过程中没有可以有效进行抵押的凭证。因此，流入户当遇到农户对流转有异议要求收回土地时就没有

[①] 一些地区在确权过程中提出要把确权工作办成"确实权，办铁证"，这些口号可以理解，但是，在农民对土地的权利没有根本明确的情况下，所谓的"铁证"在政府对农地的最终支配权下难以得到落实。

办法维护自己的权益，形成流转纠纷。

当前土地流转主要是通过村委会来组织开展的，虽然农户也有私下进行流转，但相对量不大，而且主要是口头或私下的个人协议。由于单个农户承包地面积小而分散，因此与大量农户进行谈判的成本非常高，而规模经营必然要求土地集中成片。村委会出面组织，可以较好地协调众多农户的不同要求，当然也是对流转双方的一种担保。虽然这是目前一种可行的做法，但是，村委会或乡镇在流转中的中介角色往往演变为包办角色，农地流转给谁、流转费用和期限都是由村委会代办，中间出现纠纷当然也只能是由村委会来担责。村委会这一做法还直接导致农户对土地归属的模糊性认识，认为自己对土地没有真正的权益，只是在承包经营一种资产，因此对这种资产的处置和收益不能提出更多要求。

土地确权后，农户有了土地权属证明，虽然不是所有权证，但应该是使用权证。正如房产证一样，房产所依附的国有土地也只是使用权证，但是个人房产可以进行交易、抵押和收益。农地的权证可否实现同样的功用，关键是这种权证不能被赋予使用权之外的其他约束。农户可以凭借权证进行与流转有关的各项交易，可以以权证作为合同履约的保证，这样，才能实现权证的价值，避免土地权属争议问题，实现土地价值和农户利益的真正保证。

四 农地抵押权的界定

本次土地确权的另一重要目标应该是实现农地的可抵押性，即农户在生产经营中如果有资金需要，可以以农地确权证作为抵押，体现农地的抵押权。但是，农地抵押权能否实现不只是颁发一个证书就可以解决的，农户必须拥有农地的抵押权才可以进行。农地可以抵押，就说明农地不仅可以有经营收益上的价值，还有可以转让价值。因为一旦抵押的债务到期没有偿还，土地就要被债权人占有使用。此时，原有的农户就不再有任何对土地的权利，这实际上就是要求原有农户在土地上的权利可以完全转让。不过，现有政策不容许农地进行抵押，因为农户只有承包经营权，没有土地所有权，当然就不能抵押不属于自己的农地。① 设想：如果农地抵押到期后未能偿还债务，获得农地的债权方如何处置或变现这一抵押物，是自我经营、转包还是进一步转让变现？而这些处置方式都与现有的政策有矛盾。债权方在抵押土地上经营是不现实的，他们接受农地抵押不是出于自我经营的需要。而将抵押土地转包出去，也面临着寻找新的经营户及与经营户进行承包谈判和监督履行的巨大成本。最有效的方便的做法还是将农地通过一定的市场转让方式变现，使农地的价值直接变现为债权人所需要的资金来偿还原债务人的债务。但是，这种转让和变现依旧会遇到上面提到的农地抵押权问题。农户有没有农地抵押权直接影响债权人的转让权，也影响集体所有权人的利益。这一系列问题不解决，农地的土地抵押权就不能得到实现，不能抵押，农地权证的价值就难以得到体现。

五　农地转让权的界定

农地权益中最重要的一项权益是转让权。流转权只是一个经营权的转让，而且只能承包期限内，往往只是短期转让。这样，流转收益只能是以年计算的一种短期收益。而转让权则是将国家规定农户享有的土地承包权益完全转让。现有法律和相关规定都不容许农户将自己的土地承包权益完全转让，其障碍有：

第一，农户对土地的权益不是完全的，只有承包权，所以只能转让承包权，而不能转让所有权。因此，即使农户愿意将国家规定的权益完全转让，转让的也只是承包权，受让方接受的也只能是承包权，只能是在土地上按照原有状况进行生产经营，不能进行其他变动，否则拥有集体所有权的主体对此就可以干预。目前土地流转没有触及集体所有权，要么是村委会以集体名义来主持流转，要么是私人流转但没有变动土地使用情况，这

---

① 刘奇认为，农户承包经营权抵押是一种物权性的抵押，而流转后的经营权抵押则是债权性的抵押，二者是不一样的。实际上，承包经营权与流转后的经营权本质并没有不同，在没有土地所有权的条件下，这种权利受土地所有权的约束。由于不能处置和转让农地，承包经营权与流转后的经营权都只能对农地经营收益做一些价值评估，而不能对土地真正价值进行估值，因此，抵押的价值和后续处置存在巨大风险，抵押就难以开展。参见刘奇《农地抵押贷款的困境》，《中国金融》2014 年第 5 期。

些流转形式没有带来目前产权格局的根本性矛盾。而一旦完全转让承包权，就会触发农地产权格局的根本性矛盾，承受人不仅要享有农地的经营权，还要享有农地上的集体所有权，需要集体中所有成员的同意，要打破原有集体的利益格局，这就难以获得政策上的支持。传统农村集体中的成员的升学等户口迁离原有集体，因为无法转让承包权，一般是把原有的承包权完全放弃。

第二，土地的社会保障功能阻碍农户完全转让权益。如果不是农户可以有更好的发展，农户将由此失去土地保障而面临新的社会问题。因此，传统只对向上流动的农户放弃土地权益给予支持，而对没有保障的农户则禁止土地权益的完全转让。农户在过去没有社会保障，只有土地可以作为心理和事实的保障，这也是长期反对农地所有权完全农户化的主要原因，正是为了担心农户可能在经济和生活压力下将土地作为可变现资产加以处置而陷入无保障的境地，从而增加社会的不稳定。

第三，农地承载着保障粮食和农产品安全的责任，因此，赋予农户的只是土地使用权而不是所有权，可以保障土地在不用于粮食或农产品生产时可以用于使用权。而农户一旦可以完全转让对农地的权益，土地就可能会转到非农户手中，就不能保证农地用于农业生产。

这些因素，在改革开放初期是合理的考虑。但是，今天乃至今后的发展对这些考虑已经给出新的不同看法。农村土地承包经营权转让已经是建立农村土地产权市场的必由之路，是土地承包经营权物权化的要求，也是农村生产力不断提高的要求。确权如果不能解决农户对土地权益的充分完全转让，确权的意义和价值将非常少。

农户对土地的权益只有承包权而没有所有权是法律制度规定的而不是经济的现实状况和实际需要。联产承包责任制实施到今天，尤其是社会主义市场经济体制建立后，农地的集体所有制对农地的保护、农民利益的实现都不再具有积极意义而是一种制度障碍。今天，农民自主耕作土地，在市场上出售农产品，自主投入和承担经营风险，农地的集体所有权主体并不是共同经营和共担风险的合作组织，而是处处掣肘的限制性因素。集体没有能力为农户经营提供帮助，没有拥有共同目标，不能促进农户利益。目前村委会承担的部分公共服务职能只是政府管理职能的下延，这种社会职能应该由政府管理机构承担，而不是由村民自治组织承担。如果村委会是农户经营联合体，像合作社等形式的组织，则应该在共同经营和风险承担上负更多的责任。农村公共性事务应该由村民自治组织来参与管理，但是，村民自治组织不能又是土地所有权的拥有者。农户在土地经营中完全依赖自身的力量，是可以自主面对市场进行决策的。这样，土地的集体所有制就只有一个国家对集体所有权的一种索取。部分地方县乡政府对农户经营品种和面积进行干预，在农地转让中替代农户做主，其实质不过是要保证政府对土地的支配权。集体所有制的土地如果归集体中的农户共同所有，那么政府也没有对农地的所有权，政府对农地的管理权只能是在农地用途的社会公共利益上才有部分的管制权，但没有直接的经营权和处置权。承包经营后，农地的集体所有权中的经营、收益和转包等权利已经在农户手中，只有最终的转让权和收益权没有明确，这些都说明，明确和细分最终转让权并不能改变目前农地的实际占有情况，但对农地的进一步利用和配置具有重要意义。

农地对农户的社会保障功能也将随着国家社会保障体系的健全和经济发展而被弱化。将农地作为农户社会保障的主要载体是我国社会保障体系不健全的一个重要表现。在传统社会，政府没有履行对农户的医疗、养老、失业和教育等社会保障责任，而是让农户自己解决这一问题，政府只能把土地经营权给予农户。但是，在农户农地经营面积小、农产品收益低的情况下，农地对农户根本起不到保障作用。农户不仅要通过土地经营来保证家庭生存，还要根据耕种面积交纳的各种农村社会事业负担，农地经营产出价值根本不能保证农民生存和未来保障，因此传统的农地社会保障功能对农民是不公平的。农户应该享有与城市居民同样的保障，教育、医疗和养老等社会保障方面的责任也只能由社会承担。如果说土地经营可以如工厂经营一样承担经营收益的社会责任，那就应该通过土地经营主体在产品成本中体现社会保障成本，而不是直接把土地资产作为社会保障的保证。当在农地不能转让的情况下，土地的当前价值只有生产经营价值，土地对农户的所谓保障只能是农户通过降低自己的现实生活水准来承担这一未来要求。而一旦农地的社会保障功能被国家平等的社会保障体系所取代，那么土地对农户的附带功能就应该被剥离。农地转让后的社会保障完全可以社会来承担，农户和社会都不应该担心农户失地后可能出现社会保障困境。在城市建设对农地征用中所支付补偿费，是土地价值在市场转让中实现的，许多地方都将补偿费的一部分作为农户的养老医疗保险来代缴。这说明，只要在农地转让中保障好农户的传统保障与社会保障的衔接，就可以剥离农地中的保障功能。

有人担心农地转让后不能继续保证其用于农业生产经营，这种担心并非没有道理。因为农地既然可以完全转让，受让方就有权利来根据其自身利益要求来生产经营。但是，即便土地是经过市场受让的，国家完全可以通过对土地用途的规划来限制土地的使用，在基本农田保护范围内的农地可以禁止非农业生产使用。这些土地用途的管制完全在政府的责权范围之内。正如在城市建设中对任何建设要经过审批和登记一样，在农村土地转让和使用上完全可以通过法律手段加以规范。不能因为害怕农地的非农化就禁止农地转让。这种禁止只能是把土地的市场价值限制在经营收益上而不是长远的稀缺和市场对土地价值的开发和利用上，最终损害的还是农户的利益。从根本上说，农地是不是保证用于农业建设，关键取决于市场。市场对粮食的需求才是保证粮食安全的最有效办法，而不是人为地强化对粮食的生产。在市场需求下，土地用于农业生产是有利的，土地才会被保留在农业生产中。如果土地在农业生产中是无利甚至是亏损的，强制农民种地是不现实的。传统农户可能因为习惯和传统而将农业生产作为自己的生存根本，但是，在当前的社会流动和经济发展下，新一代的农村居民更加趋向于理性地对待农业生产。如果农业生产不能带来较好的收益，农户就不可能继续进行农业生产，哪怕农户拥有土地，也会选择撂荒等方式来放弃农业生产。因此，农业要想得到持续发展，就需要农业的生产收益大于出外打工的收益。而要想实现农业生产的比较收益，只能是提高农业生产的效率，减少农业生产成本。规模化经营、机械化耕作和市场化运作都是农业发展的主要方向，而这些发展都需要对土地资源根据市场要求进行重新配置，必然要求土地摆脱目前的转让束缚，从而既可以实现农户收益的最大化，也可以促进土地的规模化经营，从而提高农地的产出与收益，从根本上保障粮食生产的安全。

六 农地收益权的划分与界定

农地作为一种生产资源，应该有其价值，这种价值不仅体现在农地直接从事农产品生产的现时收益，还包括经济发展带来的土地资源和农地资源稀缺性增加的长期收益。农地转让就是要把现时收益与长期收益贴现化，用现时的货币价值将近期与远期的可能收益全部体现出来。当然，由于远期的不可预见性，土地价值的贴现率要体现风险性，这一长期地租的贴现价值不可能在农地的一次交易中得到实现，而是在市场的不断形成中得到挖掘和实现。影响农地的价值因素很多，位置、水土条件和生产环境、长远区域规划等因素都会影响土地的价值。这些众多因素决定了土地的价值也是多样的，难以用一个标准来衡量，也会随着时间变化而出现较大的波动。因此，如果农地可以进行充分的市场化交易，农地的价格与其价值浮动是常态的。农户在农地交易中要保证不吃亏也很难，因为这种吃亏与否很大程度上要依赖整个经济发展对农地资源稀缺度决定的，而农户是很难估计这一价值的。但是，在一定时间内，农地如果形成一定的交易市场，市场中的土地价值是可以作为农户交易的参考价值。只要农户不是出于家庭生存的急需而抛售土地，农地的价值在市场中就会逐渐被发现。正如城市中二手住宅交易价格的形成一样，由于社会环境和政策的变动，不同区段位置、不同时间出手的二手房价格可能有不小的差价。但是，从来没有哪个政府机构会对二手房的交易价格进行干涉，出售与购买双方达成的价格不管是何种原因形成的，都是双方根据各自的需要和对房价的估计而达成的合意交易。这说明，由市场来形成和决定商品交易的价格是可以较为充分地体现商品内在价值和买卖双方意愿的有效做法。

因此，不应该担心农户在农地交易中会不理性地为了变现而将农地抛售。现在许多农民在外打工，农地的实际收益很小，农户已经可以将户口迁出，但是大部分农民依旧为了保留农地权利而拒绝放弃农地的承包权。这既是对土地保障的考虑，更是认为农地虽然在目前没有利益，但是，从长远看可能利益更大。

农地的权利要进行规范和清晰划分，其根本内容是对农地收益权的划分。农户在意土地所有权的归属，既有对农地进行长期耕作和投入的考虑，也有对农地经营和转让收益的归属考虑。当前，农地经营、流转收益归农户所有已经明确，但是，由于农地没有完全明确长久地归农户经营，农地也不能转让，这些因素使农户既不愿意在农地上进行大量投入，也不愿意改善农地的生产条件。

近年来，由于农地流转和土地征用使农地价值的不断被发现，农户越来越认识到农地的真正价值不是在生产经营上，而是在土地稀缺性带来的市场价值上。不过，在农地征用中收益分配比例使农户和社会对土地增值收益分配权产生了疑问。农地的征用补偿参照的是农地的农产品经营收益,这在土地转让价值中所占比重非常小。这说明,在土地价值中,农业生产收益只是很小的一部分,真正的增值来自社会发展对土地稀缺性的认可。这一部分价值增值,过去农户所得很小,而是在开发商、地方政府和拆迁公司等中分配了。农地征用收益主要部分没有分配给农民,在于农地没有可以参照的市场价格,农地的权属不清使最终收益无法进行合理清晰的划分。农民对土地增值价值的要求没有可以依据的市场要求,加上所有权的模糊性,最终得不到应有收益。

因此,即便农地进行了精确的划分,农户获得了农地证书,但如果证书不能对相关权益,包括所有权、经营权、流转权、转让权和收益权进行明确的界定,农地证书对农民利益依然起不到保护作用,农地在缺乏市场交易情况下不可能发现体现其价值的市场价格。

参考文献

[1] 黄砺、谭荣:《中国农地产权是有意的制度模糊吗?》,《中国农村观察》2014年第6期。
[2] 郑志峰:《当前我国农村土地承包权与经营权再分离的法制框架创新研究——以2014年中央一号文件为指导》,《求实》2014年第10期。
[3] 刘奇:《农地抵押贷款的困境》,《中国金融》2014年第5期。

政策网络视阈下的户籍制度政策变迁透析

杜兴洋　裴云鹤

内容提要： 自 1958 年户籍制度正式确立基本框架以来，随社会政治经济环境的变迁经历了一系列调整，但仍未取得实质性突破。本文借鉴政策网络分析框架深入分析后发现，在户籍改革中政策社群的权力转移、府际网络政策权威性渐长、议题网络参与水平有限以及各政策网络间的关系变化合理地解释了户籍制度政策变迁的内在逻辑，并且各主体之间因资源、地位、影响力等差异所进行的不同程度的政策互动，实际上主导了户籍制度政策变迁过程。

关键词： 政策网络　户籍制度　政策变迁　内在逻辑

按照传统逻辑，只有获得一个地方的户籍才意味着最终实现了当地的居民身份认同，才能享受与当地户籍挂钩的教育、医疗、养老、就业等一系列社会福利保障政策优待。这种本就是人为建立、违背社会运行规律的制度关系却被默认为是一种"天然联系"，根深蒂固地存续了数十年之久。但户籍所裹挟的成就随着政治经济社会的演进再次面临了发展"瓶颈"，城乡长期分离导致的市场分割、人口流向极化、区域经济发展严重失衡、社会管理失序、"陌生人"的城市间隙等都将户籍制度推向了改革前沿。然而，长达数十年的政策调整却仍未实现回归户籍管理基本功能、摆脱社会福利挂钩的改革愿景取得的成效并不显著。

在继续推行户籍改革之前，有必要弄清为何改革推行如此艰难、改革

[作者简介] 杜兴洋，中南财经政法大学公共管理学院副教授、MPA 教育中心副主任；裴云鹤，中南财经政法大学行政管理专业硕士研究生。

是否真的难以为继、政策变迁背后是否隐藏某些较量、较量局势中孰优孰劣、它们之间存在着怎样的牵扯，而这如何又对户籍政策设计造成影响、形成如今的改革局面，这些构成本文研究的主要内容。本文分析中引入的政策网络理论兴起于 20 世纪 70 年代，因其具有较强的政策解释力而成为广泛使用的新型政策研究范式。在梳理了户籍政策变迁大致历程的基础上，借鉴罗兹模型进行了详细深入的政策网络解读，试图探究出政策变迁的内在逻辑，为户籍制度改革提供新的分析视角。

一 政策网络理论及其运用

政策网络理论自 20 世纪五六十年代发源于美国以来，迅速遍及英国、德国、荷兰等西方国家，随后美国学者又对此进行了大量回应性研究。综观西方学者的诸多研究，以英美学者为代表的利益调停学派从微观和中观层面进行探讨，认为人际关系和网络结构是研究国家和社会关系重要的基本分析单元；而德荷学者则擅长从宏观视角——将政策网络视为一种替代官僚层级制和市场制的治理结构，阐述政策网络对处理政策制定中公私行动者间非正式关系的治理价值。

政策网络理论发展到今天，仍然没有形成统一的理论概念界定。就国内外学者进行政策网络相关研究中引用频率来看，本森（Benson）的观点最受欢迎——因资源互赖且彼此关联而结成的组织复合体，以资源依赖结构的不同为特征区别于其他复合体；另一位公认为政策网络研究集大成者罗兹（Rhodes）的提法则是对上述观点的发展，即政策网络区别于打破资源依赖结构而集成的组织群体。凯尼斯（Kenis）、施奈德（Schneider）、基克特（Kickert）等不同意以上提法，他们将政策网络上升到宏观层次，认为它是协调国家、社会和公民之间的一种特殊治理模式，并且能够动员起广泛分散在公共部门和私人部门之间的政治资源，使社会获得并保持着有序治理的局面。林震对西方学者的研究进行了总结，"概括起来，政策网络是指在公共政策制定和执行过程中，政府和其他行动者围绕共同的实际是不断协商的信念和利益而结成的正式的（制度性的）和非正式的联系"。① 任勇也认识到这种联系,"政府与其他利益相关者之间建立的制度化的互动模式,他们针对和围绕共同关心的议题进行对话和协商,使得参与者的政策偏好或政策诉求得到重视,以便增加彼此的政策利益"。② 另外,胡伟、石凯③和蒋硕亮④更愿意把政策网络界定成相互依赖的行动者之间互动的关系模式。

尽管政策网络定义尚未统一概念化,但政策网络解释力以其包容性早见于不同领域的多种视角中。登哈特认为,布林顿·米尔沃德(H. Brinton Milward)指出的造成当代政策过程出现权力和责任分散等特征的因素(如机构、权威的重叠,部分组织只承担执行的有限责任等),同时也衍生出了"政策网络"⑤;"政策制定过程变化的趋势是政策网络的出现"。⑥ 对政策网络应用较为直接的是把政策网络和政策结果作关联度分析,可见于达琳卡·齐思科(Darinka Czischke)⑦对欧洲社会保障性住房供给网的分析;朱亚鹏(Ya – Peng Zhu)⑧将操控房地产政策的封闭式政策网络界定成该政策变迁过程的内生变量。在公共政策领域中,政府虽是一个利益群体,若要提高公共利益实现程度,前提是必须扩大公共政策制定过程中政策网络的开放程度。⑨ 李丹阳⑩在"孤儿药"短缺的背景下,寄厚望于各网络行动者积极参与到药物供给。也有学者从政策网络中行动者及其掌握的资源、存在的利益博弈方面,试图揭示出政策结果产生的原因及变化

---

① 林震:《政策网络分析》,《中国行政管理》2005年第9期。

② 任勇:《政策网络的两种分析途径及其影响》,《公共管理学报》2005年第3期。

③ 胡伟、石凯:《理解公共政策:"政策网络"的途径》,《上海交通大学学报》(哲学社会科学版)2006年第4期。

④ 蒋硕亮:《政策网络路径:西方公共政策分析的新范式》,《政治学研究》2010年第6期。

⑤ 珍妮特·V. 登哈特、罗伯特·B. 登哈特:《新公共服务:服务,而不是掌舵》,丁煌译,中国人民大学出版社2014年版。

⑥ 朱德米:《公共政策扩散、政策转移与政策网络——整合性分析框架的构建》,《国外社会科学》2007年第5期。

⑦ Darinka Czischke, A Policy Network Perspective on Social Housing Provision in the European Union: The Case of CECODHAS, Housing [J]. *Theory and Society*, 2007, 24 (1), pp. 63 – 87.

⑧ Y. P. Zhu, Policy Networks and Policy Paradigm Shifts: Urban Housing Policy Development in China [J]. *Journal of Contemporary China*, 2013, 22 (82), pp. 554 – 572.

⑨ 王春福:《政策网络的开放与公共利益的实现》,《中共中央党校学报》2009年第1期。

⑩ 李丹阳:《政策网络理论视野下的中国"孤儿药"问题》,《学术研究》2014年第4期。

机理①②；而"探讨政策网络结构特征与政策后果间的因果联系"③ 正是政策网络的意义所在。

本文认为，以往研究已承认政策网络的产生是因政策过程分析所需，即政策网络为政策过程的一个分析工具。而那些模糊了正式或非正式互动联系、以利益同质化的网络结构构成了公共政策系统内的基本分析单元和重要行动主体。在政策议程建立和政策制定阶段，各政策网络以多种渠道发声，为政策客体的利益代表，同时无形中帮助政府部门辨识、认知复杂多元的利益，并且力争参与直至政策的出台。原本调和的利益随主客观环境的变迁又引发新一轮的利益异化和价值冲突，爆发出新的社会问题经各方资源、地位等博弈后再在原有政策上进行修订，或是制定出全新的政策，"政策变迁实质上就是行动者在一定环境制约下改变旧制度、创造新制度的过程"。④ 因此，对各个政策网络行为主体的关注已经成为考察政策变迁的内含性视角。

二 户籍制度改革的政策变迁

公共政策是政策制定者为解决公共问题、实现特定公共目标及公共利益，经由政治过程所作出的选择。任何一项公共政策都不可能是既定不变的。制度环境、政策主体决策认知、政策本身缺陷等因素的变化，都可能会引发政策创新、政策更续、政策维持或政策终结等任何一种形式的政策变迁，可以说政策变迁贯穿于每一个政策过程。户籍制度基本框架自确立以来，便是这样一个典型的政策文本。

（一）新中国成立初至1957年：户口自由迁徙政策

这一阶段，国家对人口的管理主要奉行自由迁徙的政策，1954年

---

① J. K. Teye, Analysing Forest Resource Governance in Africa: Proposition for an Integrated Policy Network Model [J]. *Forest Policy and Economics*, 2013, 26, pp. 63 – 70.

② D. Toke, Politics by Heuristics: Policy Networks with a Focus on Actor Resources, as Illustrated by the Case of Renewable Energy Policy under New Labour [J]. *Public Administration*, 2010, 88 (3), pp. 764 – 781.

③ Keith Dowding, Model or Metaphor? —A Critical Review of the Policy Network Approach [J]. *Political Studies*, 1995, 43 (2), pp. 137 – 157.

④ 周光礼：《中国大学办学自主权（1952—2012）：政策变迁的制度解释》，《中国地质大学学报》（社会科学版）2012年第12期。

《宪法》第九十条规定,"中华人民共和国公民有居住和迁徙的自由"。即使在1956年、1957年发布过劝阻农民盲目流入城市等文件,但相关规定及行政管理手段中并未透露出明确的强制意图,公民仍然可以遵照个人意愿自行流动。新中国成立后,对人口管理的正式文件,可见于1951公安部公布的《城市户口管理暂行条例》,自此基本统一了全国城市的户口登记制度。在人口自由流动背景下,城镇人口"1953年达到7826万人,城镇人口比例为13.3%,比1949年增加2061万人,城镇人口比提高2.94%"。[①] 于是,1953年政务院发文《关于劝阻农民盲目流入城市的指示》,开始限制农民进城;随后,从1956年调整的《关于防止农村人口盲目外流的指示》、1957年补充的《关于防止农村人口盲目外流的补充指示》以及同年《关于制止农村人口盲目外流的指示》中可看出,"劝阻—防止—制止"的政策用词变化显示了限制性户籍制度开始形成。

(二)1958年至20世纪80年代中期:严格管制政策

这一时期,对人口流动采取更加严厉的限制性措施,维持城乡分割格局的稳定性,提供经济快速发展所需的制度环境,已成为历史的必然选择。1958年全国人民代表大会通过的《中华人民共和国户口登记条例》第十条第二款规定:"公民由农村迁往城市,必须持有城市劳动部门的录用证明、学校的录取证明,或者城市户口登记机关的准予迁入的证明,向常住地户口登记机关申请办理迁出手续。"并且第一次明确将城乡居民区分为"农业户口"和"非农业户口",开始对人口自由流动实行严格限制和政府管制,奠定了我国现行户籍管理制度的基本格局;1964年8月,国务院又批转了公安部《关于处理户口迁移的规定》(草案),"对于从农村迁往城市、集镇,从集镇迁往城市的,要严加限制;从小城市迁往大城市,从其他城市迁往北京、上海两市的,要适当限制";1975年修订后的《中华人民共和国宪法》,正式取消了有关迁徙自由的规定,此后一直没有恢复;1977年11月国务院批转《公安部关于处理户口迁移的规定》指出,"处理户口迁移的原则"为:"从农村迁往市、镇(含矿区、林区等,下同),由农业人口转为非农业人口,从其他市迁往北京、上海、天津三市的,要严加控制。从镇迁往市,从小市迁往大市……应适当控制。"随后数年里,又出台了与户籍挂钩的粮油棉花定量供给、计划用工、社会福

[①] 李振京、张林山等:《我国户籍制度改革问题研究》,山东人民出版社2014年版。

利、控制"农转非"指标等配套政策，都多次彰显中央政府隔断城市间、城乡间人口迁移的政策意图。

（三）20 世纪 80 年代中期至 90 年代末：半开放式改革试点政策

这一时期，原有的限制性户籍管理模式在面临改革开放初期带来的变化的不适应性日渐显现。户籍管理政策开始有了松动，并且主要以设置准入条件为开口、小城镇先行为探索，为往后大范围内调整户籍管理模式积累经验。

1. 户籍政策调整的铺垫

1984 年 10 月，国务院颁布《关于农民进入集镇落户问题的通知》，规定"凡申请到集镇务工、经商、办服务业的农民和家属，在集镇有固定住所，有经营能力，或在乡镇企事业单位长期务工的，公安部门应准予落常住户口，及时办理入户手续，发给《自理口粮户口簿》，统计为非农业人口"，并且与集镇居民户一样"享有同等权利，履行应尽的义务"。并在 1985 年 7 月对农村人口流入城镇的管理作进一步安排，公安部颁布《关于城镇暂住人口管理的暂行规定》，指出暂住时间超过三个月的 16 周岁以上的人员可申领"暂住证"，暂住时间较长的人申领"寄住证"。同年 9 月，经全国人大常委会审议通过的《中华人民共和国居民身份证条例》正式实行，改善了城市人口流动加速、人户分离管理失控局面。

2. 小城镇户籍改革先行

为缓解进城农民落户与进城计划指标间的供需失衡，1992 年 8 月，公安部代拟《关于实行当地有效城镇居民户口制度的通知》，允许小城镇、经济特区、经济开发区、高新技术产业开发区的农村人口登记为"地方居民城镇户口"；而其中在城镇有稳定住所和职业的登记为"蓝印户口"，两类统计为"非农业人口"，并享受与城镇常住人口同等待遇。同年 10 月起，广东、浙江、山东、山西等十多个省份先后在本地区开始试行。1997 年 6 月，国务院批转了公安部《小城镇户籍管理制度改革试点方案》和《关于完善农村户籍管理制度意见的通知》，允许已在小城镇就业、居住且满两年的人员及其直系亲属，可以办理城镇常住户口。1998 年国务院批转公安部《关于解决当前户口管理工作中几个突出问题意见的通知》，解决了新生婴儿随父落户、夫妻分居、老人投靠子女以及在城市投资、兴办实业、购买商品房的公民等落户疑问。

3. 相关配套政策改革

家庭联产承包责任制的全面推行，释放了大量剩余农村劳动力；1984年发放"自理口粮户口簿"开始打破城市副食品供应多年短缺的状态，1992年全面取消粮食计划供应，意味着农业人口在基本生活消费品领域内不再受到歧视性对待；而随着1992年社会主义市场经济体制的建立，允许个体、私营经济等多种经济成分并存，投资、就业机会的增加，也大大削弱了户籍制度的限制功能。

（四）21世纪后：改革政策全面推行

随着社会主义市场经济发展、城镇化进程的加快，原有户籍政策对人口流动的限制与市场经济中劳动力要素自由流动的要求相悖，冲突逐步升级。2000年开始，对改变二元城乡结构的有益探索，中央政府的有关文件均表现出积极支持和鼓励的态度。2001年3月，国务院批转了公安部《关于推进小城镇户籍管理制度改革的意见》，对办理小城镇常住户口的人员，不再实行计划指标管理，均可根据本人意愿办理城镇常住户口。标志着县级市在内的全部小城镇户口已经全面放开。

1. 城镇化演进，推动户籍制度改革

城乡结构一元化布局要求首先反映在取消农业户口和非农业户口的划分上。广东于2001年率先宣布取消两类户口的划分，统一登记为居民户口。"至2013年6月……14个省（区、市）探索建立了城乡统一的户口登记制度，初步为农业人口落户城镇开辟了通道。"[1] 2003年，国家废除收容遣送制度，对外来人口改为救济管理；2005年公安部颁布《探索城乡统一户口登记制度》，明确要进一步放宽大中城市户口迁移限制。2013年6月，国家发改委作的《国务院关于城镇化建设工作情况的报告》中指出，未来城镇化发展很重的一条是要有序推进农业转移人口市民化。经过近一年酝酿，2014年7月发布的《国务院关于进一步推进户籍制度改革的意见》，规定要进一步调整户口迁移政策，统一城乡户口登记制度，全面实施居住证制度，加快建设和共享国家人口基础信息库，努力实现1亿左右农业转移人口和其他常住人口在城镇落户。

2. 地方层面的探索实践

例如，2001年，郑州推行户籍新政，入户门槛大幅降低；2002年上

---

[1] 李振京、张林山：《我国户籍制度改革问题研究》，山东人民出版社2014年版，第4页。

海和深圳开始实行人才居住证制度,随后北京、江苏、山东等也实施了类似改革;一些中小城市将人才居住证的申办条件略微调低,但都旨在留住城市发展所需的优质人才资源;广东推出的农民工积分入户政策,结合了人才、资本入户以及参保、居住和社会贡献情况等指标,赋予相应分值,以积分形式为普通农民工入户打开大门;2010年,重庆以本市籍进城农民工为对象,综合考虑就业、养老、医疗、住房、教育等多方面制度,设计了较为系统、周密的户籍制度改革政策体系,并创新出由政府、企业和社会三方共担的改革成本支付机制;同年,成都在充分尊重和保护农民迁徙权及财产权基础上,统筹城乡户籍制度改革,消除公共服务和社会福利的城乡差异,力求均衡配置城乡公共资源,实现基本公共服务的均等化。

3. 多方联动,助力户籍改革

以往的"就户籍改户籍"思路显得乏力难行,力图从深受诟病的与户籍挂钩的利益调整着手。2003年,《行政许可法》的颁布有效地制止了暂住证制度中强制性办理、乱收费等粗暴执法现象;2005年年底,取消1958年通过的农业税条例,进一步统一城乡税制;2009年,《城乡企业职工基本养老保险关系转移接续暂行办法》有效地解决了农民工的养老保险跨省转移等问题,明确只要农民工参保缴费并达到规定条件,与城镇职工享受同样的养老保险待遇。

三 户籍制度政策变迁中的政策网络解读

自1958年正式确立户籍制度基本框架以来,我国户籍政策经历了五十余载的缓慢变迁。从表象看,户籍政策的调整是我国经济社会环境变迁的写照,受到其直接推动。同时因我国特殊的政治环境,长期以来,由国家和政府主导着社会各方面公共事务,户籍制度便是其中之一。然而,"如果过于注重政府单方面的作用,忽视政策行动者多层次性和异质性,必定会带来公共政策的失败"。[1] 在近20多年内户籍制度的政策变迁过程中中央政府这只"看得见的手"之外,似乎还受到一些不甚明朗的"看

---

[1] 胡伟、石凯:《理解公共政策:"政策网络"的途径》,《上海交通大学学报》(哲学社会科学版)2006年第4期。

不见的手"① 引导。要更深入地解读户籍制度政策变迁规律，则需寻求新的政策解释路径。

（一）户籍政策下的网络结构类型

就户籍政策所做的内容规定，凡属于我国公民范畴的社会大众无论职业身份如何，均与此息息相关。户籍政策的每次调整必然牵动上亿目标群体的切身利益，他们为促成政策最有利于自己利益的实现（至少不受到自身认为的不公正的侵犯），通过个人或是自组成团体形式呼吁自身的合法诉求，并集结不同优势资源不同程度地参与到政策议程及政策执行中。在近二十多年来的改革中，这种因利益区分的主体形态越发显露。政策过程的结构变动正在"网络化"，打破传统的政府单中心、自上而下的政策运行模式，"变成多元、多维、多层的网络状结构，其中充满了复杂的策略互动"。②罗兹从成员构成、成员间的依存度和资源分布三个维度将政策网络划分为政策社群、专业网络、府际网络、生产者网络和议题网络五个类型。本文借鉴罗兹模型，将户籍制度政策变迁中行为主体类别分析如下③：

1. 政策社群

依据我国单一制政权组织形式，在户籍制度的建立和政策调整中作为最主要行动者——中央政府，应是广义上的政府，即包含国务院及其各组成部门为主的行政、立法、司法等国家机关的集合；全国人大作为国家最高权力机关，任何重大国家政策都要经由全国人大审议通过；执政党作为我国社会主义事业的领导核心，国家重大方针政策自然在其领导下进行；同时人民政协在国家和社会公共事务管理中具有政治协商、民主监督、参政议政的权利和职责。由此看来，户籍管理作为关乎国民生活的重大社会公共事务，其政策过程中的权力中心——政策社群，由全国人大、执政党、中央政府及人民政协共同组成。

---

① 此处"看不见的手"并非同于经济学中对"市场"的比喻，而只是指代下文提到的地方政府、专家学者及社会公众等主体。

② 郭巍清、涂峰：《重建政策过程：基于政策网络的视角》，《中山大学学报》（社会科学版）2009年第4期。

③ 需要注意的是，对政策网络结构的划分并非一成不变、类型也不止以上几种。随着外部环境的变化、利益调整、资源分配变动以及新的行动者加入等，都会导致政策网络的变迁；户籍政策中也可能存在公共部门和有话语权的专家学者，或是与企业等私人组织因利益结成的政策网络。但为了便于分析，本文只对户籍政策中易于辨识的主要政策网络做出说明。

2. 专业网络

网络中的成员主要由各个层级政府政策研究室、人口研究中心等科研机构、服务于相应层级的决策中心——"智囊团"（或"智库"）组成；还包括各高等院校相关研究领域的专家学者，以及专业的民间社会组织等。他们以掌握的专业知识、技能等优势资源，在政策过程中占据重要地位，为政府决策提供专业性建议并助推公民政策意识觉醒。

3. 府际网络

府际网络主要指的是除中央政府外的各级地方政府，包括省级、自治区、直辖市以及市县城镇等。它们既是中央决策的执行者，又是具体政策的制定者。在政策执行中发挥着举足轻重的影响力，甚至直接关系到原政策意图与政策效果的一致性。

4. 生产者网络

户籍管理的政策标的物为"户籍"，"户籍是一个从中国历史上沿袭而来的概念……在汉代时就被称为'名'、'名数'、'名籍'等，或简称为'籍'"。[①] 古代户籍的产生源于国家分配土地、征收税赋徭役的需要，现代户籍则是为登记人口基本信息，最终实现有效的社会管理。因此，"户籍"从古至今都是国家和政府为维系社会安定、便于施政而创造的特殊用词。目前，户口由公安部、民政部以及地方相应部门统一登记管理。

5. 议题网络

赫克洛（Heclo）最初对"议题网络"的定义较为广泛，即与政策有利害关系的团体或个人。就罗兹的认定，并结合对户籍政策变迁的分析情况，本文将议题网络界定为是自身利益因政策变迁而直接受到损益的政策目标群体，主要划分为两大类——本地居民和外来人口。[②] 他们的成员规模庞大且复杂，但关系松散、紧密度不高。

（二）政策网络主体及其关系分析

1. 政策社群：价值导向演化下的权力转移

从某种意义上说，户籍制度政策变迁轨迹恰恰折射出我国政府对其自身存在价值的认知、构建及模式选择的调适历程。

---

① 李振京、张林山等：《我国户籍制度改革问题研究》，山东人民出版社 2014 年版。

② 考虑到与户籍挂钩的居民权利、社会福利待遇差异形成的原因，本文将"本地居民"界定为已经在当地落户的群体（不论其是否为当地人），而"外来人口"便是那些尚未入户的群体。

计划经济时代的全能主义理念将政府历练成社会的"一家之长",政府对社会公共事务的掌控事无巨细。一方面,因新中国成立初期国家根基脆弱、社会公共秩序亟待重新建立、以重工业发展为主的经济布局设计,以及受制于国际态势变幻的影响;另一方面,凭借历史原因赋予的权威和合法性资源优势,我国政府把控着公共政策话语的绝对权力,在政策过程中长期占据主导地位。可以看出,在限制性户籍制度形成及强化的阶段,几乎所有的政策规定均为国务院与公安部等强势的政策社群联合制定和颁布。

西方"政府失灵"的警示和"政府再造"观点,加上福利国家与全能政府的通病,让我国政府不得不重新审视传统的全能价值理念;此外,国内经济体制更替、市场经济对资源要素的配置调控,客观上牵制着政府权威,而社会借此获得了一定程度的自主发展空间。一旦"政府全能"意识消散开来,"社会政治化"便以不可阻挡之势朝着"政治社会化"方向演进,以政府为主的政策社群开始将社会作为独立存在看待,并尊重社会意愿,政府的权威不再是不可挑战的,政府与社会的关系在多领域有了新的发展,管治型政府模式取代了先前的全能模式。但以政府为主的政策社群在公共政策领域,相较于其他行动主体仍然保持相当权威。在这种情况下,牵涉经济发展中最为重要的劳动力要素,原有的限制性户籍政策有了实质性的调整,以"自理口粮"为开口允许农村人口进城,并以惯用的渐进方式推出小城镇户籍改革先行。

改革开放的深入,对我国政府能力提出了更高要求。在新公共管理运动掀起的政府流程再造国际氛围下,不断重申政府的合法性基础是公民对政府的认可。"政府凌驾于社会之上"的关系模式迅速被摒弃,政府与多方社会力量合作共治的成功实践引发各国跃跃欲试。反观国内,我国服务型政府构建也开始启动,加之分税制下公共政策话语权及权威相应下移,地方户籍管理创新随即遍地开花。

2. 地方政府:角色冲突、利益选择及政策权威性渐长

一方面,地方政府是户籍政策的直接执行者。地方政府是中央政府在地方行政区域内专门负责行政工作的国家机关,其权限由中央政府授予和规定,对中央政府负责。因城镇化的加速推进,中央在 2012 年开始连续出台多项政策,要求加快户籍制度改革。2014 年 7 月,《国务院关于进一步推进户籍制度改革的意见》指出,"到 2020 年,基本建立与全面建成

小康社会相适应,有效支撑社会管理和公共服务,依法保障公民权利,以人为本、科学高效、规范有序的新型户籍制度"。地方政府作为中央政府的下级执行机关,有职责将政策落实到位。此外,外来人口的流入意味着带来新的税基,况且引入优质人才资源对地方经济发展意义重大。

另一方面,户籍政策中作为府际网络的地方政府,理性经济人的立场决定了其必然存在自利倾向。府际网络在政策社群的敦促下却趋向于采取含糊敷衍的态度,使户籍政策变迁陷入一种"内卷化"。[①] 可从以下两方面理解:

一是随着市场经济的发展,地方利益会愈加凸显,而在调和不善、早期利益表达机制不健全的情况下,会导致地方政府间的资源抢夺加剧,陷入恶性竞争局面。以 GDP 为主的地方政绩考核更是导致竞争升级。在此情况下,地方资源会优先分配到对 GDP 增长贡献较大的经济领域,相应缩减社会福利方面的财政投入。若放开户籍限制、降低入户门槛,涌入的外来人口无疑会加大地方财政支出。

二是 20 世纪 90 年代实行的分税制,造成事权下放但财权仍掌控在中央,事权与财权的不相匹配引发地方异议,财政负担沉重背景下更不愿额外包揽外来人口的福利配给。相对独立的地方自主权、政策决策权威的增长,恰好给地方政府进行有益于自身的政策选择提供了条件。

另外,因"户籍"本身的特殊性,使地方政府同时又是户籍政策中生产者网络的行动主体。当户籍与身份地位、可享受的权利、社会福利挂钩时,在市场经济的价值诱导下,地方政府可能凭靠对户籍的垄断优势,变相进行户籍交易。

不难理解,近几年各地围绕中央政策的指导原则陆续制定了户籍新规,但吸引力较大的大城市和特大城市,其户籍政策多为以居住年限、就业、生活来源等条件准入。例如,上海和深圳实行的"蓝印户口"、广东的积分入户、江苏规定具有硕士研究生以上学历或高级以上技术职称的人员可直接落户;武汉、成都、海口等城市及中小城镇纷纷开启"购房入户"大门,积极扩大内需,促进消费,拉动地方 GDP 增长。

3. 议题网络:利益认知提升,但能力不均且参与水平有限

政府观念的转变、物质生活的改善、社会政治文明发展、教育开化作

---

① "内卷化"是指一种"无发展的增长"现象。

用等综合因素影响增强了社会公众对自身权益的认知,而发达的媒体渠道大大方便公众参与到政策的讨论中。但现存的户籍制度中带有的先天城市偏向导致了社会群体分化,并且政策参与能力不均,而关键原因在于掌握资源的情况不同。户籍政策的城市偏向使本地居民在物资、教育等方面长期获利,更善于利用能够引起官方关注的方式来维护既得利益,如联系当地媒体联合报道等。地方政府以 GDP 为主的绩效考核压力也至少默许了本地居民的行为,政策安排中会给予优先考虑。实际上,以农民工为主的外来居民并非没有诉求和动机,但实际条件对其大为不利。首先,外来人口数量庞大,但在"陌生人"社会中资金、社会信任等资源的整合成本高,而且外来人口内部还受地缘文化、血缘关系、生活习惯等分为规模不同的团体,成员间紧密度低,集体行动力量分散。其次,人口流动性大,成员关系不稳定。最后,长期的制度偏颇、政府失信,造成外来人口逐渐认同了自身的弱势身份,在面对权益受损时习惯于陷入"沉默",也因成本高昂、资源不足而选择放弃申诉。因而本地居民相较于外来人口,一直处于强势地位。

即使存在的议题网络规模庞大,整体的政策参与水平仍然十分有限。正如奥尔森揭示的那样,"大集团或潜在集团不会组织起来采取合作行动。尽管作为一个集团,它们有理由这么做,但小集团更会采取这样的行为"[1],这便是集体行动的逻辑。再者,社会团体发育起步较晚,组织化程度高低不均,在政策过程中的影响力较弱。这便是为何户籍政策一再调整,但本地城市居民的既得利益不减反增,"反对"呼声此消彼长,但收效甚微。

4. 政策网络关系:从胶着、分化到重视网络间的合作

政策网络理论认为,公共政策分析要围绕行动者、资源和网络环境来进行。历史原因的造就下,新中国成立后较长时期内,全国范围仍旧沉浸在以权威主义为特征的传统政治文化氛围中,社会政治化达到顶峰。加上意识形态教化有增无减,社会对政府职权范畴认知模糊,导致全社会对政府信任度高涨。国家和政府利益即是代表公共利益,社会利益的同质化无法为政策网络提供生长所需的土壤。公共政策的制定和执行都在政府为代表的单一主体领导下进行,这种类似"亚政府"体系的封闭结构无疑最

---

[1] 曼瑟尔·奥尔森:《集体行动的逻辑》,陈郁等译,上海人民出版社 1995 年版。

为强势。而社会发展的趋势及其规律表明，社会必然依其自有轨迹独立于政府存在和运行。随着社会领域和分工的不断细化、涉及的主体广泛和牵扯的利益多元化，大量行动者以自组织的形式彼此联合或是对抗，社会形态呈现组织化。为了在政策过程中将自身利益最大化，这些网络及网络内部或明或暗地建立起正式或非正式的联系，进行资源整合与力量博弈。

从户籍政策变迁可以看到，政策社群内部合作增加、府际网络内部各省级政府积极进行社会福利方面的资源整合，以及政策社群制定公共政策时注重吸收议题网络的建议，等等。例如，早期的户籍政策制定主体单一，主要是国务院、公安部等政策社群包揽；但2014年人社部、财政部经国务院同意，联合印发了《城乡养老保险制度衔接暂行办法》，规定城镇职工养老保险与城乡居民养老保险，只要满足一定条件即可自由衔接转换；2014年11月开始，在新浪财经等网络媒体上，人社部就城乡养老保险制度衔接向社会公众征求意见；2013年4月湖南省养老保险跨省转移全面放开；2014年12月18日，长江中游城市群四省会公积金异地使用新闻发布会明确，2015年起长沙、合肥、南昌、武汉公积金可异地使用。

四 总结

政策网络理论从诞生到发展不过数十年的时间，但它认识到公共政策运行是复杂互动的博弈过程。其坚持以利益多元及其"行动者"载体当作政策分析的逻辑起点；再以动态、发展的思维逻辑打破传统政策分析对政策过程的静态分割、对行动者类别的僵硬划归，从资源分配、成员组成、关系紧密度等多重维度筑起多个政策网络主体；最后立足于独特的网络化综合视角观察复杂交错的政策变迁全局。并且，政策网络理论同时还意识到在政策变迁中，原有的利益、资源、关系等分析变量变化到某种程度后，会改变政策过程中的关系互动模式，甚至引起政策网络的重组。

政策变迁在政策网络理论看来，不仅仅是制度环境变动的直接呈现，更为重要的应该是多元行动者不同程度、不同方向上持续施加的利益牵引不断回归均衡状态的动态演进过程。户籍政策从表面上看是我国政治经济社会发展的写照，但最根本的原因仍在于政策制定的主体认知与运作方式发生了渐进质变。强势政策社群不再统揽公共政策，地方政府维系的府际网络成为户籍政策运行过程中的主角,而议题网络结构将社会公众组织化,增强了其政策参与合力,专业网络的知识支援则贯穿整个政策过程。但资源导致的力量差异,使目前的户籍无法与其背后承载的社会福利完全分离,议题网络中特别是外来人口仍然是弱势群体。如何最大限度地发挥政策网络的资源调度优势、不断基于信任,积累更多的合作共识,最终实质性地改变既有的利益格局、实现恢复户籍基本功能的目标,将成为户籍制度改革下一步重要的策略选择。

参考文献

[1] 曼瑟尔·奥尔森:《集体行动的逻辑》,陈郁等译,上海人民出版社1995年版。

[2] 珍妮特·V. 登哈特、罗伯特·B. 登哈特:《新公共服务:服务,而不是掌舵》,丁煌译,中国人民大学出版社2014年版。

[3] D. Toke, Politics by Heuristics: Policy Networks with a Focus on Actor Resources, as Illustrated by the Case of Renewable Energy Policy under New Labour [J]. *Public Administration*, 2010, 88 (3), pp. 764 – 781.

[4] Darinka Czischke, A Policy Network Perspective on Social Housing Provision in the European Union: The Case of CECODHAS [J]. *Housing, Theory and Society*, 2007, 24 (1), pp. 63 – 87.

[5] J. K. Teye, Analysing Forest Resource Governance in Africa: Proposition for an Integrated Policy Network Model [J]. *Forest Policy and Economics*, 2013, 26, pp. 63 – 70.

[6] Keith Dowding, Model or Metaphor? —A Critical Review of the Policy Network Approach [J]. *Political Studies*, 1995, 43 (2), pp. 137 – 157.

[7] T. A. Börzel, Organizing Babylon – On the Different Conceptions of Policy Networks [J]. *Public Administration*, Vol. 76, No. 2, 1998, p. 265.

[8] Y. P. Zhu, Policy Networks and Policy Paradigm Shifts: Urban Housing Policy Development in China [J]. *Journal of Contemporary China*, 2013, 22 (82), pp. 554 – 572.

[9] 郭巍清、涂峰:《重建政策过程:基于政策网络的视角》,《中山大学学报》(社会科学版) 2009年第3期。

[10] 胡伟、石凯:《理解公共政策:"政策网络"的途径》,《上海交通大学学报》(哲学社会科学版) 2006年第4期。

[11] 蒋硕亮:《政策网络路径:西方公共政策分析的新范式》,《政治学研究》2010年第6期。

[12] 李丹阳:《政策网络理论视野下的中国"孤儿药"问题》,《学术研究》2014年第4期。

[13] 李晓飞：《中国户籍制度变迁"内卷化"实证研究》，《广东社会科学》2013年第1期。

[14] 李振京、张林山等：《我国户籍制度改革问题研究》，山东人民出版社2014年版。

[15] 林震：《政策网络分析》，《中国行政管理》2005年第9期。

[16] 任勇：《政策网络的两种分析途径及其影响》，《公共管理学报》2005年第3期。

[17] 王春福：《政策网络的开放与公共利益的实现》，《中共中央党校学报》2009年第1期。

[18] 王美艳、蔡昉：《户籍制度改革的历程与展望》，《广东社会科学》2008年第6期。

[19] 徐琴：《中国当代户籍制度的演变——一项公共政策的功能变迁》，《学海》2000年第1期。

[20] 周光礼：《中国大学办学自主权（1952—2012）：政策变迁的制度解释》，《中国地质大学学报》（社会科学版）2012年第12期。

[21] 朱德米：《公共政策扩散、政策转移与政策网络——整合性分析框架的构建》，《国外社会科学》2007年第5期。

第五篇

基本理论研究

文献学语境中的《德意志意识形态》
——以《马克思恩格斯全集》历史考证版为基础的解读

郭冠清

内容提要：《马克思恩格斯全集》历史考证版第二版（MEGA2）进入出版阶段以来，我国哲学界出现了"回到马克思"的研究热潮，取得了丰硕成果，但是，在我国经济学界，几乎找不到有关文献，甚至连MEGA1和MEGA2的区别、中文译本第二版是否遵循MEGA2的"编辑准则"，也鲜有人关心。本文首先对MEGA2这一"里程碑"事件的发展历程进行介绍，然后，以MEGA2提供的最新文本文献（以手稿为主）为基础，结合MEGA2重要手稿的文献学研究，对标志着唯物主义历史观形成的《德意志意识形态》进行了文本解读。

关键词：德意志意识形态　历史考证版　唯物主义历史观

一　引言

长期以来，由于受到"苏联范式"影响，马克思主义经济学在我国变成了越来越脱离实际、越来越不能赢得学生和研究者青睐的学科，而按

［作者简介］郭冠清，中国社会科学院经济研究所。
［基金项目］本文系中国社会科学院经济研究所创新工程项目"经济危机相关理论及其历史作用研究"和国家社会科学基金重点项目"经济思想史的知识社会学研究"（14AZD109）的阶段性成果。笔者感谢吴易风教授、杨春学研究员和胡家勇研究员的指导。

照俄文一版翻译的《马克思恩格斯全集》文本在内容选择和内容编纂方面的双重"意识形态",几乎封死了回归马克思的道路,曾经弥漫着光环的马克思主义经济学早已黯然失色。于是,在全球马克思理论研究变得如火如荼的时代下,我国作为一个将马克思理论视为真理的国度,却显得异常尴尬。以"全面性、完整性、客观性、过程性"而著称的《马克思恩格斯全集》历史考证版第二版(Marx/Engels Gesamtausgabe,MEGA2)的出版①,为彻底重新思考马克思思想的整体性提供了可能。

本文以 MEGA2 提供的最新文本文献为基础,结合"苏联范式"唯物主义历史观产生的梳理,对标志着唯物主义历史观②形成的《德意志意识形态》(以下简称《形态》)进行了重新解读。

二 MEGA 的由来与发展

对于 MEGA 的发展历程的介绍,不能不从 MEGA 的"灵魂"和"悲剧"人物梁诺赞夫开始。早在 1909 年,在欧洲流亡的梁诺赞夫就开始收集马克思恩格斯在欧美报刊上发表的文章。1911 年 1 月 1 日,他联合奥地利马克思主义科研机构提交给德国社会党委员会出版完整的《马克思恩格斯全集》的计划(即"维也纳出版计划"),但是,由于政治时机不合适,这份计划被搁浅。1917 年,梁诺赞夫返回俄国参加革命,革命胜利后,他负责科学管理和档案资料保护工作。1921 年 2 月初,列宁就"是否能找到马克思恩格斯全部书信"致信梁诺赞夫,接着又就"恩格斯书信中画了着重线地方的来源"问题致信梁诺赞夫。这两封短信预示着一项具有深远意义的使命将降临在梁诺赞夫身上。果然,收到这两封短信不久,马克思主义博物馆改组为马克思恩格斯研究院,列宁亲自任命梁诺赞夫为首任院长,委托进行原文版《马克思恩格斯全集》即 MEGA1 的编辑工作。随后,梁诺赞夫开始了全球性的马克思恩格斯遗稿收集、整理、辨识、编排工作。他的杰出领导、组织才能,赢得了世界各地储藏或保管

---

① 截至 2015 年 3 月,中译本已出版 24 卷,不过,没有按照 MEGA2 的"编辑准则"进行。从一些内容关键词的翻译和评论看,仍然没有摆脱"苏联范式"影响,深入研究离不开 MEGA2。

② "唯物主义历史观"、"唯物史观"和"历史唯物主义"三个中文译名最早均来源于恩格斯相关著作,尚未发现马克思使用相关名称,本文未做深入研究,不作区别使用。

马克思恩格斯遗著的科研机构（如阿姆斯特丹国际社会史研究所）和个人（如伯恩斯坦）的信任。他为MEGA1设定的目标"为每一种马克思恩格斯研究提供客观的基础，也就是说，以清晰的编排，准确地再现马克思恩格斯的全部思想遗产"①，成为MEGA的传统。MEGA1的试版成为一件"里程碑"的事情，其收录的大量新发现的马克思恩格斯手稿和书信为马克思主义理论界带来了一波又一波的震撼。1930年，梁诺赞夫六十岁寿诞，苏联全国上下为他举行盛大的庆祝活动，他本人的声望达到生命的巅峰。然而，好景不长，梁诺赞夫的马克思恩格斯理论权威地位已经超过了斯大林的忍耐程度，于是，一场清洗运动随即展开。1931年2月15日，梁诺赞夫被捕，次日被开除党籍，随后开始了流放生活，马克思恩格斯研究院250多名工作人员中有100多名被解雇，17名被调离，MEGA1的出版进入停滞状态。1938年1月21日，亦即列宁逝世14周年纪念日，流放的他再次被审讯，15分钟庭审之后，这位伟大的马克思主义战士被秘密枪决，"梁诺赞夫时代"戛然而止（赵玉兰，2013；魏小萍，2013）。

1931年4月，马克思恩格斯研究院被清洗后，阿多拉茨基成为新成立的马克思恩格斯列宁研究院院长。他认为，梁诺赞夫的编辑导向是"对无产阶级事业的直接背叛"②，其编辑出版的著作"纯属马克思和恩格斯与那些原来和他们思想倾向相同的人们，即左翼黑格尔派之间的笔墨官司，对现在的研究几乎没有什么用"③，于是，可以想象俄文一版《马克思恩格斯全集》的内容选择和内容编辑方面的"意识形态"成分，尤其是对于手稿随意性的剪辑和组合，更是到了令人触目惊心的程度，以致被日本著名学者广松涉（1974）斥责为"伪书"。尽管如此，1931年之后，在阿多拉茨基领导下，仍然出版了7部MEGA1卷册和一部采取MEGA版式但未标记MEGA卷次的纪念恩格斯逝世40周年的特别卷。尽管阿多拉茨基进行了反梁诺赞夫的无奈努力，但是，他仍然因为"没有全面地审查和纠正俄文一版《马克思恩格斯全集》中梁诺赞夫所主编的卷次"④ 而于1939年1月被解职，MEGA1出版工程彻底夭折（赵玉兰，2013；郑文吉，2004；广松涉，1974）。

---

① 转引自赵玉兰（2013），第80页。
② 转引自陶伯特（2003），第9页。
③ 同上。
④ 这是苏联中央委员会对于他的指责，转引自赵玉兰（2013），第170页。

20世纪50年代中期，斯大林去世后，在苏联再次出现编辑出版《马克思恩格斯全集》历史考证版的呼声，但是，担心历史考证版可能对现有马克思恩格斯的经典解释带来严重的冲击，事情进展并不顺利。不过，新成立的民主德国欣然接受了这项任务，热情欢迎"马克思"荣回故国。经过几经周折，1975年，MEGA2第Ⅰ部分第一卷正式出版，到1990年，MEGA2共出版43卷册。苏东剧变后，苏联马克思恩格斯列宁研究院、柏林科学院、阿姆斯特丹国际社会史研究所和特利尔马克思故居共同签署协议，于1990年5月22日成立了国际马克思恩格斯基金会，自然，MEGA2出版权转到了该基金会。然而，1990—1991年，苏联和民主德国的研究院被更名或被拆散，MEGA2面临MEGA1的灭顶之灾。在危机时刻，德国、法国、意大利、英国等多国学者、科学家挺身而出，为MEGA2的存在奔走呐喊，连日本这样的非社会主义阵营国家，也有1521名学者联名声援MEGA2编辑出版工程。终于顶住了压力！MEGA2没有因为我国的缺席和苏东剧变而停止！1991年至今，除原来的柏林和莫斯科的编辑小组之外，MEGA2又增加了十余个编辑小组，其中，日本就有3个小组参加。按照1995年制订的最终方案，MEGA2由原计划的163卷（172册）缩减为114卷（122册）。MEGA2承袭了MEGA1的"完整性"、"忠实于原文"，以及"按照历史发展过程展现文本"的三大编辑理念，其去意识形态化、国际化和超级学术水准，为人类编纂史树起了一个丰碑，为"回到马克思"创造了条件。不过，对于这样一件惊天动地的事情，我国学术界却显得异常冷静，除没有参加MEGA2的编纂工作外，引进和翻译工作进展也异常缓慢。截至2014年年底，与MEGA2有关的译著《马克思恩格斯全集》（第二版）出版24卷，《马克思恩格斯选集》（第二版）出版5卷，《马克思恩格斯文集》出版10卷，遗憾的是，译著不仅没有原文，体例与MEGA不同，而且在翻译关键词语的选择上，仍然受着"先入为主"的俄文版影响，甚至在内容选择和内容介绍上俄文版"意识形态"的遗风依然"挥之不去"。值得庆幸的是，仍然有一些机构按照MEGA2的"编辑准则"翻译出版了一些手稿，并保留了MEGE2的原始语言文字和编排风格（赵玉兰，2013；陶伯特，2003）。

三 "苏联范式"唯物主义历史观的形成

对于"苏联范式"唯物主义历史观的产生,仍然不能不追溯到列宁。或许是受到论敌考茨基这位唯物主义历史观通俗化解释的影响,列宁在《卡尔·马克思》等文中,将唯物主义的历史观看作是辩证唯物主义在社会科学和社会历史上的应用和推广,但是,他清楚认识到,唯物主义历史观强调的是"历史"而不是"唯物主义"。列宁关于唯物主义历史观所犯的错误是一个伟大的马克思主义者可以原谅的错误,因为列宁生前并没有读过《形态》这部标志着唯物主义历史观诞生的手稿①,尽管 1923 年 11 月 20 日梁诺赞夫在莫斯科社会科学院有声有色地介绍他从欧洲归来的重要发现时(尤其对这部手稿的介绍),离列宁去世只有两个月零一天的时间。不过,列宁的观点却被斯大林继承并发扬光大。1938 年,斯大林在秘密处决了梁诺赞夫这位"异教徒"之后,发表了"影响近一个世纪而且在可以预期的未来仍然没有迹象停止的"《论辩证唯物主义和历史唯物主义》著作。我们还是听一听斯大林作为当时世界级领袖的著名言论吧:

"既然自然界,存在,物质世界是第一性的,而意识思维是第二性的,是派生的;既然物质世界是不依赖任何意识存在的客观存在,而意识是这一客观存在的反映,那么由此应该得到结论:社会的物质生活,社会的存在,也是第一性的,而社会的精神生活是第二性的,是派生的;社会的物质生活是不依赖于人们的意识而存在的客观存在,而社会的精神生活是这一客观存在的反映,是存在的反映。"②

斯大林从物质第一性、意识第二性的"本体论"出发推导出来社会存在也是第一性的、社会意识也是第二性的结论,这样,斯大林就从物质本体论世界观推导出社会物质本体论历史观。

我国颇具权威的哲学教科书——艾思奇主编的《辩证唯物主义和历史唯物主义》中写道:"意识和存在何者为第一性,是划分唯物主义和唯心主义的唯一标准,社会存在和社会意识何者是第一性的问题,是划分历

---

① 1932 年《形态》在苏联首次出版。
② 转引自斯大林(1938),第 220—221 页。

史唯物主义和历史唯心主义的唯一标准。"这样，关于"社会存在决定社会意识"这一蕴藏着丰富内容的命题，变成了非常通俗和非常简单的本体论问题。

在完成了"社会存在决定社会意识的"这一命题以后，斯大林进一步推导出生产力与生产关系相互作用的原理，而这一原理恰恰是社会科学理论的基础命题。看一看斯大林的逻辑是很有意义的。

"生产的第二个特点是生产的变化和发展始终是从生产力的变化和发展，首先是从生产工具的变化和发展开始的。所以生产力是生产中最活跃最革命的因素。先是社会生产力变化和发展，然后，人们的生产关系、人们的经济关系依赖这些变化，与这些变化相适应地发生变化。但这并不是说，生产关系不影响生产力的发展，生产力不依赖于生产关系。生产关系依赖于生产力的发展而发展，同时又反过来影响生产关系，加速或者延缓它的发展……"

从这里可以看出，斯大林已得出了生产力决定生产关系，生产关系要适应生产力性质的结论。斯大林还以"资本主义国家中的经济危机就是生产关系不适合生产力性质的例子"和"反之，苏联的社会主义国民经济是生产关系完全适合生产力性质的例子，这里的生产资料的公有制同生产过程的社会性完全适合，因此在苏联没有经济危机，也没有生产力破坏的情形"作了例证。斯大林关于生产力与生产关系矛盾学说，成了传统政治经济学中一个重要理论。

四 《形态》的文献学考察

尽管唯物主义历史观的创立应追溯到马克思的早期著作（如马克思，1843，1844），但是，考虑到马克思（1859）和恩格斯（1888）都认为，《形态》是对唯物主义历史观的第一次也是唯一一次系统的表述，我们的解读重点放在《形态》这部未完成的手稿。首先看一下《形态》形成的背景，我们也从文献学视野推断一下这篇未完成稿的文本顺序。

1845年4月，恩格斯到达布鲁塞尔，与同年2月滞留的马克思会合，以就彼此独立路径达到的唯物主义历史观进一步合作。考虑到他们已经在巴黎合作的《神圣家族》中对他们早期同盟者布鲁诺·鲍威尔进行了批判，此时，马克思要完成《国民经济学批判》写作，恩格斯要准备《英国社会史》，他们并没有计划对青年黑格尔派做出清算。但是，当他们8月结束了英国40天之旅后，在《维干德季刊》第三卷看到了布鲁诺·鲍威尔、麦克斯·施蒂纳批判他们的文章时，他们的思想发生了变化。鲍威尔和施蒂纳将他们看作是费尔巴哈者，促使他们不得不从以前的黑格尔哲学遗产中摆脱出来，于是，一向激进的马克思与恩格斯一起开始行动了。他们挥舞着堂吉诃德的大刀，对以鲍威尔和施蒂纳为代表的现代德国哲学进行了猛烈的批判，其题目暂定为"莱比锡宗教会议"，然而，到了1946年，他们感到有必要对当时颇有势力的真正的社会主义者进行批判，所以，增加了一卷对我们熟知的以蒲鲁东和卡尔·格律恩等为代表的德国社会主义的批判，这就是马克思（1859）所说的"两卷八开本"的"两卷"的来源，这些都是交付出版的稿。笔者认为，本身并不存在二义性，至于"莱比锡宗教会议"这一卷的"圣布鲁诺"一章为什么这么短和"圣麦克斯"一章为什么这么长，那是因为马克思恩格斯在《神圣家族》中已对鲍威尔进行了批判，而这次批判的重点是施蒂纳，其虚构的"宗教会议"，以及名字前的"圣"不过是他们一贯使用的写照风格而已。至于与本文唯物主义历史观最相关的"费尔巴哈"一章，依据MEGA2先行版副卷中的说明材料和本文作者推测，草稿第1—29页，应该是在"圣布鲁诺"一章写作中起草的，草稿第30—35页和草稿第36—72页，分别是在写"圣麦克斯"一章第一节和第二节中起草的，而"刊印版""费尔巴哈"一章非常短，很可能是在批判鲍威尔和施蒂纳过程中或完成后，他们感到有必要单独写一章正面叙述自己历史观而所做，从语言上也可以看出，对鲍威尔和施蒂纳的批判热嘲冷讽，而对于"唯物主义"和"历史观"分离的费尔巴哈却手下留情。另外，从写作过程看，草稿正文左栏部分大部分为恩格斯所写，包含少量的马克思插入、修改的内容，右栏注释等多出自马克思之手。我们并不关心马克思和恩格斯"谁是第一提琴手"，我们认为，根据以上分析，借助于2003年"费尔巴哈"一章的MEGA2先行版（或1972年的MEGA2试行版），我们具备了重新解读唯物主义历史观的条件。至于马克思所说的"两卷八开本"中的"八开本"那一定是马克思后期出现了"暂时性或永久性的遗忘"所致，所有的手稿中只有"二开本"和"四开本"（陶伯特，2003；郑文吉，2004；广松涉，1974）。

五 《形态》关于唯物主义历史观的系统表述

虽然在《形态》"费尔巴哈"一章中包括一个"刊印稿"和三个"草稿",但是,它们相互之间并不矛盾和重复,"刊印稿"是总论,三个"草稿"是组成部分,它们之间构成了一个有机的整体。在"刊印稿"中,马克思和恩格斯首先对德国"意识形态"进行了剖析,认为德国的批判仍然是哲学的批判,是黑格尔体系范围内的批判,都没有离开哲学基地。在揭示了这一现象之后,马克思和恩格斯说:"这些哲学家没有一个想到要提出关于德国哲学和德国现实之间的联系问题。关于他们所作的批判和他们自身的物质环境之间的联系问题。"①

与其不同,马克思从现实本身、从现实物质环境中去思考社会问题的根源,把有生命的个人存在作为历史前提,以人类的实践活动超越思辨哲学的本体论,将《1844年经济学哲学手稿》和《关于费尔巴哈提纲》中天才的思想进一步推进,他们指出:"全部人类历史的第一个前提无疑是有生命的个人存在。因此,第一个需要确认的事实就是这个人的肉体组织以及由此产生的个人对其他自然的关系。"②"在思辨终止的地方,在现实生活面前,正是描述人们实践活动和实践发展过程的真正的实证科学开始的地方。"③

在对德国哲学存在问题分析之后,马克思和恩格斯对历史上出现的部落所有制、古代的公社所有制和国家所有制,以及封建的或等级的所有制三种社会形态进行分析,认为分工发展的不同阶段,就是不同的社会形态发展阶段。

在"刊印稿"中,马克思和恩格斯还阐述了意识对物质生产过程的依赖关系,并指出,意识在任何时候都只能是被意识到的存在,只是这种

---

① 转引自陶伯特(2003),第86页,参见《马克思恩格斯选集》第1卷,人民出版社1995年版,第66页。
② 转引自陶伯特(2003),第88页,参见《马克思恩格斯选集》第1卷,人民出版社1995年版,第67页。
③ 转引自陶伯特(2003),第94页,参见《马克思恩格斯选集》第1卷,人民出版社1995年版,第73页。

依赖关系，与"苏联范式"的决定论并不相同。他们指出："不是意识决定生活，而是生活决定意识。前一种考察方法从意识出发，把意识看作是有生命的个人。后一种符合现实生活的考察方法则从现实的、有生命的个人本身出发，把意识看作是他们的意识。"①

如果说"刊印稿"以隐喻形式揭示了马克思和恩格斯新历史观的话，那么，在草稿第1—29页，马克思和恩格斯借助于人类生活的历史，正面阐述了新历史观。他们指出："这种历史观就在于：从直接生活的物质生产出发阐述现实的生产过程，把同这种生产方式相联系的、它所产生的交往形式即各个不同阶段上的市民社会理解为整个历史的基础，从市民社会作为国家的活动描述市民社会，同时从市民社会出发阐明各种不同的理论产物和形式，如宗教、哲学、道德等等，而且追溯它们产生的过程。"②

接着，马克思和恩格斯对新历史观与唯心主义历史观作了比较，指出："这种历史观和唯心主义历史观不同，它不是在每个时代中寻找某种范畴，而是始终站在现实历史的基础上，不是从观念出发来解释实践，而是从物质出发来解释观念的形成……"③

注意：马克思和恩格斯这里仍然没有使用"唯物主义历史观"或类似概念，或许是为了避免陷入"唯物"的误区吧。④ 这种新历史观将人们的"物质生产"作为出发点，将"生产方式"和"交换形式"⑤ 作为整个历史的基础，强调人类实践的重要性。需要注意的是，在《形态》和后续的马克思和恩格斯著作如《反杜林论》中，"生产方式"和"交换形式"是两个非常重要的范畴，而在"苏联范式"中，"生产方式"被解读为"生产力和生产关系的统一"，"交换形式"却被误读为"生产关系"

---

① 转引自陶伯特（2003），第93页，参见《马克思恩格斯选集》第1卷，人民出版社1995年版，第73页。

② 转引自陶伯特（2003），第35页，参见《马克思恩格斯选集》第1卷，人民出版社1995年版，第92页。

③ 转引自陶伯特（2003），第35—36页，参见《马克思恩格斯选集》第1卷，人民出版社1995年版，第92页。

④ 即使在马克思《〈政治经济学批判〉序言》中，马克思也没有使用类似的概念。"唯物主义历史观"首次出现在恩格斯的《卡尔·马克思的〈政治经济学批判〉》一文中，其后，恩格斯在《论住宅问题》等文章或著作中使用了该术语，在《路德维希·费尔巴哈和德国古典哲学终结》中还使用了"历史唯物主义"。

⑤ 已有的中文译本都将 Verkehrsform 译成"交往形式"，但是，对照《形态》中出现的 Verkehrs 与《资本论》中出现的"交换"，德语词汇并无区别，因此，本文改译成"交换形式"。

抽象出来之前的代名词。

在草稿第30—35页，马克思和恩格斯将新历史观应用于"统治阶级思想"分析之中，轻松地揭开了"统治阶级思想占统治"的神秘面纱。他们指出，"占统治地位的思想不过是占统治地位的物质关系在观念上的表现，不过是以思想的形式表现出来的占统治地位的物质关系"。①

草稿第30—35页部分产生于"圣麦克斯"一章第一节中，其内容带有明显的批驳施蒂纳的色彩。他们对施蒂纳的"精神在历史上的最高统治"的全部戏法进行了揭露：第一，必须把统治者个人的思想同统治者本身分开；第二，必须赋予思想统治具有一种承继关系和某种秩序；第三，必须把它变成某种人的"自我意识"。

在草稿第36—72页，马克思和恩格斯对生产力、生产方式、交换形式、生产关系之间的关系进行了分析。首先，生产力的发展引起了工场手工业产生，随着工场手工业的出现，工人和雇主的关系也发生了变化。在行会中，帮工和师傅之间存在着一种宗法关系，而在工场手工业中，这种关系由工人和资本家之间的金钱关系代替了；在乡村和小城市中，这些关系仍然带有宗法的色彩，而在大城市、真正工场手工业城市中，这些色彩在最初阶段就几乎完全消失了。生产力进一步发展导致了大工业的出现，而大工业的出现也引起了生产关系的变化，对此，马克思和恩格斯写道："对于这些生产力说来，私人所有制成了它们发展的桎梏，正如行会制度成为工场手工业的桎梏和小规模的乡村生产成为日益发展的手工业的桎梏一样。在私有制的统治下，这些生产力只获得了片面的发展，对大多数来说成了破坏的力量，而许多这样的生产力在私有制下根本得不到利用……大工业不仅使工人与资本家的关系，而且使劳动本身都成为工人不堪忍受的东西。"②

从上文叙述中可以看出，马克思和恩格斯在这里揭示了唯物主义历史观最重要的原理即"生产力—生产方式—生产关系"作用的原理。一定的生产力，产生了大工业这样的生产方式，而一定的生产方式产生了资产阶级，产生了工人与资本家的关系。只是马克思和恩格斯没有明确表述，

---

① 转引自陶伯特（2003），第43页，参见《马克思恩格斯选集》第1卷，人民出版社1995年版，第98页。
② 转引自陶伯特（2003），第94页，参见《马克思恩格斯选集》第1卷，人民出版社1995年版，第73页。

加上"生产关系"还没有被抽象出来,所以常常被我国学者忽略。这也和我们思想中已有传统政治经济学所讲的"生产力—生产关系"作用原理"先入为主"有关。

接着,马克思和恩格斯对私有制下生产力发展一定阶段必然产生的灾难后果等作了概括,揭示了私有制的客观性和历史性。在揭示了私有制下人的异化、劳动的异化、生产力—生产方式—生产关系作用原理后,马克思和恩格斯开始论述共产主义制度下"交换形式本身的生产"。在这样的制度下,人的异化、劳动的异化被完全消除,生产力与生产方式是完全适应的。

最后,马克思和恩格斯基于对私有制和共产主义的分析,得出了"一切历史冲突都根源于生产力和交换形式之间的矛盾"的结论。这里要强调的是,马克思和恩格斯在这部分草稿中,对"生产力—交换形式"之间的关系进行了深入的分析,而"苏联范式"轻易地把"交换形式"当中"生产关系",把"生产力—交换形式"之间的关系转化为"生产力—生产关系"之间的关系,是严重的误读。

六 结束语

俄文版第一版《马克思恩格斯全集》对《形态》手稿的随意剪辑与组合,使《形态》这唯一一次系统表述唯物主义历史观的著作变得面目全非,以致被日本学者广松涉斥责为"伪书",而斯大林对唯物主义历史观的经典性、法典化的表述,更是将唯物主义历史观引向了只见"物"不见"人"的本体论误区之中。本文以《马克思恩格斯全集》历史考证版第二版(MEGA2)为基础,以文献学的视野,对《形态》进行了文本性的考察,试图真实地再现马克思和恩格斯在与"德意志意识形态"决裂中形成新历史观的进程,并对"苏联范式"误读的核心原理进行了重新解读。

参考文献

[1] 陶伯特:《MEGA:陶伯特〈德意志意识形态〉》,李乾坤等译,南京大学出版社 2014 年版。

[2] 马克思:《1844年经济学哲学手稿》,《马克思恩格斯全集》第3卷,人民出版社2002年版。

[3]《经济学手稿(1857—1858)》,《马克思恩格斯全集》第30卷,人民出版社1995年版。

[4]《政治经济学批判》,《马克思恩格斯全集》第31卷,人民出版社1998年版。

[5]《资本论》第3卷,《马克思恩格斯全集》第46卷,人民出版社2003年版。

[6]《马克思恩格斯选集》第1卷,人民出版社1995年版。

[7]《斯大林文集(1934—1952)》,中共中央马克思恩格斯列宁斯大林著作编译局,1985年。

[8] 赵玉兰:《从MEGA1到MEGA2的历程——〈马克思恩格斯全集〉历史考证版的诞生与发展》,中国社会科学出版社2013年版。

[9] 郑文吉:《〈德意志意识形态〉与MEGA文献研究》,赵莉等译,南京大学出版社2010年版。

[10] Engels, Frederich, 1876 – 1878a, *Anti – Dühring*, *Karl Marx Friedrich Engels Collected Works*, Volume 25, Foreign Languages Publishing House, Moscow, 1987.

[11] Engels, Frederich, 1876 – 1878b, Anti – Dühring, Karl Mark Friedrich Engels Gesamtausgabe, Sozialistischen Einheitspartei Deutschlands, Dietz Verlag Berlin, Band 27, 1988.

[12] Marx, Karl, 1867a, *Capital*, Foreign Languages Publishing House, Moscow, 1985.

[13] Marx, Karl, 1867b, *Das Kapital*, Karl Mark Friedrich Engels Gesamtausgabe, Sozialistischen Einheitspartei Deutschlands, Dietz Verlag Berlin, Band 5, 1983.

《21世纪资本论》研究及其对中国的启示

——2015年美国经济学年会前后相关研究综述

陈雪娟

内容提要：《21世纪资本论》是一部关于近三百年来主要资本主义国家的分配和不平等问题的巨著。皮克蒂在试图重回马克思传统的同时，继承了库兹涅茨对分配和不平等问题的研究思路，批判了新古典主义经济学对于分配和不平等问题研究的重大缺失，提出自由市场资本主义不能自发消解分配和不平等问题，并提出征收资本全球税来改良"有害资本主义"。《21世纪资本论》的出版，同时激发了新古典主义和新马克思主义的广泛热烈关注。2015年1月美国经济学年会前后，关于托马斯·皮克蒂的《21世纪资本论》相关研讨大量涌现。本文选取了其中一些重要观点做了述评。

关键词：《21世纪资本论》 述评

2015年1月，在波士顿举办的美国经济学年会，聚焦了美国经济学界对《21世纪资本论》的关注。会议首场特设关于《21世纪资本论》讨论组，David N. Weil、Alan J. Auerbach和Kevin Hassett，曼昆和皮克蒂讨论热烈且反响巨大，成为年会的一大热点。此外，激进政治经济学联盟Marlene Kim、David Barkin、Gary Mongiovi、Victor Lippit等多名学者也组

［作者简介］陈雪娟，中国社会科学院经济研究所副研究员。

织了多场针对《21世纪资本论》的研讨。① 以2015年美国经济学年会的研讨为线索，本文选取会议前后一些重要观点做一评述。

一 关注1%

《21世纪资本论》是一部关于近三百年来主要资本主义国家的分配和不平等问题的巨著，其研究对象是主要资本主义国家，关注的是分配和不平等问题。皮克蒂把《21世纪资本论》定位为"首先是一部关于收入和财富分配的历史的书"。②

关注分配和不平等问题是政治经济学研究的一个传统。19世纪，很多经济学家，包括马尔萨斯、李嘉图和马克思等在内，都将分配和不平等问题视为政治经济学核心。20世纪经济学家如库兹涅茨和阿特金森等，都继承了这个传统，并融入了更多的数据和历史研究方法。然而，对于分配和不平等问题的研究在以芝加哥大学罗伯特·卢卡斯为代表的新古典主义那里被贴上了标签。③ 新古典主义一直对收入和财富的不平等问题存在忌讳，甚至宣称，经济学研究中存在一些有害的趋势，其中最富误导性且最为有害的是对分配问题的关注。

新古典主义经济学一方面在方法上故步自封，另一方面在数据上存在较大局限。首先，从方法上说，新古典主义经济学家往往忽视资本性收入差距，并假设所得收入，通常是薪水，是研究的全部范畴，资本性收入既不重要，也没有研究意义。克鲁格曼将这种研究禁忌或偏见调侃为贴标签，指出，这些贴标签者将任何认为收入和财富的不平等是个重要问题的人都认为是马克思主义者，并认为这种把"谈论财富集中危险性的人妖魔化的做法，都源于对过去和现在的误读"。④ 其次，数据上的局限也使新古典主义经济学者无法突破自身的局限。在皮克蒂之前，收入和财富不

---

① 关于会议的更多信息，请参见会议官网（https://www.aeaweb.org/Annual_Meeting/）的相关介绍。

② Thomas Piketty, About Capital in the 21st Century, http://events.mediasite.com/Mediasite/Play/b6d6725ea1df49c896fc82465f732e9b1d.

③ Paul Krugman, Why We're in a New GildedAge, The New York Review of Books, http://www.nybooks.com/articles/archives/2014/may/08/thomas-piketty-new-gilded-age/.

④ Ibid..

平等的相关事实主要来自调研，随机选取家户并填写问卷，并从问卷中提取相关信息从而勾画收入分配现状的图景。美国最具影响力的此类调查为统计局的年度调查及联邦储备署每三年进行一次的财富分布调查。这些调查均存在重要历史局限，首先是调查年限短，美国最早不过1947年；其次是无法覆盖到富裕阶层。

皮克蒂的数据分析，矛头直指最富裕的1%的人。皮克蒂利用了完全不同的信息来源：税收记录。尽管这并非第一次使用这个数据来源，皮克蒂等发现了多种途径将税收数据与其他生产信息合并。从税收信息可以了解到精英阶层的一些信息。他指出，当今社会，正在朝向一个"镀金时代"迈进，1%甚至更少人的意外崛起，成为愈演愈烈的不平等问题中的一个重要特征事实。第一次世界大战前，英美最富的1%的人所占国民收入的份额约为20%，1950年降至不足10%，但是，自1980年起，其收入份额再次上升，到现在，美国已恢复到一个世纪之前的水平。[①]

皮克蒂认为，对于最富裕的1%的人而言，资本性收入是最突出的。收入差距的首要动因是资本的不平等占有，而并非工资收入不平等。如果财富集中在少数资本家手中，则会造成收入不平等。收入不平等的部分原因是工作报酬不平等，部分原因是资本收入不平等，后者是财富过分集中的结果。他还认为，用边际生产力越来越难以解释高收入阶层的收入水平，它实际上是意识形态决定的。[②]

他认为，究其原因，第二次世界大战后，政治和政策导向使财富迅速向1%的人集中。尽管缺乏有效需求内在地推动了20世纪30年代的大萧条，进而推动了第二次世界大战后凯恩斯经济扩张政策，并导致了强烈需求导向增长模式下收入不平等下降。但1960年，资本家逐渐意识到工人的权力太多，政策上逐步推行从弗里德曼的供给侧思想到稳定（或降低）税收政策，再到破坏劳工组织。20世纪80年代后，美国有史以来最低的资本性收入税，将财富迅速向1%的富人集中。所谓的"涓滴效应"根本不起作用。因此，财富分配全然关乎政治。[③]

[①] Paul Krugman, Why We're in a New Gilded Age, The New York Review of Books, http://www.nybooks.com/articles/archives/2014/may/08/thomas-piketty-new-gilded-age/.

[②] Ibid..

[③] David Harvey, Afterthoughts on Piketty's Capital, http://davidharvey.org/2014/05/afterthoughts-pikettys-capital/.

如沃伦·巴菲特（Warren Buffett）所说，在富人和穷人之间若存在阶级斗争，那么是富人发起了这场战争，并注定要胜利。这个胜利的一个关键指标就是财富和收入在1%的富人和其他人之间的差距不断扩大。①

二 重回马克思传统

尽管皮克蒂声称自己没有读过马克思的《资本论》，《资本论》对自己没有多少影响。② 学者们还是试图从中寻找两者之间的某种联系。有学者指出，《21世纪资本论》试图打破新古典主义经济学对分配和不平等问题的研究禁忌，并继承马克思对分配和不平等问题的关注及某种传统。③ 保罗·克鲁格曼指出，皮克蒂试图通过对不平等问题的重新探讨，重新回到马克思的某种传统中去。他认为，皮克蒂最基本的观点是将经济史视为一个资本积累与其他要素增长（包括人口增长和技术进步）相互竞争的过程。④ 皮克蒂将书命名为《21世纪资本论》，与马克思的《资本论》旨在形成呼应。实际上，皮克蒂确实也与主流经济学做出了某种了断，并试图回到早期政治经济学的某种传统中去。⑤

尽管如此，更多学者试图剖析皮克蒂与马克思的不同。部分学者指出，皮克蒂在一些关键概念上与马克思相悖。

首先是资本概念。马克思对资本的定义，可以将生产过程及剥削和资本积累联系起来。皮克蒂的研究关注的是不平等，而不是剥削和资本积累。然而，财富不平等不是资本主义生产方式的独有特征，而是所有阶级社会的一般特征。要理解不平等问题的兴起和消解，需要将其置于资本主

---

① Dave Zweifel, There Is Class War, and Rich Are Winning, Published on Wednesday, October 06, 2010, by The Capital Times (Wisconsin).

② 皮克蒂在接受Isaac Chotiner采访时说，他从未试图读过《资本论》，马克思的思想对他的影响不大。转引自John B. Judies, Thomas Piketty Is Pulling Your Leg – He Clearly Read Karl Marx. But don't Call Him a Marxist, http://www.newrepublic.com/article/117673/piketty-read-marx-doesnt-make-him-marx。

③ Paul Krugman, Why We're in a New Gilded Age, The New York Review of Books, http://www.nybooks.com/articles/archives/2014/may/08/thomas-piketty-new-gilded-age/.

④ Ibid..

⑤ John Bellamy Foster and Michael D. Yates, Piketty and the Crisis of Neoclassical Economics, Monthly Review, 2014, Volume 66, Issue 06 (November).

义生产方式的社会关系背景。马克思不仅让我们理解资本主义生产关系与不平等的联系,而且解释了资本主义内在的发展规律。这对于理解资本主义的发展以及其间歇性的战争、危机等的规律非常关键。[1]

哈维[2]认为,虽然《21世纪资本论》在标题上有替代19世纪马克思《资本论》的蕴意,但皮克蒂实际上否定了这个意图。哈维认为,确实如此,因为皮克蒂的书并非一本关于资本的书。皮克蒂实际上混用了资本和财富的概念。虽然皮克蒂在书中区别了两者的概念不同,但还是将两者混用。哈维指出,资本是一个过程,而不是物。资本作为一个循环过程,钱主要通过劳动来获得更多的钱。皮克蒂的理论基础是新古典经济思想,建立在同义反复上面。他所谓的"资本"[3],即居民和特定时间点的特定政府所拥有的所有市场价值,假设均存在某种市场。包括构成传统定义下的物质资本的建筑、设备和设施;土地、矿藏、贵重物品、知识产权、商标、公司市值等。这种界定的优点在于:相对于永续盘存方法,这种方法更能融入技术变革、价格变动等因素的影响,也更具有一致性,便于跨国和跨期比较。但其缺点和局限性也不可忽视,资本和财富的重要组成部分由于不能在市场上交换而在统计中被排除在外;而价格的变动被计入了资本和财富的变动。

其次,哈维指出,尽管皮克蒂没有读过马克思的《资本论》,但《21世纪资本论》还是存在很多评论试图推翻马克思的一些观点。例如,马克思认为,资本主义是一个动态的社会系统,需要改变生产方式。马克思的利润率下降规律是基于生产率上升导致利润率下降。阻止利润率下降的相反趋势,并没有从长期来看将其逆转,这并不意味着资本主义的"最后危机"。其中最重要的是,皮克蒂抛开马克思"利润率下降规律",并认为它被历史证明是错的。哈维认为,如果皮克蒂能正视马克思的利润率下降趋势,他应该在书中将财富分配变动与资本主义联系起来。而且,皮克蒂关于现阶段增长将疲软的一个核心预期,如果将其置于利润率下降的

---

[1] David Harvey, Afterthoughts on Piketty's Capital, http://davidharvey.org/2014/05/afterthoughts-pikettys-capital/.

[2] Ibid..

[3] David N. Weil, Capital and Wealth in the 21st Century, Prepared for Annual Meeting of the American Economic Association, January 2015.

背景，则这个预期将增强。①

最后，对于《21世纪资本论》，激进派并不满意。哈维指出，《21世纪资本论》并未解释2008年金融危机为何发生，为什么这么多人这么长时间才能从持续失业中走出。皮克蒂用数据说明的实际上是马克思在《资本论》第一卷的理论结论。哈维指出，由于未阅读马克思的《资本论》，皮克蒂未意识到这一点。哈维指出，虽然皮克蒂的研究给出了很多有价值的数据分析，但其解释是有缺陷的。他提出的解决之道也是天真甚或乌托邦。皮克蒂未能为21世纪的资本创建新的可行模型，因此，还需要寻求马克思或马克思的现代模型。②

三 对库兹涅茨曲线的颠覆

与马克思认为不平等会上升的悲观预期相反，库兹涅茨对于由资本主义造成的不平等现象持乐观态度。库兹涅茨的分析是基于20世纪上半叶的数据。他最先对高收入阶层的收入份额问题进行研究。为此，基于所收集的美国1913—1948年的数据（数据主要来源于美国联邦收入税和库兹涅茨自己估计的美国国民收入数据），库兹涅茨计算了各十分位点的收入份额。他发现，在早期，上分位点的收入占45%—50%，末期则下降到30%—50%，整个下降幅度等于平均中位数以下美国国民收入总和的一半。这个结果证明了20世纪上半叶不平等减弱。这个结论实质上就是著名的库兹涅茨曲线，它描绘的是低收入阶段不平等上升，中等收入阶段到达顶峰，进入高收入阶段不平等下降的趋势，曲线呈倒U形。库兹涅茨曲线是战后经济学争辩中具有重要的地位，因为它的政策蕴含是：资本主义国家只要等待，随着经济不断发展，不平等现象最终会自动逐步缩小。

对于库兹涅茨曲线及自发均衡增长理论，皮克蒂认为，由于理论界缺乏基本质疑。经济学家之所以在如此长时间的内忽视财富分配问题，部分原因就在于库兹涅茨的乐观结论，部分原因在于过度简化的乐观数理模型。因此，皮克蒂更推崇19世纪的经济学家，因为19世纪的经济学家把

---

① David Harvey, Afterthoughts on Piketty's Capital, http：//davidharvey.org/2014/05/afterthoughts-pikettys-capital/.
② Ibid..

分配问题置于经济分析的核心,选择研究短期趋势。他们相对于20世纪的经济学家而言,至少提出了正确的问题。[1]

针对皮克蒂对于库兹涅茨曲线的研究,学者普遍认为,皮克蒂颠覆了库兹涅茨曲线。有学者指出,皮克蒂将库兹涅茨曲线作为一个重要的经验事实呈现,但是,皮克蒂的超越之处在于,他将其置于一个经济发展的大框架中,由此进一步解释了为什么和怎么样的问题。[2] 首先,他认为,资本主义不存在任何推动不平等消解的因素。其次,库兹涅茨曲线所选取的时间段是第二次世界大战后,此时,由于特定的不可重现的环境所然,资本主义表现出较为仁慈的特点。最后,库兹涅茨曲线的成功得益于"冷战"时期需要传达乐观预期,即资本主义的不平等不会永远持续。皮克蒂认为,库兹涅茨不是当时唯一凭借非常少量数据表达乐观预期的乐观主义者;索洛的增长理论假设资本和劳动力的收入份额为常数,因此不平等问题的讨论毫无意义;加里·贝克混淆了劳动收入和非劳动收入的传统区分,似乎工人和资产所有者具有同样的人力资本;生命周期理论将生命期末的最优资产设置为0,暗含假设是我们无须担心财富继承问题。皮克蒂指出,所有的理论,如果堆到一起来分析,都是出奇的乐观,都似乎想要试图传达某种时代精神。[3]

四 对不平等的解释:两个资本主义的基本规律

皮克蒂提出,不平等的推动因素有很多。制度和政策是其中的决定性因素。经济、社会和政治因素对不平等的价值判断,因素间力量的消长,以及集体行动都是财富分配历史的动因。而财富分配的现实表现则取决于社会的不平等意识、不平等测度和消除不平等的举措、制度及政策。财富

---

[1] Thomas Piketty, From the Introduction to Capital in the Twenty‐First Century, http://www.hup.harvard.edu/features/capital‐in‐the‐twenty‐first‐century‐introduction.html.

[2] Branko Milanovic, The Return of "Patrimonial Capitalism": Review of Thomas Piketty's Capital in the 21st Century, MPRA Paper No. 52384, posted 21. December 2013 09:10 UTC, Online at http://mpra.ub.uni‐muenchen.de/52384/.

[3] Thomas Piketty, From the Introduction to Capital in the Twenty‐First Century, http://www.hup.harvard.edu/features/capital‐in‐the‐twenty‐first‐century‐introduction.html.

分配的历史显示了深刻的政治性，不能简单地归结为经济机制的作用。[1] 更为重要的是，皮克蒂试图剖析不平等的成因而不仅仅是政策，而在于资本主义发展的两个基本规律。

皮克蒂试图通过不平等模型来刻画资本主义发展的两个基本规律，这两个"资本主义的基本规律"决定了财富结构和社会收入不平等。第一个规律的表达式是 $\alpha = r \times \beta$，即国民收入中资本收入所占比例 α 等于资本回报率 r 乘以资本收入比 β，这个公式本身是一个恒等式，它将资本存量和资本收入联系起来，表明如果资本收入比 β 上升，同时 r 不下降，那么国民收入中资本收入所占比例 α 将上升。第二个规律是一个长期均衡条件，它的表达式是 $\beta = s/g$，即资本收入比 β 等于储蓄率 s 除以增长率 g，其中储蓄率和增长率都有两个组成成分。储蓄率由个人储蓄和企业用于扩大再生产用的留成构成；增长率由人口增长和人均收入增长构成。皮克蒂认为，20世纪中，β 的波动都可以用 s/g 比例的变动来解释。只要 s 保持为正，随着 g 下降，β 将上升。除非 r 有显著下降，否则国民收入中的资本份额 α 将上升。皮克蒂最核心的命题告诉我们，当资本回报率 r 高于增长率 g 时，资本收入率和财富不平等将上升。由于工作人口增速下降，技术进步减速，g 下降，r 也将下降。皮克蒂认为，r 下降低于 g。[2] 保罗·克鲁格曼认为，如果机器能够足够容易地替代工人，低增速和资本收入比的上升，将扩大 r 和 g 的差距。如果皮克蒂是对的，一个直接的结论是劳动收入向资本收入的再分配。[3]

皮克蒂关于资本主义的两个基本规律受到左右夹击。对激进派而言，皮克蒂关于资本主义发展的两个基本规律只是揭示了资本主义发展的现象，而未深入分析现象之后的资本主义发展的核心本质。

有学者指出，皮克蒂关于资本积累提供的解释只局限在增长率或储蓄率上，关于资本主义条件下资本何以能积累，没有给予任何阐释，而这正是其核心所在。皮克蒂只是诉诸"不论什么原因的资本积累"，而那些

---

[1] Thomas Piketty, Capital in the Twenty–First Century: A Multidimensional Approach to the History of Capital and Social Classes, *The British Journal of Sociology*, 2014 Volume 65 Issue 4.

[2] Thomas Piketty, About Capital in the 21st Century, http://events.mediasite.com/Mediasite/Play/b6d6725ea1df49c896fc82465f732e9b1d.

[3] Paul Krugman, Why We're in a New Gilded Age, The New York Review of Books, http://www.nybooks.com/articles/archives/2014/may/08/thomas–piketty–new–gilded–age/.

"完全独立于一个国家,或他们政府的财富积累动因",或以上规律,并未告诉我们什么影响增长率或储蓄率。①

有学者认为,皮克蒂关于资本主义发展的两个基本规律的最大问题是未解释何者决定资本回报率。皮克蒂说,"核心问题"是资本回报率如何决定,未对此给出任何回应,而只是简单地求助于主流经济学。他断定18世纪和19世纪 r 均值为5%—6%,20世纪中叶上升到7%—8%,20世纪末和21世纪初重新回落到4%—5%。为了得到存在稳定的资本回报率,他还说 r 等于资本边际生产率。但是,其理论基础正是新古典经济学理论,它将资本和劳动并列为生产要素。从而无视马克思政治经济学中的一个核心理论,只有劳动力能创造新价值。②

还有学者认为,由于皮克蒂未对资本积累的驱动要素进行分析,导致他把经济危机等冲击视为外生,而不是资本主义为了积累需要而内生的变量。他简单地接受了"(有效)消费不足"的解释,又说不平等不是危机的主要原因,反而说是欧洲的资本收入比的结构性增长和国际资产的不均衡。从而最终导致危机的是"泡沫",而不是资本主义内部的矛盾。③

新古典主义学派从数据、逻辑和结论三个方面对皮克蒂关于资本主义发展的两个基本规律提出了质疑。

有不少学者从数据提出质疑。安德鲁·克利曼(Andrew Kliman)认为,皮克蒂的收入没考虑到转移支付,如各种社会保障。克利曼认为,剩余的99%的收入没有大幅升降;相反,比皮克蒂预期的要增加7倍,他们在"争取社会斗争中取胜"。④ 有学者指出,皮克蒂的资本数据与"Penn 国际表(第八版)有出入,该表提供了不同种类资产永续盘存法的折旧率(Inklaar and Timmer, 2013)。若采用该表数据,那么法国的 K/Y 比率将从1990年的3.26上升到2010年的3.59,即年增长率为0.48%,

---

① John B. Judies, Thomas Piketty Is Pulling Your Leg – He clearly read Karl Marx. But don't call him a Marxist, http://www.newrepublic.com/article/117673/piketty-read-marx-doesnt-make-him-marx.

② David Harvey, Afterthoughts on Piketty's Capital, http://davidharvey.org/2014/05/afterthoughts-pikettys-capital/.

③ Ibid..

④ Ibid..

是皮克蒂的1/5。[1] 还有学者找出了皮克蒂部分数据和数据来源的出入。[2]

有学者从维护新古典主义的角度质疑皮克蒂的两个基本规律。曼昆认为，$r>g$ 在新古典主义增长理论中是一个应当非常熟悉的一般性条件。在索洛增长模型中，只要经济中储蓄不足以推动资本存量超过黄金法则的水平，$r>g$ 能自然达到稳态条件。在索洛模型中，$r>g$ 不是问题，反之则是。如果回报率少于增长率，经济中资本将不断累积并致使过量资本的存在。此时，只要能降低储蓄率，则对所有时代都是改进的。因此，我们实际应该确保这个条件成立，否则就存在帕累托改进的空间。[3] 对于以上的质疑，皮克蒂认为，$r>g$ 并不能用来解释所有现象。r 是资本收益率，g 是经济增长率，两者差距在很大程度上解释了历史上的财富不公平。它尤其能解释第一次世界大战以来的财富两极分化和长期持续。皮克蒂并不认为 $r>g$ 是阐释20世纪收入和财富变动，或预期21世纪财富不公平的唯一，甚至首要的途径。制度变迁和政治波动内生于不公平和发展过程当中，它们在过去有着重大作用，在未来也将如此。$r>g$ 也并非是解释劳动收入不公平的有效工具，但它在很大程度上能放大整个财富分配不公平的稳态水平。以上规律受到了广泛的质疑。首先，$\beta=s/g$ 的均衡状态是长期均衡，中短期不必然成立。此外，一个假设是资产价格变动方式与消费者价格变动方式类似，从而易受价格泡沫和冲击的影响。此外，在现实中，皮克蒂也承认这个长期均衡永远不能完美地实现。[4]

还有学者从皮克蒂研究结论的角度提出了批评。阿西莫格鲁认为，皮克蒂试图寻找资本主义的一般规律，就这个意义看，皮克蒂和马克思一样是有误导性的。一个社会的制度和政治均衡决定技术如何发展、市场如何调节等。皮克蒂忽视了在不平等形成过程中的制度和政治。这是他最重大的一个失误。[5]

---

[1] David N. Weil, Capital and Wealth in the 21st Century, Prepared for Annual Meeting of the American Economic Association, January 2015.

[2] Alan J. Auerbach and Kevin Hassett, Capital Taxation in the 21st Century, Prepared for Annual Meeting of the American Economic Association, January 2015.

[3] N. Gregory Mankiw, Yes, r>g. So what? http://gregmankiw.blogspot.com/2015/01/meat-assa-meeting.html.

[4] Thomas Piketty, About Capital in the 21st Century, http://events.mediasite.com/Mediasite/Play/b6d6725ea1df49c896fc82465f732e9b1d.

[5] Daron Acemoglu and James A. Robinson, The Rise and Decline of General Laws of Capitalism, http://economics.mit.edu/files/10302.

五 对中国的启示

《21世纪资本论》主要研究西方资本主义国家的分配和不平等问题，没有回应中国等新兴经济体的相应问题。但其对西方发达国家的研究，对于中国等发展中国家有重要启示作用。它们的现状可能就是发展中国家的未来。

米拉诺维克（Milanovic）指出，中国就像18—19世纪的美国，其国民收入流量相对高于财富，资本产出比可能现在还较低，但很快可能就要升高。中国已经经历了快速的人口结构调整，也许在未来50年中，中国就可能与现在的法国没有很大的不同。中国就像一个快进的电影，它用了50—70年，而不是一个半世纪，压缩了西方的发展进程。[①]

《21世纪资本论》及其相关研讨，对于中国有着重要启示。

第一，政治干预对于消解不平等问题至关重要。皮克蒂认为，自由市场资本主义，如果缺乏政府的再分配干预，将带来寡头。克鲁格曼认为，战后美国比较和谐的"中产阶级社会"，不是自由市场的必然产物，而是罗斯福新政的结果，工会的力量得到发挥，强调对富人征税以支持社会保障和医疗服务，这样，双管齐下"压缩"贫富差距。但是，自从里根以来，共和党明显右转，一方面为富人减税，比如，小布什任期内将最高一档的劳动所得税税率从39.6%降低到了35%，遗产税被完全取消。显然，这项减税政策的最大获益者是金字塔尖的最高收入者。另一方面削减穷人的社会福利，使美国贫富差距的程度急剧上升。乔纳森·霍普金（Jonathan Hopkin，2014）指出，《21世纪资本论》要传递的主要信息是"资本回归"，没有政治干预，积极的政治干预，这种不平等将持续增长。[②]

第二，皮克蒂对于新古典经济学理论的批判值得国内学者的思考。国

---

① Branko Milanovic, The Return of "Patrimonial Capitalism": Review of Thomas Piketty's Capital in the 21st Century, MPRA Paper No. 52384, posted 21. December 2013 09:10 UTC, Online at http://mpra.ub.uni-muenchen.de/52384/.

② Jonathan Hopkin, The Politics of Piketty: What Political Science Can Learn from, and Contribute to, the Debate on Capital in the Twenty-First Century, Special Issue: Piketty Symposium, Volume 65, Issue 4, pages 678–695, December 2014, The British Journal of Sociology.

内有学者已指出,中国当前存在新自由主义者,对于库茨涅茨收入不平等曲线和索罗的内生增长论直接拿来,缺乏应有的批判和思考,反对中国独立自主的产业政策,主张放弃中国道路。所以,皮克蒂对西方经济学的反思,间接涉及中国国内关于坚持中国道路,还是仿效美英模式的争论,以及中国深化改革的方向,值得认真思考。①

第三,皮克蒂在谈到1%的富人时,经常谈到"超级经理"。他指出,"在美国的较高收入人群中,有美国的经济学家,他们中有不少人相信美国的经济运转相当好,它给了知识和才能恰如其分的回报。"长期来看,教育投资是降低劳动力市场不平等和提高生产率的双重途径。②

参考文献

[1] Thomas Piketty, About Capital in the 21st Century, http：//events. mediasite. com/Mediasite/Play/b6d6725ea1df49c896fc82465f732e9b1d.

[2] Paul Krugman, Why We're in a New Gilded Age. *The New York Review of Books*. The New York Review of Books, http：//www. nybooks. com/articles/archives/2014/may/08/thomas – piketty – new – gilded – age/.

[3] David Harvey, Afterthoughts on Piketty's Capital, http：//davidharvey. org/2014/05/afterthoughts – pikettys – capital/.

[4] Dave Zweifel, There Is Class War, and Rich Are Winning, Published onWednesday, October 6, 2010, by The Capital Times (Wisconsin) .

[5] John Bellamy Foster and Michael D. Yates, Piketty and the Crisis of Neoclassical Economics. *Monthly Review*, 2014, Volume 66, Issue 06 (November) .

[6] David N. Weil, Capital and Wealth in the 21st Century, Prepared for Annual Meeting of the American Economic Association, January 2015.

[7] Thomas Piketty, From the Introduction to Capital in the Twenty – First Century, http：//www. hup. harvard. edu/features/capital – in – the – twenty – first – century – introduction. html.

[8] Branko Milanovic, The Return of "Patrimonial Capitalism"：Review of Thomas Piketty's Capital in the 21st century, MPRA Paper No. 52384, posted 21. December 2013 09：10

---

① 陈平:《新自由主义的警钟:资本主义的空想与现实》,财新网,2014年9月25日,http：//opinion. caixin. com/2014 – 09 – 25/100733033. html。

② James Pethokoukis, A Prominent Liberal Economist Contends Capitalism will Inevitably Increase Inequality, http：//www. nationalreview. com/article/374009/new – marxism – james – pethokoukis.

UTC, Online at http：//mpra. ub. uni - muenchen. de/52384/.

[9] Thomas Piketty, From the Introduction to Capital in the Twenty - First Century, http：//www. hup. harvard. edu/features/capital - in - the - twenty - first - century - introduction. html.

[10] Thomas Piketty, Capital in the Twenty - First Century: A Multidimensional Approach to the History of Capital and Social Classes, *The British Journal of Sociology*, 2014, Volume 65, Issue 4.

[11] Alan J. Auerbach and Kevin Hassett, Capital Taxation in the 21st Century, Prepared for Annual Meeting of the American Economic Association, January 2015.

[12] N. Gregory Mankiw, Yes, r > g. So what? http：//gregmankiw. blogspot. com/2015/01/me - at - assa - meeting. html.

[13] Daron Acemoglu and James A. Robinson, The Rise and Decline of General Laws of Capitalism, http：//economics. mit. edu/files/10302.

[14] Branko Milanovic, The Return of "Patrimonial Capitalism": Review of Thomas Piketty's Capital in the 21st century, MPRA Paper No. 52384, posted 21. December 2013 09: 10 UTC, Online at http：//mpra. ub. uni - muenchen. de/52384/.

[15] Jonathan Hopkin, The Politics of Piketty: What Political Science can Learn from, and Contribute to, the Debate on Capital in the Twenty - First Century, Special Issue: Piketty Symposium, Volume 65, Issue 4, pages 678 - 695, December 2014, *The British Journal of Sociology*.

[16] James Pethokoukis, A Prominent Liberal Economist Contends Capitalism will Inevitably Increase Inequality, http：//www. nationalreview. com/article/374009/new - marxism - james - pethokoukis.

[17] John B. Judies, Thomas Piketty Is Pulling Your Leg - He clearly read Karl Marx. But don't call Him a Marxist, http：//www. newrepublic. com/article/117673/piketty - read - marx - doesnt - make - him - marx.

[18] 陈平：《新自由主义的警钟：资本主义的空想与现实》，财新网，2014 年 9 月 25 日，http：//opinion. caixin. com/2014 - 09 - 25/100733033. html。

附 录

中国经济新常态：基于政治经济学视角

——中国政治经济学论坛第十七届年会综述

胡家勇　卢新波　胡亦琴

2015年5月9—10日，由中国社会科学院经济研究所主办、浙江财经大学承办、浙江省高校创新团队"产业发展与财政金融政策研究"协办的中国政治经济学论坛第十七届年会在浙江财经大学隆重召开。来自中国社会科学院、清华大学、南开大学、武汉大学、厦门大学、吉林大学、西北大学、黑龙江大学、河南大学等科研机构和高等院校，以及求是理论网、中国社会科学网、中国社会科学出版社、社会科学文献出版社、《经济学动态》、《经济学家》等新闻出版单位120多位专家学者参加本届论坛年会。本届年会的主题为"中国经济新常态"，共收到应征论文120多篇，入会交流77篇。论坛设"经济新常态：一般理论探讨"、"增长动力转换"、"结构调整和产业转型升级"、"城乡关系与城镇化"、"提升制度质量"和"基本理论研究与争鸣"六个专题，与会专家围绕相关理论和实践问题进行了深入研讨。下面对入选论文和代表发言的学术观点进行综述。

一　经济新常态：一般理论探讨

2014年5月，习近平总书记在河南考察时指出，我国发展仍处于重

[作者简介] 胡家勇，中国社会科学院经济研究所研究员；卢新波，浙江财经大学副校长、教授；胡亦琴，浙江财经大学经济与国际贸易学院院长、教授。

要战略机遇期,要增强信心,从当前中国经济发展的阶段性特征出发,适应新常态,保持战略上的平常心态。这是新一代中央领导首次以"新常态"描述新成长阶段的中国经济,"新常态"由此得到学术界的广泛关注,与会代表围绕经济新常态的一般理论进行了热烈的讨论。

中国社会科学院经济研究所所长裴长洪研究员对"新常态"下我国对外开放总目标、开放型经济新体制和新一轮对外开放战略进行了系统分析。他指出,新常态下我国对外开放有三大总目标:(1)完善互利共赢、多元平衡、安全高效的开放型经济体系;(2)构建开放型经济新体制,培育参与和引领国际经济合作竞争新优势。开放型经济新体制具有四个特征:(1)与服务业扩大开放相适应;(2)与国际贸易新规则相接近、相适应;(3)具有支撑新体制的战略纵深和更优化的空间布局;(4)与海洋的战略意义相适应。着力实施的战略是企业"走出去"战略、自由贸易区战略和"一带一路"战略。

浙江财经大学副校长卢新波教授基于"危机假说"对中国经济改革的停滞与重新启动进行了深入分析,他将整个改革进程概括为改革拖延、危机冲击与改革突破的循环推进,认为非市场化改革手段带来的财政压力缓解是近十余年改革停滞的原因,但对危机的感知日益强烈。新一轮改革仍将以渐进方式推进,同时面临着短期目标与长期目标的冲突、双向互动机制的缺失等风险因素。

西北大学经济管理学院院长任保平教授和博士生郭晗认为,新常态是合乎我国当前阶段经济周期波动规律、产业结构演化规律和经济发展战略规律而出现的必然状态和特征,是从一个经济发展阶段向另一个经济发展阶段过渡的转换期。新常态并不意味着低增长,而是要在速度换挡过程中构建起创新驱动的新增长模式,为新一轮增长创造条件。提高经济增长质量,关键在于经济再平衡过程中的结构调整、经济增长潜力开发和动力重塑、摆脱"中等收入陷阱"和制度体制创新等,实现路径在于改革。

吉林大学纪玉山教授和刘洋博士认为,"中国模式"引领中国经济取得长期持续高速增长,也存在问题和缺陷,这是当前中国经济步入"新常态"的一个重要因素。推动"中国模式"转型升级,是关系到中国经济能否在"新常态"下实现可持续发展的一项重大议题。而转变经济改革的驱动机制、具体方式与策略,以及经济增长方式和宏观经济政策,是推动"中国模式"转型升级的主要途径。

河南财经政法大学樊明教授采用世界银行提供的 178 个经济体人均 GDP 和经济增长率数据分析发现，随着人均 GDP 从低到高，经济增长率波动幅度逐渐收窄，他认为，经济增长率与经济基数无关，不应该用经济基数解释经济增长率下降，而忽视寻找导致经济增长率下降的真实原因。

黑龙江大学经济与工商管理学院副院长魏枫副教授基于技术进步讨论了中国作为后发经济体，在实现赶超过程中增长速度出现区间性回落的内在机制，在较为完整的技术进步视角下对新常态的经济增长给出了理论解释，指出，经济增长速度出现区间性下移的根本性原因是以模仿为主推动技术进步所带来的后发优势逐步消失，并向世界技术前沿收敛。

天津财经大学谭庆刚副教授在一个规范的经济学框架中分析了公平促进效率的作用机制，考察了公平如何影响个人决策和在当前形势下如何发挥公平的作用，强调公平在当前改革下的核心位置和法治建设的重要意义。

西北大学博士生张志敏和何爱平教授认为，马克思主义经济学中包含着人与自然和谐共生、人的全面发展、创新驱动、优化结构和完善制度等丰富的思想，对我国深化经济发展方式转变具有很强的解释力。应以马克思主义经济学为指导，坚持生态发展，以人的全面发展为目标，增强创新能力，加快结构调整，优化制度安排，培育经济发展的内在持久动力，把推动经济发展立足点转到质量和效益上来。

江苏省委党校周明生教授认为，必须正确认识和处理经济发展新常态下的若干重要关系，包括新常态与旧常态的关系、下台阶与上台阶的关系、中高速与中高端的关系、新的稳态与革新求变的关系，以及适应新常态与引领新常态的关系，处理好诸如此类的关系，方能实现更高层次上的经济持续健康发展。

长江大学韦鸿教授和研究生陈凡认为，现有研究集中在"新常态"语境、科学内涵、状态变化上，而对"新常态"面临的经济困境的内涵分析不够，概念模糊性大，依此制定的政策也容易出现偏差。他从认知的角度分析了"新常态"的经济内涵、经济规律、经济困境、制度变迁等问题。

内蒙古财经大学陈玉和副教授对新常态的研究现状作了述评，认为"新常态"不是我国经济发展中的特有现象，需要在世界经济发展"新常态"和新一轮科技革命背景下，结合我国经济发展前世今生的嬗变，来系统而全面地理解中国经济新常态。

二 经济增长动力转换

经济增长是国家稳定的经济基础。保持中高速增长，需要有坚实的增长动力。以往的高速增长主要靠投资和出口拉动，但长期的大量投资和过高的外贸依存度也带来了诸多负效应和经济风险。"新常态"下中国经济增长的动力会发生转换，本届论坛对此展开了热烈讨论。

中国社会科学院经济研究所副所长杨春学教授分析了国有企业与民营企业活动领域的分界线，认为如果按照经济学的纯粹逻辑，即如果仅仅以盈利作为效率标准，二者之间存在自然分界线。而按照这种分界线，国有企业存在的空间非常有限，如美国模式。如果按照政治经济学的逻辑，就不存在这种自然分界线。一切都以具体的国情而定。二者的分布是一个动态的演变过程，而且决定这一过程的因素是非常复杂的，不会是纯经济学的因素，现实远比理论逻辑复杂。

厦门大学经济研究所所长靳涛教授从一般生产要素、结构和体制三个层次考察新中国成立以来的中国经济增长。他采用计量经济方法对时间序列划分时间段，运用Prais WinstenAR（1）和最小二乘法（OLS）分别进行回归，以解释各个时间段不同的经济增长动力，重点分析了各阶段人均GDP、结构指数与体制指数之间的相互关系，对中国下一阶段经济增长提出政策建议。

武汉大学程承坪教授和研究生张蒂认为，中国经济存在巨大增长潜力，至少表现在八个方面：（1）城镇化的巨大经济拉动效应；（2）与民生改善相关的公共消费型基础投资具有广阔的空间；（3）环保产业发展潜力巨大；（4）生产性服务业对经济增长有较大的促进作用；（5）巨大的"后发优势"与"先发优势"并存；（6）消费市场潜力巨大；（7）对外投资空间巨大；（8）农村土地制度改革释放巨大农业生产潜力。另外，金融体制、投融资体制、收入分配制度、科教体制、财税体制、社会保障体制和区域经济等改革，以及简政放权和法治化等，都将释放出巨大的经济增长潜力。

甘肃省委党校宋圭武教授认为，经济增长有三重动力：第一重动力是要素动力，它是表层的，具有短期作用；第二重动力是制度动力，它是深层的，具有中期作用；第三重动力是文化动力，是最深层的动力，具有持久作用。一个国家的经济发展最终取决于要素、制度和文化三重动力的合力，但它们不是简单的相加，而是互动耦合。

山东大学臧旭恒教授和博士研究生宋建在对中等收入阶层与中产阶层进行概念辨析基础上，从中产阶层的职业、教育、住房等社会学特征以及不同等级收入户的收入来源和消费结构对比等角度，给出了扩大中等收入阶层及居民消费的政策建议。他们认为，应该稳定雇员化就业并促进自雇化就业，提高平均受教育年限到12年并促进高等教育发展，提高低收入群体的工薪收入，降低对中高收入群体的转移支付，加大对中低收入群体的住房补贴，减少居住隔离以加强各阶层之间的消费联系，降低交通通信消费和教育文化娱乐服务消费成本，大力发展服装业，促进低收入群体向中等消费水平升级。

西南财经大学毛中根教授和博士研究生孙豪、叶胥在分析消费主导型大国特征基础上，设计了测量消费主导型大国经济的指标体系，并依据2011年的数据测度了GDP排名世界前18位国家的消费主导型程度。他们认为，大国经济增长主要依赖内需驱动，选择消费主导型增长模式；处于不同发展阶段的国家消费主导型程度不同，经济增长模式最终趋于消费主导型；中国还不是消费主导型大国，尚处于从投资主导向消费主导的转型阶段，但中国具备向消费主导转型的条件，应积极促进中国经济向消费主导增长转型。

四川省社会科学院经济研究所郭正模研究员认为，"新常态"阶段可能出现经济增长的老龄化"人口陷阱"。老龄化"人口陷阱"会对经济增长产生一系列效应，尤其会对劳动力供给、资本积累和人均收入增长带来负面影响。为了应对可能出现的老龄化"人口陷阱"，应加强人力资源深度开发、按照消费需求变化趋势发展社会化、市场化的新兴老龄产业以及加强社会保障体系的建设等。

南开大学周云波教授利用夏普利值分解方法，分析了外资引入对我国企业间工资不平等的影响。研究表明，外资流入对工资差距的影响是一个先扩大后缩小的过程，特别是以生产资本和技术密集型商品为主外资引入具有较高的技术溢出水平，对工资间不平等具有明显缩小作用。对政府部门而言，应注重对外资流入方向和质量的引导，充分利用引进技术目录及推进相关的鼓励政策，引导外资的流向，必要时政府应收紧外资项目的审批权以控制外资质量，这不仅有利于促进我国经济的健康发展，更对缩小我国的工资差距具有积极作用。

中南财经政法大学陈勇兵副教授和研究生付浪利用1996—2012年CEPII-BACI数据库HS6分位产品层面上的数据分析中国参与全球价值链对出口持续时间的影响。研究发现，中国仍然处于全球价值链低端环节，中间品贸易关系的生存概率要大于最终品贸易关系的生存概率，相关引力变量和表征全球价值链的变量都对出口产品的持续时间产生了显著的影响。因此，中国在出口贸易中应该注重提高中间品份额，开拓更多的出口市场，在保持出口稳定的同时，突破"低端锁定"，实现价值链向上攀升。

浙江财经大学项后军教授考察了汇率改革后人民币汇率升值对我国出口商品价格的传递效应以及不同行业的依市定价（PTM）行为。发现汇改后的汇率变化对我国大部分行业出口商品价格具有长期影响，短期影响并不明显，国内出口企业只能在长期中逐步消化汇率升值。从总体上看，大部分行业的出口商只能通过调整成本加成的形式靠自身将汇率变动吸收掉，仅有小部分行业能将汇率变化的50%以上传递出去，因此，汇率升值的大部分影响是由国内出口企业自己来承担和消化掉的。

北京师范大学经济与工商管理学院谈俊博士后认为，"新常态"下，基于周期性分化和区域性融合的外部环境特征，我国出口领域将面临来自全球经济增速放缓、部分国家货币相对贬值、贸易保护主义抬头、新兴经济体和发展中国家的竞争等方面的挑战，需要从提振内需、促进国内产业转型升级与结构调整、加强对外合作和推进人民币汇率形成机制改革四个方面加以应对。

河南科技大学杨玉华教授研究发现：计划经济时期，要素贡献率高达80.87%，属于要素驱动经济增长；改革开放以来，要素贡献率逐步降低，年均59.80%，TFP上升至年均40.20%，进入要素—技术驱动向技术驱动持续转变时期。对增长动力机制的分解表明，对外开放、科技投入、基础设施改善、劳动力转移、工业化和教育水平的提高有力地支撑了我国经济增长动力结构的调整和增长方式的转型，但转型的基础仍不牢固。

中国社会科学院刘红峰博士后在新增长理论与价值理论框架下，分析在区域性资源节约与环境要素约束下，企业自主创新的经济支付意愿影响区域经济增长质量的内在机理,实证分析了我国七大区划所有企业的要素突破促进经济增长的经济价值。

华北水利水电大学郑书耀副教授认为,面临经济新常态,需要改革以GDP为主导的政绩考核激励机制,中央政府的激励目标要更多地关注财富增长、生产能力和福利的提高;需要创造有利于市场功能发挥的制度环境,在激励相容的制度安排中促进合作剩余的实现;需要依靠政府自身改革,建设适应市场的正式与非正式制度,利用市场机制挖掘市场潜力,增加总需求和总供给,实现经济持续增长。

南开大学卜振兴博士梳理了有关新常态下货币政策的主要观点,认为在传统货币政策目标外,金融稳定、外部稳定等目标越来越受到关注;非常规货币政策在应对经济危机时发挥了重要作用,但是,在经济危机过后,是否需要保留非常规货币工具存在很多争议;为应对货币政策目标和工具的新变化,重新设计机构和加强政策协调至关重要。

三　结构调整和产业转型升级

经济发展进入新常态,意味着经济结构的优化调整和产业的转型升级,与会专家围绕经济新常态下的结构调整和产业转型升级展开了多侧面的讨论。

四川师范大学校长丁任重教授和西南财经大学经济学院陈姝兴博士认为,我国区域规划制定在21世纪进入新的历史阶段,规划区域数量剧增,种类繁多,规划目标功能强化和更加多样化,区域经济政策也更加注重地区特色优势。同时,区域规划存在着政策碎片化、普惠化、非动力化等问题。未来区域规划要联系国家总体规划,不仅要有区域个性化,更要注重大区域协调发展,把握好战略性、大局性;注重区域协调机制化,强化各规划间的有效衔接;区域经济政策与经济体制改革需要相互配套,依靠区域自身发展提升区域竞争力和发展的质量。

云南财经大学周文教授和四川省社会科学院方茜研究员认为,新常态下,我国居民消费特征从模仿型排浪式消费向个性化、多样化转变,与之相适应的是经济中心从规模经济向品种经济转型。意向经济可以消除信息过度带来的负面影响,为消费者提供精准、有效的产品和服务,满足消费者个性化、多样化需求,是新常态下的新经济增长点。

内蒙古财经大学经济学院副院长韩鹏教授以我国产业集群处在集群规模化阶段现状为切入点,以内蒙古自治区最具代表性的几个产业集群为实例,探究产业集群规模扩大对循环经济产生的影响。他认为,产业集群规模影响资源集聚,也深刻地影响着专业化分工以及资源集约利用,产业集群是促进资源集约利用的有效载体。但是,随着集群内部企业彼此关系的日趋紧密,集群内部会失去相当一部分竞争性,同时也失去集群高速发展的动力。因此,随着集群规模的扩大和对资源利用量的增加,需要对集群结构进行优化和升级。

扬州大学谭洪波副教授采用静态面板和动态面板计量分析方法,实证研究要素市场扭曲对中国工业和服务业影响的差异。研究表明,中国要素市场扭曲有利于工业增长而不利于服务业增长,要素市场扭曲呈现出偏向于工业的特征。同时发现,中国的 FDI 以及出口主要集中在工业部门的原因之一是相关企业为赚取工业偏向型要素市场扭曲所形成的"扭曲租"。这些研究对中国产业结构中服务业相对滞后现象给出了解释。

清华大学研究生张梦圆认为,我国第三产业发展迅猛并且带动了就业规模的扩大,但我国升级产业结构的过程并没有某些指标所显示的那样乐观,并且面临着陷入"中等收入陷阱"的问题。不能把经济增速的减缓简单地视为升级经济结构和转变增长动力的必经阵痛期,就业规模扩大和第三产业占比提高也未必是乐观的因素。

山东大学博士生傅利福在构建金融自由化指数和勒纳(Lerner)指数的基础上,利用 PSTR 模型,探讨银行业集中和竞争的关系。实证结果表明:金融业开放程度是影响两者关系的关键因素,存在一个有利于竞争的适度规模。当金融自由化水平超过临界值时,通过降低银行业集中度来促进竞争的效应就不复存在或很弱。政策含义是:相对集中的银行业产业组织体系更有利于促进竞争,不应盲目新建过多的中小银行,重点在于将现有中小银行做大做强。

西北大学经济管理学院博士生石莹认为,内在机制是推进生态文明建设的关键,是生态文明建设实践的着力点。通过纵向比较分析发现,制度保障和生产生活方式转变对推进生态文明建设具有重要作用。因此,需要完善资源环境市场与市场决定价格机制,独立环境监管和行政执法;通过扶持民间绿色环保组织与健全环境破坏举报制度发挥民间力量与监督作用；加快构建绿色产业体系，推进产业结构优化升级；扭转污染环境的传统习俗与迷信行为，倡导绿色低碳生活。

南京大学李强博士后利用我国1992—2012年对140个国家或地区的24个制造业行业的出口数据，分析知识产权保护能否成为我国制造业出口新的比较优势。他认为，只有当知识产权保护程度跨过"知识产权保护门槛"时，知识产权保护与行业特征的协同效应才有利于形成新的出口比较优势；从不同行业看，我国知识产权保护与产业特征的协同作用体现出行业的异质性；从出口地区看，当我国对于贸易对象国的知识产权保护程度相对占优时，知识产权保护与行业特征的协同效应有利于出口比较优势的提升。

厦门大学经济学院江永基助理教授利用消费—生产者两阶段决策方法，构建一个基于比较利益相等原则的三部门分工交换模型，并在这个模型的基础上对产业间的劳动力配置进行数值模拟，力图捕捉中国产业结构调整与劳动力配置的大体趋势。他认为，比较利益相等原则较适合于阐释像中国这样生产部门产能对劳动力具有制度性约束特征的发展中国家。

台州学院张明龙教授和浙江财经大学东方学院张琼妮博士认为，我国在运用产业政策促进经济发展方面已积累了不少经验。为了进一步运用产业政策促进经济发展，应提高产业政策体系的整体合力，形成导向机制，以有利于优先发展主导产业、运用信息技术改造传统产业、培育和发展高新技术产业、发展基础产业和产业集群突破生命周期拐点。

上海商学院张期陈副教授和苏州大学王志明教授认为，我国农产品流通存在"卖难买贵"问题，解决这一问题，提升农产品流通效率，需要实现三个平衡：一是农作物与经济作物种植平衡；二是政府引导作用与市场决定作用平衡；三是供应者个体经济利益与群体经济利益平衡。发挥大型农产品批发交易市场的产品集散和信息服务功能对实现上述三个平衡具有重要促进作用。

中国民航飞行学院李国政副教授认为，推进"丝绸之路经济带"建设是中国形成全方位对外开放新格局中重大的战略理念，民航业扮演着重要角色。他从市场需求、行业特征、政策环境等方面分析了民航参与丝绸之路经济带建设的优势与机遇，剖析了民航业的发展不足和面临的挑战，如整体运输实力和市场偏小以及高铁冲击等，指出应进一步加强民航业在丝绸之路经济带建设中的地位与功能，提高西部地区民航业的整体发展程度。

四 城乡关系与城镇化

城乡关系调整是重大的结构调整，城镇化会提供新的增长源泉和动力，与会代表围绕城乡关系和城镇化所涉及的理论和实践问题进行了广泛而深入的讨论。

清华大学政治经济学研究中心主任蔡继明教授从土地制度入手分析城乡关系和城镇化。他认为，现阶段的土地制度改革试点方案过于保守，不具备足够的推广价值，应当加大依法改革的力度。"征地制度改革"、"农村集体经营性建设用地入市"以及"农村宅基地制度改革"三项改革是相互联系的，不能割裂开来。土地制度的依法改革应当是依照法律程序进行的改革，要贯彻落实中共十八届三中全会有关土地制度改革的精神。针对近年来学者们围绕土地制度改革与城市化发展的激烈争论，他指出，有学者否定市场在土地资源配置中起决定性作用、农村集体土地直接入市和资本下乡等，是值得商榷的，不利于土地制度改革的深化。

首都师范大学程世勇副教授基于历史演进视角，阐释新中国成立以来农村土地产权制度变迁的基本脉络及其内在的利益关系调整。他认为，在不同的历史阶段，土地产权中的经济性权利和国家政治权力有着不同的组合方式及利益博弈特点，随着城市化进程中土地相对价格的变动，完善农村集体土地产权治理结构，形成正向的经济激励并实现多方利益结构的均衡已成为市场经济的基本制度需求。

盐城师范学院贾后明教授认为，农村土地确权工作不仅要确定农村土地现有分布、占有和经营情况，还要对今后农村土地配置所需要的承包、经营、流转、转让和收益等权利进行界定，消除阻碍农村土地合理配置的制度因素，促进农村土地从模糊产权向清晰产权的转变。

中国社会科学院熊柴博士后认为，在政府对城镇用地严格控制下，房价高昂，不利于农民工市民化，也不利于耕地保护。耕地面积的减少不能归咎于正常状态下的城市化，而是现有二元户籍制度和土地制度下"畸形"城市化模式造成的。从节约耕地角度看，我国应走大城市发展道路，重点发展大城市而不是县城和建制镇，特别是发展300万乃至500万人口以上的城市。

安阳师范学院张良悦教授认为，对土地流转的认识必须与农地制度变迁结合起来。农地流转是一个政策工具，现代农业发展是其根本目标。经济新常态是我国经济发展过程中的战略性调整，为现代农业发展提供了机遇与环境。现代农业发展的基本内容是新型农业经营体系的构建，以及在此基础上形成新产业、新业态和新模式，这一目标的实现需要在农地制度变迁规范约束下的土地流转。

山东财经大学崔宝敏博士分析了山东省征地区片综合地价的实施状况和失地农民的安置保障模式，对17个地市征地补偿标准与安置模式进行比较，运用SPSS软件构建了聚类分析模型。她认为，随着工业化和城市化进程的加快，大量土地用途被变更，被征地农民的土地补偿和失地保障日益重要，完善征地补偿和安置保障机制是我国市场经济发展到现阶段的必然要求。

西北大学吴丰华博士构建了评价我国城乡社会一体化水平的指标体系，采用两步主成分分析法对2012年中国省域城乡社会一体化指数进行了分析，认为我国省域城乡社会一体化"中等水平阵营"已经形成，空间分布上呈现出东部和东北水平较高，中部和西部水平较低的状态，应采取针对性的对策措施，提升我国城乡社会一体化的水平。

长春金融高等专科学校张磊讲师和吉林省社会科学院赵玉琳研究员认为，20世纪80年代中期以来，中国城乡居民消费水平差距总体上是扩大的，尤其是由于消费结构升级不同步导致城乡居民生活质量差距较大，除居住之外，城乡居民各类消费差距都比较大。近十年来，城乡居民消费水平差距呈现出逐渐缩小的阶段性新态势，表明进一步缩小城乡居民消费水平差距的可能性较大，调整相关政策与策略具有较强的可行性。

淮北师范大学经济学院副院长段学慧教授认为，城镇化进程中的"农村病"问题没有得到重视，她对"农村病"概念、表现、原因和对策以及"农村病"与"城市病"的关系进行了比较系统的分析，提出要从系统和动态视角来研究"农村病"发生和发展的规律。

河南师范大学商学院副院长乔俊峰教授认为，农业转移人口市民化的本质是促进基本公共服务和社会福利均等化，而财政体制异化效应是无法实现公共资源和服务在流动人口和城市人口之间均等配置的体制原因。公共服务责任分工—地方政府能力—转移支付效果这样一个"三位一体"

的制度框架,构成了阻碍农业转移人口市民化的深层原因。因此,破解农民工市民化困境的突破口是完善现行财政体制,使之适应人口流动要求。

天津商业大学王树春教授和南开大学博士生王俊通过总结东亚、东南亚以及拉美国家城镇化的经验教训,结合中国城镇化所处的发展阶段,认为中国的城镇化必须在保持一定工业化水平的基础上加快产业结构的转型,以产业基础的重构带动城镇化模式的再造,新型城镇化要以城镇功能差异化和互补化为特征,并形成相应的制度匹配。

中南财经政法大学杜兴洋副教授和研究生裴云鹤借鉴政策网络分析框架分析我国户籍政策变迁,认为政策社群的权力转移、府际网络政策权威性渐长、议题网络参与水平有限和各政策网络间的关系变化决定户籍政策变迁的内在逻辑,各主体之间因资源、地位、影响力等差异所进行的不同程度的政策互动,实际上主导了户籍政策变迁的过程。

江西财经大学康静萍教授和研究生汪阳认为,培育新型职业农民是我国实现农业现代化的重要途径之一,但是,面临培育对象选择和来源短缺难题。为了顺应农业现代化建设基本要求,培育新型职业农民要以民为本,加大对培育主体的资金投入和围绕农民要求增加收入的诉求制定政策,以此为基础积极拓展新型职业农民来源,为大量培育新型职业农民提供有力支撑。

黑龙江大学张庆副教授分析了经济新常态下农民工就业面临的困难、挑战以及应对策略,认为经济新常态下,农民工就业面临经济增长减速、经济发展方式转变和产业结构调整的多重约束,这些约束在一定程度上增加了就业难度,对就业的不利影响日益突出。

五 提升制度质量

转换经济增长动力,优化经济结构,提高经济增长的质量和效益,需要高质量的制度作为基础和支撑。适应新常态、引领新常态,必须进行制度建设。与会代表围绕制度建设进行了广泛而深入的交流。

南开大学景维民教授认为,为了适应新常态,中国整体治理结构要从单一型治理向多元复合型治理、从集权型治理向集权与分权相结合型治理、从封闭型治理向开放型治理转变,最终使国家治理模式从政府过渡介入市场并深入渗透和控制社会的全能主义国家治理模式迈向政府、市场和社会三元并存与互补的现代国家治理模式。当前，以构建和谐社会为目标，中国需要建立起"法治化的公共服务型政府"、"有效的市场经济体制"和"利益整合型社会"这样三位一体的现代国家治理模式。

浙江财经大学周冰教授分析了民主政治形成的条件认为，民主政治所需要的社会条件，并不是流行观念所认为的经济发展水平和富裕程度、教育和文化程度，而是产权、价值观和社会自治。

中国社会科学院胡家勇研究员认为，政府职能的根本转变是适应经济发展新常态的关键。"让市场在资源配置中起决定性作用"应成为界定政府经济职能的基本准则。因此，应压缩政府支配的资源量，使其保持在政府履行应尽职能的水平上，为市场配置资源释放尽可能大的空间；完善政府治理结构，将政府权力和行为严格限制在法治范围内；重塑政府间关系，改革政绩考核机制，将居民的感受作为政绩考核的主要指标；在公共服务领域，强化政府的规划、支出和监管责任，同时充分利用市场机制提高公共服务的品质和效率。

武汉大学邹薇教授考察了土地财政对经济增长、城市化进程以及产业结构变化作用机制，试图从理论上回答土地财政是否是"饮鸩止渴"。实证结果表明：土地财政对城市化进程、第二产业与第三产业发展存在显著的"门限效应"；土地财政对经济增长、城市化进程和产业结构指标均存在明显的时空动态效应和"门限效应"；"以地生财"效应即使短期内能够对经济增长和城市化产生推动作用，但却抑制了第三产业发展，不利于形成资源有效配置的产业结构。

浙江财经大学文雁兵博士从区域异质性视角考察了中国地方政府的行为选择与演变，将"资源诅咒"拓展为中国语境下的"被资源诅咒"和"资源诅咒效应"，给出了自然资源影响地方政府行为进而影响经济社会整体发展的逻辑链条。他认为，地方政府行为受到地区要素禀赋和发展水平的显著影响，自然资源能够诱致地方政府更多地采取攫取行为。

安徽工业大学伍开群副教授认为，资源市场上，行政垄断和自然垄断交织，必然降低资源配置效率。政府用行政手段压低资源、环境价格，导致企业低估成本。因此，粗放式经济增长方式根源于资源、环境的市场扭曲。完善资源性市场制度，改革资源环境税费制度，可以推进经济增长方式转变。

中国社会科学院陈健副研究员分析了在没有制度改善情况下技术模仿带来的问题，认为模仿本身是一把"双刃剑"，模仿在带来快速技术进步和增长的同时，也为某些部门带来丰厚收益，并作为寻求既得利益的部门垄断之用。模仿需要依靠专门人才，有限的人才会因为收入差异而固定在既有垄断部门中，因此，模仿在带来一段时期的快速增长后就会因人才耗尽在既有部门而失去作用。

淮北师范大学周志太教授运用公司治理理论、创新论和协同论等理论分析发现，研发投入是创新和经营绩效改善的重要特征和前提条件。因此，需要对高管进行创新激励，改善国有企业内部治理，同时健全市场体制，确保高管创新激励与公司治理、市场机制和政策因子协同。

河南财经政法大学崔朝栋教授认为，在混合所有制经济中，究竟是公有资本还是私人资本控股，不能采用旧常态下的所有制标准，而只能是生产力标准。在一般竞争性领域应该由市场决定，在关系到国家安全和国民经济命脉的重要行业和关键领域，必须国有资本控股。无论公有资本控股还是私人资本控股，都既有利于公有资本，也有利于私人资本，都是社会主义基本经济制度的实现形式。

淮北师范大学张作云教授认为，对公有制经济主体地位的研究，不仅要有量的界定，更要有质的分析，要从量变质变对立统一角度，研究公有制经济主体地位变化发展的轨迹和过程。要科学确定和准确把握公有制经济主体地位质的数量界限及其量变过程中的"度"，关注现阶段公有制经济主体地位质量互变、循环发展的运动过程，量变过程中的部分或阶段性质变，质变过程中的量的扩张；关注公有制经济主体地位两种相反发展的可能性，采取切实有效的政策措施，坚持改革的社会主义方向，促进公有制经济的主体地位不断巩固和发展。

江苏省委党校孔陆泉教授和张正云剖析了利益分配扭曲根源，认为在按劳分配领域，忽视了生产条件分配的先天不平等对公平原则的侵蚀；在按要素分配领域，忽视了政府对要素占有起点公平的强力调节和对劳动者利益的特别保护；在社会总产品分配领域，忽视了直接或间接地为全社会成员谋利益；在商品交换领域，忽视了自觉遵循价值规律和大力维护市场秩序。由此产生了较严重的利益分配不公。因此，要逐步消除按劳分配、按要素分配、社会总产品分配和商品交换领域的利益分配不公，形成合理有序的收入分配格局。

陕西省社会科学院人文杂志社韩海燕博士认为,在我国转轨经济中,生产要素市场不完善,如劳动力市场、资本市场及资源市场都不完善。而生产要素市场直接影响着收入分配格局,从而造成目前不合理的分配格局。因此,应加快我国要素市场改革进程,使市场在要素分配分配中起决定性作用,从而形成有序的收入分配格局。

湖北大学徐俊武副教授和中央财经大学研究生易祥瑞运用联立方程对收入不平等与经济增长关系传导机制进行了分析,研究表明:公共教育支出是收入不平等对经济增长产生影响的真实传导机制,对长期经济增长有显著的正效应,增加现阶段的公共教育支出会提高未来的经济增长速度。政策意义是,运用公共教育支出促进收入分配公平是我国实现经济可持续增长的重要途径。

中南财经政法大学研究生童鑫认为,制度质量的提高是经济增长模式转换的前提,高质量制度的支撑能有效地推进和实现以"经济增长"、"机会均等"、"权利平等"与"成果共享"为内涵的包容性增长。基于柯布—道格拉斯(Cobb – Douglas)函数,他分析了制度质量对包容性增长的影响以及内在机理,中国经济包容性增长所面临的制度环境和实现包容性增长的具体路径。

江西财经大学周海欧副教授和南开大学博士生葛楠分析了国家治理现代化影响国民幸福感机制,实证研究证明,国家治理现代化对国民幸福感有重要的正向影响,是我国国民幸福感提升最重要的源泉之一。而在与国家治理现代化相关的各项改革中,民主政治建设、反腐败、社会稳定和依法治国等对于提升公众幸福感具有尤为重要的意义。因此,以"推进国家治理体系和治理能力现代化"为目标的改革符合我国公众的根本利益,也是近期加大反腐力度、推进法治建设等举措深受人民支持的原因。

中国政法大学鲁照旺教授分析了政治制度对社会福利和政府债务的影响,认为主权债务危机是一个经济问题,也是一个政治问题。在政治制度上,希腊实行议会内阁制,美国实行总统制。这两种政治制度和其他相关政治制度对政府债务影响不同。以总统制为框架的政治制度相对于以议会内阁制为框架的政治制度更能避免福利陷阱,更有助于防止债务危机。

厦门大学黄冠副教授采用亨廷顿(Huntington)对现代国家的定义,依托交易成本理论,以罗尔斯(Rawls)主义的基本假设和洛克(Locke)及卢梭(Rousseau)的政治理念假说为逻辑起点,通过检验技术变革引起的交易成本降低对民主制度的影响,来推演现代西方民主制度背后的政治经济逻辑,利用统计数据进行民主与经济发展的相关性分析,证明了"经济发展引起民主化"的荒谬,并对我国在新的信息技术影响下可能需要进行的政治制度改革提出建议。

六 基本理论研究与争鸣

对政治经济学基本理论问题的探讨一直是中国政治经济学论坛的一个组成部分,本届论坛,专家就当前政治经济学领域所关注的重点和热点问题进行了交流和探讨。

中国社会科学院经济研究所政治经济学研究室副主任郭冠清副研究员以《马克思恩格斯全集》历史考证版第二版(MEGA2)为基础,以文献学视野对《德意志意识形态》进行了文本考察,试图真实地再现马克思和恩格斯新历史观形成过程,对"苏联范式"误读的核心原理进行了重新解读。他认为,俄文版第一版《马克思恩格斯全集》对《德意志意识形态》手稿的随意剪辑与组合,使这部唯一系统表述唯物主义历史观的著作变得面目全非,以致被日本学者广松涉斥责为"伪书",而斯大林对唯物主义历史观的经典性、法典化的表述,更是将唯物主义历史观引向了只见"物"不见"人"的本体论的误区之中。

浙江财经大学李井奎副教授分析经济学中劳动分工思想的历史脉络,上溯至古代希腊、古代中国以及中世纪伊斯兰哲学家的最早阐释,再论晚期重商主义者的小册子,最终综合展示了亚当·斯密的劳动分工经济学体系及其现代发展,对劳动分工这一重要概念在经济思想史中的演变和发展,进行了历史性的概略阐发,揭示了劳动分工经济学本身所具有的永恒魅力以及在当代经济研究中所焕发的新的光彩。

河南大学孙世强教授和日本庆应义塾大学大西广教授认为,劳动的强制指挥权是资本的另一种内涵,也是资本家常态榨取的逻辑依据。他们认为,资本内涵扩展与榨取逻辑理论的完善为重新认识新时期的榨取主体及常态榨取方式演变提供理论支撑,对提升经典作家的剥削理论、阶级关系理论的现实解释力及规制常态剥削至关重要。

中国社会科学院陈雪娟副研究员以2015年美国经济学年会研讨为背

景，分析了皮凯蒂《21 世纪资本论》的主要观点和相关争论，认为皮克蒂在试图重回马克思传统的同时，继承了库兹涅茨对分配和不平等问题的研究思路，批判了新古典主义经济学对于分配不平等问题研究的重大缺失，指出了自由市场资本主义不能自发消解分配和不平等问题。她认为，该书对我国有启示意义，那就是，政治干预对于消解不平等问题至关重要，教育投资是降低劳动力市场不平等和提高生产率的重要途径。

浙江金融职业学院应宜逊教授认为，对于马克思的具体论述，不能教条式地供奉起来，对于马克思主义的基本原理，则必须始终坚持。马克思主义的基本原理有两条，即历史唯物主义和剩余价值理论。要反对以发展劳动价值论为名，否定剩余价值理论的思潮。

江西财经大学袁庆明教授对包含制度与交易费用的消费者效用最大化理论进行了系统分析，认为缩小消费者选择集的制度、消费支出中的公有产权和过高交易费用等都会使消费者难以通过交易达到较高效用的商品组合，从而使市场机制配置资源的作用弱化，进而损害经济效率。因此，提高消费效率需要减少消费上的制度限制、明确公款消费支出的产权和通过制度创新和技术创新降低交易费用。